Wehrle – Handbuch Fantasiereisen

Martin Wehrle

Handbuch
Fantasiereisen

Für Training, Coaching, Beratung,
Jugendarbeit und Therapie

Mit Schreibkurs und
50 Fantasiereisen

Der Autor:
Martin Wehrle war Führungskraft in einem Konzern, ehe seine
Erfolgsstory als Karrierecoach begann. Heute leitet er an seiner
Hamburger Karriereberater-Akademie den ersten Ausbildungsgang
zum Karriereberater. Die Fantasiereise ist der bunte, heiß geliebte
Schmetterling seines Methodenkoffers, den er flattern lässt durch
Seminare, Einzelcoachings und Klassenzimmer. Als preisgekrönter
Autor weiß er, wie man mit Worten neue Räume und Träume
öffnet. Seine Bücher »Karriereberatung« und »Die 100 besten
Coaching-Übungen« sind Weiterbildungsbestseller.
Kontakt zum Autor über: www.karriereberater-akademie.de

Lektorat: Ingeborg Sachsenmeier

© 2011 Beltz Verlag · Weinheim und Basel
www.beltz.de
Herstellung und Satz: Sarah Veith
Druck: Beltz Druckpartner, Hemsbach
Illustrationen: Pascal Behning
Reihengestaltung: glas ag, Seeheim-Jugenheim
Umschlaggestaltung: Sarah Veith
Umschlagabbildung: Florian Mitgutsch, München
Printed in Germany

ISBN 978-3-407-36505-7

Inhaltsverzeichnis

Kapitel 4

Reiserouten: Reisestarts, Rückreisen
und die 50 besten Fantasiereisen

Kapitel 5

Reisen erfinden: Der Schreibkurs für Reiseleiter

Einleitung: Der Zauber der Fantasiereisen

Die schönsten Reiseziele dieser Erde sind nicht mit dem Flugzeug, nicht mit dem Schiff, sondern nur mit Fantasie zu erreichen. Fantasie fliegt höher als jeder Jumbo, braucht zum Starten keinen Flughafen – ein Seminarraum reicht schon –, und ihr Treibstoff geht niemals aus. Wenn Sie Ihre Teilnehmer[1] in Gedanken reisen lassen, öffnen sich neue Räume und Träume. Große Hindernisse werden klein, und alle fernen Ziele rücken in greifbare Nähe, auch die Ihrer didaktischen Arbeit.

Mit Fantasiereisen spannen Sie ein schützendes Dach über Ihre Teilnehmer, um sie für eine Weile dem Stress, dem prasselnden Hagel des Wissens zu entziehen. Mit Fantasiereisen lenken Sie den Blick Ihrer Teilnehmer von dem, was sie noch nicht wissen, auf das, was schon vorhanden ist – auf die Schätze ihrer Kenntnisse, ihrer Erfahrungen, ihrer Kompetenz. Mit Fantasiereisen stärken Sie, im wahrsten Sinne des Wortes, ihr Selbst*bewusstsein*. Die Teilnehmer sehen sich selbst aus einer neuen Perspektive und lernen ihre Ressourcen besser kennen.

Fantasiereisen entspannen auf spannende Weise. Sie regen Gedanken und Bilder an, die der nüchterne Verstand abgewehrt hätte. Sie küssen Erkenntnisse wach, die im Unterbewussten schlummerten, aber vielleicht nie aufgewacht wären. Fantasiereisen laden das Interesse am Thema auf mit einer nahezu magnetischen Kraft, an der neues Wissen spielerisch hängen bleibt. Auf diese Weise können Sie lehren, ohne zu schulmeistern.

Fantasiereisen sind ein didaktischer Trumpf, der beim Managerseminar genauso sticht wie bei der Jugendarbeit, in der Gruppenarbeit genauso wie beim Einzelcoaching und gleichermaßen in therapeutischen Sitzungen. Jeder Mensch, egal wie alt, trägt in sich eine vielstimmige Klaviatur der Fantasie, deren Klänge ihn durch seine ersten Lebensjahre begleitet haben. Damals war es leicht, einen Baum in einen Riesen zu verwandeln, ein Kettcar in ein Formel-1-Auto, eine Puppe in einen Bühnenstar. Jedes Kinderzimmer war eine Startrampe für selbst ausgedachte Fantasiereisen, bis zum Mond und über alle sieben Meere.

Nun stimmt es zwar, dass die einseitige Betonung der Logik, dass die »Sei-kein-Träumer-Rufe« der Erziehung diese Fantasie mit den Jahren zurückgedrängt haben. Das Klavier wurde zur Seite gerückt, die Trommeln der Logik schlugen immer lauter. Aber die Tastatur, die Fantasie, das kreative Kind-Ich (wie die Transaktionsanalyse es nennt), existieren noch – in jedem Menschen, unabhängig vom Alter (Berne 2002).

---

1   Bitte werten Sie die Tatsache, dass ich die männliche Form vorziehe, als Knicks vor einer Dame: der Lesbarkeit. Dieses Buch meint ausdrücklich auch Frauen.

Die Herausforderung besteht darin, dass Sie die alte Tastatur wieder zum Klingen bringen und die Trommeln der Logik, die bremsenden Stimmen des kritischen Eltern-Ichs, für eine Zeit in ihre Schranken verweisen. Jedes Wort, das Sie bei Ihrer Fantasiereise sprechen, schlägt eine Taste an – so lange, bis eine zauberhafte Melodie der Fantasie erklingt und im Kopf jedes Teilnehmers ein Film zu laufen beginnt.

Menschen, die sich ihrer Fantasie hingeben, sind versunkene und glückliche Menschen. Ihre Augen sind geschlossen, doch ihr Herz ist weit geöffnet. Ihr Körper ist schläfrig, doch ihr Geist ist hellwach. Es sind Teilnehmer, wie sie sich jede Trainerin und jeder Coach, jede Lehrerin und jeder Sozialarbeiter wünschen.

Fantasiereisen sind ein wunderbares Abenteuer. Nicht nur für den, der daran teilnimmt. Sondern auch für den, der sie leitet.

P.S. Schreiben Sie mir gerne, wie Ihnen dieses Handbuch gefällt. Sie erreichen mich über meine Homepage www.karriereberater-akademie.de. Dort finden Sie unter der Rubrik »Bücher« auch Bonusmaterial zu diesem Buch.

01

Reiseinfos: Die Fantasie hebt ab

In diesem Kapitel erfahren Sie unter anderem:

→ warum Fantasiereisen lehren, ohne dass sich jemand belehrt fühlt
→ welche acht großen Vorteile Ihnen diese Reisen versprechen
→ was Hirnforscher über den Wohnsitz der Kreativität wissen
→ inwieweit Ihr didaktisches Konzept zu Fantasiereisen passt
→ und was Fantasiereisen mit der Schreibtischplatte Sigmund Freuds zu tun haben

Der Stoff, aus dem die Reisen sind

Die Gedanken Ihrer Fantasiereisenden sind wie Zugvögel: Sie schwingen sich in die Höhe und fliegen in die Ferne. An welchem Ort sie landen, ist ungewiss. Denn eine Fantasiereise besteht aus zweierlei: dem Text, den Sie vortragen, und den Gedanken, die er bei Ihren Teilnehmern erzeugt. Beides ist miteinander verwandt, aber nicht identisch. Es handelt sich um ein Zusammenspiel, um eine Wechselwirkung, die Sie beeinflussen, nicht aber bestimmen können.

Ehe ich diesen Aspekt vertiefe, möchte ich Ihnen einen Überblick geben, was unter einer Fantasiereise zu verstehen ist, in welchen Schritten sie abläuft und an welche Ziele sie führt. Als Gruppenleiter oder Coach sorgen Sie vor der Reise für Entspannung, indem Sie Ihre Teilnehmer zu gemütlichen Sitz- oder Liegehaltungen einladen, Störungen von außen abstellen und auf Fragen eingehen (s. S. 45). Wenn dieser Rahmen stimmt, tragen Sie in beruhigendem Ton einen Text vor, vom Blatt abgelesen oder frei, meist zu begleitender Musik. Die Reise besteht aus drei Teilen (Adams 2010):

Jede Fantasiereise besteht aus drei Phasen: Reisestart, Reise und Rückreise. Der Start entspannt und stößt das Tor zur Fantasie auf. Die (Fantasie-)Reise lässt die Teilnehmer ein Abenteuer erleben. Und die Rückreise holt sie sanft in die Realität zurück.

→ dem *Reisestart*, einer meditativen Entspannungsphase, bei der Körper und Geist zur Ruhe kommen wie beim autogenen Training;

→ der eigentlichen *Fantasiereise*, bei der die Teilnehmer den Raum im Geist verlassen und in eine Handlung für längere Zeit eintauchen;

→ und der *Rückreise*, die den sanften Weg von der Fantasiewelt wieder in die Realität weist.

Die Handlung der Reise kann Ihr Seminarthema aufgreifen oder ausschließlich der Entspannung dienen. In beiden Fällen laden Sie die Teilnehmer ein, in Gedanken an einen realen oder erfundenen Ort zu reisen. Dort erleben die Teilnehmer eine Situation, für die es wiederum drei Möglichkeiten gibt:

→ Die Situation ist frei erfunden, zum Beispiel begegnen die Teilnehmer einem Zauberer und einer Fee in einem Märchenwald.

→ Die Situation ist real, zum Beispiel erleben die Reisenden ein vergangenes Streitgespräch mit einem wichtigen Menschen nach.

→ Die Situation kann künftig so ähnlich geschehen, zum Beispiel versetzen sich die Teilnehmer in eine anstehende Verhandlung.

Natürlich lassen sich diese drei Wege auch kombinieren, etwa indem eine reale Situation in eine fiktive mündet oder umgekehrt. Zum Beispiel könnten die Reisenden im Märchenwald erst einen Streit zwischen einer Fee und einem Zauberer schlichten (erfundene Situation), ehe sie die Rückreise zu einem realen Konflikt antreten (Situation der Vergangenheit), um dort ihr Verhalten zu korrigieren und auf ein künftiges Gespräch zu übertragen (mögliche reale Situation der Zukunft).

Bestimmen Sie als Reiseleiter also, wo es bei der Reise langgeht? Nur ansatzweise. Stellen Sie sich Ihren Reisetext wie ein Drehbuch vor, das von fantasievollen Regisseuren umgesetzt wird, mit aller künstlerischen Freiheit. Wenn Sie 20 Teilnehmer zu der Reise einladen, werden nicht einmal zwei dieselbe Reise erleben. Manchmal meint man bei den Gesprächen nach der Reise, die Teilnehmer hätten verschiedenen Texten gelauscht.

Jeder Reisende sieht seine eigenen Orte, seine eigenen Personen, seine eigene Handlung vor sich. Jeder verknüpft Ihre Vorlage mit seiner Autobiografie, mit seiner Lebens- und Erfahrungswelt, bis eine höchst individuelle Mischung entsteht: der Kinofilm seiner eigenen Reise.

Die Worte eines Textes, so hat es der Romancier Martin Walser einmal ausgedrückt, lassen sich mit den Noten eines Musikstücks vergleichen: Der Leser (oder Hörer) tut dasselbe wie ein Musiker – er interpretiert (Walser 1997). Das Instrument, das er in diesem Fall verwendet, ist sein Gehirn. Es ruft die gespeicherten Muster und Erfahrungen ab.

Nehmen wir an, in Ihrer Reise kommt das Wort »See« vor. Dann sieht der eine Teilnehmer, sagen wir Martin Walser, sehr wahrscheinlich ein riesiges Gewässer vor sich – nämlich den Bodensee, an dessen Ufer er seit Jahrzehnten lebt. Aber die andere Teilnehmerin, die jeden Morgen durch den Stadtpark joggt, hat garantiert den Stadtparksee vor Augen. Ob »Vater« oder »Freundin«, ob »Hoffnung« oder »Verzweiflung« – jedes Wort ruft eine eigene Interpretation, ein eigenes Bild hervor.

Gerade das macht Fantasiereisen so reizvoll und so wirksam: Es sind keine fremden Inhalte, die den Teilnehmern in die Köpfe gestopft werden, wie es leider oft beim klassischen Lehren geschieht – es sind ihre eigenen, ihre ganz individuellen Bilder, die auf einmal in Bewegung kommen. Die typische Abwehrhaltung, die das Lehren oft erschwert, diese paradoxe Wirkung des Appells, der durch die Worte »Lern es!« gerade zum Nichtlernen führt, vermeiden Sie bei der Fantasiereise. Und jeder Teilnehmer hat die Chance, die Quelle seines Unterbewusstseins – oder »Unbewussten«, wie Freud es nennt (s. S. 18) – anzuzapfen, die Stimme seiner Intuition zu hören und neue Ressourcen zu erschließen.

Übung: Der zweifache See

Füttern Sie Ihr Bewusstsein mit dem Wort »See«, lassen Sie es sacken und richten Sie alle Konzentration darauf: See, See, See. Dann schließen Sie die Augen. Welche Bilder kommen Ihnen? Wie groß ist der See? Können Sie die Farbe des Wassers erkennen? Ist es windstill oder sturmgepeitscht? Sind die Ufer einsam oder belebt? Können Sie Tiere sehen? Wonach riecht es? Und welche Jahreszeit herrscht eigentlich: Frühjahr, Sommer, Herbst? Oder gar Winter mit einer Eisdecke auf dem See?

Lassen Sie das Bild so lange auf sich wirken, bis Sie die Details erfasst haben. Dann öffnen Sie die Augen wieder und schreiben Ihre Assoziationen auf. Kennen Sie ein reales Gewässer, das Ihren Vorstellungen zugrunde liegt?

In der zweiten Runde bitten Sie einen anderen Menschen, dasselbe Experiment zu unternehmen. Vergleichen Sie die Ergebnisse und analysieren Sie, inwieweit dasselbe Wort völlig andere Assoziationen erzeugt hat. Was können Sie für Ihre Fantasiereisen daraus lernen?

Wie die Bilder laufen lernten

Wollen wir wetten, Ihre letzte Fantasiereise ist noch keine 24 Stunden her? Ich spreche von der ursprünglichsten aller Fantasiereisen – vom Traum. Was dabei im Schlaf geschieht, lässt sich mit einer Fantasiereise vergleichen: Die Gedanken, sonst vom Verstand gesteuert, reißen sich los von der Leine des Willens. Sie verdichten sich zu sinnlichen Eindrücken, sichtbar, greifbar und intensiv wie reales Leben. Die Handlung schüttelt die Gesetze der Logik ab, sie jongliert mit Zeiten, Orten und Motiven. Ein Traum kann tote Menschen zurück ins Leben holen und Naturgesetze aufheben, er kann Mäuse singen lassen oder den Bettler zum König berufen. Ein Traum kann *alles*.

Wie kommen wir zu den Träumen? Oder wie kommen die Träume zu uns? In der Antike führten die Menschen jedes Phänomen, das sich ihrem Verstand entzog, auf die Götter zurück (Freud 2001). Wie Zeus und Co. die Blitze schleuderten, die Pest schickten, den Weizen wachsen oder verkümmern ließen, so mussten die Götter auch die Traumbilder senden. Daher ist es kein Zufall, dass im Alten Testament der Prophet Daniel die Kunst der Oneiromantie pflegte, also Träume in Weissagungen ummünzte.

Sigmund Freud, der Pionier der Traumdeutung, schrieb den Träumen Ende des vorletzten Jahrhunderts eine tiefenpsychologische Bedeutung zu. Die Botschaften, die sie sendeten, kämen nicht aus dem Reich der Götter, sondern aus dem Land der individuellen Erfahrungen. Eine innere »Zensur« habe entscheidende Situationen der Kindheit ins Unbewusste verdrängt. Erst im Schlaf ploppten diese Inhalte, vom triebhaften »Es« gedrängt, wie ein unter Wasser gedrückter Ball an die Oberfläche. Mit seinen Klienten entschlüsselte er Träume durch freie Assoziationen.

Carl Gustav Jung, ehemaliger Schüler Freuds, sprach den Träumen diesen doppelten Boden ab: Er sah die innere Wirklichkeit der Träumenden unmittelbar dargestellt. Jung ging von einem »kollektiven Unbewussten« aus, von archetypischen Symbolen, deren Bedeutung sich erstreckte über die Grenzen des Individuums und der Kulturen hinaus (Jung 2009). Zum Beispiel gilt ein Baum weltweit als Symbol des Lebens.

Mitte der 1950er-Jahre, in der Bugwelle der nächtlichen Träume, segelten die Tagträume ins Bewusstsein der Öffentlichkeit. Der Göttinger Psychoanalytiker Hanscarl Leuner entwickelte das »katathyme Bilderleben«, auch Symboldrama genannt (Leuner 2003). Diese Methode schreibt den Vorstellungen und Bildern, die das Gehirn im Laufe des Tages wie automatisch abspult, eine große Bedeutung zu: Jeder *Tagtraum* sei ein Spiegel, in dem sich unbewusste Konflikte und Gefühle, Ängste und Hoffnungen zeigten. Und wie das reale Erlebnis starke Gefühle auslöse, so löse auch das fantasierte Erlebnis starke Gefühle aus – eine emotionale Beteiligung, die zwei Möglichkeiten schafft: Bezugspunkte für eine Reflexion und Energie für eine Veränderung.

Katathymes Bild

Ein katathymes – also auf die Seele wirkendes – Bild erfüllt vier Bedingungen, die ähnlich für Bilder bei Fantasiereisen gelten:
Das Bild entsteht ohne willentliche Anstrengung vorm geistigen Auge, was meist zu vollkommenen Bildern führt – während herbeigezwungene Bilder, etwa wenn Zeugen sich an ein Räubergesicht erinnern sollen, meist verschwommen sind.
Es ist klar in seinen Konturen – also kein abstraktes Gemälde, sondern realistisch.
Es ist dreidimensional – also nicht nur ein Papierbild, auf das man von außen schaut, sondern ein Raum mit Höhe, Tiefe und Länge, der sich betreten lässt.
Und es ist farbig, sodass es mit den Farben auch Emotionen transportiert – während farblose Bilder meist eine emotionale Distanz erzeugen.

Eingeleitet wird das Symboldrama ebenso wie die Fantasiereise, nämlich von einer Entspannungsphase, ehe der Therapeut mehrere Symbole zur Wahl anbietet, so Wiese, Haus oder Baum. Der Klient entscheidet sich für ein Bild und lässt seine Gedanken dorthin reisen. Derweil kann der Therapeut den Tagtraum mit so allgemeinen Worten begleiten, dass genug Raum für individuelle Assoziationen bleibt. Am Ende beschreibt der Klient in allen Einzelheiten, was er bei seiner Bilderreise gesehen und erlebt hat. Meist haben sich die Bilder in der Gedankenreise zu einem bewegten Film verbunden. An diese Fantasien schließt sich ein Gespräch an, das nach Zusammenhängen zwischen der Reise und der realen Situation sucht. Welche Gefühle haben die Bilder ausgelöst?

Ursprünglich diente das Symboldrama der Kurzzeitbehandlung von Kindern, Jugendlichen und auch Erwachsenen. Doch ihr Erfolg katapultierte die Idee schnell über die Mauern der therapeutischen Arbeit hinaus. Populäre »Bilderreisen« griffen den Ansatz in freier Form auf, vor allem in der Arbeit mit Kindern und Jugendlichen. Die Handlung dieser Reise löste sich von einzelnen Symbolen und ging immer kreativere Wege. Heute finden sich die Spuren der Fantasiereise in vielen modernen Ansätzen der Psychologie und Pädagogik, von der Gestalttherapie über das Superlearning bis hin zum ganzheitlichen Lernen – mal als Gruppenerlebnis, mal als Arbeit mit einem einzelnen Klienten (s. S. 41).

Der Trainer im Managerseminar setzt Fantasiereisen ebenso erfolgreich ein wie der Übungsleiter in der Fußballkabine, der Coach in der Einzelberatung des Abteilungsleiters ebenso wie die Sozialarbeiterin bei der Betreuung von Jugendlichen, und an der Volkshochschule im Töpferkurs geht die Fantasie ebenso auf die Reise wie beim Physikunterricht im Klassenzimmer.

Die Fantasiereise ist kein Exot mehr wie in ihren Anfangsjahren, sie etabliert sich in der Erwachsenenbildung, in der Pädagogik und in der Therapie. Doch die Fantasiereise kommt nicht auf schnellen Beinen vorwärts, sondern sie kämpft sich mühsam nach vorne: Die moderne Gesellschaft hat ihrem Götzen, der nüchternen Logik, so viel Platz eingeräumt, dass die Fantasiereise sich ihre Nischen mit Mühe erobern muss. Doch dieser Einsatz lohnt sich; die Ergebnisse sind, im wahrsten Sinne, fantastisch!

Über allem schwebt der Tagtraum … Die Fantasiereise ging hervor aus dem Symboldrama und der Bilderreise. In etlichen Lehr- und Therapieformen kommen Fantasiereisen zum Einsatz, so in Superlearning, Suggestopädie und Gestalttherapie.

Eines verbindet diese Lehr- und Therapieformen: Sie arbeiten mit Bildern, die der Fantasie neue Türen öffnen. Es lohnt sich, diese Symbole einmal näher unter die Lupe zu nehmen.

Die Sprache der Symbole

Das katathyme Bilderleben geht von Grundsymbolen aus. Jedes davon hat eine bestimmte Bedeutung und kann auch in Fantasiereisen zum Einsatz kommen. Hier eine Auswahl wichtiger Symbole, von denen Ihnen viele in den Reisen dieses Buches begegnen werden. Alle diese Bilder können Ihnen ebenso als Grundlage für einen eigenen Text dienen.

BACH: Das Wasser steht für Lebenskraft, weil alles aus dem Wasser kommt, und es steht für Veränderung, weil alles fließt. Glasklares Wasser kann Ursprünglichkeit und Reinheit symbolisieren, eine Rückkehr zur Quelle. Der Bach kann aber auch für Probleme stehen – wenn das Wasser sich trübt (Probleme ziehen auf), wenn es sich staut (Dinge geraten ins Stocken) oder wenn es über die Ufer tritt (jemand wird von einer Aufgabe oder seinen Mitmenschen überfordert).

BERG: Der Berg steht für Rivalität, für Herausforderungen und für Leistung. Die Leichtigkeit oder Schwere, mit der er sich besteigen lässt, kann für die Größe und Machbarkeit einer Herausforderung im Leben stehen. Von den Höhen des Berges lässt sich überblicken, woher jemand kommt, wo er steht und wie es seinem Körper und seine Seele geht. Und der Abstieg symbolisiert eine Veränderung im Leben, kann positive Gefühle nach sich ziehen aus Freude über vollbrachte Leistung oder zu Wehmut und Trauer führen, weil die Position gewechselt wird.

HAUS: Das Haus steht für einen Menschen und drückt seine Selbstwahrnehmung aus. Ist das Haus in gutem Zustand oder renovierungsbedürftig (Veränderungen sind nötig), ist es erdrückend eng (jemand braucht mehr Raum für sich) oder erschreckend weitläufig (eine größere Konzentration im Leben hülfe)? Auch die Sauberkeit und die Einrichtung des Hauses geben interessante Anstöße für Deutungen.

WALDRAND: Der Wald symbolisiert das Unbewusste, während die angrenzende Lichtung für das Bewusstsein steht. Interessant ist, wie der Klient den Wald wahrnimmt, ob dicht wie einen Dschungel oder hoch und licht. Welche Geräusche, welche Wesen und Tiere entdeckt er in dem Wald? Bedroht ihn der Wald, etwa durch seine Dunkelheit? Oder beschützt er ihn durch seinen Schatten?

WIESE: Die Wiese ist ein klassisches Einleitungsmotiv, das sich mit anderen Motiven verbinden lässt. Sie steht für blühendes Leben und für Fruchtbarkeit, für Ruhe und für Begegnungen. Ihre Größe (ob sie weit oder eingezäunt ist), ihre Farbe (ob sie blumig ist oder nicht) und ihr Zustand (ob sie blüht oder verdorrt) können Hinweise auf die aktuellen Gefühle des Bilderreisenden geben.

Acht gute Gründe für Fantasiereisen

Was spricht dafür, dass Sie Ihre Teilnehmer, Klienten oder Schüler zu Fantasiereisen einladen? Welche Vorteile für Didaktik und Atmosphäre bietet diese Methode, inwieweit kann sie die Arbeit mit Gruppen oder Einzelklienten bereichern? Hier erfahren Sie acht gute Gründe, die für Fantasiereisen sprechen, oder Chancen, die sich durch sie eröffnen.

Erstens: Erholung öffnet kreative Räume

Haben Sie einmal beobachtet, was mit einem Regentropfen passiert, wenn er auf eine Wasseroberfläche trifft? Es sieht aus, als werde der Tropfen von einem Trampolin zurückgeschleudert, als hindere ihn die Oberflächenspannung am reibungslosen Eindringen. Ein ähnliches Phänomen tritt auf, wenn Menschen unter Anspannung stehen, beim Lernen und auch sonst: Sie schaffen es kaum noch, neue Erkenntnisse aufzunehmen. Die Inhalte prallen an ihnen ab.

Die US-Psychologen Robert Yerkes und John D. Dodson haben schon 1908 nachgewiesen: Je höher die Anspannung, desto ineffektiver arbeitet das menschliche Gehirn (Hofmann 2001). Das kennt jeder von uns. Oder waren Sie bei einem Streit (unter großer Anspannung) noch nie um eine gute Antwort verlegen, die Ihnen danach (bei sinkender Anspannung) sofort eingefallen ist? Oder ist Ihnen noch nie für ein Problem, das Ihnen im Stress des Tages unlösbar schien, im Bett kurz vor dem Einschlafen eine Lösung zugeflogen?

Fantasiereisen stoßen die Tür zur Entspannung auf. Es kommt bei den Teilnehmern zu einer Veränderung im vegetativen Nervensystem, jener Schaltzentrale, von der wichtige Körperfunktionen wie Blutdruck, Körpertemperatur und Stoffwechsel gesteuert werden. Der Erregungsnerv Sympathikus fährt seine Aktivität zurück. Und sein Gegenspieler, der Ruhenerv Parasympathikus, übernimmt das Kommando (Gross/Haus 2004).

Der Körper, beruhigt durch die Reise, schaltet in den Entspannungsmodus. Die Blutgefäße weiten sich, das Herz schlägt langsamer, der Atem flacht ab. Der Körper braucht weniger Sauerstoff, der Blutdruck sinkt, das Blut fließt leichter bis in die Finger und Zehen. Und mit dieser Wärme, die sich im ganzen Körper ausbreitet, durchfließen die Reisenden Zufriedenheit, Geborgenheit und Wohlbefinden.

Ihre Aufmerksamkeit verlagert sich nach innen, auf die Bilder der Reise. Sie vergessen ihren Körper, vergessen den Raum, vergessen ihre alten Grenzen. Mit der Entspannung des Körpers wird der Geist immer wacher. Auf einmal ist das Undenkbare denkbar, das Unmögliche möglich, und die alten Grenzen fallen. Bildhaft gesprochen: Die Oberflächenspannung des Bewusstseins wird mit sinkender Anspannung durchlässiger: zum einen für Erkenntnisse von außen, die langsam durchsickern; zum anderen für Ideen von innen, die sich hoch ins Bewusstsein arbeiten. Fantasiereise sei Dank!

> **Tipp:** Kaufen Sie sich ein Lexikon der Traumsymbole, zum Beispiel »10.000 Träume – Traumsymbole und ihre Bedeutung von A bis Z« (Ball 2007). Daraus können Sie zahlreiche Ideen für Fantasiereisen ableiten.

Zweitens: Die Stunde der Intuition

Zwölf Millionen Dollar sollte sie kosten, die Statue eines griechischen Jünglings, die dem Getty-Museum in Los Angeles angeboten wurde. Der Preis ging in Ordnung, war das Kunstwerk doch 2.500 Jahre alt. Zu dieser Überzeugung war eine Gruppe von Wissenschaftlern gelangt. Monatelang hatte sie die Statue begutachtet – mit Mikroskopen, mit Röntgengeräten, mit modernsten Tests.

In letzter Sekunde schauten sich noch ein paar Kunstkenner die Figur an. Das einzige Untersuchungsinstrument, das sie mitbrachten, waren ihre Augen. Die Tendenz fiel einhellig aus: Thomas Hoving, ehemaliger Leiter des Metropolitan Museum of Art in New York, dachte beim ersten Anblick des Jünglings: »Frisch«! Ein renommierter Chefarchäologe aus Griechenland verspürte »sofort ein Frösteln am ganzen Körper«, als würde ihn von dem Kunstwerk »eine unsichtbare Wand trennen«.

Am Ende kam heraus: Die Statue war eine raffinierte Fälschung. Alle wissenschaftlichen Tests hatten versagt. Recht behalten hatten der erste Blick, das Bauchgefühl, die Intuition (Gladwell 2011).

Ein Zufall? Nein, denn Wissenschaftler wie der portugiesische Neurologe António R. Damásio haben schon lange bewiesen: Unser Instinkt ist dem Verstand voraus. Er weiß, was gut für uns ist, kennt die richtigen Entscheidungen. Das Problem ist nur: Wir haben verlernt, auf ihn zu hören. Mit Fantasiereisen schaffen Sie es, dieses unhörbare Flüstern der Intuition zu einer deutlichen Stimme, zu einem Entscheidungsfaktor wachsen zu lassen.

Sigmund Freud, der Vater der Tiefenpsychologie, teilte die menschliche Seele in drei psychische Bereiche ein: das Bewusste, das Vorbewusste und das Unbewusste. Stellen Sie sich diese Schichten einmal als freudschen Schreibtisch vor: Das Bewusste liegt auf der Schreibtischplatte, Sie haben sofort Zugriff darauf. Das Vorbewusste befindet sich in den Schubladen, Sie müssen erst danach wühlen – etwa nach einer englischen Vokabel, die Sie lange nicht verwendet haben, aber durchaus kennen. Und das Unbewusste ist verstaut in den Geheimfächern Ihres Schreibtischs. Zu diesen Fächern, deren Zahl unbekannt ist, haben Sie keinen Schlüssel, können also nicht willentlich auf sie zugreifen.

Allerdings hat dieser Schreibtisch eine Besonderheit: Die Platte ist winzig klein, umfasst gerade mal die Oberfläche einer Streichholzschachtel. Dafür ist der Schreibtisch so hoch wie ein Wolkenkratzer, seine Schubladen und vor allem Geheimfächer reichen (für Sie unsichtbar) bis in den Keller hinab und sind prall gefüllt.

Das Bewusstsein ist ein schwaches Werkzeug: Es bewältigt schätzungsweise 50 Basiseinheiten von Information (Bits) pro Sekunde. In derselben Zeit verarbeitet das Unbewusste *Millionen* von Bits, wovon also nur ein lächerlich geringer Teil die Oberfläche des Bewusstseins erreicht – oder die Schreibtischplatte, um im Bild zu bleiben. Der Hirnforscher Gerhard Roth sagt: Nur 0,1 Prozent von dem, was das Gehirn tut, sei uns aktuell bewusst. Der Rest, die eigentliche Musik des vielschichtigen Daseins, spiele sich unbewusst ab (DIE ZEIT, »Ich fühle, also bin ich«, 2/2006).

Eine Fantasiereise kann jene Schätze heben, die unter der Oberfläche des Bewusstseins schlummern. Denn die Reise versetzt die Teilnehmer in einen Zustand der Meditation, sie verwischt den klaren Trennstrich zwischen den Bewusstseinsschichten und führt zu einem fließenden Austausch, als wenn sich Wasserschichten umwälzen. Die Teilnehmer haben Zugriff zu Informationen, zu Intuitionen, zu Erinnerungen, die sich bewusst nicht abrufen lassen.

Wenn ein Teilnehmer oder Schüler sagt, er habe zu einem Thema »noch keine Informationen und Erfahrungen«, dann heißt das nur: Auf der Oberfläche des Schreibtischs ist nichts greifbar. Aber wie sieht es aus in den tieferen Fächern? Eine Fantasiereise kann diese Fächer öffnen und ihren Inhalt nutzbar machen.

Wenn ein Klient im Coaching sagt, er habe für eine wichtige Lebensentscheidung keine Lösung, dann heißt das nur: Auf der Oberfläche seines Schreibtischs ergeben Pro und Kontra keine klare Richtung. Aber wie sieht es aus in den tieferen Fächern? Kann es nicht sein, dass es ihm wie den letzten Betrachtern der Jünglingsstatue geht – dass er die richtige Entscheidung »aus dem Bauch heraus« kennt? Eine Fantasiereise kann diesem Bauch eine Stimme verleihen – und den Teilnehmern zu stimmigeren Entscheidungen, ja sogar zu einem stimmigeren Leben verhelfen.

Von der Reisefreiheit

Wie viele Vorgaben sollte der Text einer Fantasiereise machen? Oder wie viele Freiheiten sollte er der Fantasie der Teilnehmer lassen, auch um die Intuition zu wecken? Es gibt drei Stufen (Maschwitz 2009):

Gelenkte Reise: Die Handlung wird vorgegeben: »Stell dir vor, du gehst mit großen Schritten durch das Tor, schreitest über moosigen Boden und gleißendes Licht sticht dir in die Augen.«

Halb offene Reise: Hier schafft die Reise durch Fragen und weniger konkrete Formulierungen mehr Raum für Assoziationen: »Vor dir liegt ein Tor. Was wirst du jetzt tun? Und an welche Stationen, an welche Neuanfänge deines Lebens, an welche ersten Schritte auf neuem Boden erinnert dich die Situation?«

Offene Reise: Hier bekommen die Reisenden nur Impulse vorgegeben (wie zum Beispiel beim katathymen Bilderleben), um sie selbst mit Leben zu füllen: »Ein Wald (Pause), ein Tor (Pause), Moos (Pause), gleißendes Licht …«

Die gängigste Form außerhalb der Therapie – auch in diesem Buch – ist eine Mischung aus gelenkter und halb offener Reise. Der lenkende Text dient als Basis: Er nimmt die Teilnehmer mit wie der Fluss ein Boot, er trägt sie in die gewünschte Situation. Aber dann kommen Phasen, in denen sie selbst schwimmen müssen: die halb offenen Passagen mit Fragen, mit Wahlmöglichkeiten, mit Biografiearbeit. Diese Mischung ist nach meiner Erfahrung ideal, um Entspannung und Spannung miteinander zu verbinden.

Drittens: Sinnliche Erfahrung ist Trumpf

Die beste Lehrerin dieser Welt hat einen Namen: Sie heißt Erfahrung. Es macht einen großen Unterschied, ob Sie jemandem erklären, dass es ein Phänomen namens »Schwerkraft« gibt – oder ob ihm ein Apfel auf den Kopf fällt. Die Fußspur der Theorie ist schnell verwischt. Dagegen prägt sich *sinnliche* Erfahrung tief ein. Neurologen haben herausgefunden: Je mehr Sinne eine Botschaft *zur gleichen Zeit* anspricht, je eher sie zu sehen und zu hören, zu riechen und zu tasten ist, desto mehr Neuronen werden im Gehirn aktiviert – und desto mehr Wissen bleibt hängen (Beaulieu 2010).

»Erfahrung« ist ein spannendes Wort – da steckt die »Fahrt« drin. Bei einer Fantasiereise schicken Sie Ihre Teilnehmer auf eine Fahrt. Dass die Reisenden den Raum nicht körperlich, sondern nur im Geist verlassen, tut ihrer Erfahrung keinen Abbruch. Die Fantasiereise sorgt dafür, dass die Teilnehmer Bilder sehen, Gerüche einatmen, Geräusche hören und neuen Boden unter ihren Fußsohlen spüren. Wer sich ganz auf eine Vorstellung einlässt, kann derweil zwischen Fantasie und Realität kaum unterscheiden (wie beim Traum); das Erlebte gilt als Gelebtes.

Was für ein Unterschied, ob sich ein Teilnehmer *vornimmt,* ab dem nächsten Tag weniger Vorurteile zu haben oder ob er den warmen Körper eines Pferdes unter sich galoppieren spürt, in der Ferne einen Kojoten heulen hört und durch eine Schlucht des Wilden Westens reitet. Dabei stürzen donnernde Felsbrocken vor ihm herab, Indianer kreisen ihn mit Kriegsgeheul ein – und er selbst zieht Schlüsse, die sich im Laufe der Handlung als völlig falsch erweisen. Später sieht er dann, wie ein Goldgräberfluss die Vorurteile mit seinem Wasser davonträgt … (s. S. 152 Reise Nr. 20).

Allein dieser Absatz lässt ahnen, wie nackt und spröde die bloße Erkenntnis neben einer sinnlichen Erfahrung scheint. Die Reisenden weiten den Kreis ihres Erlebens während des Gedankenritts aus. Ihren realen Erfahrungen, die vielleicht ernüchternd sind, stellen sie neue Erfahrungen gegenüber. Wer bislang als Redner in gähnende Gesichter geschaut hat, bringt nun einen ganzen Saal zum Kochen. Diese sinnlichen Eindrücke gehen so tief, dass sie die Wahrnehmung, die Haltung und die Selbstwirksamkeitserwartung eines Menschen verändern können.

Die Fantasiereise lässt ihn ein Hochgefühl *erleben:* Er kann mit der Macht seiner Gedanken die Dinge lenken und formen, er wird zum Schöpfer einer kleinen Welt. Schranken lassen sich heben, Hindernisse beseitigen. Und während die Probleme schrumpfen, wachsen die Fähigkeiten. Diese spirituelle Erfahrung kann gewünschte Veränderungen anschieben.

Hindernisse im Kopf überwinden: Die Fantasiereise weckt die sinnliche Vorstellung vom Erfolg –
was oft reale Erfolge nach sich zieht.

Viertens: Wohl dem, der eine Geschichte weiß!

Nichts fasziniert Menschen so sehr wie Geschichten. Wenn jemand mit Worten so umgeht, dass in unserem Kopf farbige Bilder entstehen und spannende Dinge passieren, dann kleben wir an seinen Lippen. Das war früher so, am Lagerfeuer vor der Höhle. Und das ist noch heute so, wenn wir einen Roman lesen, ein Hörbuch genießen oder einem Freund lauschen, der eine verrückte Geschichte aus seinem Urlaub erzählt.

Wer nur Fakten aneinanderreiht, wird mit der Zeit überhört. Der Stoff rauscht an den Teilnehmern vorbei wie der Straßenlärm. Wer dasselbe in eine spannende Geschichte verpackt, erzeugt *Aufmerksamkeit* – die wichtigste Voraussetzung dafür, dass unser Gehirn eine Information ins Gedächtnis einlässt. Je aufmerksamer der Zuhörer, desto eher stellt er sich (unbewusst) Fragen wie: »Woher kenne ich diese Situation?«, »Was weiß ich zu diesem Thema schon?«, »Wohin wird diese Geschichte führen?«

Eine ideale Voraussetzung fürs Lernen: Der Teilnehmer verknüpft das, was er in der Geschichte hört, mit den Assoziationen, die in seinem Gehirn gespeichert sind. Stellen Sie sich das Gehirn als riesiges Denkareal vor, gefüllt mit Millionen winziger

Nervennetze, von denen jedes Spezialwissen verknüpft. Die Aufmerksamkeit gleicht einem Suchscheinwerfer, der nach schon bestehenden Verknüpfungen zu einem Thema forscht. Erst wenn sie gefunden sind, können Querverbindungen zwischen den neuronalen Nervenbahnen entstehen. Der Zuhörer wird in die Lage versetzt, die neue Information zu verstehen und einzuordnen – also bleiben sie hängen, wie man so bezeichnend sagt.

Warum sollten Sie diese Faszination, diesen natürlichen Lerneffekt der Geschichten nicht auch als Trainer oder Beraterin, als Lehrer oder Jugendgruppenleiterin nutzen? Warum das »trockene Wissen« nicht durch spannende Geschichten, nicht durch Fantasiereisen transportieren, in die Ihre Teilnehmer selbst eintauchen können?

Als Erzähler von Fantasiereisen haben Sie gegenüber literarischen Autoren einen Vorteil: Sie können die Aufmerksamkeit Ihrer Hörer leichter gewinnen. Warum das? Literatur entwickelt Faszination durch Identifikation. Erst wenn der Zuhörer (oder Leser) sich in einen Protagonisten hineinversetzt, übt die Geschichte ihre Sogkraft aus. Hartes Brot für den Schriftsteller, aber nicht für Sie. Denn der Protagonist Ihrer Reise ist keine fiktive Figur, es ist der Teilnehmer selbst. Und für niemanden auf dieser Erde interessiert er sich mehr als für die eigene Person.

Statt nur Zaungast der Geschichte zu sein, taucht er selbst in die Handlung ein, erlebt sie mit allen Sinnen. Sein Interesse wird also von zwei starken Polen gleichzeitig angezogen:

→ von der Handlung der Geschichte, deren Verlauf und Ausgang ihn interessieren;
→ von seinem Interesse an sich selbst, wie er sich in dieser ungewohnten Situation erlebt und wahrnimmt.

Immer wieder fällt mir auf: Sogar Teilnehmer, die vor der Reise skeptisch waren, berichten danach von einem wunderbaren Sog, der sie immer tiefer in die Handlung hineingezogen habe. Fantasiereisen können faszinierend sein. Ihre Handlung ergreift die Teilnehmer – weil sie nicht Objekt, sondern Subjekt der Reise sind, weil sie der Handlung nicht nur folgen, sondern sie selbst mitgestalten und mit den Farben ihrer Fantasie ausmalen.

Geschichtsforschung

Wenn Sie an wahre Geschichten denken, die Sie gehört haben, zum Beispiel von Freunden – welche fallen Ihnen dann sofort ein? Welche davon hat Sie ganz besonders gepackt? Bitte überlegen Sie, was diese Erzählung so faszinierend gemacht hat. Welche Rollen spielen …

→ die handelnden Menschen (Identifikation);
→ der Ablauf der Handlung (Dramatik);
→ und die Erzählweise (Ton und Tempo)?

Nehmen wir an, Sie müssten genau diese Geschichte als Grundlage für eine Fantasiereise verwenden: Welche Art von Reise wäre das? Wie ließe sich der Bogen zu Ihrem Thema schlagen? Und was können Sie aus der Erzählweise für sich ableiten?

Fünftens: Die Goldmine der neuen Ressourcen

Viele Menschen fragen sich: »Was steckt in mir?« Diese Formulierung gibt schon einen wichtigen Hinweis: Etliche Ressourcen entziehen sich dem direkten Zugriff – so wie Quellen tief unter der Erde liegen und erst angezapft sein wollen. Der Alltag kann eine ewige Wiederholungsschleife sein: Ein Mensch ist immer wieder mit ähnlichen Situationen konfrontiert, greift auf ähnliche Verhaltensmuster zurück und bekommt ähnliche Reaktionen. Und auf diesen Kreislauf gründet sich sein Selbstbild.

Die Fantasiereise durchbricht diesen Kreis auf zwei Arten:

→ Zum einen kann das Geschehen während der Reise so neu und überraschend sein, dass es den Reisenden auch zu neuen und überraschenden Verhaltensweisen, zur Entdeckung verborgener Ressourcen animiert. Zum Beispiel will er ganz dringend eine Brücke überqueren, aber ein Wächter stellt sich ihm in den Weg (s. Reise Nr. 16, S. 140). Wie handelt oder verhandelt er nun? Der Reisende weicht vom Pfad seiner Gewohnheit ab, geht kreativ mit Situationen um und erdenkt Möglichkeiten, die vielleicht auch in der Realität zur Verfügung stünden.

→ Zum anderen kann die Fantasiereise den Teilnehmer in eine vertraute Situation führen, die er aber auf außergewöhnliche Weise erlebt: Zum Beispiel sieht er eine wichtige Situation seines Lebens aus einer völlig neuen Perspektive, auch im räumlichen Sinne – er schaut von einer Wolke auf sich und sein Handeln herab (s. Reise Nr. 21, S. 156). Dieser Blickwinkel führt ihm Zusammenhänge oder auch Details vors Auge, die ihm vorher entgangen sind. Es ist ähnlich wie in einem Stadion: Wer sich als Fußballer mitten im Spiel befindet, sieht vielleicht nur ein oder zwei Abspielmöglichkeiten, seines Erachtens die einzigen. Aber könnte er dieselbe Situation aus der Warte der Tribüne sehen, fiele ihm die Begrenztheit des eigenen Blicks auf. Natürlich gibt es mehr Möglichkeiten als die, die er unmittelbar gesehen hat.

Der Reiseteilnehmer wird sein Handeln aus der neuen Perspektive anders einordnen. Vielleicht entdeckt er Auswirkungen, die ihm nicht klar waren. Vielleicht fallen ihm Sätze ein, die er hätte sagen können. Und vielleicht nutzt er die Möglichkeit, die Palette seiner Verhaltensmuster um eine neue Farbe zu bereichern. Die Fantasiereise holt verborgene Wünsche ans Licht und lässt neue Ressourcenquellen sprudeln.

Sechstens: Der wunderbare Probenraum

Nehmen wir an, ein schüchterner Mensch möchte offener im Umgang werden. Warum fällt ihm das so schwer? Zum einen hat sich sein altes Verhaltensmuster durch neuronale Netzwerke in sein Gehirn eingebrannt. Er lenkt nicht mehr seine Gewohnheiten, sondern seine Gewohnheiten lenken ihn. Zum anderen würde neues Verhalten auch neue Folgen haben – reale Folgen! Und die kann er kaum einschätzen. Wer weiß, ob er sich beim offeneren Reden nicht verhaspelt oder ob ihn die anderen als Langweiler verlachen.

Die Fantasiereise gibt dem Teilnehmer eine märchenhafte Chance: Er kann in realitätsnahe Situationen eintauchen, kann dort Neues tun oder Altes unterlassen, *ohne* die realen Folgen tragen zu müssen. Er betritt einen Probenraum, in dem jedes Verhalten erlaubt und ohne Risiko ist. Hier kann er eine Situation, die er sich in der Realität wünscht, mit allen Sinnen gedanklich erleben – und dann auswerten, was geschehen ist und welche Vorsätze er daraus ableitet.

Nach dem Philosophen Karl Popper lässt sich das menschliche Erleben in drei Welten aufteilen: eine Welt der Dinge und des Handelns (etwas geschieht tatsächlich), eine Welt der psychischen Zustände (etwas wird dabei empfunden) und eine Welt der Interpretation (die Geschehnisse werden gedeutet). Wenn ein Mensch im Alltag handelt, fließen diese drei Welten unentwirrbar ineinander (Schaller 2006). Oder können Sie mit Sicherheit sagen, ob ein Streit Sie in schlechte Laune versetzt hat – oder ob diese Laune den Streit erst herbeigeführt hat? Und was heißt eigentlich »Streit«? Gehört nicht dieses Wort schon in die Welt der Interpretation?

Bei der Fantasiereise können Sie durch Ihre Regieanweisungen dafür sorgen, dass der Reisende die drei Welten immer wieder *getrennt* betrachtet. Die Welt der Dinge und des Handelns lässt sich in den Fokus rücken durch Anregungen wie: »Stell dir vor, du könntest dich in dieser Gesprächssituation wie auf einer Filmaufnahme sehen, von außen, völlig unbeteiligt. Achte genau darauf, wie du dich bewegst. Was tun deine Beine? Was tun deine Arme? Was tut deine Gesichtsmuskulatur? Welche Worte wählst du? Achte auf deinen Ton und …«

Die Welt der psychischen Zustände lässt sich unter die Lupe nehmen durch Einwürfe wie: »Geh jetzt mit deinen Gedanken in dich hinein und achte darauf, wie du dich in dieser Situation fühlst. Was genau regt sich in dir? Und an welcher Stelle deines Körpers? Fühlt es sich behaglich oder unbehaglich an? …«

Und die Welt der Interpretationen wird sichtbar durch Anstöße wie: »Stell dir einmal vor, du hättest das, was geschehen ist, aus einiger Ferne beobachtet – so wie ein Naturwissenschaftler ein Experiment. Und nun liegt es an dir, die Geschehnisse zu deuten. Wie bewertest du diesen Vorgang? Welche Absichten deines Gesprächspartners unterstellst du? (Pause). Und was, wenn das Gegenteil wahr wäre?«, und so weiter.

Nehmen wir an, Sie wollen diesen Ansatz auf eine Reise für den schüchternen Klienten übertragen. Folgende Grundidee: Er reist mit seiner Fantasie in einen Palast und führt durch das offene Erdgeschossfenster ein Gespräch mit einem Menschen, dem er im realen Leben offener begegnen will. Im Laufe der Handlung lehnt er sich körperlich Stück für Stück weiter aus dem Fenster, während er gleichzeitig mit dem, was er sagt, weiter aus sich herauskommt. Diese Situation wird er sehr intensiv erleben. Dabei liegt es an Ihnen, die Aufmerksamkeit auf die drei Welten zu lenken.

Stellen Sie sich die Wahrnehmung Ihres Klienten wie einen Kompass vor, dessen Nadel Sie durch jede Ihrer Fragen, jede Ihrer Anregungen beeinflussen können. Die Kunst besteht darin, dass Sie bei der Reise alle Himmelsrichtungen des Denkens und Fühlens im Blick behalten.

Übung: Drei Welten

Was könnten Sie sagen oder fragen, um alle drei Welten nach Popper im Zusammenhang mit der gerade umrissenen Reise anzusprechen? Bitte verwenden Sie die Du-Form als Anrede (s. S. 53) und machen Sie sich Notizen, ehe Sie meine Vorschläge lesen:

Welt der Dinge und des Handelns:

Welt der psychischen Zustände:

Welt der Interpretationen:

Folgende Lösung wäre möglich:

→ *Welt der Dinge und des Handelns:* »Was verändert sich, wenn du dich aus dem Fenster lehnst und mehr redest? Wie wirkt sich das auf deine Gesten aus? Auf deine Lautstärke? Auf deine Wortwahl? Und wie auf die Körperhaltung und den Gesichtsausdruck des Gesprächspartners? Wie weit kannst du dich nach vorne lehnen, ohne zu fallen?«

→ *Welt der psychischen Zustände:* »Wie fühlt sich das an für dich – gesprächiger zu sein, offener zu sein, mehr im Mittelpunkt zu stehen? Was verändert sich an deinem inneren Empfinden, je weiter du aus dem Fensterrahmen und auch aus dir selbst herauskommst? Mit welchen Worten würdest du dieses Gefühl einem Freund beschreiben?«

→ *Welt der Interpretationen:* »Nehmen wir an, du könntest die Gesten deines Gesprächspartners einmal in Worte übersetzen: Was, meinst du, will er dir damit sagen? Und wie deutest du seinen Gesichtsausdruck? Und bezogen auf dich selbst: Welche Botschaften sendet dir dein Körper, während du dich nach vorne lehnst? Was will er damit deiner Meinung nach erreichen?«

Solche Fragen, in die Reise eingestreut und danach, helfen dem Teilnehmer, sein Erleben bei der Fantasiereise genauer zu beobachten und später einzuordnen. Er erlebt die Situation nicht nur, wie man einen einmaligen Ausflug erlebt, sondern er erkennt seinen eigenen Anteil daran. Er bekommt ein Gefühl dafür, welche Möglichkeiten ihm offenstehen, welche innere Einstellung für ihn günstig ist und welche Lehren er daraus für sein reales Verhalten ziehen kann.

Was der Probenraum für die Musiker, ist die Fantasiereise für die Teilnehmer: ein Ort, wo sich ein späterer Bühnenerfolg einfädeln lässt!

Siebtens: Die Geburt des großen Ziels

Wer bin ich? Das fragen sich viele Menschen. Die Antwort zeigt allenfalls den Ist-Zustand. Interessanter scheint mir die Frage: Wer möchte ich, wer kann ich sein? Genau in diese Himmelsrichtung führen viele Fantasiereisen. Weil die Mauern der Realität fallen, weil es im Land der Fantasie kein Scheitern gibt, weil der Zustand der tiefen Entspannung ihre Gedanken fließen lässt – deshalb denken die Reisenden in großen Dimensionen. Nicht selten entwickeln sie ein neues (Wunsch-)Bild von sich selbst. Und sie gestalten die Landkarte ihrer Ziele neu und mutig, ohne sich dabei von der Schwerkraft der Gewohnheit in die üblichen Bahnen drängen und entmutigen zu lassen.

Wer sein Leben verändern will, sollte wie ein Architekt vorgehen: Am Anfang stehen nicht die Bauarbeiten – am Anfang stehen die Vision, der Entwurf, das Bild im Geiste. Die meisten Menschen meiden große Visionen. Je größer die Vision, fürchten sie, desto größer auch die Wahrscheinlichkeit des Scheiterns. Aber als langjähriger Karrierecoach und Leiter der ersten Ausbildungsstätte für diesen Berufsstand, der Hamburger Karriereberater-Akademie, kann ich Ihnen versichern: Das Gegenteil ist wahr! Die meisten Visionen scheitern nicht daran, dass sie zu groß, sondern daran, dass sie zu klein, zu halbherzig, zu unattraktiv sind.

Ein Vergleich macht das deutlich: Malen Sie sich aus, vor Ihnen fließt ein Graben mit einer Breite von 50 Zentimetern, und Sie wollen ihn überspringen. Was glauben Sie, wie viel Ihrer Muskelenergie und Willenskraft werden Sie dazu aktivieren? Fast keine. Sie müssen nur einen Schritt machen. Und jetzt stellen Sie sich einen Graben von drei Metern Breite vor. Wie viel Energie würden Sie jetzt in den Sprung legen? Volle Power!

Je größer, je attraktiver das Ziel ist, desto mehr unvermutete Energie setzt es in einem Menschen frei. Wer sich vornimmt, Deutschland als Bundeskanzler zu führen, und deshalb beizeiten am Tor des Kanzleramts rüttelt, ist mit Sicherheit motivierter als einer, der die Stellvertretung der Stellvertretung eines Staatssekretärs anstrebt – auch wenn das letzte Ziel leichter erreichbar *scheint*. Viele Menschen scheitern an ihrer zu geringen Motivation, bedingt durch ein halbherziges Ziel.

Das ist ein Grund, warum ich in meinen Karriereberatungen und Seminaren oft Fantasiereisen zur Zielfindung einsetze. Denn in diesen Reisen ist es meinen Klienten erlaubt, auch den Sirenengesang eines scheinbar »unrealistischen« Ziels zu erlauschen und ihm zu folgen, über alle selbst gesteckten Grenzen hinaus. Der »Trick«: Wer diesen Gesang einmal im Ohr hat, der wird diese süße Melodie auch in der Realität nicht wieder los. Und er will sie auch gar nicht mehr loswerden!

Erst recht, wenn Sie seine Fantasie nutzen, um ihn das große Ziel in realistische Etappen zerlegen zu lassen. Coachingprofis wissen: Eine gute Planung tut immer so, als wäre das Ziel schon erreicht (was in der Fantasiereise möglich ist) – und schaut dann rückwärts, welche Schritte dazu notwendig waren.

Kleine Herausforderungen setzen nur kleine Energie frei. Doch wer große Visionen entwickelt – zum Beispiel durch eine Fantasiereise –, kann auch große Kräfte in sich wecken.

Achtens: Eine Reise schweißt zusammen

Habe ich Ihnen nicht gesagt, dass jeder Teilnehmer seine eigene Reise absolviert? Wie kann ich dann jetzt behaupten, dass Reisen die Teilnehmer verbinden und zu einer »starken Reisegruppe« machen? Zwar gestaltet jeder Teilnehmer seinen Text mit eigenen Bildern, Fantasie und Erfahrungen aus – und doch hören alle denselben Text und reisen in die gleiche Himmelsrichtung.

Alle lassen sich auf dieses Abenteuer ein, alle begeben sich in eine entspannte und auch schutzlose Position, alle schließen ihre Augen, und alle tauschen sich danach über ihre Erfahrungen, ihre Bilder und ihre Gefühle während der Reise aus. Jede Fantasiereise setzt Vertrauen unter den Reiseteilnehmern voraus, ein Fundament, das durch die Reiseerfahrung stabiler wird.

Die Gruppe wächst umso mehr zusammen, je intensiver und sinnlicher die Erlebnisse sind, die jeder Einzelne bei der Reise besteht. Gelungene Fantasiereisen bleiben im Raum, auch wenn sie vorbei sind. Vor solchen Reisen scheint es mir manchmal, als stiegen flüchtige Bekannte in ein »Kreuzfahrtschiff«. Doch wenn wir wieder im Hafen anlegen und über die Reiseerlebnisse sprechen, sitzen sich Vertraute gegenüber. Die emotionale Temperatur steigt. Eine Fantasiereise verbindet und ist auch nach Jahren noch Gesprächsthema unter den Teilnehmern.

Nicht nur die Reise an sich, sondern auch das Sprechen über die Erlebnisse setzt großes Vertrauen voraus. Meist leitet die Teilnehmer der Grundsatz des reziproken Handelns: Einer macht den Anfang, schildert seine Emotionen, schenkt damit den anderen sein Vertrauen – und die Gruppe zahlt mit derselben Münze zurück. Fantasiereisen schweißen Gruppen zusammen, sie sind eine Wohltat für das Lernklima.

Halbes Hirn und ganzes Herz

Viele Jahre lang hatte die Fantasie einen festen Wohnsitz: Sie wurde in der rechten Hirnhälfte lokalisiert. Diese Seite des Großhirns, hieß es, sei für das intuitive und bildhafte, das musikalische und emotionale Denken zuständig. Und die Logik wohnte, streng getrennt, in der anderen »Haushälfte«: Sie wurde von Forschern in der linken Hemisphäre ausgemacht, angeblich als Zentrum des logischen und rationalen, des analytischen und strukturierten Denkens.

Diese These spornte Trainer und Pädagoginnen dazu an, die rechte Gehirnhälfte gezielt zu fördern, auch durch Fantasiereisen. In den 1980er- und 1990er-Jahren hörte man Tipps wie: »Aktivieren Sie Ihre rechte Hirnhälfte stärker!«, »Reduzieren Sie die Zensur durch die linke Hemisphäre!«, oder: »Stärken Sie das Zusammenspiel beider Hirnhälften!«

Die Gruppenleiter konnten sich auf Wissenschaftler stützen. Gab es nicht handfeste Beweise für eine solche Arbeitsteilung des Gehirns? Hatte nicht der deutsche Arzt Carl Wernicke schon Ende des 19. Jahrhunderts an Unfallopfern bemerkt, dass ein Schaden der linken Hirnhälfte die Sprach- und damit Logikfähigkeit beeinträchtigte – während Patienten mit einem ähnlichen Schaden der anderen Hälfte weiter schreiben, sprechen und lesen konnten? Und war der Neurobiologe Roger Sperry nicht noch 1980 mit dem Medizin-Nobelpreis ausgezeichnet worden, weil er besondere Ausfälle bei Patienten entdeckt hatte, deren Nervenstrang zwischen den Gehirnhälften (Corpus callosum) aus medizinischen Gründen durchtrennt worden war – Ausfälle, die eindeutig auf eine unterschiedliche Funktion beider Hirnhälften schließen ließen (Thompson 2001)?

Doch die Forscher waren über das Ziel hinausgeschossen, wie die Neurologie heute durch das bildgebende Verfahren weiß. Diese Methode macht es möglich, in ein Gehirn zu schauen und zu verfolgen, welche Regionen arbeiten, wenn jemand etwas Bestimmtes denkt, fühlt oder tut. Richtig ist: Eine Hirnhälfte – nicht immer die linke! – beinhaltet das primäre Sprach- und Logikzentrum. Falsch ist, dass diese Hirnhälfte die Sprache im Alleingang bearbeitet. Vielmehr kam eine Arbeitsteilung der Hirnhälften ans Licht: Fast alle Vorgänge, ob sprachlich oder kreativ, sind so komplex, dass sich Zellverbände über das ganze Gehirn damit beschäftigen. Keine klare Seitentrennung!

Spielen die rechte und die linke Hemisphäre also keine Rolle, wenn es darum geht, warum Fantasiereisen so effektiv sind? Doch, wir müssen das Wort »Hirnhälfte« nur durch »Denkstil« ersetzen. Denn »einseitig« – wenn auch nicht unbedingt im Gehirn – denkt unsere westliche Welt tatsächlich: In dieser Kultur lernen, arbeiten und leben wir vor allem rational und analytisch, geplant und strukturiert, linear und immer ein bisschen langweilig. Das mechanistische Denken hat uns fest im Griff. Wir tun so, als gäbe es Gebrauchsanleitungen nicht nur für Maschinen, sondern auch für Menschen; als ließen sich Fehler im Leben mit derselben Sicherheit erkennen und beseitigen wie eine defekte Zündkerze bei der Autoinspektion. Dieses Schmalspurdenken verleugnet komplexe Zusammenhänge, verengt den Blick und raubt Freiheiten.

Aber was ist mit der Fantasie, die schon zum Mond flog, ehe die erste Rakete erfunden war? Mit der Fantasie, die jeder Erfindung, jeder großen Tat, jeder neuen Lösung eines Problems vorangeht? Diese Fantasie hat einen schweren Stand. Aus den Kinderzimmern wird sie beizeiten vertrieben, zu den Klassenzimmern hat sie selten Zutritt, und so mancher Chef jagt sie vom Firmengelände. »Du hast zu viel Fantasie!« oder »Träum nicht in den Tag!« – jeder von uns hat solche Bremssätze schon gehört.

Doch gewürdigt wird die Fantasie durch einen östlichen Denkstil, der sich auch in den Gedankenreisen ausdrückt, einen Denkstil, der die Schranken des Geistes hebt, unsere Entwicklungsbereitschaft erhöht und zu völlig neuen Lösungen führt. Dieses östliche Denken ist offen und ganzheitlich, ein Denken, das mit leichtem Fuß über die Gesetze der Logik hinwegspaziert. Warum soll es nicht möglich sein, dass zwei Wahrheiten, die sich scheinbar ausschließen, gleichermaßen stimmen? Oder dass ein Vorgang, der keinen sichtbaren Sinn ergibt, einen höheren Sinn hat? Warum soll das Problem nicht eine Herausforderung, der Fehler nicht eine Chance sein?

In Fantasiereisen regen Sie Ihre Teilnehmer zu einem Denken an, das alle starren Regeln und Gesetze ignoriert, sogar die Naturgesetze. Was spricht eigentlich dagegen, dass ein Mensch auf einem Regenbogen rodelt (s. Reise Nr. 33, S. 192), dass er mit einem Geist aus dem Lagerfeuer spricht (s. Reise Nr. 29, S. 180) oder mit einem Fahrstuhl direkt in die Tiefsee fährt und unter Wasser atmet (s. Reise Nr. 25, S. 168)? Was spricht dagegen, dass er Probleme, die scheinbar nicht zu lösen sind, doch gelöst bekommt?

In der Fantasiereise geht der Geist dem Handeln voraus, um Neuland zu erkunden – neue Gedanken und Taten, neue Blickwinkel und Zusammenhänge. Dabei bleibt die Realität nicht auf der Strecke, sondern reist am Rand mit. Zum Beispiel wird der logische Denkstil durch ein reales Problem repräsentiert, der kreative Stil durch eine frei fantasierte Lösung.

Eine Verbindung dieser beiden Denkstile hat sich beim Lernen bewährt, zum Beispiel in der Suggestopädie. Diese Methode zielt auf eine »horizontale Integration«, auf die gleichzeitige Stimulierung beider Denkstile. Durch Bilder, durch Melodien, durch Inhalte, die nicht nur begreifbar, sondern greifbar gemacht werden, entspannen sich Körper und Geist, prägen sich die Lerninhalte tiefer ein (Klein 2010).

Bei den Fantasiereisen greifen Sie einzelne Elemente der Suggestopädie auf – zum Beispiel arbeiten Sie mit Musik, nicht nur, um die Körper der Teilnehmer zu entspannen, sondern auch, um ihren Geist zu wecken und für die Lerninhalte zu öffnen. Dass Sie eine goldene Brücke zwischen der Logik und der Fantasie schlagen, darin liegt die Gemeinsamkeit. Ein Königsweg des Lernens.

Das gerettete Luftschloss

Die Erziehung hat Bremssätze in viele Köpfe gebrannt. Wie war das bei Ihnen als Kind? Wie standen die Erwachsenen um Sie herum zu Ihren Träumen und Märchenwelten? Haben Sie Abwertungen gehört, negative Sätze? Solche Aussagen können bis in Ihre Gegenwart greifen und Ihre Fantasie bremsen. Vielleicht wollen Sie ein Gegengift entwickeln: Schreiben Sie den Bremssatz und den Namen des Bremsers auf. Dann richten Sie an diesen Menschen einen Brief. Widerlegen Sie seine Aussage! Das macht Spaß – und innerlich frei. Hier ein Beispiel:

Satz des Vaters: »In Luftschlössern kann man nicht wohnen.«

»Lieber Papa, oh doch, Luftschlösser sind für mich der schönste Wohnraum dieser Erde. Zwar hat ein Luftschloss keinen Immobilienwert (was für dich wichtig wäre). Aber dafür kennt es auch keine verschlossenen Türen. Dafür bekommt es mit den Jahren immer mehr Räume. Dafür kann ich es zu jeder Zeit betreten, meine Gedanken schweben lassen, an meiner Zukunft basteln. Ganz viele Ideen für mein Leben habe ich aus diesem Schloss mitgebracht. Wusstest du zum Beispiel, dass …«

Vielleicht wollen Sie den Brief sogar abschicken?

Eine fantastische Didaktik

Ehe Sie im zweiten Kapitel erfahren, wie Sie eine Fantasiereise anleiten, ist noch ein wichtiger Punkt zu klären: Passen solche Reisen überhaupt in Ihr didaktisches Konzept? Dazu müssen Sie erforschen, welches Konzept Sie verfolgen. »Erforschen« deshalb, weil solche Leitsätze Ihr Handeln unbemerkt steuern können – so wie die Einflüsterungen einer Souffleuse, die in Ihrem Unbewussten wohnt und das Geschehen auf der Lehrbühne mitbestimmt.

Haben Sie Lust auf einen kleinen Test?

Übung: Der didaktische Fingerabdruck

Bitte kreuzen Sie an, inwieweit die folgenden Sätze auf Sie bei Ihrer didaktischen Arbeit zutreffen – 1 steht für »stimmt völlig«, 2 für »stimmt weitgehend«, 3 für »stimmt teilweise«, 4 für »stimmt kaum«, 5 steht für »stimmt überhaupt nicht«:

1. Ich gehe davon aus, die meisten Teilnehmer (oder Schüler/Klienten) bringen zu meinem Thema kaum Fachkenntnisse mit.
   1 2 3 4 5 6
2. Ich lege großen Wert darauf, dass ich alle Fachfragen meiner Teilnehmer beantworten kann.
   1 2 3 4 5 6
3. Die Teilnehmer bekommen Unterlagen von mir oder werden auf Bücher verwiesen, wo sie den kompletten Stoff noch einmal nachlesen können.
   1 2 3 4 5 6
4. Ich vermittle den Teilnehmern genau jenes Wissen, das sie später im Berufsalltag oder für eine Prüfung brauchen.
   1 2 3 4 5 6
5. Ich rege die Teilnehmer dazu an, ihr vorhandenes Wissen abzurufen und mit neuen Informationen zu verknüpfen.
   1 2 3 4 5 6
6. Ich gebe den Lernenden die Möglichkeit, ihre Erfahrungen untereinander auszutauschen und in kleinen Gruppen neue Ansätze zu entwickeln.
   1 2 3 4 5 6
7. Ich traue den Teilnehmern zu, dass sie selbst herausfinden können, welchen persönlichen Lernbedarf sie haben.
   1 2 3 4 5 6
8. Ich glaube, dass es sich mit dem Lernen wie mit einer Lawine verhält: Manchmal reicht es, den kleinsten Schneeball zu werfen – und schon kommt in den Teilnehmern ganz viel in Bewegung.
   1 2 3 4 5 6

Die ersten vier Aussagen haben eine Gemeinsamkeit: Sie markieren ein Gefälle zwischen dem, der lehrt, und denen, die lernen. Das Wissen fließt in dieselbe Richtung wie das Wasser, nämlich abwärts – vom Lehrenden, der groß ist und alles weiß, zu seinen Teilnehmern, die klein sind und wenig wissen. Die Lernenden werden nicht selbst als Quelle von Wissen gesehen, sondern als trockenes Bachbett für den Wissensfluss, als passive Empfänger.

Die einzige Herausforderung für den Leiter scheint darin zu bestehen, das Wissen richtig auf den Weg zu bringen, als würde es dann eins zu eins von den Teilnehmern aufgenommen und nicht verfälscht ankommen, unterwegs versickern oder das Bachbett blitzschnell wieder verlassen – typische Folgen des oberflächlichen Lehrens.

Dagegen ergeben die letzten vier Aussagen ein völlig anderes Bild: Hier sieht der Lehrende sich nicht als Monopolist des Wissens, sondern er glaubt an die Eigenkräfte seiner Teilnehmer: an ihre Ressourcen, an ihren Lernwillen und daran, dass ihr Austausch untereinander fruchtbar ist. Er stopft keine Informationen in Köpfe hinein, sondern er kitzelt heraus, was schon drinnen ist – und er bietet das, was noch in die Köpfe hineinkönnte, zur Selbstabholung an. Genau diesen Ansatz des Lehrens, der die Teilnehmer als Partner sieht, als Quelle des Wissens, als kreativ und eigenverantwortlich – diesen Ansatz verfolgen Sie mit einer Fantasiereise. Das setzt ein großes Vertrauen in Ihre Teilnehmer voraus – und eine große Reife bei Ihnen als Leiter.

Blicken Sie bitte noch einmal zurück: Welchen Aussagen haben Sie im Test zugestimmt – eher dem ersten Viererblock oder dem zweiten? Bitte überlegen Sie, wie Sie zu diesen Einschätzungen gekommen sind. Verreisen Sie mit Ihrer Fantasie in ein paar typische Situationen Ihrer Lehrarbeit. Stellen Sie sich vor, was zwischen Ihnen und den Teilnehmern geschieht. Und lesen Sie erst dann weiter.

Wer lehrt, entwickelt sich. Niemand kommt mit dem absoluten Vertrauen in seine Teilnehmer auf die Welt, jeder von uns muss sich dorthin vorarbeiten. Die Frage ist: An welcher Stelle dieses Weges stehen Sie im Moment? Als Orientierung dienen kann Ihnen ein bewährtes Modell zur Lehrkompetenz, das von einer Entwicklung in fünf Phasen ausgeht (Winteler 2005). Davon vertragen sich die ersten Phasen mit Fantasiereisen nur schlecht, die letzten beiden dagegen umso besser. Prüfen Sie, in welcher Phase Sie sich im Moment sehen.

Erste Phase In der ersten Phase ist der Leiter vor allem mit sich selbst beschäftigt, er fragt sich zum Beispiel: »Wie hinterlasse *ich* einen guten Eindruck?«, »Wie beweise *ich* meine Autorität?«, »Wie stelle *ich* meinen Auftraggeber zufrieden?« Seine Gedanken kreisen um die eigene Person. Er will gut dastehen, alles richtig machen.

Zweite Phase In der zweiten Phase verlagert sich die Aufmerksamkeit auf den Inhalt. Der Leiter fragt sich zum Beispiel: »Weiß ich genug über mein Fach?«, »Habe ich den Stoff logisch gegliedert?«, »Sind alle wichtigen Aspekte enthalten?« Nun beschäftigt er sich mit den Inhalten. Doch zwischen den Zeilen schwingt immer noch der Wunsch mit, sich selbst als kompetent zu beweisen.

Dritte Phase In der dritten Phase verlagert sich der Fokus auf den Teilnehmer: »Wie schaffe ich es, dass der Stoff bei den Schülern hängen bleibt?«, »Mit welchen Methoden halte ich die Teilnehmer wach?«, »Wie bekomme ich das Wissen in die Köpfe?« Nun genießt der Teilnehmer eine größere Wichtigkeit. Allerdings wird er noch immer als passiver Stoffempfänger angesehen, dessen Aufmerksamkeit vor allem mit »Lehrtricks« zu gewinnen ist.

Vierte Phase In der vierten Phase steigt das Vertrauen in die Teilnehmer, der Lehrende fragt sich zum Beispiel: »Wie kann ich erreichen, dass sie sich für den Stoff interessieren?«, »Welches Vorwissen können sie einbringen?«, »Wie gelingt es mir, dass sie sich nachhaltig mit dem Thema beschäftigen?« Den Lernenden wird mehr zugetraut. Doch es scheint immer noch notwendig, ihnen für die Lernfahrt ein pädagogisches Stützrad zu liefern.

Fünfte Phase Erst in der fünften Phase glaubt der Leiter komplett an die Eigenkräfte seiner Teilnehmer. Er fragt sich beispielsweise: »Wie unterstütze ich die Teilnehmer dabei, dass sie unabhängig lernen und denken?«, »Wie ermögliche ich den Wissensaustausch der Gruppe?«, »Wie rege ich an, dass sie das Thema im Alltag weiter vertiefen?« Es gibt keine Anweisungen mehr, nur noch Anregungen, keinen Wissensfluss in eine Richtung, nur noch einen Austausch. Der Teilnehmer gilt als eigenverantwortlicher Mensch, als lernwillig und lernfähig.

In welcher Phase sehen Sie sich selbst? Inwiefern passt dieses Ergebnis zu dem kleinen Test auf Seite 32? Gibt es Situationen, in denen Sie mehr in die eine oder andere Richtung tendieren? Was ist anders, wenn Sie sich in Phase fünf (oder dicht davor) befinden? Mit welcher Einstellung fällt nicht nur Ihren Teilnehmern das Lernen, sondern auch Ihnen das Lehren leichter? Wie viel Eigenverantwortung trauen Sie Ihren Teilnehmern zu? Aus welchem Grund nicht noch mehr?

Bei einer Fantasiereise sind Sie nicht der Kapitän am Steuer eines Lehrdampfers, sondern Sie machen Ihren Teilnehmern nur den Weg zum Fluss frei – eindeutig ein Lehren der fünften Phase. Ihr Text gibt zwar eine grobe Fließrichtung vor, aber wohin es Ihre Teilnehmer dann schließlich treibt, welche Bilder sie dabei aufnehmen und auf welche Ressourcen sie stoßen, das können Sie vorher nicht wissen. Deshalb brauchen Sie Vertrauen in die Reisenden: dass jeder von seinem Ausflug etwas mitbringen wird, was ihn und die Gruppe bereichert.

Die Erfahrung zeigt: Je mehr ein Reiseleiter an seine Gruppe glaubt, desto besser kommen seine Teilnehmer durch die Fantasiereise vorwärts.

Die Reisemethode als Puzzlestein

Ist die Fantasiereise der bunte Vogel der Didaktik, der sich mal kurz in den Raum schwingt, um dann ohne Bezug zur sonstigen Arbeit wieder am Horizont zu verschwinden? Nein, eine echte Bereicherung wird die Reise nur, wenn sie auf die anderen Methoden abgestimmt wird als Teil eines didaktischen Konzepts – so wie der Gesang eines einzelnen Vogels seinen ganzen Zauber erst im Vogelkonzert entwickelt.

Ehe Sie die Koffer packen und die Route für Ihre Fantasiereise wählen, sollten Sie in zwei Richtungen schauen. Erstens nach hinten: Woran soll die Reise didaktisch anknüpfen? Und zweitens nach vorne: Wohin soll die Reise überleiten? Achten Sie auf zwei Bezugspunkte: den bisherigen Inhalt und die bisherigen Methoden.

Was den Inhalt angeht: Überlegen Sie, ob Ihre Reise ein Thema eröffnen oder fortführen soll. Wenn Sie das Thema eröffnen wollen, lohnt ein Streifzug durch die Erfahrungen und Ressourcen der Teilnehmer. Oder Sie stellen einen überraschenden Bezug zum Thema her – zum Beispiel könnte ein Konfliktseminar mit einer Fantasiereise in einen Boxring beginnen, wo die Teilnehmer als Ringrichter agieren sollen. Dabei würden sie erfahren: Ein Schlagabtausch braucht feste Regeln, sonst artet er zur Schlägerei aus. Eine solche Einführung sichert ein hohes Interesse, wenn es später zum Beispiel darum geht, Spielregeln für Konflikte zu erarbeiten.

Wenn Sie ein Thema *fortführen* wollen, kommt es auf Ihre Zielsetzung an: Wollen Sie den Inhalt zusammenfassen, einen Punkt vertiefen, die Perspektive wechseln oder Anstöße zur Reflexion geben? Ich stelle mir gern die Frage: Welcher Aspekt ist bisher zu kurz gekommen? Zum Beispiel kann es bei einem Konfliktseminar sein, dass zwar die einzelnen Konfliktarten besprochen wurden, nicht aber die Vorteile der Aggression – woher sie kommt, welchen Überlebensvorteil sie bietet und in welchen Situationen sie angemessen ist. Eine Fantasiereise ins Neandertal könnte diesen neuen Blickwinkel öffnen und sich als wichtiger Puzzlestein ins bisherige unvollständige Bild einfügen.

Ähnliche Ergänzungen sind auch in anderer Hinsicht möglich: Hat Ihre Arbeit bislang vor allem die intellektuellen Aspekte eines Themas behandelt? Dann kann die Fantasiereise die emotionale Komponente ergänzen. Haben Sie bislang vor allem die allgemeinen Aspekte behandelt? Dann kann die Fantasiereise den Bogen ins Leben der Teilnehmer schlagen. Haben Sie bislang immer nur Einzelaspekte unter die Lupe genommen? Dann kann die Fantasiereise das Thema zusammenführen und den Blick aus der Vogelperspektive wagen.

Die Kunst einer gelungenen Fantasiereise: Sie holt Neues in die Köpfe, statt nur Altes zu wiederholen, sie ergänzt, führt weiter und belebt. Das gilt nicht nur für die Inhalte, mit denen Sie arbeiten, das gilt gleichermaßen für die Methoden. Der dänische

Philosoph Sören Kierkegaard hat den Unterschied zwischen Naturgeräuschen, zum Beispiel einem Wasserfall, und Menschenlärm, zum Beispiel einem Feuerwerk, einmal so charakterisiert: Der Reiz der Natur nehme zu, je länger er auf uns einwirke – der Reiz des Menschwerks dagegen lasse nach. Die zweite Aussage, fürchte ich, trifft auch auf die Methoden der Didaktik zu; je länger man sie benutzt, desto mehr nutzen sie sich ab, desto weniger werden die Teilnehmer davon angesprochen.

Die Fantasiereise kann einer solchen Eintönigkeit vorbeugen, lange Phasen des Frontalunterrichts oder der Gruppendiskussion unterbrechen und neuen Schwung ins Methodenkarussell bringen – etwa indem sie die Teilnehmer nach einer »Redearbeit« in der Gruppe genau in die entgegengesetzte Richtung führt: zu einem Gedankenausflug nach innen, wortlos und entspannend. Wenn zwei gegensätzliche Methoden aufeinanderfolgen, passiert dasselbe wie bei der progressiven Muskelentspannung nach Jacobson: Der scharfe Kontrast vertieft das Erlebnis.

Muss die Fantasiereise also ein methodisches Kontrastprogramm sein? Nicht unbedingt, sie kann auch auf ein gelegtes Fundament bauen. Zum Beispiel mache ich in meinen Seminaren gerne folgende Übung: Erst lasse ich die Teilnehmer über ihre Zukunftspläne schreiben (»Die Geschichte einer positiven Zeitungsschlagzeile, die in 20 Jahren über mich erscheint«) – und direkt im Anschluss lade ich sie zu einer Fantasiereise in die gleiche Richtung ein. In diesem Fall kommt es nicht zu Eintönigkeit, sondern die erste Methode befruchtet die zweite.

Denn die Schreibarbeit findet nicht nur auf dem Papier statt, sondern vor allem im Unbewussten. Der Auftrag setzt einen intuitiven Prozess in Gang, eine Inkubation, deren Früchte sich nicht immer schon beim Schreiben ernten lassen. Die Fantasiereise ermöglicht den Zugriff auf diese tieferen Bewusstseinschichten. Auf einmal fliegen dem Teilnehmer Ideen zu, die über das Geschriebene weit hinausgehen, auf einmal sieht er farbige Details, die er vorher noch nicht erkannt hatte.

Fantasiereisen als Puzzlesteine

Sehen Sie Ihre Fantasiereisen wie Puzzlesteine, die sich in Ihr didaktisches Gemälde fügen sollten, und fragen Sie sich:

→ Welche Absicht verfolgen Sie mit der Fantasiereise? Soll sie in das Thema einführen? Einen Aspekt vertiefen? Entspannen? Oder die kühlen Erkenntnisse auf der Herdplatte einer emotionalen Erfahrung erhitzen, um so die notwendige Betriebstemperatur für eine Veränderung Ihrer Teilnehmer zu erreichen (Schmidt-Tanger 2005)?

→ Welcher Inhalt, welcher Ablauf der Reise ist sinnvoll, um an dieses Ziel zu gelangen? Und inwieweit können Sie dabei zweierlei zum Klingen bringen: die Ressourcen der Teilnehmer (Wissen, Erfahrungen, Erfolge) und das bereits vermittelte Wissen?

→ An welche Stelle Ihres didaktischen Puzzles würde die Fantasiereise am besten passen? Als Kontrast zu vorangegangenen Methoden? Oder als Anknüpfung daran? Und als Vorarbeit für welche Methode wollen Sie die Fantasiereise nutzen? Wie kann ein Rad ins andere greifen?

Solche Fragen helfen Ihnen, ein stimmiges Gesamtgemälde zu entwickeln, ein didaktisches Konzept, das Fantasiereisen fantasievoll einbindet.

02

Reisebegleitung: Fantasiereisen professionell leiten

In diesem Kapitel erfahren Sie unter anderem:

→ in welchen Situationen Sie zur Reise einladen sollten
→ wie Fantasiereisen sogar ein Einzelcoaching beflügeln
→ welche Reiseängste und -hoffnungen Ihre Teilnehmer bewegen
→ wie Sie auf knifflige Teilnehmerfragen pfiffig antworten
→ und mit welchem Trick aus der Hypnose Sie glänzen können, wenn ein Martinshorn Ihre schönste Reise stört

Situationen für Fantasiereisen

Ob Sie mit einer Gruppe oder mit einem einzelnen Klienten arbeiten, ob Sie in ein Thema einsteigen oder es abschließen wollen, ob Sie es mit Geschäftsführern oder mit Schulkindern zu tun haben – Fantasiereisen können nahezu jede Situation, jedes Thema und jede Zielgruppe bereichern.

Allerdings gilt dasselbe wie für Fernreisen: Alles steht und fällt mit einer professionellen Reiseplanung. Die Reise sollte speziell auf Ihre Zielgruppe zugeschnitten sein und sich schlüssig in Ihr didaktisches Konzept fügen. Das gilt ebenso für die Nachbereitung; die Reflexion nach der Reise beugt einem »Jetlag« vor. Jeder Teilnehmer braucht die Gelegenheit, seine Erlebnisse individuell und in der Gruppe zu verarbeiten.

Im Folgenden möchte ich Ihnen einige Beispiele geben, zu welchen Zeitpunkten eine Fantasiereise passt und welche Ansätze für welche Gruppen geeignet sind.

Ich beginne mit dem Zeitpunkt der Reisen.

Am Anfang

Ganz egal, welches Thema Sie bearbeiten wollen – jeder Teilnehmer bringt Vorkenntnisse und Erfahrungen mit, oft ohne sich dessen bewusst zu sein. Ehe Sie Ihr eigenes Wissen aus dem Hut zaubern, sollten Sie sorgsam prüfen: Welches Wissen ist schon vorhanden? Und wie lässt es sich nutzen?

Eine Fantasiereise ist ein vorzüglicher Schlüssel, um die Schatzkiste der individuellen Erfahrungen zu öffnen. Zum Beispiel steigt der Trainer eines Körperspracheseminars mit einer Reise in das Thema ein. Er versetzt die Reisenden an einen fernen Ort, wo sie ihren eigenen Schatten an einer Mauer sehen, sich breit wie die Adler mit gespreizten Flügeln machen und klein wie das Mäuschen am Boden, um dann ihre Körpersprache im Alltag einmal zu betrachten (s. Reise Nr. 39, S. 212).

Ein solcher Einstieg macht das Thema interessant, weil er Bezüge zum Individuum herstellt, die Bedeutung im Alltag aufzeigt und zur Reflexion anregt. Die anschließende Diskussion, der Austausch persönlicher Erfahrungen, führt zu einem Wissensfluss *innerhalb* der Gruppe – einem Königsweg des Lernens, bei dem Sie als Gruppenleiter nicht der Vermittler des Wissens, sondern nur Moderator sind.

Zudem führt dieser Diskurs wie eine Rutschbahn ins Thema und gibt Ihnen eine Richtschnur an die Hand. Sie erfahren, was die Teilnehmer an diesem Thema bewegt, welche Ressourcen sie mitbringen und wie ihre Erwartungen und Ziele aussehen. Das können Sie beim Fortgang berücksichtigen. Die Teilnehmer schätzen es, wenn Sie ihnen kein »Fertigmenü« servieren, sondern die Zutaten der Didaktik auf die Gruppe abstimmen. Dass Ihnen die Worte dann von den Lippen abgelesen werden, liegt in der Natur der Sache. Sie antworten auf Fragen, die tatsächlich im Raum stehen.

Mittendrin

Viele Seminare sind vollgestopft mit Wissen. Die Teilnehmer fühlen sich überfordert. Einige kommen sich vor, als würde mehr Wissen in sie hineingepresst, als sie verdauen können. Das führt zu einer intellektuellen Verstopfung. Neues Wissen will nicht mehr rein. Und aufgenommenes Wissen will nicht mehr raus, es ist nicht abrufbar. Wer hätte bei einem längeren Seminar noch nie beobachtet, dass im Laufe der Zeit nicht nur die Augen, sondern auch die Lernfähigkeit der Teilnehmer immer kleiner werden?

Von einer Fantasiereise können Ihre Teilnehmer gleich zweifach profitieren: Zum einen bekommen sie die Chance, ihren Geist zu entspannen und ihren leeren Energieakku wieder zu füllen. Sie erholen sich und sind danach aufnahmefähiger. Doch die Reise bewirkt zum anderen noch mehr: Sie lässt die Teilnehmer das bisher aufgenommene Wissen sortieren, es gewichten und mit der eigenen Lebenswelt verknüpfen – sozusagen der Verdauungsvorgang.

Gerade wenn die Reise das zuvor vermittelte Wissen lebendig macht, wenn aus dem Boden der Theorie bewegte Bilder wachsen und in die Lebenswelt der Teilnehmer spazieren, dann ist das eine erstklassige Nachbereitung der bisherigen Inhalte und eine erstklassige Vorbereitung auf alles, was jetzt noch kommt.

Am Ende

Fragen Sie einmal eine Personalleiterin, was sie zur Effektivität von Seminaren zu sagen hat. Ein Wort fällt immer wieder: »Flitterwocheneffekt«. Will heißen: Nachdem die ganze Mannschaft beim Zeitmanagementseminar war, organisiert sie sich für ein paar Tag besser – ehe der alte Schlendrian wieder einkehrt und die vertrauten Verhaltensmuster durchbrechen.

Wie können Sie es als Reiseleiter erreichen, dass sich Verhaltensweisen und Inhalte dauerhaft einprägen? Dass Sie eine Schneise in die Zukunft schlagen, eine Verbindung zwischen Theorie und Praxis, darauf kommt es an. Nur wenn Ihre Teilnehmer die Informationen sinnvoll mit ihrem Alltag verknüpfen, nur wenn sie sich Veränderungen im Detail ausmalen – nur dann handeln sie auch anders.

Eine Fantasiereise zum Abschluss kann diesen Praxistransfer anstoßen. Zum Beispiel können Sie Ihre Teilnehmer mit ihrer Fantasie in einen Kinosaal schweben lassen. Auf der Leinwand kann jeder, Situation für Situation, zwei Filme abspulen. Erst den alten Film, der das bisherige Verhalten zeigt. Und dann den neuen Film, der das künftige Verhalten sichtbar macht. Regen Sie während der Reise immer wieder an, exakt auf die Unterschiede im Tun und Fühlen zu achten. Welche Vorteile, welche angenehmen Gefühle bringt das neue Verhalten mit sich? Woran würden die Teilnehmer es merken, dass in ihrem Leben der neue Film läuft? Wie können Sie den alten Film, falls er wieder anlaufen sollte, beizeiten erkennen und unterbrechen?

Eine solche Reise weckt nicht nur den Wunsch, das neue Verhalten umzusetzen, sie entwickelt zudem ein konkretes Bild davon, eine neuronale Fußspur, in die das reale Handeln später treten kann. So wie bei Profiskispringern, die ihren Sprung nicht nur auf der Schanze üben, sondern kurz vor dem Wettbewerb auch mental.

Der Trainingsexperte Bernd Weidenmann empfiehlt die Fantasiereise als »sanfte Vorbereitung auf die bevorstehende Trennung der Teilnehmer« und als »Übergang in die ›Welt da draußen‹«. Bei einer Reise gegen Ende des Seminars leitet er seine Teilnehmer an, sich in die Zukunft zu versetzen und auf das Seminar zurückzublicken (Weidenmann 2008). Welche Bilder, welche Eindrücke kommen ihnen dabei in den Sinn? Die Teilnehmer bekommen eine (letzte) Gelegenheit, sich Dinge mitzuteilen, ehe sie auseinandergehen. Ein runder Abschluss.

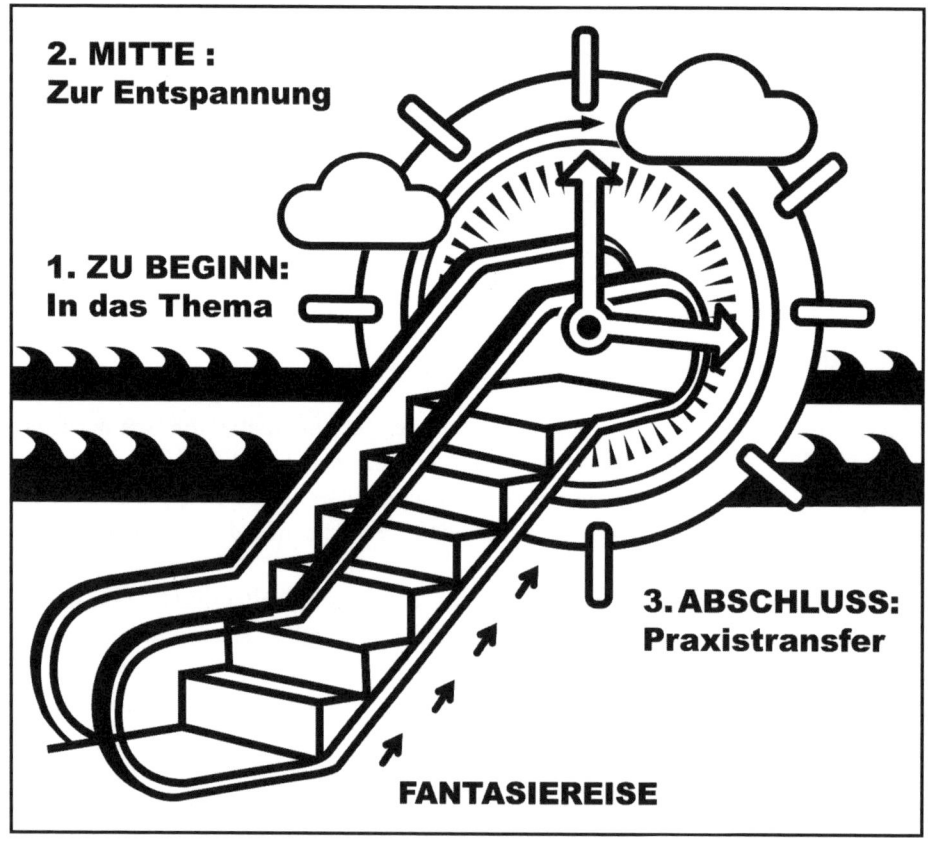

Spielerischer Zugang – die Fantasiereise kann wie eine Rolltreppe wirken: Sie trägt Teilnehmer in ein Thema hinein (zu Beginn), lässt sie entspannen, Wissen freilegen oder verdauen (mittendrin) oder sichert den Praxistransfer (am Ende).

Coaching: Die Kunst der Individualreise

Sind die Fantasiereisen auf dem Vormarsch? Ja und nein. Ja in der Gruppenarbeit. Und nein im Einzelcoaching. Auch wenn der Methodenkoffer des modernen Coachs bis zum Zerbersten mit Tools gefüllt ist – Fantasiereisen sind nur selten darin enthalten. Zweifellos ein Fehler, denn wenn Sie als Coach mit Fantasiereisen arbeiten, können Sie nicht nur Ihren Klienten neue Horizonte öffnen, sondern sich auch vom Heer der Kollegen methodisch abheben – was heutzutage gar nicht so leicht ist!

Wie erklärt es sich, dass Fantasiereisen gerade bei Coaches einen schweren Stand haben (obwohl sie ja ursprünglich aus der Einzelarbeit kommen, s. S. 13)? Und warum sprechen die scheinbaren Gegenargumente in Wirklichkeit *für* Fantasiereisen beim Coaching?

Therapie contra Coaching

Auf meine Frage, warum er Fantasiereisen im Coaching ablehne, sagte ein Kollege: »*Die* kommen ja aus der Therapie!« Beim letzten Wort machte er ein Gesicht, als würde er sich ekeln. Was nach therapeutischer Arbeit riecht, ist unter Coaches oft verpönt. Warum? Weil das Coaching viele Jahre zu Unrecht als »Couching« verspottet wurde, als eine Art Psychotherapie für Manager, in Anspielung auf Sigmund Freuds liebstes Möbelstück (Fischer-Epe 2011). Erst im letzten Jahrzehnt hat sich das Coaching vom Schmuddelkind zum Liebling der Führungsetage entwickelt.

Mit viel Mühe haben Coaches und Karriereberaterinnen alle Welt wissen lassen, dass sie – im Gegensatz zum Therapeuten – keine Patienten, sondern Klienten haben; dass sie keine Krankheiten behandeln, sondern Hilfe zur Selbsthilfe leisten; und dass sie nicht in erster Linie auf Probleme und in die Vergangenheit schauen, sondern auf Lösungswege und in die Zukunft. Mit anderen Worten: Wer ins Coaching geht, ist nicht krank – sondern klug genug, seine Probleme vorher zu lösen.

Ich meine: Ein Coach sollte seine Methoden nicht nach der öffentlichen Meinung, sondern nach den Bedürfnissen seines Klienten auswählen. Außerdem: Was wäre schlimm daran, eine therapeutische Methode auf das Coaching zu übertragen? Mit demselben Argument könnte man den leeren Stuhl, das innere Team, die zirkuläre Frage, ja nahezu jede Coachingintervention verdammen.

Nach meiner Erfahrung verbinden die meisten Klienten mit den Fantasiereisen positive Erinnerungen an die Jugend- oder Gruppenarbeit, nicht aber an die katathym-imaginative Psychotherapie (welcher Laie kennt diese Methode schon?). Im neuen Buch von Björn Migge (2011) und in meinem Buch »Die 100 besten Coaching-Übungen« (2010) finden Sie zahlreiche Anregungen für solche Texte. Berührungsängste gegenüber Fantasiereisen gibt es tatsächlich. Aber nur bei Coaches!

Fantasie contra Kontrolle

Die Fantasiereise ist keine Methode, die sich bis ins Detail steuern lässt. Sie scheint manchen Coaches wie eine entkorkte Flasche, deren Fantasiegeist sich gefährlich kreisend in die Höhe schraubt. Keiner weiß genau, in welche Richtung er wächst und wie viel Raum er für sich in Anspruch nimmt, weder inhaltlich noch zeitlich. Und welcher Coach will schon Geister rufen, die er nicht mehr los wird? Mit Standardintervention, etwa einfachen Fragen, geht man ein geringeres Risiko ein.

Ich meine: Der Vergleich mit dem Flaschengeist hinkt. Wer die Methode sauber einführt, erklärt seinem Klienten genau, welchem Zweck die Reise dient, welche Ziele sie verfolgt und wie viel Zeit dafür vorgesehen ist. Der Geist verlässt die Flasche zwar, aber bewegt sich dennoch in einem festen Rahmen.

Eines der wichtigsten Ziele meiner Arbeit als Coach ist: Ich will meine Klienten auf *neue* Gedanken bringen – auf Zusammenhänge, die ihnen bis dahin noch nicht bewusst sind; auf Lösungswege, an denen sie bislang vorbeigelaufen sind; und auf Lebensziele, die ihnen bis dahin unvorstellbar schienen. All das gelingt mir *nicht*, wenn sich die Gedanken in den üblichen »kontrollierten Bahnen« bewegen.

Dass sie die Tür zum Unbewussten aufstoßen, schätze ich an Fantasiereisen ganz besonders. Gerade weil die Fantasie »unberechenbar« ist, weil sie nicht nur das kleine Einmaleins der Denkmuster abruft, empfinden etliche meiner Klienten die Ergebnisse und Erlebnisse der Reise als bahnbrechend für ihr Leben.

Fantasie contra Fakten

Jedes Angebot orientiert sich an der Zielgruppe. Die kritische Frage lautet: Richtet sich das Coaching nicht in erster Linie an Führungskräfte, eine Spezies, die Zahlen und Fakten vergöttert? Hat nicht jeder Coach schon den Wunsch gehört, er möge »Tools und Techniken« vermitteln? Und wäre es nicht geradezu eine Provokation, solche Rationalisten, solche Bilanzbuchhalter des eigenen Lebens dazu aufzufordern, sich von den Fakten frei zu machen und die Gedanken in kindlicher Manier auf eine Reise ins Blaue zu schicken?

Ich meine: Schon wahr! Viele Manager rufen nicht gerade »Hurra«, wenn der Coach ihnen ein »Fantasiespielchen« anbietet. Aber die Aufgabe eines Coachs ist es nicht, aus seinem Methodenhut nur das zu zaubern, was der Klient ohnehin dort vermutet. Gerade Überraschungen, die in ein Neuland führen, können besonders effektiv sein. Die Herausforderung besteht darin, dass Sie diese Methoden mit der Erfahrungswelt des Managers verknüpfen. Dann wird er den Stacheldraht seiner anfänglichen Skepsis schnell wieder einrollen.

Eine gute Argumentation: Wer in den globalisierten Märkten überleben will, braucht neue Ansätze und Innovationen. Nur auf kreativen Denkwegen lässt sich heute schon erkennen, wonach die Märkte morgen rufen werden. Dasselbe Vordenken und dieselbe Kreativität bringen auch die persönliche Entwicklung, die eigene kleine Ich-AG, voran. Dieser Ansatz, dieser Vergleich mit den vertrauten Märkten, überzeugt auch die Faktenjünger unter den Managern vom Wert der Fantasiereisen.

Erst recht, wenn Sie deutlich machen: Es ist eine »Testreise«. Der Klient kann danach entscheiden, ob ihm diese Methode etwas bringt und ob er den Fantasieausflug in weiteren Sitzungen fortsetzen will (weitere Argumente, um die einzelnen »Reisegruppen« abzuholen, lesen Sie im nächsten Kapitel).

> **Fazit:** Fantasiereisen bereichern jedes Coaching und jede Karriereberatung – umso mehr, wenn Sie Ihre Reisetexte individuell auf die Klienten abstimmen. Deshalb bilde ich die Teilnehmer meines Ausbildungsgangs zum Karriereberater neuerdings auch im Entwickeln von Fantasiereisen aus. Diese Methode, glaube ich, wird im Coaching eine immer größere Rolle spielen. Denn die klassischen Werkzeuge wie Fragen, Anregungen und Provokationen können nicht so tief aus dem Ressourcenbrunnen eines Klienten schöpfen, nicht so spielend in sein Unbewusstes greifen, wie die Fantasiereise es kann. Diese Methode ist spannend und entspannend, produktiv und spielerisch zugleich.

Wer als Trainerin oder Jugendgruppenleiter mit einer Karriere als Coach liebäugelt, sollte sich fragen, wie er seine Erfahrungen mit Fantasiereisen übertragen und Einzelklienten über die Hürden ihres Problems schweben lassen kann. Und wer als erfahrener Coach noch nie eine Fantasiereise angeleitet hat, steht vor der reizvollen Aufgabe, sein Methodenrepertoire um diesen bunten Baustein zu ergänzen.

Eine interessante Reiserichtung im Einzelcoaching ist das Land der Zukunft: Angenommen, alles würde in seinem Leben wunderbar klappten – wie sähe das Leben Ihres Klienten dann in zehn Jahren aus? Nehmen Sie die Fakten des jetzigen Lebens als Startrampe (»Vor zehn Jahren waren Sie ja noch stellvertretender Geschäftsführer ...«), die persönlichen Wünsche als Anknüpfungspunkte (»Ihr Ziel war ja immer, eine Selbstständigkeit zu erreichen – wie sieht es heute aus damit?«) – und lassen Sie Ihren Klienten nicht nur herausfinden, wie seine Zukunft in allen Details aussieht, sondern auch, wie sie klingt, riecht, schmeckt und sich anfühlt. Zum Beispiel können Sie einen »idealen Tag« durchspielen (Wehrle 2011).

Eine Reise versetzt den Klienten ins Wunderland seiner Träume und kann so viel Energie freisetzen, wie es sonst nur bei der Kernspaltung gelingt – eine wahre Explosion. Nach der Reise ist der Klient oft motiviert bis in die Haarspitzen seiner Gänsehaut und sieht seine Ziele klarer. Für das Coaching ist das nicht nur Rückenwind, sondern Rückensturm. Wer sich diese Chance als Coach oder Berater entgehen lässt, dem fehlt vor allem eines – Fantasie!

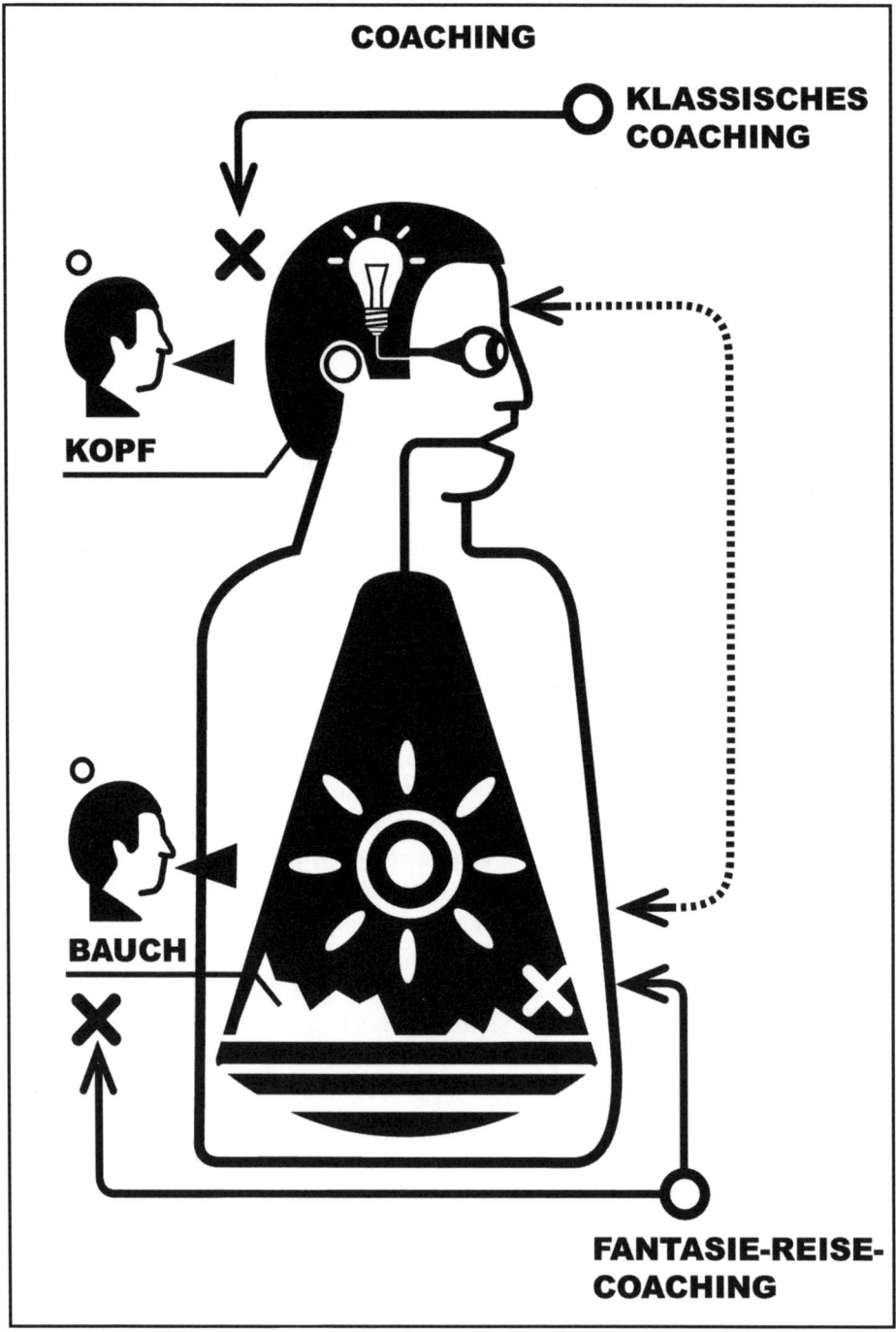

Ein Körperteil wird beim Coaching oft übersehen: der Bauch. Viele Klienten sind dankbar, wenn sie ihren (rauchenden) Kopf einmal abschalten und bei einer Fantasiereise ihrer Intuition folgen dürfen.

Maßgeschneiderte Fantasie

Gibt es einen vertrauten Menschen, der sich mit seinen Problemen an Sie wendet? In welcher Situation steckt er gerade? Nehmen wir an, Sie müssten eine Fantasiereise speziell für ihn entwickeln: Wie sähe diese Reise aus? Welche Handlung könnte sein Ziel greifbarer machen, seine Ressourcen herausarbeiten und seine Zuversicht beleben? Bitte skizzieren Sie diese Reise so individuell wie möglich. Gefällt Ihnen das Ergebnis? Vielleicht wollen Sie Ihren Vertrauten tatsächlich zu dieser Reise einladen.

Die heimlichen Gedanken der Teilnehmer

»Haben Sie Lust auf eine Fantasiereise?« Diese Frage beschwört bei Einzelklienten und Gruppen Befürchtungen und Hoffnungen herauf – nur welche? Erst wenn Sie wissen, wo eine Gruppe steht, können Sie die Leute dort abholen. Im Laufe der Jahre habe ich mit vielen Teilnehmern gesprochen und mich nach ihren Gedanken im Vorfeld erkundigt. Bei jeder Reisegruppe zeigten sich eigene Tendenzen, bei Managern andere als bei Schülern, bei Volkshochschulbesuchern andere als bei Jugendgruppen.

Im Folgenden greife ich die möglichen Gefühle der Gruppe auf. Bitte leiten Sie aus diesen Positionen selbst Hinweise für Ihre Arbeit als Reiseleiter ab. Überlegen Sie, was Sie tun können, um Befürchtungen abzubauen. Bitte lesen Sie erst danach meinen abschließenden Tipp und vergleichen Sie ihn mit Ihren Gedanken.

Manager im Seminar

Befürchtung »Sind wir denn hier im Kindergarten? Was soll dieser Kram? Ich werde dafür bezahlt, dass ich mit Fakten umgehe, nicht für Flausen im Kopf! Hat die Seminarleitung eine Ahnung davon, was ich pro Stunde koste? Das ist doch die Zeit- und Geldverschwendung. Außerdem bin ich es gewohnt, dass ich am Steuer sitze – statt gesteuert zu werden, wie es ja wohl bei einer solchen Reise der Fall ist.«

Hoffnung »Endlich mal was Innovatives! Seit Jahren habe ich den Eindruck, dass alle Seminarleiter dieser Welt sich mit denselben fünf Standardübungen über Wasser halten. Dabei kommt nichts Neues mehr rüber. Außerdem liebe ich es, wenn ich an Orte reise, wo die anderen noch nicht waren (in meinem Beruf muss man oft Erster sein!) – dann kann ich meinen Kollegen im Management mal wieder von einem Abenteuer berichten und ihnen einen heißen Tipp geben.«

Übung: Persönliche Lehre

Was leiten Sie für sich als Reiseleiter daraus ab? Antworten Sie gerne schriftlich:

_____

_____

Manager wollen in ihrer Welt abgeholt sein – das gilt für die Inhalte, die Sie in einer Fantasiereise behandeln, aber auch für die Sprache, in der Sie Ihre Reise schmackhaft machen.

> **Tipp für Sie:** Greifen Sie die Sprache des Managements auf. Sprechen Sie zum Beispiel von einer »Investition an Zeit«, die jedoch »in einer gesunden Relation zum Nutzen« stehen kann. Machen Sie Ihrem Klienten deutlich, dass er selbst den Kurs und die Ausgestaltung seiner Reise bestimmt und eine innovative Methode entdecken kann, wertvoll für ihn selbst, aber auch für sein Unternehmen, seine Kollegen und seine Mitarbeiter. Verdeutlichen Sie den wissenschaftlichen Hintergrund der Entspannung, zum Beispiel, indem Sie das Zusammenspiel zwischen Sympathikus und Parasympathikus erklären – solche Pflastersteine aus Fakten machen den Weg der Fantasiereise für Manager gangbarer.

Kursbesucher (zum Beispiel Fachkraft oder Volkshochschulteilnehmer)

Befürchtung »Jetzt kommt wieder so ein Spielchen, bei dem ich nicht genau weiß, wohin es führt. Dabei gehe ich viel lieber die vertrauten Wege! Und dieses Experiment findet auch noch in einer Gruppe aus Menschen statt, die ich nur geschäftlich oder beiläufig kenne. Wer weiß, ob ich danach nicht noch einen Seelenstriptease aufführen muss und mich dabei auf die eine oder andere Art blamiere. Ich will hier keine Schwächen zeigen.«

Hoffnung »Fantasiereise – habe ich nicht schon einmal gehört, dass das nicht nur entspannend, sondern auch spannend ist? Eigentlich bin ich ja jemand, der seine Gedanken gerne schweifen lässt. Mein Gott, welche verrückten Sachen habe ich mir als Kind ausgedacht. Und wie glücklich habe ich mich dabei gefühlt. Schöner Gedanke, dass meine Fantasie wieder einmal auf die Reise geht. Sicher eine bessere Aussicht, als mir einen Vortrag des Seminarleiters anzuhören – denn ehrlich gesagt bin ich schon ein wenig müde.«

Übung: Persönliche Lehre

Was leiten Sie für sich als Reiseleiter daraus ab?

_____

_____

Viele Reiseteilnehmer sind hin- und hergerissen. Sie suchen das Reiseabenteuer, aber fürchten es zugleich. Umso wichtiger, dass Sie eine tragfähige Brücke bauen.

> **Tipp für Sie:** Ein großer Teil der Befürchtungen beruht auf mangelnder Kenntnis dessen, was bei einer Fantasiereise geschieht. Klären Sie Ihre Teilnehmer über Ihr Vorgehen und über das didaktische Reiseziel auf. Machen Sie deutlich: Alles ist erlaubt, keine Blamage möglich. Und greifen Sie die positiven Erfahrungen auf, die jeder Teilnehmer als Kind gemacht hat, wenn seine Fantasie auf Reisen ging.

Einzelklient (im Coaching, der Therapie oder in der Beratung)

Befürchtung »Was wird das hier? Bin ich jetzt im Kindergarten gelandet – oder was? Ich wollte im professionellen Rahmen über meine Probleme sprechen. Seit wann gehören solche Reisen zum Programm? Meine Probleme spielen nicht im Land der Fantasie – sondern in der harten Wirklichkeit. Also müssen wir sie auch dort bearbeiten. Außerdem will ich nicht, dass jemand zu tief in mich hineinschaut. Etwas Abstand tut der Zusammenarbeit gut.«

Hoffnung »Endlich mal eine Abwechslung! Denn es ist ganz schön anstrengend, sich die ganze Zeit auf so ein Einzelgespräch zu konzentrieren. Und seit ein paar Minuten, meine ich, drehen wir uns auch im Kreis. Vielleicht kann eine solche Reise ja tatsächlich ein paar neue Gedanken ins Spiel bringen. Außerdem bin ich sehr neugierig, wohin die Reise führen wird. Der Coach (Therapeut, Berater) sagte ja, er hätte was Spezielles für mich ausgesucht. Dann kann ich meiner Familie heute Abend endlich einmal etwas Spannendes erzählen, wenn sie nach meiner Sitzung fragt.«

Übung: Persönliche Lehre

Was leiten Sie für sich als Reiseleiter daraus ab?

Viele Einzelklienten haben zur Fantasie ein gespaltenes Verhältnis. Deshalb hilft es, wenn Sie durch Ihre Fragen positive Erinnerungen aktivieren.

> **Tipp für Sie:** Holen Sie den Klienten ab, indem Sie sich nach Momenten erkundigen, in denen ihm vorzügliche Ideen kamen. Dass dies in entspannten Augenblicken geschah, zum Beispiel in der Badewanne oder beim Joggen, ist häufig der Fall. Knüpfen Sie an solche Erfahrungen an und machen Sie deutlich, dass es sich um ein unverbindliches Experiment handelt – und dass es in Ordnung ist, wenn der Klient danach sagt: »Nichts für mich.« Es kann aber durchaus sein, dass er eine ganz spannende Methode für seine Weiterentwicklung kennenlernt.

Mitglieder in Jugendgruppen

Befürchtung »Ein wenig Rumspinnen ist schon okay. Aber muss es denn in dieser Gruppe sein? Da sind ein paar Leute dabei, denen ich nie verraten würde, was in meinem Kopf so vorgeht. Denn Gefühle und solches Zeug, das ist ja ganz schön uncool. Und was für eine Reise wird das eigentlich – doch hoffentlich keine Kaffeefahrt für Senioren! Außerdem will ich selbst entscheiden, ob und mit wem ich verreise. Kann ich hier überhaupt ›Nein‹ sagen?«

Hoffnung »Wow, jetzt wird es spannend! Endlich einmal etwas Neues, endlich Action und Abenteuer. Das ist doch echt cool: losreisen, ohne das Ziel zu kennen! Außerdem kann ich mich dabei schön entspannen und meine Gedanken fließen lassen. Und wenn mir die Reise nicht gefällt, dann halt ich einfach ein Nickerchen. Da hab ich nichts zu verlieren.«

Übung: Persönliche Lehre

Was leiten Sie für sich als Reiseleiter daraus ab?

_____

_____

Junge Menschen, heißt es immer, hätten »Flausen« im Kopf. Positive Übersetzung: Ihre Fantasie ist sehr ansprechbar – sofern Sie Ihre Reise im Vorfeld gut verkaufen.

Tipp für Sie: Stellen Sie Ihre Reise als etwas »Cooles« dar, als ein Abenteuer, bei dem die Teilnehmer nur gewinnen können. Zumindest eine Mütze Schlaf. Aber wahrscheinlich viel mehr, nämlich einen Film im eigenen Kopf. Machen Sie deutlich, dass niemand verraten muss, was er bei seiner Reise erlebt hat. Jeder entscheidet selbst, was er erzählt und wie er es erzählt. Wobei – so die Erfahrung – es nach Fantasiereisen meist so wie nach realen Reisen ist: Es macht Spaß, die Reisebilder auszutauschen und die Geschichten dazu zu hören.

Schüler

Befürchtung »Okay, jetzt macht meine Lehrerin auf gute Freundin: Sie lädt uns zu einer Reise ein und verspricht das Blaue vom Himmel. Aber bei der nächsten Arbeit hat sie kein Problem, mir eine Fünf reinzuwürgen. Wie passt das zusammen? Außerdem heißt es doch sonst immer, dass ich im Klassenzimmer nicht träumen, sondern mich konzentrieren soll. Jetzt also doch träumen, auch noch in der großen Gruppe? Und was ist, wenn ich bei der Reise lachen muss? Manchmal reicht ja schon ein Wort von ihr, und ich pruste los. Und was passiert, wenn ich nach der Reise eine Antwort nicht weiß – gibt es dann Ärger?«

Hoffnung »Eine coole Idee! Dann erlebe ich hier endlich einmal etwas Spannendes – und nicht nur das, was ich schon zur Genüge kenne: den normalen Unterricht. Vielleicht gibt es demnächst eine Note fürs Rumspinnen und Träumen – da wäre ich bestimmt ein Einserkandidat … Welche Reiseroute wir wohl einschlagen? Und wie das mit der Reise überhaupt funktioniert? Ich bin da schon richtig neugierig. Vielleicht kann ich so was ja auch einmal mit meinen Kumpels im Jugendzeltlager nachmachen.«

Übung: Persönliche Lehre

Was leiten Sie für sich als Reiseleiter daraus ab?

Eigentlich heißt es im Klassenzimmer immer: »Träum nicht!« Darum ist es wichtig, die Spielregeln für die Fantasiereise offensiv zu verkünden – als Einladung zum unbeschwerten Träumen.

Tipp für Sie: Machen Sie Ihren Rollenwechsel deutlich – für die Zeit dieser Reise und auch bei der Antwortrunde sind Sie kein urteilender Lehrkörper, sondern leiten einfach nur eine Reise. Jeder muss sicher sein können, dass ihm aus seinem Verhalten in diesem Zusammenhang keine schulischen Nachteile entstehen. Die Reise kann immer nur ein Angebot, keine Anordnung sein. Sprechen Sie davon, wie viel Spaß das Träumen macht, welche Macht die Fantasie hat und welche Möglichkeiten es gibt, diese mächtige Kraft für die Entwicklung der Persönlichkeit und das Vorankommen in der Schule zu nutzen.

Fragen an die Reiseleitung

Was haben Fantasiereisen und Urlaubsreisen gemeinsam? Sie sind entspannend! Aber nicht nur das: Eine Fantasiereise will wie eine Urlaubsreise organisiert sein. Wer in ein Flugzeug einsteigt, möchte vorher wissen, wohin die Reise geht und wie das Reiseprogramm aussieht. Was ist eine Fantasiereise eigentlich? In welchem Zusammenhang steht sie zum eigentlichen Thema? Und was soll mit ihr erreicht werden?

Wer eine Fernreise antritt, schwankt meist zwischen zwei Gefühlen: Auf der einen Seite freut er sich auf das »Neuland«. Auf der anderen Seite ist er unsicher, welche Sitten ihn dort erwarten und welches Verhalten geboten ist. Als professioneller Fantasiereiseleiter greifen Sie diese Punkte vor dem »Abflug« auf. Gerade Teilnehmer, die mit Fantasiereisen noch wenig Erfahrung haben, sind dankbar für Informationen.

Erläutern Sie, was eine Fantasiereise ist und welche Vorteile sie den Teilnehmern bieten kann. Laden Sie Ihre Teilnehmer ein, Ihnen Fragen zu stellen. Und denken Sie daran: Was einer laut fragt, fragen sich viele andere leise. Auch wenn sich Ihre Antworten an einen bestimmten Teilnehmer richten, profitiert meist die ganz Gruppe davon.

Achten Sie bei Fragen darauf, dass die eigentliche Befürchtung (oder Hoffnung) oft zwischen den Zeilen schwingt. Erst wenn Sie die Sorge, das Gefühl hinter der Frage erkennen, können Sie den Teilnehmer mit Ihrer Antwort erreichen. Im Folgenden führe ich Fragen auf, die ich vor Fantasiereisen immer wieder höre. Ebenso arbeite ich die mögliche Befürchtung dahinter heraus, schlage Antworten an die Teilnehmer vor und schließe mit einem Kommentar zur Einordnung ab. Bitte lesen Sie die Antworten nicht gleich durch, sondern antworten Sie in Gedanken erst einmal selbst.

Die folgenden Fragen stellen viele Reisegruppen vor dem Start.

Und wozu, bitte schön, soll eine solche Fantasiereise gut sein?

Mögliche Befürchtung (vor allem bei Managern) Ich lasse mich hier auf einen »Kinderkram« ein und verschwende meine kostbare Zeit.

Antwort »Wahrscheinlich kennen Sie das aus Ihren Brainstormings: Manchmal ist es nicht nur entspannend, sondern auch sehr effektiv, die eigenen Gedanken einfach einmal fließen zu lassen, auch in ganz neue Richtungen. Die Fantasiereise lädt Sie ein, diesen Raum hier zu verlassen und neue Räume für sich zu entdecken. Vielleicht unterstützt Sie die Reise dabei, neue Aspekte unseres heutigen Themas zu entdecken und etwas über sich selbst herauszufinden. Ich würde mich freuen, wenn Sie sich auf dieses kleine Abenteuer einlassen und etwa 15 Minuten investieren würden. Entscheiden Sie selbst – Ihre Teilnahme ist freiwillig.«

Kommentar Gerade diese Entscheidungsfreiheit führt dazu, dass sich auch skeptische Teilnehmer auf die Reise einlassen. Jeder Appell würde als Druck empfunden und trotzigen Gegendruck erzeugen. Dagegen hat eine freundliche Einladung bessere Chancen. Der Hinweis auf die anerkannte Technik des Brainstormings erleichtert es, die Reise als professionelle Methode zu präsentieren.

Was ist, wenn ich bei der Reise einschlafe?

Mögliche Befürchtung Ich blamiere mich vor der Gruppe als »Schlafmütze«.

Antwort »Ein wichtiges Ziel dieser Reise ist ja gerade, dass Sie sich in einen Zustand tiefer Entspannung versetzen. Wenn Sie zu einem bestimmten Zeitpunkt der Reise einschlafen, kann das ebenso wertvoll sein, als wenn Sie dem Reisetext bis zum Ende folgen. Interessant ist dann, welches Ihr letzter Gedanke vor dem Einschlafen war. Oder was Sie in den Minuten danach gedacht oder geträumt haben.«

Kommentar Unerfahrene Reiseleiter sehen es als ihr Versagen, wenn Teilnehmer einschlafen, Motto: »Offenbar war meine Reise zu langweilig!« Das Gegenteil trifft zu: Gerade bei intensiven Reisen, wenn die Atmosphäre vertrauensvoll und die Entspannung tief ist, gleiten die Gedanken einzelner Teilnehmer bis in den Schlaf hinüber.

Muss ich die Augen wirklich schließen?

Mögliche Befürchtung Ich möchte mich einer fremden Umgebung nicht schutzlos ausliefern.

Antwort »Ganz wichtig ist mir, dass Sie sich möglichst wohl und sicher fühlen. Entscheiden Sie selbst, wie Sie am besten entspannen können. Viele Menschen machen die Erfahrung, dass ihre Gedanken umso besser fließen, je eher sie die Augen schließen. Halten Sie das so, wie es für Sie am stimmigsten ist.«

Kommentar Ich sehe bewusst davon ab, ein Plädoyer für die geschlossenen Augen zu halten, wiederum um die paradoxe Wirkung des Appells zu vermeiden. Ein sanftes Angebot in tastender Sprache bringt in der Regel mehr. Manchmal schließen Teilnehmer ihre Augen auch erst im Laufe der Reise.

Und wenn ich mich bewegen oder husten muss?

Mögliche Befürchtung Entweder störe ich die Arbeit der ganzen Gruppe. Oder ich muss mich die ganze Zeit anstrengen, meine körperlichen Bedürfnisse zu unterdrücken.

Antwort »Zur völligen Entspannung gehört auch, dass Sie alle Regungen, zu denen es Ihren Körper drängt, einfach kommen lassen und akzeptieren. Solche Begleitgeräusche gehören bei einer Fantasiereise dazu und werden der tiefen Entspannung der Gruppe keinen Abbruch tun.«

Kommentar Durch eine Methode aus der Hypnose, das Inkorporieren, machen Sie die Not zur Tugend, das Außengeräusch zum Teil Ihrer Reise (s. S. 57). Beispiel: Ein Teilnehmer hustet, als Sie gerade gesagt haben: »Und nun fliegst du mitten durch die Wolken.« Mögliche Einbindung: »Vielleicht ist es zunächst ungewohnt, diese Wolken einzuatmen. Vielleicht muss der eine oder die andere husten. Aber diese wunderbare Höhenluft macht die Atemwege wieder frei.«

Was tue ich, wenn meine Gedanken abdriften?

Mögliche Befürchtung Ich stehe später als Versager da, weil ich gar nicht mitreden kann, was genau bei der Reise passiert ist.

Antwort »Wunderbar! Es ist ja gerade Ziel der Reise, dass Ihre Gedanken dorthin fließen, wohin sie wollen. Die Idee ist nicht, dass wir alle exakt dieselbe Reise unternehmen – sondern die Idee ist, dass jeder von Ihnen das Drehbuch meines Textes wie ein Regisseur zu einem eigenen Film umsetzt. Wenn Sie abdriften, sollten Sie sich später nur fragen, wohin genau es Ihre Gedanken zieht und welche Passage des Reisetextes das ausgelöst hat.«

Kommentar Es gibt zwei Gründe, warum die Gedanken der Teilnehmer abdriften: Die Reise kann so bewegend sein, dass die Gedanken in Fahrt geraten, auch über die Reiseroute hinaus. Oder die Reise ist zu lang oder zu langweilig, sodass die Teilnehmer ihr nicht mehr folgen wollen oder können. Testen Sie eigene Reisen vorher mit Probekandidaten. Bitten Sie um kritische Rückmeldung. Und halten Sie Ihre Reisen im Zweifel lieber kurz als lang.

Und wenn ich mir jetzt Dinge vorstelle, über die ich später nicht sprechen will?

Mögliche Befürchtung Ich soll nach der Reise mein Innerstes nach außen kehren – vor Leuten, die solche Intimitäten nichts angehen.

Antwort »Ich bitte Sie sogar darum, dass Sie nur über das sprechen, worüber Sie sprechen wollen. Wenn Ihnen Gedanken, Gefühle oder Erlebnisse in den Sinn kommen, die für diesen Kreis nicht bestimmt sind, können Sie das für sich behalten; das ist absolut in Ordnung. Vielleicht sind ganz andere Details Ihrer Reise für die Gruppe interessant. Stellen Sie sich Ihre inneren Reisebilder einmal wie einen Adventskalender vor: Sie selbst entscheiden, welche Türchen Sie vor der Gruppe öffnen und welche nicht.«

Kommentar Etliche Fantasiereisen beziehen sich auf Wünsche, Situationen oder Verhältnisse zu Menschen, die real und intim sein können. Zum Beispiel geht es in einer Reise dieses Buches darum, nachträglich einem Menschen zu verzeihen oder sich zu entschuldigen (s. Reise Nr. 49, S. 246). Ein solches Thema muss immer zur Gruppe passen. Was im beruflichen Kommunikationsseminar eine Grenzüberschreitung wäre, kann für Selbstfindungskurse genau richtig sein.

Zweierlei scheint mir für die Besprechung solcher Reisen wichtig: Erstens die Vereinbarung, dass alles, was geredet wird, in diesem Kreis bleibt. Und zweitens stelle ich meine Fragen zur Reise eher zu unverfänglichen als zu verfänglichen Umständen. Beispiel: Über das Gefühl, sich bei einem wichtigen Menschen zu entschuldigen, können die meisten Teilnehmer ohne Hemmung reden. Dagegen könnte die Frage, welches Verhalten die Entschuldigung notwendig gemacht hat, als Grenzverletzung empfunden werden.

Meist fallen die ersten Aussagen der Teilnehmer direkt nach der Reise vorsichtig aus. Doch sobald sich einer aus der Deckung gewagt hat, tun die anderen es ihm gleich und sprechen ebenfalls über ihre Gefühle.

Ich würde lieber sitzen bleiben, statt mich hinzulegen (oder umgekehrt).

Mögliche Befürchtung Meine Schlafposition ist intim und gehört nicht in den öffentlichen Raum. (Oder: Im Sitzen bleibe ich verkrampft, nur im Liegen kann ich richtig entspannen.)

Antwort »Ich finde es gut, dass Sie diesen Wunsch äußern. Denn Ihre Position sollte sich nicht in erster Linie nach meinem Vorschlag richten, sondern danach, in welcher Haltung Sie sich am besten entspannen können. Das gilt auch für die anderen Teilnehmer. Also: Suchen Sie eine individuelle Position, in der Sie sich möglichst gut entspannen können. Gerne auf dem Stuhl. Oder mit einer weichen Unterlage auf dem Boden.«

Kommentar Bei geschäftlichen Seminaren ist eher die Sitzhaltung üblich – während im privaten Rahmen oder mit Jugendgruppen vor allem die Liegehaltung vorgeschlagen wird. Ich passe meinen Vorschlag der Gruppe an, bin aber immer offen für die Wünsche der einzelnen Teilnehmer.

»Du« oder »Sie« – welche Anrede ist besser?

Welche Anrede ist bei Fantasiereisen die beste Wahl? Empfiehlt sich das »Du«, wie in autosuggestiven Texten und in der Jugendarbeit üblich? Oder ist es gegenüber Erwachsenen klüger, beim »Sie« zu bleiben, wie es die Höflichkeit zu gebieten scheint?

Meine Antwort orientiert sich an den Bedürfnissen der Teilnehmer: Welche Anrede macht es ihnen leichter, ihre Gedanken auf die Reise zu schicken? Das Siezen erfüllt im Alltag den Zweck, dass es eine Höflichkeitsdistanz herstellt. Je weniger zwei Erwachsene miteinander verbindet, desto eher siezen sie sich. Der Geschäftsführer und ein Fließbandarbeiter, die Bundeskanzlerin und ihr Fahrer, zwei Fremde auf der Straße: Sie alle drücken den Abstand zwischen sich nicht nur durch körperliche, sondern auch durch sprachliche Distanz aus – mit einem »Sie«.

Dagegen ist das »Du« die bevorzugte Anrede, wenn zwei Menschen sich nahestehen. Familienangehörige duzen sich. Freunde duzen sich. Und wer einem anderen »Ich liebe Sie!« ins Ohr flüstert, wird wahrscheinlich »Ich Sie nicht!« hören, weil er den zweiten Schritt vor dem ersten getan hat. Das »Sie« steht für Distanz, das »Du« für Nähe.

Genau dieser Punkt ist für die Fantasiereisen interessant: Welches ist die Voraussetzung, dass Ihre Worte in das Unterbewusstsein der Reiseteilnehmer vordringen? Ihr Text muss die Schranken des Bewusstseins *möglichst ohne Widerstand* passieren, so wie Wasser eine offene Schleuse. Doch gewisse Aussagen und Appelle, wenn sie aus fremdem Mund kommen, können das Schleusentor zustoßen. Wer würde sich, nur weil es ein Fremder fordert, einfach »ganz tief fallen lassen«? Da glauben wir Vertrauten eher!

Das »Sie« ist ein Distanzhalter und macht es schwer, die Teilnehmer auf schnellste und natürlichste Weise zu erreichen. Ich spreche da aus Erfahrung, denn in den ersten Jahren habe ich Erwachsene bei meinen Reisen konsequent gesiezt. Das funktionierte auch, keine Frage. Aber schon beim Sprechen hatte ich ein ungutes Gefühl. Manche Sätze laufen in der Du-Form nicht nur leichter in die Ohren der Teilnehmer, sondern auch leichter über die Lippen des Reiseleiters.

Was aber tun, ohne das Gesetz der Höflichkeit zu verletzen? Holen Sie von Ihren Teilnehmern die Erlaubnis ein, sie für die *begrenzte* Zeit der Reise zu duzen, etwa so: »Gerne würde ich Sie während der Fantasiereise – und nur für diese Zeit – in der Du-Form ansprechen. Nach meiner Erfahrung fällt es Ihnen als Reiseteilnehmer dann leichter, sich ganz auf meine Worte und auf Ihre Fantasien einzulassen. Sind Sie damit einverstanden, dass ich in meinem Reisetext vorübergehend das ›Du‹ verwende?«

Wenn die Reise vorbei ist, baue ich in die Rückkehrphase eine Bemerkung ein wie: »Und jetzt kommen Sie bitte wieder ganz in die Realität zurück, in diese Stadt, in diesen Seminarraum. Und ich komme auch zurück – und zwar, wie es sich gehört, zu der Sie-Form. Jetzt spreche ich zu Ihnen nicht mehr als Reiseleiter, sondern wieder als Trainer.«

Damit sind die Grenzen klar definiert: In Ihrer Rolle als Reiseleiter verwenden Sie spielerisch das Du. Und in Ihrer alltäglichen Rolle als Seminarleiter kommen Sie zur Höflichkeitsanrede zurück.

Schwieriger finde ich die Entscheidung in der Einzelberatung. Hier spreche ich keine Gruppe mit einem kollektiven »Du« an, sondern meine Worte richten sich an einen einzelnen Menschen. Er sitzt mir gegenüber, ich bin allein mit ihm in einem Raum. Hier ist das »Du« mit einer deutlich größeren Intimität beladen, zumal mein Reisetext noch maßgeschneiderter ausfällt. In diesem Fall sprechen ebenso viele Gründe für das »Sie« wie für das »Du«. Entscheiden Sie nicht nur nach Ihren Vorlieben, sondern vor allem danach, was Sie mit Blick auf den Klienten und Ihre Beziehung zu ihm für förderlicher halten.

In diesem Buch habe ich bei den Reisen durchgängig die Du-Form und bei den Fragen durchgängig die Sie-Form verwendet. Wenn Sie in einer Situation die jeweils andere Form bevorzugen, dann ändern Sie einfach die Texte.

Als Sprecher auf der Reisebühne

Die höchste Kunst, wenn Sie eine Fantasiereise vortragen: Machen Sie eben keine Kunst, keinen Vortrag daraus! Ein bühnenreifer Monolog würde die Aufmerksamkeit nicht auf den Inhalt, sondern auf Sie als Sprecher lenken. Aber genau das Gegenteil ist sinnvoll: Als Vortragender sind Sie nur ein Medium. Die Bühne gehört allein dem Text, Sie als Person bleiben vollkommen im Hintergrund. Was Sie dazu brauchen, sind ein Ton und ein Sprechtempo, durch die sich die Wirkung Ihrer Worte unterstreichen und verstärken lässt. Je natürlicher Sie sprechen, desto besser.

Was die Tonlage angeht, so kann folgendes Gedankenspiel helfen: Stellen Sie sich vor, Sie trügen den Text einem Menschen vor, der die deutsche Sprache nicht beherrscht. Aber dennoch wollen Sie erreichen, dass er die Botschaft des Textes durch den Klang Ihrer Stimme versteht. Also werden Sie die beruhigenden Passagen Ihres Textes mit einer beruhigenden Stimme vortragen und Ihr Tempo drosseln, wenn der Text zur Reflexion anregt, und es steigern, wenn die Handlung überschlägt.

Vielleicht haben Sie Lust auf diese Übung: Wählen Sie einen Text dieses Buches und tragen Sie ihn zum Beispiel Ihrem Hund oder Ihrer Katze vor. Achten Sie genau darauf, welche Wirkung Sie durch Ihre Stimme erzielen. Wenn Sie kein Haustier haben, können Sie Ihre Worte aufnehmen und dann prüfen, ob die Form des Vortrags den Inhalt unterstreicht.

In der Regel gilt: Wählen Sie eine sanfte Stimme, eine Sprechweise, mit der Sie ein Kleinkind in den Schlaf reden könnten – eher leise als laut, eher fließend als abgehackt. Idealerweise lassen Sie eine Art Melodie, einen Strom aus Worten entstehen, der sich ganz langsam vorwärtsarbeitet und auch dann, wenn er Pausen einlegt, in den Teilnehmern das Grundvertrauen weckt, dass er bald weiterfließen und sie mit sich tragen wird.

Die Geschwindigkeit des Textes ist wichtig. Stellen Sie sich alles, was Sie sagen, wie einen Filmtext vor, dessen Bilder aber noch nicht über die Leinwand flimmern, sondern gerade erst gedreht werden. Wenn Sie – wie viele unerfahrene Reiseleiter – zu schnell durch den Parcours der Worte galoppieren, kommen die Gedanken Ihrer Teilnehmer nicht mit. Dann entsteht eine Situation, wie der Fernsehzuschauer sie kennt, wenn sich die Lippen eines Sängers im Fernsehen bei Playback nicht synchron zum Text bewegen – das ist irritierend, manchmal sogar lächerlich. Denn während Sie zum Beispiel von einer hohen Welle sprechen, auf die der Reisende reitet, steht er noch mit beiden Füßen am Strand und hängt Ihrer Frage nach, welches Ufer seines Lebens er gern einmal verlassen würde. Schnelles Sprechtempo birgt die Gefahr, die Reiseteilnehmer an einer Stelle zu verlieren. Einige davon schließen nie wieder zu Ihnen auf.

Ziehen Sie ein langsames Grundtempo vor und legen Sie immer dann Pausen ein, wenn der Text – direkt oder indirekt – Fragen stellt oder die Teilnehmer zur Reflexion oder zum Einbringen eigener Inhalte anregt.

Wie lange sollte eine solche Pause dauern? Zwanzig bis dreißig Sekunden sind ideal. Kürzere Pausen reißen die Teilnehmer aus Gedanken heraus, die sich noch nicht zu Ende geformt haben. Das schadet vor allem dann, wenn Sie die Reisenden aufgefordert haben, sich eine bestimmte Situation ihres Lebens vorzustellen, auf die sich die weitere Reise stützen will.

Längere Pausen von ein oder zwei Minuten, wie sie gelegentlich empfohlen werden, bergen ein anderes Risiko: Zu viele Teilnehmer schweifen dann mit ihren Gedanken ab. In diesem Fall haben Sie mit demselben Problem wie bei schneller Sprechweise zu kämpfen: Der Gedankenfilm und Ihr Text laufen nicht mehr parallel, mit dem Unterschied, dass nun die Gedanken einen Schritt voraus sind.

Erst bei der Rückreise, wenn Sie die Teilnehmer gezielt aus ihren Fantasien zurückholen wollen, sollten Sie den Ton und das Tempo wechseln: Werden Sie nun lauter und schneller, lassen Sie die Realität in Ihrer Stimme durchklingen.

Die Musik erfüllt einen ähnlichen Zweck wie die Stimme: Sie soll die Entspannung der Teilnehmer vertiefen und den Inhalt der Reise unterstreichen. Ich greife gern auf Entspannungsmusik zurück, wie sie beim Yoga verwendet wird, auf Musik mit Naturgeräuschen, auf Filmmusiken (die schon von Natur aus Hintergrundgeräusche sind) und auch auf leichte Klassik, jeweils aufs Thema abgestimmt. Die Musik muss rein instrumental und laut genug sein, dass jeder Teilnehmer sie gut hören kann – aber auch leise genug, dass Ihre Stimme nicht gegen die Musik anreden muss.

Und noch ein Tipp: Es gibt Wörter und Sätze, die gehen Ihnen leicht über die Lippen, weil Sie zu Ihrer Ausdrucksweise passen. Und es gibt andere, die sich wie Fremdkörper anfühlen – was zu einer unnatürlichen Sprechweise führen kann. Sehen Sie alle Fantasiereise-Vorlagen dieses Buches als einen Rohstoff an. Machen Sie, was (zu Ihnen) nicht passt, einfach passend; übersetzen Sie es in Ihre Sprache. Passen Sie es Ihrer Zielgruppe an. Dann fühlen Sie sich wohler mit dem Reisetext – und Ihre Teilnehmer mit Ihnen.

Spontan statt Plan

Eine Fantasiereise sollte keinem starren Plan folgen, sondern auf die Situation im Raum eingehen. Es gilt ein Grundsatz der themenzentrierten Interaktion: Schaffen Sie Raum für das, was gerade im Raum ist (Cohn 2009).

Das bedeutet zum Beispiel: Passen Sie die Länge des Reisestarts, also der Entspannungsphase, dem Befinden der Gruppe an. Spüren Sie in die Gruppe hinein: Sind die Teilnehmer ruhig? Atmen sie regelmäßig? Machen sie einen vertieften Eindruck? Dann sollten Sie vom Reisestart zur eigentlichen Fantasiereise übergehen – auch früher als geplant.

Wenn Sie jedoch beobachten, dass die Teilnehmer noch unruhig sind, zum Beispiel sich bewegen oder räuspern, dann dehnen Sie die Entspannungsphase aus und binden die Geräusche im Raum ein (s. nächstes Kapitel). Mit der Zeit werden Sie ein Gespür für das Befinden einer Gruppe entwickeln – und auch dafür, wie Sie es aufgreifen und mit einer schriftlichen Reisevorlage verbinden können.

Wie die Störung zur Verstärkung wird

Große Taten scheitern oft an kleinen Dingen; Bertolt Brecht schrieb einmal (als »Epitaph für M.«): »Den Haien entrann ich / Die Tiger bezwang ich / Aufgefressen wurde ich/Von den Wanzen.« Zum Beispiel ist es Ihnen gelungen, die Gruppe in einen Zustand tiefer Entspannung zu versetzen. Alle haben ihre Gedankenbündel geschnürt und befinden sich auf einer abenteuerlichen Expedition durch einen Dschungel. Der Atem Ihrer Teilnehmer geht ruhig, ihre Körper liegen still, und die Gesichter sind entspannt wie bei Engeln.

Aber dann passiert es: Ein penetrantes »Tatü-tata« brandet aus der Ferne auf. Das Geräusch kommt näher und schwillt an, als würde der Rettungswagen schnurstracks in Ihren Seminarraum brettern. Was Sie jetzt brauchen, ist eine rettende Idee: Wie können Sie die vertiefte Entspannung Ihrer Teilnehmer bewahren?

Aus der Hypnose gibt es eine Methode, die für solche Fälle geschaffen wurde: das Inkorporieren (Schmidt-Tanger/Stahl 2007). Mit diesem Trick machen Sie das Störgeräusch zum Komplizen – Sie beziehen es in Ihren Text ein, als hätten Sie es bestellt. Effekt: Die vertiefte Entspannung Ihrer Teilnehmer bleibt nicht nur erhalten, sie wird sogar verstärkt. Denn das, was zunächst wie eine Störung von außen scheint, fügt sich als sinnlicher Eindruck in die Gedankenreise ein.

Nehmen wir also an, Ihr Reisetext befindet sich an folgender Passage:

»Du hältst dich an einer Liane fest und holst Schwung.
Nun saust du durch die tropische Luft hindurch,
vorbei an einem bunten Papagei, der aufflattert.
Spür das Gefühl, völlig schwerelos zu pendeln,
das Gefühl, wie eine Liane dich sicher zur nächsten trägt.«

Übung: Das integrierte Martinshorn

Ihre Aufgabe: Überlegen Sie, wie sich das Martinshorn in die Fortsetzung dieses Textes integrieren lässt. Jede Möglichkeit, die Ihnen einfällt, ist besser, als das Geräusch einfach zu ignorieren – dann zerstört es die Konzentration garantiert. Also: Greifen Sie zu einer naheliegenden Möglichkeit oder auch gerne zu einer scheinbar verrückten Idee.
Probieren Sie nun diesen Kniff: Beziehen Sie das Geräusch ein und setzen Sie die Geschichte nach Ihren eigenen Vorstellungen fort, gerne schriftlich, ehe Sie meine Vorschläge lesen:

Mir fallen auf Anhieb zwei Möglichkeiten ein – die eine ist konventionell, die andere eher exotisch. Die konventionelle:

>»Du bist dir ganz sicher, dass du nicht zur Erde fallen kannst.
> Deshalb amüsiert es dich, als du den Dschungel-Krankenwagen hörst.
> Dieses Amphibienfahrzeug arbeitet sich immer dichter an dich heran,
> sein ›Tatütata‹ lässt ein paar bunte Vögel aus den Bäumen aufflattern.
> Doch wenn du ganz genau auf dieses regelmäßige Geräusch hörst,
> auf sein An- und Abschwellen, auf sein An- und Abschwellen,
> dann fällt dein Flug von Liane zu Liane nur noch sicherer aus,
> als könntest du dich an dem Geräusch festhalten,
> während es sich angenehm mit dem Wind deines Fluges vermischt.«

Es ist sogar möglich, dass Sie das Aussehen dieses verrückten Krankenwagens beschreiben und ihn dann, wenn das Geräusch verklingt, in einem gemeinen Schlammloch stecken bleiben und dort langsam versinken lassen.

Die unkonventionelle Möglichkeit:

>»Der Papagei fliegt dir hinterher, wie ein gelber Feuerschweif,
> und landet auf deiner Schulter, während du durch die Luft saust.
> Du spürst ganz sanft, wie seine Krallen sich an deiner Schulter festhalten.
> Achte einmal darauf, welches Geräusch der Papagei neben deinem Ohr macht:
> Er imitiert mit voller Stimme ein Stadtgeräusch, ein Martinshorn.
> Achte ganz genau darauf, wie gut der Papagei dieses Martinshorn trifft
> und wie er, um dir eine Freude zu machen, das Geräusch immer lauter imitiert.
> Hast du eine Ahnung, wo er dieses Geräusch aufgeschnappt haben kann?«

Auf diese Weise können tolle Ideen entstehen: Ursprünglich war der Papagei nur als eine Randfigur der Geschichte gedacht, als Farbtupfer für einen Moment. Doch nun können Sie ihn auf den Schultern Ihrer Teilnehmer belassen. Wie wäre es, wenn die gelegentlichen Anstöße zur Reflexion, die Ihr Text enthält, von dem Papagei kämen? Dieser Kunstgriff fügt die Fragen in die natürliche Handlung ein. Nach der Reise werden Sie etwas Verblüffendes feststellen: Einige Teilnehmer sind unsicher, ob das Geräusch ihrer Fantasie entsprungen ist oder aus der realen Welt kam.

Auf ähnliche Weise können Sie jede Störung zur Verstärkung Ihrer Reise nutzen. Ganz egal, ob es sich um ein Stimmengewirr im Nachbarraum handelt oder um die Bässe eines Autoradios, um klirrendes Geschirr oder ein dudelndes Handy.

Eine gute Übung: Sprechen Sie einen Reisetext für sich allein an einem Ort, wo Sie garantiert von außen gestört werden – und machen Sie es sich zur Aufgabe, jede dieser Störungen spontan einzuarbeiten. Am Anfang werden Sie vielleicht noch Mühe haben – doch nach fünf, sechs erfolgreichen Versuchen kann es passieren, dass Sie geradezu auf eine »Störung« hoffen, um Ihren Reisetext damit zu bereichern, ihn für Ihre Teilnehmer noch spontaner und sinnlicher zu machen.

Inkorporieren heißt reagieren: Wenn beim Vortragen einer Fantasiereise ein Martinshorn von draußen erklingt, wird dieses flugs in den Text aufgenommen – und verstärkt die Wirkung der Reise, statt sie zu schwächen oder zu unterbrechen.

Für das Inkorporieren gilt: Je öfter Sie es üben, desto leichter wird es gelingen. Wer in Gedanken seine Reaktion auf Störungen durchspielt, legt im Gehirn Nervenbahnen an, die das Inkorporieren im »Ernstfall« erleichtern.

Übung: Störfeuer parieren

Stellen Sie sich vor, Sie sprechen gerade folgenden Text (s. Reise Nr. 5, S. 106):

Nun wandert ein riesiger Suppentopf an der Tafel entlang,
er ist so groß, dass du den Diener dahinter fast übersehen hättest.
Was fällt dir am Gang, an der Kleidung des Dieners auf?
Der Diener schöpft dir und dem König die Suppenteller voll.
Woher ahnst du bloß, was in der Suppe schwimmt?
Schau jetzt in den Teller und sieh die Buchstabennudeln.
Welche Buchstaben kannst du erkennen?

In diesem Moment passiert jeweils eine der folgenden Störungen:

Störung 1: Das Handy eines Teilnehmers erzeugt den Klingelton eines altmodischen Weckers, der sich über 30 Sekunden erstreckt.
Störung 2: Die Tür des Seminarraums wird von einem verirrten Hotelgast aufgerissen und mit einer gemurmelten Entschuldigung wieder geschlossen.
Störung 3: Im Nebenraum schlägt ein Glas oder eine Flasche klirrend auf den Boden.

Bitte probieren Sie, den Text jeweils so fortzusetzen, dass Sie die Störung möglichst sinn- oder fantasievoll in die weitere Handlung einbeziehen.
Störung 1 (Handy) inkorporieren:

Störung 2 (Tür) inkorporieren:

Störung 3 (Glas oder Flasche) inkorporieren:

Lösungsvorschläge finden Sie als Bonusmaterial zu diesem Buch auf meiner Homepage www.karriereberater-akademie.de unter der Rubrik »Bücher«.

03

Reise beendet:
So geht es weiter

In diesem Kapitel erfahren Sie unter anderem:

→ welche Spiele die Schatzkiste der Gruppe mit Reiseerlebnissen füllen

→ mit welchen Fragen Sie Ihren Teilnehmern zu neuen Einsichten verhelfen

→ warum »Flüstergruppen« oft mehr als Großgruppen bringen

→ wie sich Reiseeindrücke malen, schreiben, aufführen lassen

→ und warum es klug sein kann, Ihre Teilnehmer abends noch in das Jahrmarktskarussell einzuladen

Die Schatzkiste der Gruppe füllen

Eine Teilnehmerin schaut versonnen aus dem Fenster, als könnte sie am Himmel nicht nur die Wolken, sondern noch die Bilder ihrer eigenen Reise ziehen sehen. Ein anderer Teilnehmer rollt einen Kugelschreiber über seinen Tisch, als wollte er den Weg für neue Erkenntnisse bahnen. Und ein Dritter macht sich beim Gähnen so lang wie ein Basketballspieler unter dem Korb.

Gar nicht so einfach, nach der Fantasiereise wieder die Kurve zur gemeinschaftlichen Arbeit zu bekommen. Die Gruppe hat zwar denselben Reisetext gehört, doch jeder war auf ganz eigenen Gedankenpfaden unterwegs und hängt seiner Reise nach. Nicht selten führte die Reise ins Gebirge der eigenen Emotionen, wo man hoch steigen und tief fallen kann, wo jedes Erlebnis intensiver als im Alltag wirkt. Diese Emotionen lösen sich nicht mit dem Ende der Reise auf, sie bleiben im Raum und schwingen nach.

Was die Teilnehmer jetzt brauchen, ist die Möglichkeit, ihre frischen Eindrücke untereinander auszutauschen. Ein solches Gruppengespräch, das Sie moderieren, ist nicht nur für die Atmosphäre wichtig: Es sorgt auch dafür, dass sich die Einzeleindrücke wie Goldtaler in der Schatzkiste des Gruppenwissens sammeln. Die Teilnehmer bereichern sich gegenseitig. Und sie liefern Ihnen Dutzende von Ansätzen, die Sie bei der Weiterarbeit aufgreifen können.

Wenn sich die Teilnehmer über innere Bilder austauschen, die noch ganz frisch sind und aus ihrem Inneren kommen, hebt das den Gruppenkontakt auf eine neue Ebene. Wer den Vorhang seiner Innenwelt ein Stück zur Seite rückt, vertraut sich der Gruppe an – und bekommt meist Zutrauen als Antwort. Das fördert die Redebereitschaft, den Zusammenhalt, das produktive Lernklima.

Doch nicht jedem Teilnehmer fällt es leicht, Inneres nach außen zu kehren. Welche Befürchtungen, meinen Sie, könnten die Teilnehmer mit dem Austausch nach der Reise verbinden? Und wie wollen Sie damit umgehen?

Zu diesem Thema möchte ich Ihnen eine Übung anbieten – einen Dialog zwischen dem Trainer und einer kritischen Teilnehmerin. Er fand so (ähnlich) während einer kurzen Pause zwischen Fantasiereise und Auswertung statt. Bitte lesen Sie den Text aufmerksam und beantworten Sie danach die Fragen:

Teilnehmerin »Ich bin noch ganz aufgewühlt. Das war wirklich ein intensives Erlebnis. Und wie geht es jetzt weiter?«

Trainer »Jetzt tauschen wir uns in der Gruppe über die Reise aus – über die Bilder, die Erlebnisse, die Gedanken dabei.«

Teilnehmerin (entsetzt) »Wie bitte?! Soll das jetzt ein Seelenstriptease werden? Ich möchte nicht mit jedem, nur weil er zufällig hier im Raum ist, diese persönlichen Eindrücke teilen!«

Trainer »Das klingt für mich so, als wollen Sie unbedingt selbst bestimmen, welche Erlebnisse Sie mit der Gruppe teilen – und welche Sie besser für sich behalten …?«

Teilnehmerin »Genau! Meine Träume würde ich schließlich auch nicht jedem auf die Nase binden. Das ist einfach zu persönlich.«

Trainer »Es ist Ihnen wichtig, dass Sie Ihre Intimsphäre wahren – erst recht gegenüber Menschen, die Sie nur oberflächlich kennen.«

Teilnehmerin »Ja, meine Privatsphäre ist mir heilig. Außerdem habe ich das Gefühl: Ich kann zur Gruppendiskussion nur wenig Konstruktives beitragen, solange die Eindrücke der Reise so ungeordnet durch meinen Kopf schwirren wie im Moment.«

Trainer »Diese Einstellung finde ich vorbildlich: Sie wollen nicht irgendetwas sagen, sondern die Gruppe mit Ihren Beiträgen vorwärtsbringen. Und deshalb legen Sie hohe Maßstäbe an sich selbst.«

Teilnehmerin (schweigt verblüfft): »Mmmm. Ja, doch, so kann man das sehen.«

Trainer »Wenn Sie gestatten, möchte ich einen Vorschlag machen, wie Sie all das unter einen Hut bringen – wie Sie Ihre Intimsphäre wahren und die Gruppe vorwärtsbringen, obwohl sich Ihre Reiseeindrücke noch nicht gesetzt haben. Interessiert Sie das?«

Teilnehmerin »Ja, unbedingt! Schießen Sie los.«

Trainer »Was Ihre Reiseeindrücke angeht, lade ich Sie ein: Sprechen Sie nur über das, was Sie vor dieser Gruppe besprechen wollen – über das, was Ihnen leicht über die Lippen geht. Sicher gibt es viele Eindrücke Ihrer Reise, auch unverfängliche Details und allgemeine Aspekte, die das Gruppengespräch bereichern können. Und was die Ordnung Ihrer Gedanken betrifft: Wie wäre es, heute einmal nach dem ›Chaosprinzip‹ zu arbeiten? Ich denke, die Reise hat auch die anderen Teilnehmer aufgewühlt. Was halten Sie davon, dass wir alle unsortierten Eindrücke einmal sammeln, gerade so, wie sie uns zufliegen? Dann können wir gemeinsam schauen, ob sich eine Ordnung, ein Bild, daraus ergibt.«

Mein Tipp für alle Situationen, in denen Teilnehmer Bedenken äußern: Hören Sie hinter den Sorgen die Wünsche heraus. Statt – wie beim klassischen aktiven Zuhören – die negative Aussage noch einmal zu wiederholen und damit zu verstärken (»Sie sind in Sorge, weil …«), schlagen Sie so der Hoffnung eine Schneise (»Sie wünschen sich …«). Dieses positive Zuhören lenkt die Gedanken des Teilnehmers in eine positive Richtung (Prior 2009). Sie sprechen davon, wohin es ihn zieht, vom Ziel – statt davon, wohin er nicht will, von der Sackgasse. Zugleich greifen Sie die Bedenken implizit auf, sodass der Teilnehmer spürt: »Meine Aussage ist angekommen, ich werde ernst genommen.«

Übung: Hat der Trainer richtig geantwortet?

Bitte analysieren Sie den Dialog auf Seite 62 f. unter folgenden Aspekten, ehe Sie weiterlesen:

→ Welche Sorgen und Ängste nagen an der Teilnehmerin? Inwieweit können Sie diese Befürchtungen verstehen?

→ Wie geht der Trainer mit den Einwänden der Teilnehmerin um? Was, glauben Sie, bewirkt dieser Umgang?

→ Wie beurteilen Sie es, dass der Trainer seine Vorschläge in Frageform einleitet (»Interessiert Sie das?«) und serviert (»Was halten Sie davon …?«)? Wo liegen die Unterschiede zu einer Aussage?

→ Versetzen Sie sich in die Teilnehmerin: Was glauben Sie, mit welcher Einstellung sie jetzt in die Nachbereitung der Reise geht?

→ Nehmen Sie einmal an, der Trainer hätte nur geantwortet: »Nein, nein, keine Sorge: Das wird kein Seelenstriptease!« Was hätte diese Antwort in der Teilnehmerin ausgelöst? Und von welcher Haltung des Reiseleiters hätte sie gezeugt?

Das positive Zuhören folgt dem Reframing-Gedanken des neurolinguistischen Programmierens (NLP): Danach haben wir bei jeder Situation die Wahl, wie wir sie deuten. Aus dieser *Deutung* entsteht die persönliche *Bedeutung*, aus dieser *Wahrnehmung* die persönliche *Wahrheit*. Eine Umdeutung, die Sie als aktiver Zuhörer anbieten, kann zu einer neuen Sichtweise verhelfen. Nehmen Sie im Dialog den Einwand der Teilnehmerin, sie könne zur Gruppendiskussion nichts Konstruktives beitragen, solange die Eindrücke so ungeordnet durch ihren Kopf schwirrten. Der Trainer deutet diese Aussage positiv: Die Teilnehmerin wolle die Gruppe vorwärtsbringen. Das geht aus ihrer Äußerung indirekt hervor und wird ihr vielleicht erst durch die Rückmeldung bewusst.

Beispiel In der Realität ging dieser Dialog so weiter: Die Teilnehmerin wurde immer offener und gesprächiger. In der zweiten Phase fragte der Trainer: »Inwieweit können die Eindrücke der anderen Teilnehmer für Sie hilfreich sein, um Ihre eigenen Bilder und Erlebnisse besser einordnen zu können?« Dabei stellte sich heraus, dass die Teilnehmerin höchst neugierig war: »Ich würde schon gerne wissen, ob die anderen genauso tief in die Reise eingetaucht sind wie ich selbst. Oder waren die viel cooler? Vor allem gab es einige Passagen, mit denen ich sehr viel anfangen konnte – und andere, bei denen ich nur schwer folgen konnte. Bin ich wohl die Einzige, der das so ging? Und wenn ja, woran liegt das?«

Solche Fragen sind typisch. Sie entspringen dem Bedürfnis, die (neuen) Gedanken und Gefühle besser einzuordnen. Dabei kann der Austausch mit anderen, das Entdecken von Parallelen und Unterschieden, die Orientierung erleichtern. Das Gruppengespräch über Fantasiereisen erhöht die Selbsterkenntnis. Wer die anderen besser kennenlernt, lernt sich selbst besser kennen. Und umgekehrt.

Flugzeugrutsche zur Gruppenphase

Es gibt zwei Möglichkeiten, wie Sie an eine Fantasiereise anknüpfen können: Entweder leiten Sie direkt zu einer moderierten Fragerunde über. Oder Sie schaffen einen fließenden Übergang zum Gruppengespräch. Das kann Ihnen durch eine Kurzübung gelingen, die spielerische Elemente enthält und die Redeschwelle der Teilnehmer senkt. Dann kommt das Gruppengespräch schneller in Fahrt, die typische Schweigephase nach der Eröffnungsfrage (»Wer mag etwas zu der Reise sagen?«) entfällt, und der Übergang wird natürlicher.

Wie kann eine solche Übung aussehen? Drei Empfehlungen:

→ Sie sollte die Reise kontrastieren – eher nach außen als nach innen führen, eher für körperliche Bewegung als für Ruhe sorgen.

→ Sie sollte aus Gesten, Szenen und ähnlichen spielerischen Elementen bestehen, die in keiner Weise die folgende Diskussion vorwegnehmen.

→ Die Übung sollte so angelegt sein, dass die Teilnehmer dabei nichts falsch machen können, dass niemand das Gefühl hat, er werde wie ein Zirkustier in der Manage vorgeführt – ein Eindruck, den gewisse Übungen gerade bei bildungsfernen Menschen viel leichter hinterlassen, als es den meist akademisch geschulten Leitern bewusst ist.

Folgende Übung hat sich bei mir als Übergang bewährt – der »Kommentar des Gebärdendolmetschers«. Ich lade die Teilnehmer ein, sich im Raum aufzustellen, für ausreichend Platz um sich herum zu sorgen und sich eine Rückmeldung per Körpersprache auf die Reise auszudenken, Motto: »Nehmen wir an, Sie wären für zehn Sekunden in einem Stummfilm zu sehen und sollten symbolisieren, wie dieses Reiseerlebnis für Sie war – mit welcher Gestik, mit welcher Mimik würden Sie diese Botschaft transportieren?«

Ich erkläre, dass alles erlaubt ist, vom Daumen, der nach oben oder unten zeigt, über das Gesicht, das Lachen oder eine Grimasse bilden kann, bis zum Luftsprung oder dem Versinken im Erdboden. Und wem nichts einfällt, der darf freilich auch mit den Schultern zucken – das ist genauso in Ordnung wie jede andere Geste. Die Ausdrücke sollten mehrfach wiederholt oder über etwa 30 Sekunden beibehalten werden.

Wichtig: Bevor ich das Startsignal gebe, bitte ich die Teilnehmer, sich nicht nur auf ihre eigene Körpersprache zu konzentrieren – sondern gleichzeitig auf die Gruppe zu achten. Wie würden sie die Gebärden der anderen in die Wortsprache übersetzen? Welche Ausdrücke machen sie neugierig? Was gleicht ihrem eigenen Ausdruck? Was geht in eine völlig andere Richtung?

Diese Übung hat einen dreifachen Effekt: Erstens kommt die Gruppe körperlich in Bewegung, was nach einer langen Ruhephase immer gut ist. Zweitens setzen sich die Reiseteilnehmer mit ihren Eindrücken auseinander, indem sie den Bogen vom logischen zum kreativen Denken schlagen. Doch der dritte Punkt ist mir am wichtigsten: Die Teilnehmer kommen in Kontakt mit den bis dahin vollkommen unbekannten Eindrücken ihrer Reisegenossen – und das auf eine heitere Weise. Meist erlebe ich, dass durch diese Übung die Neugier und die Vorfreude auf das folgende Gruppengespräch wachsen.

Als Einleitung für den Austausch eignen sich dann Fragen zu der Übung, zum Beispiel, wie leicht oder schwierig es war, die eigene Geste zu finden; welche anderen Gesten den Teilnehmern besonders aufgefallen sind; und wem sie gerne eine Frage zu seiner Geste stellen würden – immer verbunden mit dem Hinweis, dass der Austausch über die Reise absolut freiwillig ist und jeder das Recht hat, auf Fragen nur teilweise oder gar nicht zu antworten. Gerade wenn ein Abhängigkeitsverhältnis zwischen dem Leiter und der Gruppe besteht, etwa beim Lehrer und der Schulklasse, will dieser Hinweis nicht nur ausgesprochen, sondern glaubwürdig gelebt sein.

Beispiel Ein Teilnehmer wird nach der Bedeutung seiner Geste gefragt, sagt aber: »Dazu möchte ich nichts sagen.« Nun liegt es am Leiter, auch dieses Verhalten wohlwollend zu quittieren – zum Beispiel, indem er sagt: »Ich danke Ihnen, dass Sie in diesem Punkt ehrlich sind. Das gehört zu den Spielregeln, das ist Ihr gutes Recht. Ich freue mich, dass Sie vorhin Ihre Geste eingebracht haben. Auch das war eine Denkanregung für die Gruppe, wie schon diese Nachfrage zeigt.« Auf dieser Vertrauensbasis geschieht es nicht selten, dass mit wachsender Dauer des Gesprächs die ursprünglich verschlossenen Teilnehmer doch noch ins Reden kommen.

Im Land der 100 Fragen

Wenn Sie eine offene Gruppendiskussion wünschen, können Sie dazu beitragen – indem Sie das Gespräch mit offenen Fragen anregen. Die geschlossene Frage, die sich mit »Ja« oder »Nein« beantworten lässt (»Hat Ihnen diese Reise etwas gebracht?«), zieht einsilbige Antworten nach sich. Dagegen bekunden offene Fragen (»Was hat Ihnen die Reise gebracht?«) Ihr Interesse an der Meinung der Teilnehmer, regen zur Reflexion an und ziehen meist vertiefende Antworten nach sich.

Beim Einstieg in die Gruppenrunde hat sich das Fragen nach dem Trichterprinzip bewährt: Steigen Sie mit weiträumigen, also allgemeinen Fragen ein und schieben Sie mit der Zeit engere, also spezifischere Fragen nach. Je länger das Gespräch andauert, desto mehr wächst die Bereitschaft der Teilnehmer, sich für individuellere Fragen zu öffnen.

Die besten Fragen sind solche, die Sie gar nicht erst in den Raum holen müssen – weil sie ohnehin schon durch die Köpfe der Teilnehmer kreisen. Wie gelingt es Ihnen, dieses Interesse punktgenau aufzugreifen? Ganz einfach: Ernennen Sie Ihre Teilnehmer zu Co-Trainern. Bitten Sie zum Beispiel darum, jeder möge eine Frage zur Reise auf einen Zettel schreiben und an einer Pinnwand befestigen.

Danach wissen Sie genau, welche Fragen im Bewusstsein der Gruppe obenauf liegen. Geben Sie der Gruppe einen Überblick, welche Fragen im Raum stehen – und kommen Sie im Laufe der Diskussion darauf zurück. Wenn es passt, können Sie auch mit einer dieser Fragen die Diskussion eröffnen. Das sichert Ihnen höchste Aufmerksamkeit.

Das Gruppengespräch wird nicht nur den Austausch fördern – es wird für Sie auch eine wichtige Rückmeldung sein, wie Ihre Reise angekommen ist. Die folgende Liste versammelt Fragen, die ein interessantes Gruppengespräch anstoßen können – wobei Sie die weiterführenden Fragen immer auf die Antworten der Teilnehmer aufbauen sollten.

→ Wie war das jetzt für Sie, in Gedanken zu verreisen?
→ Was ist nun, also nach der Reise, anders als davor?
→ Was, glauben Sie, war der Zweck dieser Übung?
→ Inwieweit hat die Übung diesen Zweck erfüllt?
→ Was könnte die Aussage der Reise sein?
→ Und welche ganz andere Botschaft wäre denkbar?
→ Welche Abschnitte haben Sie besonders angesprochen?
→ Und wann fiel es Ihnen schwerer, dem Text zu folgen?

→ Inwieweit haben Sie die Übung als entspannend empfunden?

→ Und was war spannend an der Gedankenreise?

→ Wie würden Sie Ihr Körpergefühl während der Reise beschreiben?

→ Was können Sie für Ihr Leben aus der Reise ableiten?

→ Stellen Sie sich vor, ein Freund fragt Sie in einem halben Jahr nach dieser Reise – was, glauben Sie, ist dann bei Ihnen hängen geblieben?

→ Gibt es Fragen, die sich Ihnen zu der Reise stellen oder die Sie an die Gruppe oder an mich richten wollen?

→ Welche Gefühle hat die Reise in Ihnen geweckt?

→ Nehmen wir an, Sie hätten ein Foto bei der Reise schießen können – welchen Anblick hätten Sie festgehalten?

→ Und wenn Sie ein Aufnahmegerät dabeigehabt hätten – welche Geräusche oder Stimmen hätten Sie aufnehmen wollen?

→ Gibt es einen Geruch, der Sie besonders angesprochen hat?

→ Was haben Sie bei der Reise auf Ihrer Haut gespürt, auch an Ihren Händen oder Füßen?

→ Gibt es einen Geschmack, den Sie mit der Reise verbinden?

→ Nehmen wir an, Sie müssten eine Speise nach der Reise benennen – haben Sie eine Ahnung, welche infrage käme? Warum diese?

→ Wie sehr steckten Sie beim Reisen in der eigenen Haut? Oder wie weit aus der Distanz haben Sie sich erlebt? Können Sie das erklären?

→ Welchen Vorteil hat es, mit allen Sinnen in einer Situation zu sein?

→ Und welchen Vorteil bietet Ihrer Meinung nach die Distanz?

→ Wenn Sie die Dauer der Reise hätten schätzen müssen – welche Zeit hätten Sie genannt?

→ Wie erklären Sie diese Wahrnehmung der Zeit? Welche Parallelen zu Ihrem realen Leben gibt es?

→ Wie geschützt und ruhig haben Sie sich während der Reise in diesem Raum gefühlt?

→ Wie hat sich die Anwesenheit der ganzen Gruppe auf Sie ausgewirkt?

→ Welche Wirkung hatte meine Stimme auf Sie?

→ Wie haben Sie die Reisegeschwindigkeit empfunden?

→ Wenn es Ihre Aufgabe wäre, selbst diese Reise mit einer Gruppe durchzuführen – was würden Sie anders machen als ich?

→ Hatten Sie Befürchtungen vor der Reise? Was davon hat sich bestätigt?

→ Hatten Sie Hoffnungen vor der Reise? Welche davon haben sich erfüllt?

→ Welche Ihrer Verhaltensweisen oder Gedanken während der Reise könnten Ihnen in Ihrem Alltag nützen?

→ Was – und sei es eine Kleinigkeit – könnte sich durch diese Reise in Ihrem Leben verändern?

→ Nehmen wir an, Sie könnten Ihre Lust auf eine erneute Fantasiereise auf einer Skala von 1 (für kaum vorhanden) bis 10 (für sehr stark) ausdrücken – auf welchen Wert kämen Sie?

→ Welche Argumente würden Sie verwenden, um einen Freund vom Nutzen der Reise zu überzeugen (oder ihn davor zu warnen)?

→ Auf welche Weise, glauben Sie, kann die Fantasiereise unsere weitere Zusammenarbeit vorwärtsbringen?

Übung: Fragenwahl

Bitte nehmen Sie einen Stift und kreuzen Sie zehn der genannten Fragen an, die Sie für besonders wichtig halten und Ihren Teilnehmern gerne stellen würden. Können Sie begründen, warum es gerade diese sind? Und fallen Ihnen weitere Fragen ein, die sich nicht auf der Liste finden, aber wichtig sein könnten? Bitte formulieren Sie spontan fünf weiterführende Ansätze (oder übersetzen Sie einige der obigen Fragen in Ihre persönliche Wortwahl):

Murmelgruppe: Auf leisen Sohlen zum Erfolg

Wenn eine 15er-Gruppe nach der Reise eine halbe Stunde spricht, bleiben pro Teilnehmer zwei Minuten Redezeit. Doch die Mathematik trügt, denn die Anteile sind ungerecht verteilt: Für jeden Wortstarken, der sechs Minuten plappert, sind zwei Zurückhaltende zum Schweigen verdammt.

Schon diese Erfahrung ist ein guter Grund, einen Teil der Arbeit von der Groß- in die »Murmelgruppen« zu verlagern (Weidenmann 2011). Zum Beispiel können Sie Dreiergruppen bilden, womit sich die Redezeit für den Einzelnen verfünffacht. Mindestens im gleichen Maße nimmt die Redehemmung der Zurückhaltenden ab, denn sie sprechen nicht gern vor vielen Menschen. Die freieste Form der Murmelgruppenarbeit: Bitten Sie die Teilnehmer, sich über ihre Erfahrungen bei der Reise auszutauschen. Solche Gespräche ohne Vorgaben sind für Sie höchst interessant: Bei Ihrer Wanderung durch den Raum hören Sie, welche Gefühle und Gedanken die Reise wachgekitzelt hat, welche Fragen angestoßen und welche Eindrücke hinterlassen. Stimmen diese Reaktionen mit dem überein, was Sie erwartet und beabsichtigt haben?

Natürlich können Sie den Gruppen auch Anstöße geben, etwa Impulsfragen oder provokante Thesen oder Zitate zur Stellungnahme. Entweder bearbeiten alle Gruppen dieselben Themen – was interessante Vergleichsmöglichkeiten ergibt. Oder Sie setzen für jede Murmelgruppe einen Schwerpunkt. Dann kann sich – bei einer Reise zum Thema »Zivilcourage« – eine Gruppe zum Beispiel mit der Frage befassen, ab wann Zivilcourage in selbstmörderisches Risiko mündet und wie man mit solchen Situationen umgeht. Die andere Gruppe sammelt Beispiele für mutige Taten aus dem eigenen Leben und was sich dadurch verändert hat. Und eine dritte Gruppe erinnert sich an Situationen, in denen die Zivilcourage schwerfiel oder gefehlt hat. Was hätte da anders laufen können oder müssen?

Am Ende münden die einzelnen Wissensflüsse wieder ins Meer des großen Auditoriums: Die Murmelgruppen tragen ihre Ergebnisse vor.

Freies Gespräch

Zwei Teilnehmer tauschen sich über ihre Reise aus. Die Erlebnisse des anderen sollen dabei nicht kommentiert, sondern durch Rückfragen präzisiert werden. Zum Beispiel sagt einer: »Diese Schlucht, über die ich gegangen bin, kam mir abgrundtief vor.« Die typische Reaktion: »Ja, das schien mir auch gefährlich.« Damit hat der Zuhörer seine eigene Meinung gesagt, ohne mehr über den Sprechenden zu erfahren.

Bitten Sie Ihre Teilnehmer, möglichst neugierig auf die Reisewelt Ihres Gesprächspartners zu sein. Allgemeine Antworten und Begriffe (»abgrundtief«) können durch Rückfragen präzisiert werden, zum Beispiel: »Abgrundtief – wie viele Meter sind das für dich?« Ebenfalls ist es wichtig, dass die Teilnehmer nicht nur über die Handlung, sondern auch über die dadurch ausgelösten Gefühle sprechen: »Und wie hat es sich für dich angefühlt, über einem so tiefen Abgrund zu balancieren?«

Als Gruppenleiter können Sie die Gespräche bereichern, indem Sie von Gruppe zu Gruppe wandern und gelegentlich einen sanften Fragevorschlag machen, eingeleitet durch Worte wie: »Mich an Ihrer Stelle würde jetzt interessieren …«

Gespräch mit Themenvorgabe

Wenn Sie der Kleingruppe ein Thema vorgeben, hat das einen Vorteil: Das Gespräch läuft konzentriert ab. Allerdings wissen Sie nicht sicher, ob Ihre Themenvorgabe mit dem identisch ist, worüber die Teilnehmer gerne reden würden. Je besser Ihr Gespür für die Gruppe ist, desto eher werden Sie ein Thema wählen, das ohnehin im Raum steht. Zwei Ideen für Vorgaben (es gibt endlos viele davon):

→ »Finden Sie mit Ihrem Gesprächspartner ganz genau heraus, in welchen Punkten Sie dieselbe Reise erlebt haben – und an welchen Stellen es Unterschiede gibt. Bitte gehen Sie diesen Unterschieden nach und suchen Sie Erklärungen dafür.«
→ Das Thema darf auch zukunftsorientiert sein: »Bitte finden Sie heraus, welche Eindrücke und Ideen Ihr Gesprächspartner aus der Reise mitnimmt, und vor allem: was er daraus für sein künftiges Denken, Fühlen und Handeln ableiten will.« Ein solcher Vorschlag kann den Praxistransfer sichern.

Interview

Zwei Teilnehmer interviewen sich gegenseitig. Jeder stellt sich vor, er wäre Journalist und müsste möglichst viel über die Reise herausfinden: »Ihre Reise war ein großes Abenteuer – welches Bild hat sich in Ihren Kopf eingebrannt?«, »An welchem Ort der Reise hat es Ihnen am besten gefallen?«, »Welche wichtigen Situationen aus Ihrer Vergangenheit kamen Ihnen bei Ihrer Reise wieder in den Sinn?« und so weiter.

Die Antworten können in Stichwörtern mitgeschrieben und vom Journalisten anschließend in Kurzform wiederholt werden. Der Interviewte darf dann sagen, ob er seine Reise wirklich ausreichend verstanden sieht.

Die Übung lässt sich in der größeren Gruppe fortsetzen. Zum Beispiel können Sie als Reiseleiter den Chefredakteur spielen und die Journalisten an sich berichten lassen, Motto: »Ich weiß noch nicht, ob wir das Thema bringen. Nun erzählen Sie doch einmal kurz, was an der Reise von Frau Müller so spannend war …« So können die Arbeitsergebnisse der Zweiergruppen in die große Runde getragen werden.

Ein Bild sagt mehr als tausend Worte

Wenn Sie die Teilnehmer bitten, ihre Reise in einem Bild darzustellen, so hat das einen bestechenden Vorteil: Es wird nicht das wiederholt, was ohnehin schon im Raum steht: Worte. Vielmehr ist die visuelle Herangehensweise ein neuer Weg, der das rationale mit dem kreativen Denken verbinden und zu neuen Erkenntnissen führen kann.

Doch wie sollte die Aufgabe konkret lauten? Ist es sinnvoll, die Teilnehmer ein abstraktes Gemälde ihrer Reiseeindrücke malen zu lassen? Bringt es mehr, sie um die Darstellung einer konkreten Reisesituation zu bitten? Oder brächte ein Selbstporträt unter der Überschrift »Ich bei der Reise« die interessantesten Erkenntnisse?

Meine Erfahrung: Je freier die Vorgabe, desto spannender die Ergebnisse. Niemand zwingt Sie, die Malaufgabe im Detail vorzugeben. Das hätte zwar den Vorteil, dass die einzelnen Bilder leichter miteinander vergleichbar wären. Aber der Nachteil besteht darin, dass sich die Teilnehmer – eben aus diesem Grund! – unter Druck gesetzt fühlen. Der eine beklagt, dass er mit abstrakter Kunst nichts anfangen könne. Der Nächste spricht sich das Talent zum naturalistischen Malen ab. Immer steht die Angst dahinter, der konkreten Anforderung nicht gewachsen zu sein und sich zu blamieren.

Dem können Sie vorbeugen, indem Sie Ihre Vorgabe aufs Nötigste beschränken – und Ihren Teilnehmern den Raum geben, die Aufgabe nach eigener Fantasie umzusetzen. Beispiel für eine solche Einladung:

Beispiel »Bitte malen Sie ein Bild, das im Zusammenhang mit Ihrer Reise steht. Das kann vollkommen abstrakt sein – zum Beispiel eine Farbkomposition. Das kann auch naturalistisch sein – zum Beispiel eine Situation der Reise. Oder Sie malen ein Selbstporträt. Was immer Sie wollen – alles ist erlaubt. Und denken Sie daran: Sie malen nicht für andere, Ihr Reisebild muss niemandem außer Ihnen gefallen – Sie malen nur für sich selbst!«

Eine solche Vorgabe befreit die Teilnehmer vom Perfektionsanspruch und lässt die Stifte oder Pinsel über das Papier fliegen. Gerade die Vielfalt der Bilder ist faszinierend: Während der eine Teilnehmer mit ein paar dunklen Tupfern auskommt, als wäre eine Fliege übers Papier gelaufen, ergießt sich über das nächste Blatt ein wahres Farbenmeer. Wohin man auch schaut, jedes Bild zeigt ein eigenes Universum. Wüsste man nicht, dass alle Teilnehmer demselben Reisetext gefolgt sind – man hätte sie in unterschiedlichen Seminarräumen vermutet.

Und gerade dieser Unterschied hat seinen Reiz: Jeder Teilnehmer ist neugierig, was der andere wohl mit seinem Bild sagen möchte. Das Interesse gilt nicht nur den malerisch gelungenen Arbeiten – zumal diese oft für sich sprechen –, sondern ebenso den eigenwilligen Bildern derjenigen, die sich kein malerisches Talent zugestehen, weil hier viele Fragen offen bleiben.

Wie arbeiten Sie mit den Bildern weiter? Zum Beispiel können Sie eine kleine Ausstellung eröffnen, bei der jeder sein eigenes Bild aufhängt. Sie können den Museumsführer spielen, mit der Gruppe von Bild zu Bild wandern und die Frage stellen: »Meine Damen und Herren, was sehen Sie hier?« Die Gruppe darf kein Urteil über die malerische Qualität abgeben – es geht nur darum, welcher Bezug zur Reise möglich ist. Abschließend darf der jeweilige Maler – sofern er das möchte – ein paar Worte über seine Intention sagen.

Eine weitere Möglichkeit: Die Bilder können in der kleinen Gruppe besprochen werden. Das hat den Vorteil, dass die Gespräche unbefangener und die Peinlichkeitsgefühle geringer sind.

Musik liegt in der Luft

Klänge können dieselbe Wirkung wie Bilder haben: Sie fügen der Fantasiereise, die aus Worten besteht, eine neue Dimension hinzu. Wie klingt das Erlebte, wenn man es summt oder brummt, trommelt oder schnipst, auf der Gitarre oder auf dem Klavier spielt? Zu welcher Reisesituation passt welches Geräusch? Wann war die Kopfmelodie laut, wann leise, wann schnell, wann langsam? Die Welt der Klänge bietet viele Ansätze zur Nachbereitung der Reise. Gerade Gruppen, die einen Bezug zur Musik haben, sind für solche Übungen sehr ansprechbar.

Wer schreibt, der bleibt

Das Wort »Ausdruck« hat eine doppelte Bedeutung: Es kann sich auf ein Mienenspiel beziehen, auf einen Gesichts*ausdruck*. Es kann aber auch die Wortwahl meinen, den sprachlichen Ausdruck. In beiden Fällen kann der Ausdruck Gefühle und Stimmungen transportieren.

Der Philosoph Martin Heidegger hat die Sprache als »Haus des Seins« bezeichnet. Gutes Bild: Ein Haus bietet Schutz und Sicherheit – umso mehr, je mehr man sich darin auskennt. Indem die Teilnehmer über ihre Reise schreiben, lernen sie das Haus ihres Lebens besser kennen. Das Schreiben zwingt sie, diffuse Gefühle und Eindrücke in Worten (be)greifbar zu machen. Mit der Präzision des sprachlichen Ausdrucks wächst auch die Präzision des Denkens und der Selbsterkenntnis.

Welche Aufgaben bieten sich nach der Reise an? Zum Beispiel können Sie Ihre Teilnehmer bitten, ihre ganz eigene Reiseroute zu beschreiben. Was ist in ihren Gedanken passiert? Welche Besonderheiten wiesen die Orte auf, an denen sie waren? Welche sinnlichen Eindrücke haben sie dabei aufgenommen? Welche Antworten haben sie auf explizite oder implizite Fragen der Reise gegeben?

Es gilt dasselbe wie beim Malen: Die Form bleibt den Teilnehmern überlassen. Wer mag, kann seine Gedanken als Aufsatz aufs Papier bringen. Oder ein kleines Reisetagebuch schreiben. Oder sich an Versen versuchen. Und wer spartanisch ist (oder etwas schreibfaul), dem seien Stichwörter erlaubt.

Nach der Schreibphase bitten Sie jeden Teilnehmer, seine Reise still zu lesen. Was fällt ihm auf? Über die Erfahrungen beim Schreiben tauscht sich die Gruppe später aus. Wer Lust hat, kann seine Reise oder Auszüge daraus der Gruppe vortragen.

Es folgen nun ein paar weitere Ideen für Schreibübungen.

Die Schreibwanderung

Ein mündlicher Austausch in der Großgruppe hat den Nachteil: Die Lauten kommen eher zu Wort als die Leisen. Warum nicht einen schriftlichen Austausch anregen? Zumal eine »Schreibwanderung« es möglich macht, dass sich alle Gruppenmitglieder in kurzer Zeit zu Fragen oder Thesen äußern. Zum Beispiel können Sie auf fünf Tische im Raum jeweils ein Plakat legen mit einer Frage (»Was war an dieser Reise am nützlichsten?«) oder einer Aussage (»Freundschaften sind wie Pflanzen: Man muss sie gießen.«).

Nun kann jeder Teilnehmer seinen Kommentar schreiben oder an eine vorhergehende Aussage anknüpfen. Ein Wort inspiriert das andere, eine muntere Meinungslandschaft entsteht. Übereinstimmungen und Widersprüche, individuelle Erfahrungen und allgemeine Erkenntnisse ballen sich in kürzester Zeit auf dem Papier. Zehn Minuten reichen für eine Rundwanderung um fünf Plakate, denn spielerische Eile fördert den intuitiven Anteil des Schreibens.

Dann folgt die Auswertung. Gehen Sie mit der Gruppe ein Plakat nach dem anderen durch. Jeder darf sagen, welche Kommentare ihn ansprechen, wozu er gerne mehr erfahren würde und welche Erkenntnisse ihm bei dieser Schreibwanderung gekommen sind.

Fortsetzungsserie

»Nehmen wir an, Ihre Fantasiereise wäre eine Fortsetzungsserie. Was Sie jetzt erlebt haben, war der erste Teil. Bitte schreiben Sie auf, wie die Handlung weitergehen könnte.« Der eine Teilnehmer wiederholt die Situation und verbessert sein Verhalten. Die nächste Teilnehmerin schaut in die Zukunft und führt eine neue Herausforderung herbei. Und der dritte öffnet das Fass eines (scheinbar) neuen Themas, dessen Bezug zur alten Reise nur er selbst erläutern kann. Spannende Ansätze, um die Wirkung der Reise zu erkennen und ihren Einfluss auf die Zukunft einzuschätzen. Mit anschließendem Gruppengespräch.

Neue Reisebegleiter

Wie ein Teilnehmer eine Reise empfindet, hängt nicht nur von der Handlung ab, sondern auch davon, wer ihn begleitet. Folgende Aufgabe ist spannend: »Bitte reichern Sie die Reise mit einem Menschen an, den Sie in der beschriebenen Situation gerne an Ihrer Seite gehabt hätten. Wie hätte er sich in der Situation verhalten? Was hätte sich an Ihrem Empfinden und Tun durch seine Anwesenheit verändert? Lassen Sie Ihrer Fantasie einfach freien Lauf.« Diese Übung öffnet den Blick auf Beziehungen, die wichtige Ressourcen im Leben sind. Im Gespräch mit den anderen Teilnehmern lässt sich dieses Thema vertiefen.

Vorbild im Einsatz

Erich Kästner hat geschrieben: »Jeder Mensch suche sich Vorbilder! […] Und es ist unwichtig, ob es sich dabei […] um Mahatma Gandhi oder um Onkel Fritz aus Braunschweig handelt, wenn es nur ein Mensch ist, der im gegebenen Augenblick ohne Wimpernzucken gesagt oder getan hat, wovor wir zögern.«

Bei ihrem Tun und Empfinden sind Menschen oft viel zu sehr im Käfig ihrer eigenen Muster gefangen. Ein Weg, die Tür zu öffnen und neue Möglichkeiten zu sehen, ist folgende Aufgabe (hier für ein Konfliktseminar):

Beispiel »Nun haben Sie bei der Reise eine Konfliktsituation erlebt und an Konflikte der Vergangenheit gedacht. Jetzt möchte ich Sie zu einem Experiment einladen: Sicher kennen Sie einen Menschen, der sehr souverän mit Konfliktsituationen umgeht – jemanden, der in dieser Hinsicht Ihr Vorbild ist. Bitte schreiben Sie doch einmal im Detail auf, wie dieser Mensch die von Ihnen erinnerten Situationen wohl gemeistert hätte.«

Diese Aufgabe kitzelt die Potenziale der Teilnehmer wach. Insgeheim denken sie darüber nach, was sie selbst besser machen könnten. Indem sie dieses Verhalten konkret beschreiben und durchdenken, entstehen neue Nervenbahnen in ihrem Gehirn. Das ist eine gute Basis für Veränderungen.

Brief an einen Menschen

Jede Reise hat ein Thema. Und die meisten Themen haben mit Menschen zu tun. Ganz egal, ob es um Freunde oder Geschwister, um Arbeitskollegen oder Eltern, um Sportsfreund oder Lehrer geht – in jedem Fall stellen sich die Reisenden konkrete Menschen vor. Darum: Regen Sie Ihre Teilnehmer an, einen Brief an einen bestimmten Menschen zu schreiben, zum Beispiel an den besten Freund – mit Anrede, Gruß und allem, was dazugehört. Nach meiner Erfahrung tun sich die Teilnehmer leichter, wenn man ihnen einen Satz vorgibt. Zum Beispiel:

Beispiel »Liebe/r Freund/in, gerade komme ich von einer spannenden Reise zurück, einer Gedankenreise, bei der ich an dich gedacht habe. Nun möchte ich dir davon berichten und erklären, was das mit uns zu tun hat …«

Sagen Sie den Teilnehmern ausdrücklich, dass die Briefe nicht abgeschickt werden müssen (aber durchaus können). Vielmehr geht es darum, die eigenen Gefühle an jenen Menschen zu adressieren, der bei einem Thema eine entscheidende Rolle spielt. Das Gruppengespräch danach will mit Fingerspitzengefühl moderiert sein, da es oft um sehr persönliche Inhalte geht.

Die Reiseleitung schreibt

Was tun Sie, während die Gruppe ihre Eindrücke aufschreibt? Warum eigentlich nicht das Gleiche? Halten Sie Ihre Eindrücke aus der Leiterperspektive fest. Was haben Sie während der Reise erlebt? Welche Beobachtungen im Raum, welche Assoziationen, welche Erlebnisse der Reisehandlung haben Sie bewegt? Was genau war bei dieser Reise anders als bei Reisen zuvor? Was ist Ihnen als Reiseleiter mehr und was weniger gelungen? Welche Lehren für künftige Reisen können Sie daraus ableiten?

Auf diese Weise nutzen Sie Ihre Zeit sinnvoll. Und Sie senden an die Gruppe das Signal, dass Sie sich mit ihr auf einer Augenhöhe bewegen: als Schreibender – nicht als Schreibaufseher.

Gute Karten, gute Fragen

Welche Fragen interessieren die Teilnehmer am meisten? Solche, die ihnen selbst bei der Reise gekommen sind, auf den Lippen brennen und nach Antwort verlangen. Diese natürliche Neugier können Sie nicht nur als Input für die Pinnwand, sondern noch spielerischer nutzen.

Zum Beispiel bitten Sie die Gruppe, jeder möge seine drei wichtigsten Fragen auf eine bunte Moderationskarte schreiben. Entweder sind alle Fragen erlaubt. Oder Sie machen Vorgaben, je nach Kartenfarbe. Zum Beispiel kann die rote Karte einladen zu einer Frage, die mit Gefühlen zu tun hat: »Warum ist es so schwer zu ertragen, wenn andere Menschen zeigen, dass sie einen nicht mögen?« Die grüne Pappkarte kann für Ressourcen- und Lösungsfragen gedacht sein: »Wie kann man seinen Willen durchsetzen, aber zugleich sympathisch wirken?« Und die weiße Karte lässt alle Themen zu.

Anstelle der Fragen können die Teilnehmer auch provokante Thesen aufschreiben. Gerade Extrempositionen (»›Beliebt‹ ist nur ein anderes Wort für ›Depp‹!«) wirken sich auf eine Debatte extrem belebend aus, weil sie polarisieren und die Gruppe aus der Reserve locken.

Sammeln Sie die Karten ein, nach Farben geordnet, mischen Sie jeden Stapel durch und lassen Sie die Teilnehmer Fragen ziehen. Diese werden dann von der Gruppe diskutiert und durch weitere Kartenfragen ergänzt, die Sie als Moderator zur Situation passend auswählen.

Aufstellungsspiele

Ist es möglich, dass Sie auf eine Frage zur Reise *in Sekundenschnelle* von allen Teilnehmern gleichzeitig eine Antwort bekommen, sogar bei großen Gruppen? Ja, das ist möglich – wenn Sie ein Aufstellungsspiel anbieten. Das Prinzip funktioniert so: Die Teilnehmer tun das, was sonst mit Worten geschieht, durch ihre Stellung im Raum – sie beziehen Position. Dabei kommt die ganze Gruppe in Bewegung, und jeder kann seine eigenen Antworten sofort mit denen der restlichen Gruppe vergleichen.

Zum Beispiel finden Sie in diesem Buch eine Reise, die an einen Geldbaum führt (s. Reise Nr. 2, S. 97). Dort blieb es den Teilnehmern überlassen, eine bestimmte Anzahl magischer Kreise zum Schutz des Geldes um den Baum zu ziehen. Nun könnten Sie unter anderem fragen: »Wie viele magische Kreise haben Sie um den Baum gezogen? Wer nur einen Kreis zog, stelle sich bitte ganz links im Raum auf. Wer zwei Kreise zog, in der Mitte. Wer noch mehr Kreise zog, bitte weiter rechts.«

Besonders spannend ist eine solche Übung, wenn die Teilnehmer sich tänzelnd durch den Raum bewegen, bis Sie laut von zehn auf null rückwärtsgezählt haben. In letzter Sekunde flitzen sie auf jene Position, die ihrer Antwort entspricht.

An welcher Stelle des Raumes ist das Gedränge am größten? Und wo stehen die Teilnehmer so alleine wie auf einer Insel? Als Moderator können Sie nun die einzelnen Gruppen miteinander ins Gespräch bringen. Warum hielten es die einen – ganz rechts im Raum – für nötig, vier magische Kreise um den Baum zu ziehen? Und aus welchen Gründen hielten die anderen – ganz links – einen Kreis für ausreichend?

Auf diese Weise können Sie den Gemeinschaftscharakter der Reiseerlebnisse verstärken, durch die spielerische Situation mögliche Schamgefühle mindern und auch im körperlichen Sinne für Auflockerung sorgen. Was die Form der Aufstellung und die Art der körperlichen Antwort angeht, gibt es unzählige Optionen. Zum Beispiel können Sie Ihre Teilnehmer, je nach Antwort, stehen oder liegen, schleichen oder rennen, stabil stehen oder wackeln, sich bücken oder strecken lassen, ähnlich wie bei der eingangs geschilderten Gebärdendolmetscher-Übung (s. S. 65) – alles ist erlaubt. Und abwechselnde Antwortformen erhöhen die Spannung.

Übung: Übersetzte Fragen

Bitte blättern Sie zu den Fantasiereisen (ab S. 94), suchen Sie sich einen Text aus und lesen Sie im Anschluss meine Vorschläge für Fragen an die Teilnehmer. Überlegen Sie, durch welche Aufstellungsspiele Sie die Fragen in abgewandelter Form an die Gruppe richten könnten – und halten Sie Ihre Ideen schriftlich fest.

Rollenspiel: Bühne frei

Nehmen wir an, Ihre Fantasiereise hat die Teilnehmer in ein außergewöhnliches Bewerbungsgespräch geführt – zum Beispiel mussten sie Petrus mit Engelszungen davon überzeugen, würdige Gäste des Himmels zu sein. Die Reisenden sollten erfahren, mit welchen Mitteln sich andere von ihren Qualitäten überzeugen lassen.

In der Reise haben Sie eine Brücke zur Realität gebaut:

Beispiel »Denk einmal nach: Wann in deinem Leben hast du dich bei anderen vorgestellt, zum Beispiel als Bewohner? Was war es für ein Gefühl, diese Menschen von dir zu überzeugen? Kannst du dich noch genau erinnern, was du richtig oder falsch gemacht hast? Und welche Lehren aus deinem Gespräch mit Petrus könnten dir für künftige Gespräche nützen?«

Diese Szenen aus der Vergangenheit lassen sich durch ein Rollenspiel in den Raum holen. Der Unterschied zum Impro-Theater (s. nächstes Kapitel): Der Protagonist *lässt* nicht spielen (und steht als Regisseur am Rand der Bühne), sondern er taucht in die Szene ein. Er spielt sich selbst und erlebt die Situation mit allen Sinnen.

Wie gehen Sie beim Rollenspiel vor? Zuerst schließen Sie einen Arbeitsvertrag, welchem Zweck das Rollenspiel dient und wie es ablaufen soll. Stellen Sie dabei den Vorteil der Teilnehmer in den Mittelpunkt. Beispiel:

Beispiel »Haben Sie Lust, dieses Erlebnis in einem Rollenspiel nachzustellen? Das geht so: Sie spielen sich selbst. Die Chefrolle besetzen Sie mit einem anderen Teilnehmer. Diese Übung hilft Ihnen, Ihr damaliges Verhalten einzuschätzen. Vielleicht gibt die Gruppe wertvolle Rückmeldungen. Außerdem können Sie die Szene im zweiten Durchgang verändern und neue Dinge probieren. Eine solche Vorbereitung macht Sie fit für künftige Gespräche.«

Danach wird die Bühne gestaltet: Wo steht ein Tisch, wo stehen Stühle? Wie weit sind die Rollenspieler voneinander entfernt? Dann doppelt der Protagonist seinen Mitspieler ein: Er stellt sich hinter ihn und gibt ihm Informationen über ihre Rollen. Beispiel:

Beispiel »Du bist etwa 60 Jahre alt, Personalchef eines Konzerns, ein sehr strenger Typ. Im Gespräch wendest du dauernd den Blick ab, bist ungeduldig, schaust öfter mal auf die Uhr und …«

Nun geben Sie die Szene frei. Es ist erstaunlich, wie schnell der Protagonist von der Strömung der damaligen Situation erfasst und zu seinen Verhaltensmustern getragen wird. Eine realitätsnah erlebte Situation – wie es ein gutes Rollenspiel ist – ruft immer realitätsnahe Verhaltsweisen und Gefühle hervor.

Danach »entrollen« Sie die Teilnehmer und werten die Szene aus. Das erste Wort steht den Rollenspielern zu: Wie haben sie die Szene erlebt? Wie schätzt der Protagonist seinen Auftritt ein? Was lief anders als in der Realität? Und was gleich? Und was fiel dem anderen Rollenspieler auf?

Ehe die Gruppe zu Wort kommt, sollten Sie Feedbackregeln vorgeben. Reine Kritik ist nicht erwünscht. Vielmehr sollten Beobachtungen neutral geschildert und konstruktive Vorschläge gemacht werden. Durch Ihre Impulsfragen können Sie die Rückmeldungen steuern. Ein guter Auftakt: »Was genau hat Ihnen an diesem Auftritt des Bewerbers gefallen? Wo lagen die Stärken?«

Das Rollenspiel lässt sich durch zahlreiche Techniken verfeinern (Schaller 2006). Zum Beispiel können Sie – bei entsprechender »Vertragsabsprache« – Szenen einfrieren (unter anderem, um die Körpersprache zu analysieren), Rollenwechsel auf offener Bühne anregen (um die Empathie zu stärken) oder eine Situation zurückspulen und erneut spielen lassen (um das Bewusstsein dafür zu erhöhen oder das Verhalten zu verändern).

Bei großen Gruppen, etwa ab zwölf Teilnehmern, bietet es sich an, die Rollenspiele in Kleingruppen (ab vier Personen) aufzuteilen. Die Zahl der Rollenspieler und Zuschauer sollte zumindest ausgewogen sein. Die Kleingruppe mindert die Hemmungen der Rollenspieler, bringt mehr Teilnehmer in Bewegung und spart Zeit. Durch Kurzberichte können die einzelnen Gruppen im großen Auditorium ihre Erfahrungen austauschen.

Impro-Theater: Vorhang auf

Zwei kleine Geschwister wollen ihr neues Weihnachtsgeschenk, einen kleinen Kaufmannsladen, ausprobieren. Etwas hilflos bauen sie ihre Auslage auf und wühlen im Spielzeuggeld der Kasse herum. Da ruft die Mutter vom Sofa: »Und jetzt spielst du, Jan, den Verkäufer. Und du, Susi, kaufst etwas ein.« Und schon beginnt die Szene und entwickelt sich wie von alleine.

Dieses alltägliche Erlebnis ist eine Form von Improvisationstheater. Improvidus, die lateinische Wurzel von Improvisation, heißt so viel wie: nicht voraussehend. Genau so funktioniert das klassische »Impro-Theater«: Die Schauspieler folgen keinem Manuskript, sondern Vorschlägen des Publikums. Diese Anregungen bringen eine Handlung ins Rollen.

Die Szenen werden nicht von einem Drehbuch, sondern von der Fantasie bestimmt: Das Publikum inspiriert die Schauspieler, die Schauspieler inspirieren sich gegenseitig, und die Reaktionen des Publikums beeinflussen wiederum den Fortgang der Handlung (Johnstone 1993).

Zwei Unterformen des Impro-Theaters, die sich für die didaktische Arbeit nutzen lassen, sind das Playback- und das Stegreif-Theater.

Playback-Theater

Beim Playback-Theater arbeiten Sie mit realen Situationen aus der Vergangenheit der Teilnehmer, wie sie durch die Fantasiereise ins Gedächtnis gerufen werden. Zum Beispiel geht es in der Reise »Der Wächter der Brücke« (s. Reise Nr. 16, S. 140) um eine Verhandlung, die nötig ist, um einen Fluss zu überqueren. Gleichzeitig werden die Reisenden gefragt, an welche Verhandlungsszenen ihres Lebens sie diese Situation erinnere.

Daran können Sie nach der Reise mit einer Einladung zum Playback-Theater anknüpfen:

Beispiel »Welche Verhandlungen Ihres Lebens sind Ihnen in den Sinn gekommen? Wenn Sie Lust haben, können Sie eine dieser Szenen aufführen lassen. Sie sind der Regisseur und suchen sich aus der Gruppe Darsteller aus: für sich selbst, für Ihren Verhandlungspartner und – wenn nötig – für weitere Beteiligte.«

Der Protagonist steht nicht auf der Bühne – wie beim Rollenspiel –, sondern am Rand, gibt Regieanweisungen und darf die Handlung und das Verhalten der Schauspieler so lange korrigieren, bis die Szene seiner realen Erfahrung möglichst ähnlich ist. Alle anderen Teilnehmer verfolgen das Geschehen als Publikum.

Die Wirkung dieser Übung basiert auf drei Elementen: Zum einen schlägt sie die Brücke zum realen Leben. Eine jener Situationen, auf die Sie Ihre Teilnehmer vorbereiten wollen, kommt in den Raum, kann erlebt und besprochen werden. Dieser Wechsel zwischen Theorie und Praxis verbessert den Praxistransfer.

Zum zweiten würdigen Sie die individuelle Erfahrung eines Teilnehmers (Salas 2009). Im Alltag passiert es Menschen oft, dass ihre erzählten Erlebnisse nur beiläufig zur Kenntnis genommen, wenn nicht sogar vom »Zuhörer« als Vorlage für eigene Geschichten missbraucht werden: »Gutes Stichwort, denn da fällt mir ein …« Beim Playback-Theater schlägt ihnen doppeltes Interesse entgegen: Ein Teil der Menschen im Raum spielt das Erlebnis, der andere Teil schaut dabei zu.

Und drittens verhilft die neue Perspektive, der Blick von außen, auch zu neuen Erkenntnissen. Ein Anstoß dafür sind Abweichungen: Ganz egal, wie gut die Regieanweisung ist – was die Darsteller tun, weicht immer ein Stück von der erinnerten Situation ab. Indem der Regisseur die Situation korrigiert, wird ihm nicht nur der erinnerte Ablauf bewusster, sondern auch die Tatsache: Das gesamte Geschehen hätte anders verlaufen können.

Natürlich haben Sie die Möglichkeit, diesen Wunsch nach Veränderung zu nutzen – so können Sie den Regisseur nach der Aufführung der Realsituation bitten, er möge die Schauspieler, vor allem seinen Ich-Darsteller, anders instruieren. Wie hätte er sich verhalten müssen, vielleicht nur einen Tick anders, damit die ganze Situation vorteilhafter verlaufen wäre?

Oder die Darsteller auf der Bühne dürfen ihre ganz eigene Version spielen. Was dann aus dem Rohstoff der Vorlage geformt wird, ist immer wieder faszinierend – nicht nur für den Regisseur, sondern auch für die anderen Teilnehmer, die das Geschehen auf Situationen aus ihrem eigenen Leben übertragen.

Stegreif-Theater

Beim pädagogischen Stegreif-Theater wird meist, im Unterschied zum Playback-Theater, eine Szene aus der Reise aufgeführt – und nicht aus dem realen Leben. Der Protagonist erzählt, wie er eine Situation erlebt hat. Zum Beispiel die Begegnung mit einer Fee im goldenen Boot (s. Reise Nr. 1, S. 94).

Die Schauspieler auf der Bühne – wieder ausgesucht aus der Gruppe – setzen diese Handlung um. Nicht so detailgenau wie beim Playback-Theater, eher spontan. Der Regisseur darf aussteuern, und Sie können ihn dabei durch konkrete Fragen unterstützen:

Beispiel »Wie dicht kommen sich der Protagonist und die Fee? Mit welcher Stimme spricht sie? Bleibt sie in ihrem Boot sitzen oder steigt sie aus? Welche Bewegungen vollführt sie mit dem Zauberstab? Und mit welchen Gesten, mit welchem Gesichtsausdruck haben sie diese Szene wohl erlebt? Was würde dem Betrachter von außen möglicherweise an ihnen auffallen?«

Ermutigen Sie den Regisseur, viele Teilnehmer in die Handlung einzubeziehen und auch Gegenstände durch Menschen darstellen zu lassen. Zum Beispiel könnten zwei Teilnehmer sich mit ausgebreiteten Armen wie Tannen aufstellen und den Wald symbolisieren. Zwei weitere Teilnehmer könnten sich nebeneinander hinlegen, um die Flussufer zu spielen, in deren Mitte das Boot mit der Fee gleitet und so weiter.

Durch dieses Stegreif-Theater wird das Einzelerlebnis, das im Kopf des Teilnehmers geschah, zum spielerischen Gemeinschaftserlebnis, über das die Gruppe später diskutieren kann. Spannend ist es, wenn die Aufführung nacheinander von verschiedenen Regisseuren angeleitet und von verschiedenen Schauspielern aufgeführt wird. Was verändert sich auf der Bühne? Wie sehen die individuellen Noten aus? Wo liegen die Unterschiede im Erleben?

Viel Gesprächsstoff für danach!

Ortstermin: Hinaus ins Leben

Viele Fantasiereisen sollen Ehestifter sein, Fantasie und Realität miteinander verbinden. Eine Möglichkeit, diesen Effekt zu verstärken: Schließen Sie an die Fantasiereise einen Ausflug in die Realität an. Nehmen wir an, Ihre Fantasiereise bestand aus einer Fahrt in einem Jahrmarktkarussell, das sich immer schneller drehte und die Reisenden schließlich in ein Land der neuen Möglichkeiten katapultiert hat.

Wenn Sie nun die Teilnehmer dazu einladen, mit Ihnen eine Fahrt in einem echten Jahrmarktskarussell zu unternehmen, werden sogar die größten Karussellmuffel begeistert zustimmen (von Kindern und Jugendlichen erst gar nicht zu reden!). Vor dieser Karussellfahrt könnten Sie mit der Gruppe besprechen, welches Ziel der Ausflug verfolgt. Zum Beispiel:

> Beispiel »Probieren Sie einmal, eine Fantasiereise ohne Anleitung zu unternehmen – dass Ihre Gedanken also von alleine in das Land der neuen Möglichkeiten abheben. Wenn Ihnen das im Karussell gelingt, ohne Hilfe von außen, können Sie das vielleicht auch im Alltag schaffen.«

Ein solcher Ausflug erfordert zwar etwas Zeit – bei Tagesseminaren wäre er auch am Abend möglich –, lohnt sich aber immer.

Weiteres Beispiel: Das Thema Ihrer Reise war die Art und Weise, wie Menschen miteinander sprechen. Wie sie aneinander vorbeireden. Wie sie einander nicht zuhören. Warum das, was einer sagt, nicht dem entspricht, was der andere hört. Nun könnte das Experiment so aussehen: Ihre Teilnehmer haben eine Stunde Zeit, um auf der Straße, im Einkaufszentrum, im Café oder wo auch immer den Menschen bei Unterhaltungen zuzuhören. Welche Parallelen (oder Unterschiede) zu der Reise lassen sich feststellen? Welche Lehren für das eigene Kommunikationsverhalten daraus ableiten?

Besonders einprägsam sind Ortstermine, bei denen die Teilnehmer über ihren Schatten springen müssen. Wenn es bei der Fantasiereise zum Beispiel darum ging, Kontakte zu knüpfen und Schüchternheit zu überwinden, könnte die Aufgabe sein: »Gehen Sie auf die Straße und versuchen Sie, mit fremden Menschen ins Gespräch zu kommen. Achten Sie genau darauf, inwieweit Sie den Mut aus der Reise in die Realität übertragen können.«

Der ausdrückliche Hinweis auf Ressourcen, die in der Reise gezeigt wurden, erleichtert den Teilnehmern ihr reales Handeln. Die Erfahrungsberichte, der Austausch über reale Situationen, sind Teilnehmern oft noch Jahre nach einem Seminar in Erinnerung und haben einen hohen pädagogischen Wert.

04

Reiserouten: Reisestarts, Rückreisen und die 50 besten Fantasiereisen

In diesem Kapitel erfahren Sie unter anderem:

→ wie Sie in eine Fantasiereise ein- und aussteigen
→ wie Sie die folgenden 50 Reisen für Gruppen
  Einzelklienten und Jugendliche nutzen
→ wie es ist, als Möwenfeder über das Meer zu schweben
→ was passiert, wenn ein Geist aus den Flammen steigt
→ und was Ihre Teilnehmer von einer Bachforelle über
  Work-Life-Balance lernen können

Fünf Reisestarts und Rückreisen

Eine Fernreise beginnt nicht am Reiseziel, sondern am Flughafen. Ehe ein Mensch an seinem Traumstrand ankommt, muss er in ein Flugzeug steigen und viele Kilometer fliegen. Erst nach längerer Reisezeit landet er am Urlaubsort. Gut so, denn wenn Sie in Sekunden auf eine Südseeinsel gebeamt würden, käme dort nur Ihr Körper an – doch Ihr Geist bliebe zu Hause zurück.

Bei einer Fantasiereise ist das ebenso: Die Teilnehmer dürfen nicht gleich ins Land der Reise geschleudert werden, weil ihre Gedanken sonst nicht mitkommen. Sie müssen sich erst langsam aus ihrer Realität entfernen. So haben sie genug Zeit, von Logik auf Fantasie umzuschalten, von Spannung auf Entspannung. Was dabei hilft, ist eine Übergangsphase. Dieser Türöffner zur Fantasie ist der »Reisestart«. Er geht *jeder* Fantasiereise voraus.

Dieser meditative Text holt die Teilnehmer aus dem realen Leben ab und zieht sie ganz sanft ins Land der Fantasie. Er beginnt mit Körperlichem, verhilft zur Entspannung und lässt den Bezug zur Wirklichkeit so lange schwinden, bis die Gedanken abheben und die Fantasie(reise) das Zepter vollends übernimmt.

Am Ende der Fantasiereise ist wieder ein Übergang fällig: diesmal von der Fantasie in die Realität. Ein »Rückreise«-Text ist die erste Maßnahme gegen einen »Jetlag«. Er lenkt die Wahrnehmung der Teilnehmer langsam zurück in den Raum – keine harte, sondern eine sanfte Landung in der Realität. Meist greift der Text die Motive des Reisestarts wieder auf, um den Kreis zu schließen.

Die folgenden fünf Start- und Rückholtexte können Sie – in beliebiger Mischung – mit allen Reisen dieses Buches kombinieren. Oder Sie entwickeln aus diesen Vorlagen eigene Texte, die perfekt zu Ihrem Seminarthema und der jeweiligen Fantasiereise passen.

1. Gedankenschiffe im Kopf

↗ Reisestart

Entscheide selbst, wie du dich jetzt vollkommen entspannst.
Vielleicht willst du deine Augen schließen,
dich von der warmen Dunkelheit umfließen lassen
und deine Muskeln so lange lockern,

bis du ihr Gewicht nicht mehr tragen musst,
bis es vollkommen in den Boden unter dir fließt.
Vielleicht willst du deine Ohren so weit öffnen,
bis sie zu einem offenen Windkanal werden,
bis alle Geräusche, die in sie eindringen,
einfach durch sie hindurchströmen
wie ein warmer, unbedeutender Lufthauch,
bis vollkommene Stille dich ausfüllt.
Vielleicht willst du all deinen Gedanken,
die deinen Kopf durchsegeln wie Schiffe das Meer,
ein letztes Mal zuwinken, von deinem Hafen aus,
aber nur so lange, bis sie sich allmählich verlieren,
Schiffchen für Schiffchen, am fernen Horizont,
bis dein Kopf leicht wie ein Ballon wird,
bis du ihn schweben spürst.
Und vielleicht genießt du es, dass dein Geist so leicht geworden ist
und du zugleich so fest in diesem Moment verwurzelt bist
wie ein riesiger Berg in der Erde.
Diese Welt trägt dich auf ihrer großen Hand,
du kannst dich ganz tief sinken lassen,
ganz tief in diesen Augenblick, ganz tief in deine Entspannung.

(Fantasiereise)

↘ Rückreise

Und nun wirf ein Lasso nach deiner Fantasie aus
und zieh sie Stück für Stück in diesen Raum zurück.
Sieh deinen Gedankenschiffchen dabei zu,
wie sie wieder am Horizont auftauchen,
wie sie zurück in deinen Kopf fahren
und ihn mit tausend Gedanken füllen.
Spür den Stuhl, auf dem du sitzt –
er gibt dein Gewicht wieder an dich zurück.
Hör die Geräusche um dich herum –
sie bleiben wieder in deinen Ohren haften.
Denk an die friedlichen Menschen,
die mit dir im selben Raum sitzen.
Werd wieder wach, öffne die Augen,
komm aus der Welt der Fantasie ganz entspannt
zurück in diesen Seminarraum.

2. Der Kamin der Seele

↗ Reisestart

Nun hast du die Chance, die Augen zu schließen
und dich selbst zu erforschen.
Du darfst alles, was um dich herum passiert,
von dir abprallen lassen wie von einem dicken Panzer,
als ginge es dich nichts an, als gäbe es nur dich.
Vielleicht helfen dir beim Entspannen vier Sätze,
die ein alter Mann, ein großer Lehrer der Weisheit,
einst zu seinen Ruhe suchenden Schülern gesagt hat:
»Geh zu deiner inneren Tür – und schließ sie.
Geh zu deiner inneren Jalousie – und lass sie runter.
Geh zu deinem inneren Radio – und dreh es auf leise.
Und schließt du jede Tür, dann findest du zur dir!«
Wenn du jetzt alle Türen nach außen verschlossen hast,
wirst du eine innere Ruhe spüren,
die sich wie die Wärme eines bullernden Ofens
durch deinen ganzen Körper ausbreitet:
durch die Füße, die Hände, den Brustkorb.
Und dein Atem geht immer ruhiger,
er ist wie der Kamin deiner Seele,
er kann die Entspannung einatmen und ausatmen,
einatmen und ausatmen, einatmen und ausatmen.
Genieß es, wie sich die Gelassenheit in dir ausbreitet
gleich einer Wolke, die sich immer mehr ausdehnt,
bis sie den letzten Winkel erreicht hat.
Und diese Wolke nimmt dein Gewicht in sich auf.
Sie lässt dich vollkommen entspannen.
Sie zerpflückt all deine Sorgen
wie ein Windstoß die Pusteblume.
Denk noch einmal an die Worte des Meisters:
»Und schließt du jede Tür, dann findest du zu dir!«
Und damit du dich wirklich findest,
darfst du jetzt deine Gedanken auf eine Reise schicken.

(Fantasiereise)

↘ Rückreise

Kehr jetzt zurück in deinen Körper.
Öffne die innere Tür wieder, die du verschlossen hattest,
lass langsam die Jalousie nach oben
und nimm die Geräusche deiner Umgebung wieder auf.
Was du hörst, ist die Realität,
in diesem Raum, den du riechst,
in dieser Stadt, die du kennst,
in diesem Kurs, den du besuchst.
Du darfst jetzt ganz langsam in diesen Raum zurückkommen,
darfst dich strecken, darfst gähnen.
Und gleich darfst du erzählen vom Land der Fantasie,
das du gerade mit so viel Hingabe bereist hast.

3. Der zerfließende Körper

↗ Reisestart

Such dir eine Position, die vollkommen bequem ist,
so bequem, dass dein ganzer Körper in die Unterlage einsinkt
wie in einen warmen, weichen Palmenstrand.
Und während dein Körper in diesen weichen Sand einsinkt,
fällt dir auf, dass er sich nach allen Seiten ausdehnt.
Was eng war in deinem Körper, wird immer weiter.
Was aufgewühlt war in deinem Körper, wird immer ruhiger.
Was verspannt war in deinem Körper, wird immer lockerer.
Genieß dieses Gefühl, wie Entspannung dich durchflutet.
Deine Beine dehnen sich nach allen Seiten aus,
als wären sie Flüsse, die in ein Meer münden.
Deine Arme dehnen sich nach allen Seiten aus,
als wären sie ein Rauch, der in den Himmel steigt.
Deine Hände dehnen sich nach allen Seiten aus,
als wärst du ein Tintenfisch mit endlos langen Tentakeln.
Dein Körper zerfließt im Sand wie eine wunderbare Sonne,
die ihr warmes Licht nach allen Seiten verströmt.
Wenn du dir die Farbe dieses Lichtes vorstellst,
wird die Entspannung deines Körpers immer größer,
wird die Ruhe deines Geistes immer tiefer.
Und dein Abdruck im Sand unter dir
breitet sich aus wie die Flut eines Meeres über dem Priel,

zu allen Seiten hin fließt dein Körper davon
und wird nun von vollkommener Ruhe durchströmt.
Deine Fantasie ist bereit – jetzt will sie verreisen.

(Fantasiereise)

↘ Rückreise

Nimm jetzt wahr, wie sich deine Bodenhaftung verändert:
Dein Körper, der sich wie im Sand ausgedehnt hatte,
kommt langsam wieder auf seine (harte) Unterlage zurück.
Sammle deine Gedanken der Reise allmählich ein,
fass sie behutsam an, denn sie sind kostbar,
und nimm sie mit in diesen Raum zurück.
Hör die Geräusche der Außenwelt,
die Geräusche der anderen Menschen im Raum,
und spür eine Wachheit, die dich jetzt bittet,
die Augen zu öffnen und dich so lange zu strecken,
bis du wieder hellwach bist.

4. Der Erdenmagnet

↗ Reisestart

Leg (oder setz) dich jetzt ganz bequem hin
und achte darauf, was mit deinem Körper passiert,
wenn du die Unterlage vollkommen bewusst spürst,
ihren sanften Zug, den sie auf dich ausübt.
Kann es sein, dass tief im Boden
ein riesiger Magnet vergraben ist?
Ein Magnet, der den höchsten Berg so festhält,
dass er niemals umkippt?
Ein Magnet, der das größte Meer so festhält,
dass es niemals ausläuft?
Spür einmal, wie sich dieser Magnet anfühlt,
wenn er deinen Körper an sich zieht,
als hättest du Wurzeln, die tief in die Erde reichen,
sie verbinden dich mit der Welt und mit allem;
auch mit einer großen Gelassenheit verbinden sie dich.
Lass dieses Gefühl der Verbundenheit mit der Erde
durch deinen ganzen Körper wandern,

diese Schwere wie von Müdigkeit,
diesen magnetischen Zug nach unten.
Dein Körper ist ein Berg, die Erde hält ihn.
Achte darauf, wie die Schwere deinen Körper erklimmt.
Aus deinen Füßen steigt sie langsam aufwärts,
klettert hinauf in deine Beine, diese große Schwere.
Durchwandert deinen Unterleib, diese große Schwere.
Erreicht deine Arme, diese große Schwere, hangelt sich zur Brust,
und nun – diese große Schwere wird immer schwerer –
erreicht sie mit letzter Kraft deinen Oberkörper
und legt sich, nun allzu schwer, zur Ruhe in deinem Kopf.
Alles ruht in deinem Kopf.
Genieß dieses Magnetfeld der Ruhe.
Du bist ganz sicher an die Erde gebunden.
Alle deine Gedanken bewegen sich in diesem Magnetfeld.
Sie können tanzen, ohne hinauszustürzen.
Sie sind sicher, ganz sicher – und können jetzt reisen.

(Fantasiereise)

↘ Rückreise

Jetzt spürst du, wie die Kraft des Magneten nachlässt.
Dein Körper, der so fest an die Erde gebunden war,
wird langsam wieder losgelassen.
Deine Gedanken, die so tief in die Fantasie gereist waren,
kehren langsam in diesen Seminarraum zurück.
Sie erinnern sich an das, was vor der Reise war.
Sie sind neugierig auf das, was nach der Reise kommt.
Jetzt darfst du die Augen öffnen, dich recken und strecken,
wieder ganz zurück in die Wirklichkeit kommen.

5. Der Körper als Instrument

↗ Reisestart

Such dir eine Position, die angenehm ist für deinen Körper,
sodass du ganz entspannt sitzen (oder liegen) kannst.
Mach deine Kleidung locker, wo sie zu eng ist.
Entspann deine Muskeln, wo sie verhärtet sind.
Und nun schließ sanft deine Augen

und mach deine Gedanken los von dem, was sie hält.
Wenn du die Musik hörst, die Klänge hier im Raum,
dann spürst du, wie dein Körper ganz leicht zu schwingen beginnt,
als wäre er die Saite eines riesigen Instruments,
als würde ihn diese Musik in seinen Tiefen bewegen.
Überlass deinen Körper diesen Schwingungen der Musik,
lass ihn dieser Melodie des Lebens folgen,
lass ihn mit den Tönen in der Luft verschmelzen.
Wie fühlt sich das an, ein Klang zu sein?
Achte darauf, wie dein Körper ganz sanft schwingt
und wie die Töne aufsteigen in den Raum.
Sie schweben dahin wie bunte Seifenblasen,
sie stoßen sich an und stoßen sich ab,
diese Seifenblasen sind gefüllt mit zauberhafter Musik.
Und je mehr du dich auf diese Musik konzentrierst,
desto mehr gleichen auch deine Gedanken den Seifenblasen:
Sie beginnen zu schimmern, sie schweben empor,
und für jeden Gedanken, der in der Luft zerplatzt,
kommt ein neuer, der in der Luft entsteht.
Du hältst sie nicht, du lässt sie ziehen.
Deine bunten Gedanken sind jetzt am Fliegen,
anmutig wie die Töne der Musik,
leicht wie die schwerelosen Seifenblasen.
Und je leichter deine Gedanken werden,
desto mehr Gewicht fließt in deinen Körper,
desto mehr Entspannung empfindet dein Körper,
desto mehr Vorfreude auf die Reise durchflutet dich.

(Fantasiereise)

↘ Rückreise

Nimm jetzt wahr, wie die Schwingungen der Musik
deinen Körper allmählich wieder loslassen;
wie deine bunten Gedankenblasen aus den Höhen zurückkehren
und allmählich wieder die Farbe dieses Raumes annehmen.
Nimm die Musik als ein Geräusch von außen wahr,
als Klänge der Wirklichkeit, von Menschen erzeugt.
Und Menschen sind auch um dich herum in diesem Raum,
in den du jetzt ganz langsam wieder zurückkehrst,
indem du die Augen öffnest, herzhaft gähnen darfst,
wieder ganz in der Gegenwart ankommst.

Die 50 besten Fantasiereisen

Ein Flugzeug darf nicht ewig fliegen – irgendwann wollen die Passagiere ihren Urlaubsort erreichen. Der Reisestart leitet zur eigentlichen Fantasiereise über. Die folgenden 50 Reisetexte bieten Ihnen eine bunte Palette von Themen für Jugendliche, für Erwachsene, für alle Altersklassen. Am Ende jedes Textes bekommen Sie einen Tipp, wie Sie die Reise noch pfiffiger gestalten können. Ebenso spiele ich Ihnen Fragen zu, biete Ihnen Thesen oder Zitate als Treibstoff für eine Diskussion an und mache Vorschläge für die Weiterarbeit in Gruppen, mit Einzelklienten und mit Jugendlichen.

Wie setzen Sie die Reisetexte am besten ein?

→ Wenn es schnell gehen soll: Tragen Sie die Reisen unverändert vor – so wie ein Schauspieler sich ans Drehbuch hält und damit nicht schlecht abschneidet, sofern der Drehbuchautor etwas taugt.
→ Wenn es individueller sein soll: Nehmen Sie die Texte nicht als *Vorlagen*, sondern als *Vorschläge*, als Anregung für Ihre eigene Kreativität (s. Übung auf S. 299). Dann können Sie Ihre Teilnehmer mit Maßarbeit erfreuen.

Fühlen Sie sich frei, Formulierungen Ihrer Diktion anzupassen, Inhalte für Ihre Zielgruppe abzuwandeln, nach Belieben zu kürzen, zu ergänzen, zu verändern. Fantasie ist ein Stoff, der unter jeder Hand eine andere Gestalt annimmt. Lassen Sie mich gerne wissen, was Sie aus meinen Reisen machen. Ich freue mich auf Ihre kreativen Berichte.

Und jetzt ist unser Flugzeug am Reiseziel gelandet. Abschnallen, aussteigen, Koffer holen – und raus ins Land der Fantasie!

1. Die Fee im goldenen Boot

Reisethemen Wünsche, Visionen, Macht der Gedanken.
Reiseziel Die Teilnehmer werden angeregt, über ihre tiefsten Wünsche nachzudenken – und darüber, was sie selbst tun können, um sich ein Stück Erfüllung zu schenken.

↗ Reisestart

Lass deine Fantasie jetzt fliegen,
und erfreu dich an ihrem Flügelschlag.
Spür, wie deine Fantasie in einen Märchenwald flattert,
einen Wald, in dem die Bäume miteinander wispern.
Wie stellst du dir einen Märchenwald vor?
Woran könntest du eine Fee erkennen?
Welche Feen gibt es schon in deinem Leben?
Deine Fantasie ist jetzt auf einer Lichtung gelandet,
einem hellen Ort am Rand des wispernden Waldes.
Du sitzt am Ufer eines kleinen Flusses.
Dort fließt kein Wasser, sondern pures Silber,
und die Sonnenstrahlen polieren es sorgsam.
Was geht in dir vor, wenn du es dir anschaust,
dieses tausendfache Glitzern?
Es zaubert Silberstreifen bis in den Wald.
Kneif deine Augen ganz leicht zusammen,
um dich an diese Helligkeit zu gewöhnen.
Jetzt hörst du ein Geräusch, stromauf im Silberfluss.
Ein Boot kommt getrieben, wie sieht es aus?
Darin sitzt eine Fee und lächelt versonnen.
Sie gleicht dem Bild, das du dir vorgestellt hast.
Mit ihrem Zauberstab lenkt sie ihr Boot an dein Ufer.
Ihre Stimme spricht zu dir wie ein Glockenspiel:
»Sag mir einen Wunsch, und du bekommst, was du willst.«
Lass diese hellen Worte einmal auf dich wirken.
Was ist es für ein Gefühl, einen Wunsch frei zu haben?
Wie viele Wünsche drängen sich jetzt in deinem Kopf nach vorne?
Genieß dieses Schwelgen in deinen Wünschen.
Und nun schau dir die Reihe deiner Wünsche einmal an.
Welcher ist der größte, der wichtigste von ihnen?
Was bräuchtest du, um erfüllter und glücklicher zu leben?
Entscheide dich nun und sag der Fee, was du dir wünschst.
Hör deine eigenen Worte und den Klang deiner Stimme.
Die Fee schaut dich aus strahlenden Augen an,
du siehst das Silber des Flusses darin glitzern.

Aus ihrem Zauberstab sprüht etwas Goldenes.
Dann sagt sie: »Du musst wissen, ich bin eine ganz besondere Fee.
Ich kann dir keine Million schenken –
aber ich kann machen, dass du wie ein Millionär fühlst und handelst.
Ich kann dir keine eigene Firma schenken –
aber ich kann machen, dass du wie ein Unternehmer fühlst und handelst.
Ich kann dir keinen Palast bauen –
aber ich kann machen, dass du wie ein König fühlst und handelst.«
Ihre Worte laufen wie auf leisen Sohlen in deinen Kopf,
langsam, als bräuchten sie Zeit, um wirklich anzukommen.
Wie lange brauchst du, um zu verstehen, was die Fee dir sagen will?
Und was hat das zu heißen, mit Blick auf deinen Wunsch?
Nimm einmal an, du würdest ab morgen fühlen und handeln,
als wäre dein größter Wunsch erfüllt:
Was wäre an diesem Tag anders als sonst?
Woran, vielleicht schon nach dem Aufwachen, würdest du es bemerken?
Was genau tätest du anders, als du es bisher getan hast?
Und welchen anderen Menschen fiele dieser Unterschied auf?
Stell dir einmal vor, was sie dazu sagen würden.
Wer fände dein neues Verhalten gut, wer weniger?
Du schaust wieder auf den Silberfluss hinaus.
Doch wo ist die Fee? Ihr Boot ist weg.
Da glitzert nur noch das Silber in der Sonne.
Aber du spürst: Es war kein Traum!
Die Fee hat dir ein neues Gefühl geschenkt –
das Gefühl eines erfüllten Wunsches.
Konzentrier dich ganz auf dieses Gefühl der Erfüllung.
Was macht es mit dir? Was kann es dir geben?
Nimm dieses Gefühl mit nach Hause,
dorthin, wo die Flüsse aus Wasser sind,
aber doch manchmal wie Silber glänzen.

↘ Rückreise

Reisetipp: Probieren Sie diese Reise in Variationen aus. Zum Beispiel können Sie die Reisenden auch zu der Fee ins Boot steigen und an einen Ort ihrer Wünsche fahren lassen. Oder Sie lassen den Fluss in ein Silbermeer münden, in dem sich die Wünsche der Teilnehmer spiegeln. Der Fantasie ist jeder Weg erlaubt – auch beim Variieren von Reisen.

Wichtige Reisefragen

→ Welche Wünsche sind Ihnen die wichtigsten in Ihrem Leben?
→ Könnte man über diese Wünsche eine gemeinsame Überschrift schreiben?

→ Was wäre anders, wenn sich Ihr wichtigster Wunsch erfüllte?

→ Können Sie im Detail beschreiben, was sich dann an Ihrem Denken und Handeln veränderte?

→ Was wäre, wenn Sie ab morgen einfach einmal denken und handeln würden, als wäre Ihr Wunsch erfüllt?

→ Woran würden Sie die Veränderung merken? Woran andere? Welche Folgen für Ihr Leben und Ihre Zufriedenheit hätte das?

Zitat zur Diskussion (provokant): »Wer nicht zufrieden ist mit dem, was er hat, der wäre auch nicht zufrieden mit dem, was er haben möchte.« *Berthold Auerbach* (deutscher Autor)

Idee für Gruppenarbeit Veranstalten Sie ein Wunschkonzert (in Zweiergruppen). Ein fiktiver TV-Moderator wird von einem Teilnehmer »angerufen«. Der Anrufer schildert ihm seinen Wunsch und was passieren wird, wenn dieser erfüllt ist, so präzise, dass man den »Wunschfilm« drehen könnte. Der Moderator hakt bei den Details nach. Dann analysieren die Teilnehmer: Was verändert sich, wenn man einen Wunsch in so präzise Worte fasst?

Idee für die Arbeit mit Einzelklienten Laden Sie Ihren Klienten ein, bis zum nächsten Termin jeden Morgen eine Münze zu werfen. Immer, wenn Zahl oben ist, soll er im Laufe dieses Tages in *einer* Situation – zum Beispiel einem Gespräch – so tun, als hätte er sein Wunschverhalten schon erlangt. Was verändert sich dann an seinem Auftreten und seinem Empfinden? Welche Wechselwirkungen auf andere stellt er fest? Was davon möchte er in sein Verhaltensrepertoire aufnehmen?

Idee für Jugendarbeit Lassen Sie jeden Teilnehmer drei Wünsche auf einen Pappkarton schreiben – einen Wunsch, den er tatsächlich hat, und zwei, die er nicht hat. Jedem wird sein Karton auf den Rücken geklebt. Nun wuseln die Teilnehmer in der Gruppe so lange umher, bis jeder den Rücken des anderen besichtigt hat. Aufgabe: Jenen Wunsch ankreuzen, der am besten zum Träger passt. Wie oft werden die realen Wünsche erkannt? Und wie oft verkannt? Was könnte das bedeuten?

2. Der Geldbaum

Reisethemen Umgang mit Geld, Sicherheitsbedürfnis, Gier, materielle Freiheit.
Reiseziel Die Teilnehmer werden eingeladen, ihren persönlichen Umgang mit Geld und die Glaubenssätze dahinter zu reflektieren.

↗ Reisestart

Geh mit deinen Gedanken in einen blühenden Garten.
Es ist ein früher Morgen, silberne Spinnennetze glitzern,
und eine fröhliche Meise zwitschert so eifrig,
als wollte sie den noch müden Tag endgültig wecken.
Die Sonne hängt knapp über den fernen Baumwipfeln,
und ihr Licht zaubert dem Morgen rote Bäckchen.
Stell dir vor, du streifst in aller Seelenruhe durch diesen Garten,
um dir Blume für Blume, Baum für Baum einmal anzuschauen.
Wie sehen die Bäume aus? Wie die Blumen?
Und welchen Duft verströmen sie?
Genieß die Frische der morgendlichen Luft,
sie füllt deinen Körper mit einer prickelnden Lebensfreude.
Und spür, wie weich der Boden unter deinen Füßen ist,
du federst mit jedem Schritt vorwärts.
Der erste Baum, dem du dich näherst,
raschelt mit seinen Blättern im zarten Morgenwind.
Hör genau hin, es klingt ein wenig so,
als würde Papier ganz sanft aneinanderreiben.
Wenn du jetzt nach oben schaust, entdeckst du seine Blätter.
Es sind die merkwürdigsten Blätter, die du je gesehen hast,
alle rechteckig, alle gleich groß, alle bedruckt.
Du kannst Zahlen auf den Blättern erkennen und silberne Streifen.
Das sind keine Blätter – das sind Geldscheine, große Geldscheine.
Probier einmal, ob deine Arme lang genug sind,
dir einen dieser Geldscheine zu greifen.
Achte genau darauf, was das für ein Gefühl ist,
wenn du einen Geldschein gegriffen hast,
oder auch, wenn es dir nicht gelingt, einen zu erreichen.
Nun gehst du weiträumig um den Geldbaum herum,
du kannst mit deinen Schritten einen magischen Kreis um ihn ziehen,
einen Kreis, der dafür sorgt,
dass niemand außer dir jemals an diesen Baum herankommt.
Überleg dir, ob du es bei einem Kreis belassen willst
oder ob du zur Vorsicht mehrere Kreise ziehst.
Geh jetzt einen Schritt zurück und schau noch einmal auf den Baum:

Er hängt so voll mit saftig grünen Geldscheinen,
dass der Morgenhimmel mit seinem roten Sirup-Licht nicht durchdringt,
dafür schimmern die obersten Scheine rötlich.
Dieser Baum ist dein Baum, er macht dich reich.
Hör genau in dich hinein, welche Gefühle sich melden.
Mag sein, du freust dich über deinen Reichtum.
Mag sein, du malst dir schöne Dinge aus,
die du mit deinem Geld tun wirst.
Lass all das, was der Baum dir ermöglichen wird,
einmal in dir aufsteigen wie Nebel,
der erst ganz diffus ist, aber dann eine konkrete Form annimmt,
ein Bild von deinem Leben mit dem Geld.
Wie sieht dieses Bild aus? Welche Empfindungen weckt es?
Aber vielleicht sind da noch andere Gefühle.
Mag sein, du hast Sorge, dass du den Baum nicht wiederfindest.
Dass andere ihn plündern. Dass er seine Blätter im Herbst verliert.
Lass all das, was der Baum an Sorgen in dir weckt,
wieder wie einen geheimnisvollen Nebel in dir aufsteigen
und achte darauf, welche Bilder sich daraus formen
und welche Gefühle du dabei empfindest.
Nun spürst du, dass deine Zeit im Garten knapp wird.
Entscheide, wie viele Geldscheine du für heute einsteckst.
Nur einen? Nur ein paar? Oder so viele, wie du greifen kannst?
Und falls deine Arme zu kurz sind:
Wäre es denkbar für dich, den Baum zu fällen,
um alle Scheine ganz sicher in der Tasche zu haben?
Entscheide, ob du anderen von dem Baum erzählst und ihn teilst
oder ob du ihn lieber ganz für dich behältst.
Entscheide, wie oft du zu diesem Baum zurückkommst
und wie du ihn dann behandelst.
Und entscheide auch, ob du diesen Baum aberntest
oder ob es dir schon reicht, von seiner Existenz zu wissen.
Nun wirf einen letzten Blick auf deinen Baum,
die Scheine flattern im Wind wie winzige Wäschestücke.
Dir ist, als würden sie dir noch einmal zuwinken,
während du langsam zurück durch den Garten läufst.

↘ Rückreise

Reisetipp: Achten Sie darauf, dass Sie eine größere Zahl von Geldscheinen bei sich haben und untermalen Sie das Rascheln der Geldblätter, indem Sie diese Scheine aneinander reiben. Dieses reale Geräusch verleiht der Gedankenreise noch größere Intensität.

Wichtige Reisefragen

→ Welche Bedeutung hat Geld in Ihrem Leben?

→ Können Sie gut mit Geld umgehen? Bekommen Sie Scheine zu fassen? Oder ist Ihr Arm meistens zu kurz?

→ Wie viele Geldscheine haben Sie bei der Reise eingesteckt?

→ Wie viele magische Kreise haben Sie um Ihren Baum gezogen?

→ Welche Hoffnungen weckt Reichtum in Ihnen? Und welche Sorgen?

→ Wo verläuft die Grenze zwischen Sicherheitsdenken und Gier?

→ Welches sind die Geldbäume in Ihrem Leben? Wie pfleglich gehen Sie mit ihnen um?

Zitat zur Diskussion »Geld ist nichts. Aber viel Geld, das ist etwas anderes.« *George Bernard Shaw* (irischer Dramatiker)

Idee für Gruppenarbeit Bieten Sie der Gruppe ein Spiel an, eine »Versteigerung«. Bitten Sie zwei Teilnehmer nach vorne und legen Sie einen 100-Euro-Schein auf den Tisch: »Ihre Aufgabe ist es, diesen Schein so billig wie möglich zu ersteigern. Bitte geben Sie Gebote ab. Einzige Regel: Sie müssen mit einer einstelligen Summe einsteigen – und dürfen maximal in Neun-Euro-Schritten steigern.«

Interessanterweise konzentrieren sich die beiden Teilnehmer fast immer darauf, sich gegenseitig zu überbieten. Nicht selten liegt das letzte Angebot *über* 100 Euro. Am Ende wird die Gruppe um eine Rückmeldung gebeten: Was fällt auf? Wie hätte der Schein billig erstanden werden können?

Verblüffende Erkenntnis: Hätten die Teilnehmer sich abgesprochen miteinander (was ihnen niemand untersagt hat), auf Kooperation statt Konfrontation gesetzt – sie hätten den Schein für einen Euro ersteigern und ihn sich mit je 49,50 Euro Gewinn teilen können. Wie kommt es, dass wir in Gelddingen so irrational handeln?

Idee für die Arbeit mit Einzelklienten Lassen Sie Ihren Klienten beschreiben, was er alles für oder mit Geld tut. Dann reflektiert er, welches heimliche Drehbuch ihn dabei leitet. Möglicher Glaubenssatz: »Man kann nie genug Geld haben.« Teilt sein Verstand diese Überzeugung? Wenn nicht: Bitten Sie Ihren Klienten, den Satz mit veränderten Submodalitäten aufzusagen, zum Beispiel mit einer quietschenden Comicstimme, mit einem tiefen John-Wayne-Bass, in einer leiernden Zeitlupe. Mit der Verfremdung der Aussprache geht eine Verfremdung des Inhalts einher. Am Ende entwickelt Ihr Klient eine neue, stimmigere Überzeugung.

Idee für Jugendarbeit Teilen Sie die Jugendlichen in kleine Gruppen ein, unter folgender Annahme: Alle haben zusammen Lotto gespielt und eine Million gewonnen. Der Haken an der Sache: Sie müssen zusammen entscheiden, was nun mit dem Geld geschieht. Wird es verprasst? Angelegt? Gespendet? Oder ins Kopfkissen gesteckt? Geben Sie den Gruppen 15 Minuten Zeit, um über die Verwendung des Geldes zu entscheiden. Wer vertritt welchen Standpunkt? Inwieweit ist es schwierig, über Geld zu sprechen? Was wäre anders, wenn ein Einzelner gewonnen hätte?

3. Die Theatervorstellung

Reisethemen Kommunikationsverhalten, Sprache, Körpersprache, Status.
Reiseziele Diese Reise soll die Reflexion der Teilnehmer über ihr Kommunikationsverhalten wecken.

↗ Reisestart

Vielleicht magst du dich jetzt in ein Theater versetzen.
Der Raum ist dunkel, der Vorhang unten,
und um dich herum flüstern die Zuschauer.
Hör dieses Flüstern, es klingt,
als würde der Wind die Blätter eines Baums bewegen
und sie miteinander tuscheln lassen.
Lass dich von deiner Freude auf die Theatervorstellung tragen,
so weit tragen, bis du ein Stück über deinem harten Sitz schwebst.
Du bist schwerelos, du bist deine Schwere los.
Sie bleibt unten auf dem Sitz.
Raschelnd öffnet sich der schwere Vorhang.
Ein Bühnenscheinwerfer geht an.
Schau genau auf diese Lichtinsel, noch ist sie unbewohnt,
in diesem Ozean aus Nacht.
Wer wird die Insel wohl betreten?
Mit lauten, klackenden Schritten kommt ein Mensch
von der Seite auf die Bühne ins Licht gesprungen.
Er blinzelt dem Publikum entgegen,
wie ein Reh, das vor einen Scheinwerfer gelaufen ist.
Du merkst, dass er geblendet ist,
dass er die Zuschauer nicht sehen kann,
dass er glaubt, allein in diesem Raum zu sein.
Du kennst diesen Menschen,
es ist ein wichtiger Mensch aus deinem Leben.
Wer ist es? Denk ganz fest an seinen Namen.
Stell dir sein Gesicht vor und seine eigene Art, sich zu bewegen.
Woran erkennst du diesen Menschen aus der Ferne?
Was unterscheidet ihn von anderen?
Der vertraute Mensch vermisst etwas auf der Bühne.
Er schaut sich um, und er ruft einen Namen.
Deinen Namen.
Bleib dort, wo du bist.
Schau zu, wie nun ein Mensch,
der so aussieht wie du, der so geht wie du,
der exakt dieselbe Kleidung trägt,

von der Seite auf die Bühne läuft.
Genieß es, dass du immer noch über deinem Sitz schwebst
und heb noch ein kleines Stück weiter ab,
um die Szene besser sehen zu können.
Nimm genau wahr, wie sich diese Leichtigkeit deines Körpers
auf deine Gedanken überträgt.
Achte genau darauf, was auf der Bühne passiert:
Wie begrüßen sich die beiden?
Wer stellt die erste Frage?
Wer spricht mehr als der andere?
Wie dicht stehen beide sich gegenüber?
Was tun die Körper, die Arme,
die Gesichter, während die beiden sprechen?
Und worüber reden sie?
Stell dir vor, dass derjenige von beiden,
der in eurem Verhältnis mehr zu sagen hat,
auf einmal einen halben Meter größer als der andere wird.
Wer von beiden wächst nun?
Lass deinen Ich-Darsteller dem anderen einen Satz sagen,
den du ihm noch nie gesagt hast,
ein Kompliment, eine kritische Bemerkung,
was immer du ihm sagen möchtest.
Welchen Satz sagt dein Stellvertreter?
Lass deinen Ich-Darsteller dem anderen eine Frage stellen,
die du noch nie gefragt hast.
Welche Frage stellt dein Stellvertreter?
Und was würde der andere wohl dir sagen wollen?
Schau genau hin, was sich durch die neuen Worte verändert.
Kommen die beiden sich näher? Entfernen sie sich voneinander?
Und wie verändert sich das Größenverhältnis?
Nimm jedes Detail dieser Szene in dir auf,
ehe die beiden von der Bühne abgehen.
Lass dich langsam aus der Luft auf deinen Sitz zurücksinken.
Die Menschen drängen zum Ausgang.
Wie könnte das Stück heißen, das sie gesehen haben?

↘ Rückreise

Reisetipp: Verlangt es Ihr Seminarthema, dass der vertraute Mensch aus einem bestimmten Lebensbereich kommt? Dann können Sie die Gedanken Ihrer Teilnehmer durch kleinste Vorgaben steuern – zum Beispiel, indem Sie nicht von einem wichtigen Mensch aus dem »Leben«, sondern dem »Arbeitsleben«, »Familienleben« oder »Schulleben« sprechen.

Wichtige Reisefragen

→ Mögen Sie sagen, welcher Mensch auf die Bühne kam?

→ Können Sie erklären: Warum gerade er?

→ Wie lief die Begrüßung ab?

→ Was haben Sie zueinander gesagt?

→ Fiel Ihnen etwas an der Körpersprache auf?

→ In welcher Größe haben Sie sich und ihn gesehen?

→ Was war neu an den Fragen und Aussagen? Weshalb wurden sie vorher noch nie ausgesprochen?

→ Was an dieser Szene war typisch für Ihr eigenes Kommunikationsverhalten?

→ Was wollen Sie so belassen, auch im Umgang mit anderen? Und was verändern?

Zitat zur Diskussion »Das Wichtigste in einem Gespräch ist, zu hören, was nicht gesagt wurde.« *Peter F. Drucker* (amerikanischer Management-Vordenker)

Idee für Gruppenarbeit Laden Sie die Teilnehmer zum Impro-Theater ein: Jeder sucht zwei »Schauspieler« aus, die seine fantasierte Szene aufführen, auch mit dem gedachten Größenverhältnis zwischen beiden. Was müsste der Kleinere sagen, um zu wachsen? Und der Größere, um auf Augenhöhe zu kommen? Diskutieren Sie mit Ihren Teilnehmern, was ein Hoch- und was ein Tiefstatus ist (Johnstone 1993).

Idee für die Arbeit mit Einzelklienten Bitten Sie Ihren Klienten, den Film noch einmal ablaufen zu lassen, diesmal in seiner Wunschversion: Was würde er gerne an seiner Kommunikation verändern, gegenüber diesem Menschen und auch sonst? Als Regisseur darf er diese Szene gestalten – das stärkt seine Visionskraft und seine erwartete Selbstwirksamkeit.

Idee für Jugendarbeit Jeweils zwei Teilnehmer gehen vor die Tür und sprechen sich ab, wer in einem Gespräch »der Größere« ist – also der Bestimmende – und über wen bestimmt wird. Die Aufgabe besteht darin, die Szene möglichst subtil aufzuführen. Welche winzigen Signale legen ein solches Größenverhältnis fest? Die Gruppe muss raten und diskutieren, wer welche Rolle hatte.

4. Das Spiegelkabinett

Reisethemen Selbstbild, Fremdbild, Wahrnehmung.
Reiseziel Die Teilnehmer werden angeregt, darüber nachzudenken, wie sie sich selbst wahrnehmen und von anderen – vielleicht abweichend – wahrgenommen werden.

↗ Reisestart

Reise jetzt mit deiner Fantasie in einen großen Raum,
in dem du ganz viele Spiegel aufblitzen siehst.
Du erkennst Spiegel in allen Formen und Größen,
einige sind kreisrund und klein wie Handteller,
andere heben sich wie breite Wände empor,
und wieder andere hängen direkt unter der Decke.
Schau dir an, wie die Spiegel sich gegenseitig spiegeln,
sodass du immer überlegen musst, ob du gerade einen Spiegel siehst
oder nur sein Spiegelbild in einem anderen Spiegel.
Lass deinen Blick ganz schnell zwischen den Spiegeln wandern,
ehe du gleich den Weg zwischen ihnen hindurch einschlägst.
Wenn du dich auf das Glas der Spiegel konzentrierst,
wird dir auffallen, dass keines dem anderen gleicht.
Einige Spiegel haben eine nach innen gewölbte Oberfläche,
es sieht aus, als wollten sie die Spiegelbilder einsaugen.
Andere Spiegel rollen ihre Oberfläche nach außen,
es sieht aus, als hätte ihr Glas einen Buckel.
Geh jetzt zwischen die Spiegel und achte darauf,
dass du den schmalen Pfad vor deinen Füßen erkennst
und ihn nicht mit gespiegelten Wegen verwechselst.
Fällt dir auf, dass dein Spiegelbild dir absolut gehorcht?
Wenn du die Arme nach oben streckst,
streckt auch dein Spiegelbild die Arme nach oben.
Wenn du in die Hocke gehst,
geht auch dein Spiegelbild in die Hocke.
Nur wenn du dir die Augen ganz fest zuhältst,
kannst du nicht mehr erkennen, ob dein Spiegelbild dasselbe tut.
Halt die Augen nun geschlossen und denk nach.
Alles, was hier um dich herum geschieht, hat mit dir zu tun.
Dieses Kabinett spiegelt dein eigenes Verhalten.
Überleg einmal, ob das im normalen Leben ähnlich sein kann.
Wenn du einen Menschen anlächelst,
kann es dann sein, dass ein Lächeln zurückkommt?
Wenn du einen Menschen beschimpfst,
kann es dann sein, dass ein Schimpfwort zurückkommt?

Stell dir die Welt als ein großes Spiegelkabinett vor,
das den, der eine glückliche Haltung einnimmt,
dadurch belohnt, dass es ihm Glück zurückspiegelt.
Und jetzt öffne die Augen wieder und schau in die Spiegel.
Sieh, wie der Spiegel deinen Körper in die Länge zieht.
Er macht dich dünn wie ein Streichholz, mit winzigem Kopf.
Wink diesem Streichholz einmal zu,
und du wirst sehen: Das Streichholz winkt zurück.
Dann schau in den nächsten Spiegel, dessen Panzerglas sich wölbt.
Er lässt deine Körperform so sehr in die Breite fließen,
dass du aussiehst wie ein dicker Frosch auf winzigen Beinen.
Streck diesem Frosch einmal die Zunge heraus,
und du wirst sehen: Er streckt dir die Zunge auch heraus.
Und nun konzentrier dich darauf, was passiert,
wenn die Spiegel wieder andere Spiegelbilder spiegeln.
Wie verändern, wie verzerren sich die Spiegelbilder?
Stell dir jetzt einmal ganz fest vor,
dass es sich im realen Leben ähnlich verhält:
dass jeder Mensch ein Spiegel ist,
der sich ein eigenes Bild von dir macht,
ein Bild, das vielleicht ganz anders ist als deines von dir.
Und immer, wenn zwei Menschen über einen dritten sprechen,
werfen sich ihre Spiegel das jeweilige Zerrbild zu,
und es verformt sich weiter, in unberechenbarer Weise.
Geh jetzt direkt auf einen Spiegel zu.
Drück deine Stirn vorsichtig gegen seine kühle Oberfläche
und lauf nun langsam, ganz langsam, in diesen Spiegel hinein.
Jetzt bist du im Bauch des Spiegels,
und am Boden liegen ganz viele Polaroidfotos.
Heb sie auf und schau dir an, wer darauf zu sehen ist.
Das bist du, aus dem Blickwinkel anderer gesehen.
Heb ein Bild nach dem anderen auf und schau dir an,
welche Bilder sich andere von dir machen.
Achte darauf, wie du auf diesen Bildern aussiehst,
und frag dich, wer dich wohl so sieht.
Wer sieht dich stärker, als du bist?
Und wer, glaubst du, unterschätzt dich eher?
Komm jetzt wieder aus dem Spiegel heraus
und erfreu dich beim Verlassen des Kabinetts daran,
welch eine Vielfalt von Formen dein Körper besitzt,
hier in den Spiegeln – und auch draußen im Leben.

↘ Rückreise

Reisetipp: Lassen Sie die Teilnehmer schon vor der Reise einen Fragebogen ausfüllen, in dem bestimmte Eigenschaften aufgeführt werden, etwa Durchsetzungsfähigkeit, Kommunikationsfreude, Eigenbrötelei und so weiter. Nun dürfen die Teilnehmer mit zwei Stiftfarben auf einer Skala von 1 (= schwache Ausprägung) bis 5 (= starke Ausprägung) ankreuzen: mit der einen Stiftfarbe, wie sie sich selbst einschätzen; mit einer anderen Stiftfarbe, wie sie glauben, dass ihre Freunde (beispielsweise Arbeitskollegen, Schulkollegen) ankreuzen würden. Diese Übung kann als Einstimmung auf die Reise dienen – aber ebenso gut als Nachbereitung.

Wichtige Reisefragen

→ Was war es für ein Gefühl, nur schwer zwischen Spiegelbildern und realen Bildern unterscheiden zu können?

→ Inwieweit stimmt es tatsächlich, dass die Außenwelt wie ein Spiegel wirkt und uns oft das zurückwirft, was wir selbst darstellen oder tun?

→ Und wodurch, glauben Sie, kommt es zu Zerrbildern – also dazu, dass andere uns ganz anders sehen als wir selbst?

→ Als Sie in den Spiegel gelaufen sind – welche Bilder haben Sie dort von sich entdeckt?

→ Wer sieht Sie positiver als Sie selbst? Und wer negativer?

→ Durch welches Verhalten – welche Bewegungen vorm jeweiligen »Spiegel« – tragen Sie zu dieser Wahrnehmung bei?

Zitat zur Diskussion »Es gibt auch Spiegel, in denen man erkennen kann, was einem fehlt.« *Friedrich Hebbel* (deutscher Dramatiker)

Idee für Gruppenarbeit Organisieren Sie ein paar Spiegel, vom Rasierspiegel bis zur großen Spiegelscheibe. Und dann lassen Sie einige Teilnehmer ein Spiegelkabinett bilden (mit wechselnden Rollen), zum Beispiel durch das Kippen der Spiegel. Und andere Teilnehmer laufen hindurch und beobachten, wie sich ihre Form verändert, zum Beispiel je nach Bewegung des Spiegels. Wie sehen die Spiegel unserer Wahrnehmung aus?

Idee für die Arbeit mit Einzelklienten Bitten Sie Ihren Klienten, jeweils in die Rolle von Menschen zu schlüpfen, die für sein Anliegen von Bedeutung sind. Und dann führen Sie mit ihm, während er diese Menschen darstellt, eine Art Interview zu seiner eigenen Person: Was sagt er als seine Chefin, sein Geschäftspartner, sein Kollege über sich selbst (dabei ist Spekulieren erlaubt!)? Dieses zirkuläre Vorgehen schult die Empathie und kann wichtige Informationen bringen.

Idee für Jugendarbeit Besuchen Sie mit der Gruppe ein Spiegelkabinett und regen Sie an, die Eindrücke der fiktiven Reise mit diesem realen Erlebnis zu verbinden. Welche Parallelen fallen auf? Welche Unterschiede? Und wie fühlt sich der Gedanke an, andere Menschen vielleicht ebenso verzerrt zu betrachten wie einer dieser Spiegel? Oder selbst so betrachtet zu werden?

5. Der Buchstabenkönig

Reisethemen Sprache, Wörter, Buchstaben.
Reiseziele Die Teilnehmer werden angeregt, ihr Verhältnis zur Sprache sowie zu einzelnen Buchstaben und Wörtern zu reflektieren.

↗ Reisestart

Begib dich nun auf eine Reise aus diesem Raum,
auf eine Reise zu einem königlichen Palast.
Stolz und strahlend thront er mit seinen Marmorsäulen.
Was fällt dir auf an diesem Palast? Woher kennst du ihn?
Spazier jetzt ganz dicht an die Marmorsäulen am Eingang heran.
In diese Säulen sind winzige Formen graviert.
Wie dicht musst du herangehen, um zu merken: Es sind Buchstaben?
So ungeordnet, als wäre ein Mückenschwarm aus Buchstaben gelandet.
Such dir einen Buchstaben aus, der dir besonders wichtig ist.
Konzentrier dich ganz auf diesen Buchstaben.
Lass deinen Blick seiner Form folgen, als wäre sie ein Gleis.
Und nun streck deine Hand nach vorne,
bis deine Fingerspitzen den kühlen Marmor berühren.
Spür diese angenehme Kühle, die deine ganze Hand erfrischt,
und fahr mit deinem Finger den Körper dieses Buchstabens entlang.
Achte genau darauf, wie deine Bewegung verläuft
und wie der Buchstabe aus Marmor sich anfühlt.
Und nun geh die Stufen hinauf – sind sie golden? – und betritt den Palast.
Über eine festliche Tafel spannt sich ein festliches Tischtuch,
es ist fast so endlos wie ein Meer, du kannst sein Ende kaum sehen.
Konzentrier dich auf das Ende dieses Tischtuchs, dort glitzert silbernes Besteck.
Und wenn du genau hinschaust, erkennst du einen Mann,
der ein riesiges »M« als Krone auf dem Kopf trägt,
er winkt dich freudig zu sich heran.
Lauf die ganze Tafel entlang, weiter und weiter,
bis du den König an der Front des Tischs erreicht hast.
Begrüße ihn so, wie du es bei einem König für richtig hältst.
Lass dich von ihm bitten, in einem der weichen Sessel Platz zu nehmen.
Hör, wie er sagt: »Ich bin der König der Buchstaben,
und es ist mir eine große Ehre, dass du mein Gast bist.
Denn Buchstaben spielen in deinem Leben eine große Rolle.«
Überleg genau, was der König damit meinen könnte:
Welche Rolle spielen Buchstaben in deinem Leben?
Kann es sein, dass du sie brauchst, um Wörter zu formen?
Und welche Bedeutung haben diese Wörter für dich?

Wann sprichst du? Zu wem sprichst du? Worüber sprichst du?
Und woraus bestehen eigentlich deine Gedanken?
Vielleicht magst du dir einmal vorstellen,
du dürftest ab sofort nie wieder ein Wort verwenden,
nicht denken, nicht sprechen, nicht schreiben.
Was genau würde sich in deinem Leben verändern?
Nun wandert ein riesiger Suppentopf an der Tafel entlang,
er ist so groß, dass du den Diener dahinter fast übersehen hättest.
Was fällt dir am Gang, an der Kleidung des Dieners auf?
Der Diener schöpft dir und dem König die Suppenteller voll.
Woher ahnst du bloß, was in der Suppe schwimmt?
Schau jetzt in den Teller und sieh die Buchstabennudeln.
Welche Buchstaben kannst du erkennen?
Der König sagt: »Bevor in meinem Reich das Essen beginnt,
muss jeder von uns ein Wort aus den Buchstaben formen.«
Und schon gleiten seine Finger in die Suppe
und fischen flink ein paar Buchstaben heraus.
Konzentrier dich auf die Buchstaben in deiner Suppe
und überleg dir genau, welches Wort du aus ihnen bilden willst.
Vielleicht war der Buchstabe, den du an der Säule gewählt hast,
nur Teil eines Wortes, das für dich besonders wichtig ist.
Vielleicht fällt dir aber auch ein ganz anderes Wort ein.
Denk jetzt ganz fest an dieses Wort, so fest,
dass die Buchstaben, die zu ihm gehören,
in deinem Suppenteller einen kleinen Buchstabenschwarm bilden.
Und nun lass deine Finger in die warme Suppe gleiten
und angle dir die Buchstaben für dein Wort heraus.
Stell dir vor, wie du die Buchstaben jetzt ablegst,
einen nach dem anderen, auf dem Tischtuch,
wo sich die Buchstabennudeln zu einem Wort formen.
Was empfindest du, wenn du dieses wichtige Wort dort liest?
Was wird anders, wenn sich aus Buchstaben ein Wort bildet?
Und nun erklär dem König, warum du gerade dieses Wort gewählt hast.
Was ist daran für dich – nur für dich – so wichtig?
Und dann schau dir an, welches Wort der König geformt hat.
Es besteht aus S und P und R und A und C und H und E.
Der Buchstabenkönig hat sich für das Wort »Sprache« entschieden.
Nun wünscht er dir guten Appetit – lass dir die Suppe schmecken.
Und spür diesem Gefühl nach, wie dir die Buchstaben jetzt
viel bewusster über die Zunge gehen. Beim Essen.
Und ganz sicher auch beim Sprechen.

↘ Rückreise

Reisetipp: Laden Sie die Teilnehmer vor der Reise auf eine Buchstabensuppe ein, mit dem Hinweis, sie habe gleich eine besondere Bedeutung. Ein solcher »Vorgeschmack« auf eine Fantasiereise ist immer nützlich: Die Teilnehmer setzen sich mit dem Thema (unbewusst) auseinander – eine Saat, die dann bei der Reise aufgeht.

Wichtige Reisefragen

➔ Welchen Buchstaben haben Sie gewählt? Und warum?

➔ Welches Verhältnis pflegen Sie zu Wörtern und zur Sprache?

➔ In welchen Augenblicken ist Sprache wichtig für Sie?

➔ Was wäre ohne Sprache anders in Ihrem Leben?

➔ Welches Wort haben Sie aus den Buchstabennudeln geformt? Was könnte dieses Wort über Sie und Ihre Werte im Leben verraten?

➔ In welchen Situationen wünschen Sie sich, dass Ihnen die Buchstaben bewusster über die Zunge gingen? Was genau können Sie dafür tun?

Zitat zur Diskussion »Der Unterschied zwischen dem richtigen Wort und dem beinahe richtigen ist derselbe Unterschied wie zwischen dem Blitz und einem Glühwürmchen.« *Mark Twain* (amerikanischer Autor)

Idee für Gruppenarbeit Teilen Sie große Buchstaben an alle aus, aber in dosierten Mengen. Jeder Teilnehmer soll ein für ihn wichtiges Wort bilden. Nun wird ein Buchstabenbasar eröffnet, alle dürfen Buchstaben miteinander tauschen. Oder sich auch auf ein Wort einigen, das für mehrere Menschen wichtig ist. Welche Wörter entstehen auf diese Weise? Und welche Bedeutung bekommen die Buchstaben durch diesen Handel?

Idee für die Arbeit mit Einzelklienten Fragen Sie Ihren Klienten danach, was in seinem Leben wichtig ist, sich aber in keinem Geschäft kaufen lässt. Was er jetzt nennt, werden seine Werte sein, zum Beispiel »Liebe«, »Unabhängigkeit«, »Erfolg« usw. Bitten Sie ihn, einmal den Duden-Redakteur zu spielen und jedes Wort für sich zu definieren. Danach diskutieren Sie, wie individuell seine Definition ist – und was er tun kann, um diesen Wert in seinem ganz eigenen Sinne zu verwirklichen.

Idee für Jugendarbeit Lassen Sie die Jugendlichen kleine Gruppen bilden, um Scrabble zu spielen. Dieses Buchstabenspiel, bei dem Wörter gebildet werden, ist ein ausgezeichneter Weg, das Bewusstsein für Sprache und den Wortschatz zu trainieren – übrigens auch für Erwachsene.

6. Spuren im Schnee

Reisethemen Lebensspuren, Bewusstsein für eigene Wirkung, Ressourcen.
Reiseziel Die Teilnehmer werden angeregt, ihren Lebensweg nachzuempfinden und ihre nächsten Schritte bewusster zu gehen.

↗ Reisestart

Lass deine Fantasie nun abheben.
Spür, wie der Wind deine Gedanken mit sich trägt
und mit leichter Hand in alle Himmelsrichtungen verstreut.
Nimm wahr, dass deine Gedanken auf einmal so leicht sind,
dass sie fliegen können, überallhin.
Dann stell dir vor, du landest – schwups – im Neu-Schneeland.
Schau dir diesen flauschigen Teppich aus Schnee an,
ganz leicht und luftig hat er sich über das Land gelegt.
Und wenn die Sonne ihn mit ihren Strahlen berührt,
siehst du Millionen Schneekristalle in der Sonne funkeln.
Geh jetzt ein paar Schritte durch diesen Schnee
und spür dabei, wie deine Füße ein Stück einsinken.
Das weiche Pulver lässt sie schwerelos in sich dringen,
wenn du dein Gewicht auf die Erde verlagerst,
und es lässt deine Füße wieder aus dem Schnee wachsen,
wenn du den nächsten Schritt gehst.
Schau dich jetzt einmal um und saug diese Stille in dich auf.
Sie hat eine Farbe – es ist eine weiße Stille.
Der Boden ist weiß. Die Bäume sind weiß.
Die Vögel sind weiß. Und auch die Wolken sind weiß.
Lass diese weiße Stille, diese Stille aus Puder, in dich hinein.
Stell sie dir wie winzige Schneeflocken vor,
die ganz, ganz langsam in dein Bewusstsein rieseln
und dort jedes Geräusch, das du noch zu hören meinst,
mit einem wunderbaren Teppich aus Schnee überdecken.
Und nun wirf einen Blick zurück, auf das Land hinter dir.
Schau, wie sich der weiße Teppich verändert hat.
Überall dort, wo du gelaufen bist, sind Spuren im Schnee.
Konzentrier dich darauf, was diese Spuren so besonders macht.
Ihre Größe hängt von der Größe deiner Füße ab.
Ihre Tiefe hängt vom Gewicht deines Körpers ab.
Ihre Weite hängt von der Länge deiner Schritte ab.
Ihre Richtung hängt von deiner Laufrichtung ab.
Wie jedes Tier, wie jeder Fuchs und jedes Reh
seine ganz eigene Spur hinterlässt, die es von anderen unterscheidet,

so hinterlässt auch du eine Spur, die dich unterscheidet
von allen anderen Menschen dieses Planeten.
Lass diesen Gedanken in der weißen Stille auf dich wirken.
Denk an die Spuren, die du im Leben schon hinterlassen hast.
An dem Ort, wo du geboren bist, beginnt deine Spur,
mit winzigen Füßchen, wie in den Schnee gehauchte Vogelspuren.
Und doch sind diese Spuren, die du als Baby hinterlassen hast,
bei allen unvergessen, die dich gekannt und geliebt haben.
Denk an diese Menschen und denk an die Liebe,
mit der sie deine Spuren in ihrem Herzen bewahren.
Stell dir jetzt deinen nächsten Schritt vor,
vielleicht im Kindergarten, vielleicht in der Schule.
Achte darauf, wie deine Spur sich im Schnee allmählich verändert,
wie sie tiefer wird und größer und weiter.
Achte darauf, in welche Richtung sie verläuft,
und sieh die Orte noch einmal an, an denen du vorübergingst.
Denk an die Menschen, denen du dort begegnet bist,
und wie ihr für eine Zeit gemeinsame Spuren zieht.
Und jetzt stell dir vor, wie deine Spur aus der Schule hinausführt
und welches die nächsten Orte sind, die du ansteuerst.
Konzentrier dich darauf, wann du dich anstrengen musstest,
wann die Wege steil einen Berg hinaufführten.
Erinnere dich an die Kraft und die Zuversicht,
mit der du diese Anstiege bewältigt hast.
Und denk auch an das angenehme Gefühl,
wenn deine Schritte oben auf einem Hügel angelangt waren
und du den Erfolg, den Ausblick genossen hast.
Genieß die Erkenntnis, dass dein Leben überall Spuren hinterlassen hat.
Du hast Spuren in den Herzen anderer Menschen hinterlassen.
Dein Lachen hat Spuren hinterlassen.
Deine Worte haben Spuren hinterlassen.
Deine Arbeit hat Spuren hinterlassen.
Stell dir einige dieser Spuren, die tiefsten, einmal vor.
Wann hast du sie hinterlassen? Und bei wem?
Und jede Spur, die du einst gezogen hast,
macht denen, die heute dort gehen, den Weg leichter.
Denk an die, die heute in deinen Fußspuren gehen.
Und dann schau wieder auf die unberührte Schneefläche vor dir.
Und mal dir die vielen Spuren aus, die du noch ziehen wirst.
Im Schnee. Und in den Herzen anderer.

↘ Rückreise

Reisetipp: Es liegt an Ihnen, welche der Lebensspuren Sie in den Mittelpunkt rücken wollen. Wenn Sie zum Beispiel ein Kommunikationsseminar halten, könnten Sie in diese Reise einen Absatz über Spuren einfügen, die von den Teilnehmern allein durch ihre Worte oder durch ihre Körpersprache hinterlassen wurden. Wenn Sie dagegen ein Konfliktseminar leiten, ist es denkbar, die Spuren in den »Tunnel eines Konflikts« verlaufen zu lassen und die Aufmerksamkeit darauf zu lenken, wie der Weg zurück ans Licht gesteuert wurde.

Wichtige Reisefragen
→ Haben Sie jemals darüber nachgedacht, dass Ihre Fußspur so individuell wie ein Fingerabdruck ist? Warum nicht?
→ Wie haben Sie den Verlauf Ihrer Spur vor sich gesehen?
→ Welche Stationen und welche Menschen kamen Ihnen dabei in den Sinn?
→ Welche Spur, an die Sie gedacht haben, hat Sie am tiefsten berührt?
→ Welches Gefühl löst es bei Ihnen aus, dass Ihr Leben Spuren hinterlassen hat?
→ Welche Menschen, glauben Sie, gehen heute in Ihren Spuren?
→ Welche Spuren wollen Sie eines Tages, wenn Sie von der Erde gehen müssen, gerne hinterlassen haben? Welche Wege müssten Sie dafür einschlagen?

Zitat zur Diskussion »Das einzig Wichtige im Leben sind die Spuren von Liebe, die wir hinterlassen, wenn wir weggehen.« *Albert Schweitzer* (deutscher Arzt)

Idee für Gruppenarbeit Bitten Sie die Gruppe an eine bestimmte Seite des Raums. Die Teilnehmer stellen sich der Reihe nach auf. Alle müssen die Augen schließen, bis auf den vordersten. Er wird aufgefordert, nach Belieben in möglichst individueller Bahn an die andere Seite des Raums zu laufen. Nehmen Sie seinen Gang mit einem Camcorder auf. Sobald er angekommen ist, muss auch er die Augen schließen. Und der nächste Teilnehmer darf die Augen öffnen und sich einen Weg durch den Raum suchen und so weiter. Besprechen Sie mit den Teilnehmern dann, für wie individuell sie ihren eigenen Weg und ihre Gangart halten. Danach werten Sie gemeinsam den kleinen Film aus. Was können die Teilnehmer aus der Art, wie sie diesen Weg gehen, auf ihre Lebenswege übertragen?

Idee für die Arbeit mit Einzelklienten Lassen Sie Ihren Klienten jeweils ein A3-Blatt für die wichtigsten Abschnitte seines (Arbeits-)Lebens mit einer Überschrift versehen. Dann soll er mindestens drei Schuhsohlen einzeichnen, als Symbol für seine wichtigsten Schritte in dieser Zeit. Die Sohlen werden mit Beschreibungen gefüllt, zum Beispiel: »Ich schaffe es, meine Redeangst zu überwinden.« Sprechen Sie darüber, wie die einzelnen Schritte, die Entwicklungssprünge des Lebens, aufeinander aufbauen – und welche nächsten Schritte in der Zukunft sich daraus ergeben können.

Idee für Jugendarbeit Gehen Sie mit den Jugendlichen an einen Sandstrand und bitten Sie sie, barfuss wild durcheinanderzurennen. Danach ist es die Aufgabe jedes Teilnehmers, seine eigene Spur unter den vielen zu erkennen und möglichst genau zu verfolgen. Was verändert sich, indem man die Besonderheiten der eigenen Spur erkennt und sie verfolgen kann? Wie viel Achtsamkeit ist im Alltag nötig, um Spuren nicht nur zu ziehen, sondern sie auch wahrzunehmen?

7. Der Lift des Lebens

Reisethemen Fantasie, Glücksmomente, Beziehungspflege, Ressourcen.
Reiseziel Die Reisenden können ihre Vergangenheit als Abenteuer und einen Glücksmoment als Ressource entdecken.

↗ Reisestart

Nun lass deine Gedanken wandern in eine Märchenstadt.
Stell dir vor, du schlenderst durch diese Märchenstadt,
über Straßen aus feinem Tortenboden.
Auf dem Zuckerguss-Gehsteig, als wäre das normal,
laufen dir Zauberer entgegen und exotische Feen,
ihre Zauberstäbe sprühen kleine Feuerwerke der Freude.
Die Luft ist erfüllt von einem fröhlichen Gemurmel,
erfüllt von einem Duft nach Bäckerei, süß und betörend.
Wie fühlt sich dieser weiche Untergrund beim Gehen an?
Wie ist es, durch eine Märchenallee zu schlendern?
Woher weißt du so genau, dass diese Märchenallee
dich an ein Ziel, an dein ganz persönliches Ziel, führen wird?
Immer wieder wandert dein Blick zu den Häusern am Wegesrand.
Es sind Märchenhäuser aus reinem Marzipan:
hier ein Haus mit nur einem Stockwerk, winzigklein;
dort Häuser mit 100 Stockwerken, himmelhoch.
Und weil sie direkt nebeneinanderstehen,
die ganz hohen und die ganz niedrigen Häuser,
schließen die Dächer mit Stufen aneinander an.
Dein Blick muss, um den Dachgiebeln zu folgen,
einen ständigen Zickzackkurs laufen, auf und ab, auf und ab.
Wie lange brauchst du, um die Namen an den Türen zu erkennen,
die Namen direkt neben den Schokoladentüren?
Du läufst vorbei an Namen, die dir vertraut sind,
vielleicht Namen von Jugendfreunden, von Nachbarn, von Kollegen.
Welche Namen siehst du vor dir?
Sind auch welche darunter, an die du lange nicht mehr gedacht hast?
Und auf einmal liegt vor dir ein Haus,
bei dem dein eigener Name in Zuckerguss über der Tür steht.
Wie gefällt dir dieser Schriftzug deines Namens?
Was hat dieses Haus wohl mit dir zu tun?
Du drückst die Klinke der Schokoladentür,
sie fühlt sich ganz cremig an und warm.
Deine Finger sind nun etwas dunkel geworden,
du schleckst mit der Zunge einen Schokoladenrest ab

und genießt es, wie sich die Creme im Mund ausbreitet.
Dann siehst du dich um im Flur des Hauses.
An der Decke hängen glitzernde Sternenstrahler.
Ihr Licht träufelt in deine Augen und kribbelt durch deinen Körper,
ein angenehmes, ein beruhigendes Gefühl,
als würde das Leuchten auf dich überspringen.
Wie fühlt es sich an, voller Sternenlicht zu sein?
Wenn du zum Lift des Hauses gehst, dann siehst du,
dass dort so viele Stockwerke angegeben sind,
wie dein Leben im Moment Jahre hat – dein Alter.
Nur heißen die Stockwerke nicht Stockwerke,
sondern in Zuckerguss steht an der Wand:
»Erstes Lebensjahr, zweites Lebensjahr, drittes Lebensjahr«, und so weiter.
Das oberste Stockwerk ist dein jetziges Alter.
Du begreifst: Jeder Stock ist eine Etage deines Lebens,
du kannst dich von dem Lift in die Vergangenheit tragen lassen.
Such dir einen schönen Moment deines Lebens aus
und nutz die Chance, ihn noch einmal zu erleben.
Welchen Knopf, welches Stockwerk musst du dazu drücken?
Du steigst in den Lift, er fährt ruckend an,
du spürst den sanften Druck unter deinen Füßen
und du schaust auf die Anzeige der Lebens-Stockwerke,
die wie in hellem Sternenlicht aufleuchtet.
Kannst du sehen, dass *dein* Stockwerk immer näher kommt?
Jetzt, endlich, hast du die richtige Höhe erreicht.
Vorsichtig steigst du aus dem Lift und schaust dich um.
Da siehst du Menschen und Gegenstände, die dir sehr vertraut sind,
Menschen und Gegenstände, die in dieses Jahr deines Lebens gehören.
Schau genau hin, die Menschen sehen aus wie damals,
du kannst ihre Gesichter und ihre Kleidung sofort erkennen.
Welche Gegenstände siehst du, was gehört in diese Zeit?
Und auf einmal hörst du, dass im Hintergrund Musik spielt,
deine Lieblingsmusik aus diesem Jahr deines Lebens.
Warum ist dir der Klang dieser Musik noch so vertraut?
Warum reizt es dich, die Melodie mitsummen?
Was geschieht mit dir, während du diese Musik hörst?
Du gehst tiefer in den Raum hinein, vorbei an einem Spiegel,
und dort siehst du fasziniert dich selbst: Du siehst aus wie damals,
du trägst die damalige Kleidung, du bist der damalige Mensch.
Und jetzt siehst du vor dir alles, was zu der schönen Situation gehört,
die du dir vorgestellt hast. Es ist, wie es damals war.
Lass dein Glückserlebnis noch einmal ablaufen,
als wärst du Kinoregisseur und Schauspieler zugleich.

Was geschieht mit dir? Wie fühlt es sich an?
Welche kleinen Details nimmst du in der Situation wahr?
Und warum fällt es dir so leicht, Erlebtes noch einmal zu erleben?
Genieß alles, was passiert in dieser Märchenwelt.
Allmählich spürst du, dass deine Zeit hier abgelaufen ist.
Spazier zurück zum Fahrstuhl und überleg dir,
welches Stockwerk du beim nächsten Mal bereisen willst.
Du steigst ein, der Fahrstuhl ruckt,
und langsam sinkt der Boden unter deinen Füßen weg,
ein angenehmes Kribbeln läuft durch deinen Bauch,
und das Erdgeschoss nähert sich wieder.

↘ Rückreise

> **Reisetipp:** Diese Übung bringt oft heilige und intime Momente hervor. Jeder hat das Recht, sein Erlebnis für sich zu behalten. Und treffen Sie mit der Gruppe die Vereinbarung, dass alles, was besprochen wird, im Raum bleibt.

Wichtige Reisefragen
→ Welche Namen haben Sie an den Häusern gelesen? Warum gerade diese?
→ Wie sah Ihr Lebenshaus von außen aus, welches waren die Besonderheiten?
→ Wie hat es sich angefühlt, in die Vergangenheit zu reisen?
→ Warum haben Sie sich gerade für diese Etage entschieden? Welche anderen standen zur Auswahl?
→ Welche Menschen sind Ihnen auf der Etage des Lebensjahres begegnet?
→ Welche Gegenstände haben Sie dort entdeckt?
→ Mögen Sie über Ihr Erlebnis sprechen?
→ Welches Gefühl, das Sie dort erlebt haben, möchten Sie öfter empfinden?

These zur Diskussion Niemand kann seine Vergangenheit »abschließen« wie die Tür eines Tresors: Frühere Erlebnisse prägen heutiges Verhalten.
Idee für Gruppenarbeit Lassen Sie die Teilnehmer in Zweiergruppen besprechen, welches die schönen Erlebnisse der künftigen »Stockwerke« ihres Lebens sein könnten. Was können sie dazu beitragen, dass diese Erlebnisse wahr werden?
Idee für die Arbeit mit Einzelklienten Konzentrieren Sie die Reise auf einen Lebensbereich, der mit dem Thema der Beratung zu tun hat, zum Beispiel auf schöne Arbeitserlebnisse. Erklären Sie Ihren Klienten zum Innenarchitekten und lassen Sie ihn die Räume seiner Zukunft mit viel Fantasie gestalten.
Ideen für Jugendarbeit Lassen Sie die Kinder oder Jugendlichen das Haus ihres Lebens malen. Wie sieht es aus? Wie unterscheidet es sich von anderen Häusern? Und die Häuser welcher Menschen, befinden sich in der Nachbarschaft? So lässt sich eine »ideale Stadt« entwerfen, die Beziehungen und Wunschbeziehungen spiegelt.

8. Die vierfache Bergwiese

Reisethemen Veränderung, persönliches Wachstum, Symbole.
Reiseziel Die Reisenden machen sich Gedanken, was Veränderung für sie bedeutet und an welchen Symbolen sie sich bemerken lässt.

↗ Reisestart

Mal dir aus, es ist März, und du stehst auf einer Bergwiese,
und dort liegen noch kleine Inseln aus Schnee,
die der Winter wie ein Gast, der hektisch abreisen musste,
zurückgelassen hat auf dieser zauberhaften Alm.
Die Sonne kitzelt deine Nasenspitze und müht sich redlich,
den Schnee mit ihrer wachsenden Wärme zu schmelzen.
Es tropft und taut. Ein Singvogel trällert in den Morgen,
und ein winziger, niedlicher Käfer krabbelt an dir hoch.
Als du nach unten schaust, siehst du erfreut,
dass du keine Beine hast, sondern einen saftig grünen Stiel,
den Stiel einer Wiesenblume.
Du bist eine Frühlingsblume, die aus der Erde lugt
unter diesem freien, frischen Himmel.
Welche Blume genau möchtest du sein?
Ein leichter Wind bläst über den Berg,
er wiegt dich hin und her, hin und her.
Doch die Erde, deine Mutter, hält dich mit sicherer Hand,
dir kann nichts passieren, deine Wurzeln verbinden dich
mit dieser Wiese, diesem Berg, dieser ganzen Welt.
Genieß dieses Gefühl, dass du zwar klein bist,
doch Teil eines großen Ganzen.
Spür deinen Körper einmal von oben bis unten:
Deinen Stiel, den die weiche Erde umfasst.
Dein Gesicht, das eine duftende Blüte ist.
Deine Ohren, die ausgestreckte Blütenblätter sind;
du fängst den Gesang der Vögel damit ein.
Wie ist es, eine Frühlingsblume auf einer Bergwiese zu sein?
Stell dir vor, es ist Juli, und du schwingst dich
mit bunten Schmetterlingsflügeln über deine Bergwiese.
Das Gras und die Blumen stehen jetzt so hoch,
dass sie dir den Schmetterlingsbauch kitzeln, wenn du etwas flacher fliegst.
Eine dicke Biene brummt neben dir durch die Sommerluft,
und der Wind trägt das Glockenspiel einer Kuhherde zu dir herüber.
Atme den Duft der Wiese ein – Pollen, Kräuter, Gräser –
und spüre die Wärme der tausend Blüten,

die wie kleine Sonnen aus dem Feld scheinen
und dir den Schmetterlingsbauch so angenehm wärmen.
Lass dich auf eine Blüte sinken und ruh dich aus
Wie fühlt sich der Sommer jetzt in deinem Bauch an?
Wie ist es, ein federleichter Schmetterling zu sein?
Stell dir vor, es ist jetzt Oktober,
und du bist ein buntes, lustiges Blatt,
das sich am Ast eines Baumes festhält wie an der Stange eines Recks.
Du spannst die Muskeln an, um dich dort zu halten.
Dein Arm, der Stiel des Blattes, wird schwerer und schwerer.
Spürst du diese Schwere? Diese Last des Festhaltens?
Und dann flüstert dir die Stimme des Windes zu,
dass du loslassen darfst, endlich loslassen.
Du wirst leicht und taumelst im Zickzack nach unten.
Doch kurz bevor du den Boden erreichst,
fängt dich der frische Atem des Windes ab
und pustet dich über deine Bergwiese hinweg.
Die Wiese fühlt sich weich an, wie ein Moosbett,
sie liegt jetzt gelb und kahl unterm Himmel.
Konzentrier dich darauf, wie es ist,
im frischen Wind deine Purzelbäume zu drehen,
über diese weiche, moosige Wiese hinweg.
Wie fühlst du dich als Blatt im Herbst?
Stell dir vor, es ist jetzt Dezember,
und du ragst aus deiner tief verschneiten Bergwiese,
mit der dich ein mächtiger Sockel aus Schnee verbindet.
Deine Augen sind Knöpfe, deine Nase ist eine Möhre,
und die Kinder des Bergdorfs haben dir, dem Schneemann,
einen alten Besen in die Hand gedrückt, auf ihn stützt du dich
und gibst dein ganzes Gewicht an die Erde ab.
Wie fühlt es sich an, dass der Boden dich sicher trägt?
Ein Schneesturm braust dir um die Ohren,
und jede Flocke, die sich auf dich setzt,
macht dich größer und lässt dich wachsen.
Der Himmel gibt auf dich acht,
er setzt dir ein flaumiges Schneefell auf.
Du hörst die kreischenden Stimmen von Kindern,
sie rodeln mit ihren Schlitten die Hänge hinab.
Du stehst gern auf dieser Wiese, du bist der König dieses Winters.
Wie fühlt es sich an, ein Schneemann zu sein,
mit jeder Flocke zu wachsen und fest auf dem Boden zu stehen?

↘ Rückreise

Reisetipp: Beginnen Sie die Reise nicht immer mit dem Frühjahr, sondern mit der aktuellen Jahreszeit. Dann fällt den Teilnehmern das Eintauchen ins Land der Fantasie noch leichter.

Wichtige Reisefragen

→ Wie haben Sie sich in den einzelnen Gestalten gefühlt?

→ Worin genau bestanden die Unterschiede?

→ Welche Gestalt entsprach Ihnen am ehesten?

→ Welche Bedeutung hatte das Verbundensein oder das Loslassen für Sie?

→ Wie haben Sie die Übergänge der Jahreszeiten empfunden?

→ Wie kann es sein, dass ein einziger Gegenstand eine ganze Jahreszeit symbolisiert?

→ Welche Symbole für welche Zustände gibt es in Ihrem Leben?

→ Welche Parallelen zu Gestalten und Rollen, die Sie im Alltag einnehmen, könnte es geben?

→ Welches sind die Jahreszeiten Ihres Lebens? Gibt es Symbole dafür?

These zur Diskussion Missliche Umstände gibt es selten, missliche Einstellungen oft. Ob wir eine Zitrone als sauer empfinden oder Limonade daraus machen, das liegt immer an uns.

Idee für Gruppenarbeit Bieten Sie, zum Beispiel in Vierergruppen, eine Statuenübung an: Jeder darf sich eine Jahreszeit aussuchen und für ein paar Minuten seine Rolle als Blume, Schmetterling, Herbstblatt oder Schneemann spielen. Wie fühlt sich das an für ihn? Was fällt den anderen auf? Und was hat es mit ihm, mit seiner Persönlichkeit zu tun, dass er sich gerade diese Rolle ausgesucht hat?

Idee für die Arbeit mit Einzelklienten Besprechen Sie bei der Biografiearbeit, welche Abschnitte seines Lebens der Klient als welche Jahreszeit sieht. Was schätzt er an den schon abgeschlossenen Abschnitten? Welche Schwierigkeiten hat er überwunden, welche Qualitäten nimmt er in die Zukunft mit? Und welche Möglichkeiten hat er, die noch kommenden Jahreszeiten zu gestalten?

Ideen für Jugendarbeit Bringen Sie große Fotos von Schneeglöckchen, Schmetterlingen, Herbstblättern und Schneemännern mit und verteilen Sie diese Fotos im Raum. Lassen Sie die Gruppe im Kreis laufen und auf Kommando Position beziehen: Wer fühlt sich wohin gezogen? Dann unterhalten sich die Teilnehmer, von Jahreszeit-Insel zu Jahreszeit-Insel, darüber, warum sie gerade diese Position und dieses Symbol gewählt haben.

9. Artist im Zirkuszelt

Reisethemen Auftritt vor Publikum, Mut, persönliche Talente.
Reiseziel Die Teilnehmer springen über ihren Schatten, aktivieren ihren Mut und nehmen aus dem Auftritt vor einer Menschenmenge eine positive Erfahrung für den Alltag mit.

↗ Reisestart

Stell dir vor, du stehst in der Mitte eines Zirkuszeltes,
und du staunst, wie hoch dieses Zelt doch ist:
Du musst deinen Kopf in den Nacken legen,
um ganz hinauf bis an das Dach zu sehen.
Hörst du, wie es aus den Rängen wispert und raunt?
Ein Trommelwirbel lässt die Luft erzittern.
Du stehst im Lichtkegel des Scheinwerfers,
er ist wie eine kleine, wunderbare Sonne,
seine Strahlen wärmen deine Haut
und füllen deinen ganzen Körper mit Glücksgefühl.
Dreh dich in dieses Licht wie eine Sonnenblume,
die ihre Blüten öffnet und jeden Strahl in sich aufsaugt.
Der Zirkusdirektor, ein Mann mit buntem Hut,
reitet auf einem Elefanten in die Arena,
und mit stolzer Stimme ruft er in ein Megafon:
»Und hier, meine Damen und Herren: unsere Sensation!«
Er verbeugt sich tief in deine Richtung,
und ein ehrfürchtiger Applaus läuft durchs Zirkuszelt.
Hast du eine Ahnung, welches Kunststück du vorführen wirst?
Worin bist du so richtig gut?
Ein dickes Hanfseil schwebt von der Decke herab,
du greifst es mit sicheren Händen.
Halt dich an diesem rauen Seil gut fest,
jetzt wird es ganz langsam nach oben gezogen.
Du merkst, wie deine Füße abheben,
als würdest du all dein Gewicht an den Boden abgeben,
so wie vorher der Elefant bei seinen schweren Schritten.
Wie fühlt es sich an, einfach abzuheben?
Wie fühlt es sich an, dass dir die Scheinwerfersonne nach oben folgt?
Du kommst bei einem langen Drahtseil an,
das unterm Dach durch das Zirkuszelt gespannt ist
und von einer Zeltwand hinüber zur anderen führt
wie über eine Schlucht hinweg.
Vor dem Seil ist ein festes Brett montiert,

du steigst auf dieses Brett und ziehst deine Schuhe aus
und greifst eine lange, weiße Stange.
Was wirst du mit dieser Stange tun?
Tastend setzt du deinen Fuß auf das Seil.
Spür seine Kühle und sein leichtes Zittern.
Es ist so still im Zelt, dass du deinen Atem hören kannst.
Die Luft fließt in deinen Körper und entweicht ihm,
fließt in deinen Körper und entweicht ihm.
Und so zuverlässig, wie dein Atem geht,
gehst du jetzt auf dem Seil.
Du hältst die lange Stange vor deiner Brust,
um deinen Gang mit ihr auszubalancieren.
Du neigst sie nach links, wenn es dich nach rechts zieht,
und nach rechts, wenn es dich nach links zieht.
Spür einmal ganz genau, wie diese Stange wirkt:
Sie hält dich im Gleichgewicht.
Du schaust nicht nach hinten, denn das ist vorbei.
Du schaust nicht nach unten, denn das ist zu tief.
Du schaust nicht nach vorne, denn das ist zu fern.
Du achtest nur auf deinen nächsten Schritt, denn dieser Schritt zählt.
Spür, wie deine Füße mit jedem Schritt leichter werden,
wie sie mit vollkommener Sicherheit die Mitte des Seils treffen.
Achte genau darauf, wo das Seil unter deinen Fußsohlen verläuft.
Du kommst dir vor wie ein Vogel auf einer Überlandleitung,
du bist ein König der Lüfte, kannst nicht fallen.
Woher kannst du so gut die Balance halten?
In welchen Situationen deines Lebens hast du es schon probiert?
Mit welcher Balancierstange, mit welchen Methoden
hältst du im Alltag ein gesundes Gleichgewicht zwischen Arbeit und Freizeit?
Und was reizt dich außerhalb der Zirkusarena am Scheinwerferlicht,
am Auftritt, am Glänzen vor anderen Menschen?
Wann hast du zuletzt die Bewunderung anderer genossen?
Geh den letzten großen Schritt vom Seil zum sicheren Ufer.
Nun hast du die Schlucht des Zeltes überquert.
Du verbeugst dich vor deinem Publikum,
umfasst wieder dein Seil und schwebst in die Arena hinab.

↘ Rückreise

Reisetipp: Sprechen Sie das Thema vor der Reise kurz an: Wer war schon einmal im Zirkus? Wann zuletzt? Wie riecht es dort eigentlich? Welche Geräusche hört man? Solche Details stimmen die Gruppe auf das Thema ein und können von Ihnen im Reisetext aufgegriffen werden.

Wichtige Reisefragen

→ Wie hat es sich angefühlt, im Scheinwerferlicht zu stehen?

→ Worin bestehen diese Scheinwerfer in Ihrem Alltag? Inwiefern unterscheidet sich Ihr Empfinden dann von dem in der Fantasiereise?

→ An welche Ihrer Stärken, an welche Art der Aufführung haben Sie gedacht, ehe das Seil zu Ihnen herabgelassen wurde?

→ Wie ging es Ihnen, als Sie vor dem Hochseil standen?

→ Wie haben sich die ersten Schritte angefühlt?

→ Welche Bedeutung hatte es, sich ganz auf den nächsten Schritt zu konzentrieren?

→ Über welche Seile gehen Sie sonst in Ihrem Leben? Wie fühlen sich diese Schritte an?

→ Welche Bedeutung hatte die Stange, mit der Sie sich ausbalanciert haben?

→ Was brauchen Sie im Alltag, um Ihr Leben in der Balance zu halten?

These zur Diskussion Im Leben ist es wie im Zirkus: Nur wer ins Rampenlicht tritt, ist sichtbar. Nur wer etwas riskiert, kann etwas gewinnen.

Idee für Gruppenarbeit Bilden Sie Zweiergruppen. Die Teilnehmer spielen abwechselnd zwei Rollen: die des Zirkusdirektors und die des Seiltänzers, der einen Job im Zirkus will und sich vorstellt. Mit welchen Argumenten wirbt der Seiltänzer für sich? Welche Eigenschaften sagt er sich als Zirkuskünstler nach? Später wird diskutiert, ob es nicht doch reale Qualitäten sind, die in diesem fiktiven Spiel ans Licht kommen. Wie erklärt sich das?

Idee für die Arbeit mit Einzelklienten Wenn es um Work-Life-Balance geht, können Sie den Klienten seine persönlichen Balancierstangen maßstabsgetreu auf ein Blatt zeichnen lassen – zum Beispiel sein Hobby, seine Freunde, seine Familie. Jede Stange wird zweimal gezeichnet: erst mit schwarzem Stift in der jetzigen Länge (in Relation zu den anderen Stangen); dann mit grünem Stift in der gewünschten Länge. Was kann der Klient tun, um die Kluft zwischen Ist und Soll im Leben zu schließen und seine Lebensbalance zu verbessern?

Idee für Jugendarbeit Lassen Sie die Gruppe einen imaginären Zirkus gründen. Wer würde welche Rolle einnehmen? Wer wäre Direktor, wer Feuerspucker, wer Löwenbändiger? Danach reflektiert die Gruppe, was diese Wahl über die Rollen im Alltag und die Persönlichkeiten aussagt.

10. Die Siebenmeilenstiefel

Reisethemen Entspannen, loslassen, sich auf wahre Wünsche einlassen.
Reiseziel Die Teilnehmer sollen einen freien Kopf bekommen, sich entspannen und
Belastendes loslassen.

↗ Reisestart

Mal dir aus, du hast dir neue Schuhe gekauft,
es sind die bequemsten Schuhe, die du je hattest.
Stell sie dir einmal genau vor, diese neuen Schuhe.
Wie sehen sie aus? Wonach riechen sie?
Nimm sie in die Hand und taste sie ab.
Dann schlüpf mit deinen Füßen hinein
und spür, dass sie weich wie Wolken sind
und so leicht wie Federn.
Geh mit deinen Schuhen ein paar Schritte
und achte genau darauf, wie leicht du dich bewegst.
Es ist, als würdest du gar nicht selbst gehen,
sondern von deinen Schuhen getragen.
Es ist, als hättest du Sprungfedern unter den Schuhsohlen,
die anstelle deiner Muskeln arbeiten.
Lauf mit diesem federnden Schritt eine vertraute Straße hinab,
eine Straße, in der du schon als Kind gespielt hast,
eine Straße, von der du genau weißt, wohin sie dich führen wird.
Was ist das für ein Gefühl, dass du vollkommen schwerelos bist,
dass die fleißigen Schuhe dein Gewicht immer weitertragen?
Genieß dieses Getragensein, diese Leichtigkeit.
Nun lauf schneller und schneller, bis der Staub wirbelt
und du so rasch über den Asphalt fegst,
dass du einen 100-Meter-Lauf gewinnen könntest.
Das Laufen strengt dich nicht an, im Gegenteil:
Je schneller du wirst, desto federnder,
desto leichter, desto unbeschwerter kommst du vorwärts.
Stell dir vor, dass du schneller, immer schneller wirst,
und auf einmal treten deine Füße ins Leere.
Du hast einen Sprung, einen mächtigen Sprung gemacht,
und nun saust du durch die Luft
und spürst den Flugwind in deinem Haar
und fühlst dich leichter, immer leichter.
Deine Schuhe sind Siebenmeilenstiefel,
du fliegst mit ihnen über die Häuser hinweg
und siehst Spielzeugmenschen auf der Erde.

Je höher du fliegst, desto kleiner werden sie.
Und das warme Sonnenlicht küsst dein Gesicht
und wünscht dir einen guten Flug.
Koste dieses Schweben, diese Leichtigkeit aus,
dieses Losgelöstsein von der Erde.
Du hast alles, was dich beschwert, dort unten gelassen.
Deine Bedenken, deine Probleme, deine Sorgen
werden so klein wie die Spielzeughäuser,
ja noch kleiner, sie lösen sich auf, sie kümmern dich nicht mehr.
Du bist ein freier Mensch, ein fliegender Mensch,
ein vollkommen unbeschwerter.
Und du weißt genau, dass du nach sieben Meilen
mit deinen wunderbaren Schuhen den Boden nur kurz berühren musst,
nur eine Sekunde zwischenlanden, um weiter, noch viel weiter zu fliegen.
Lande erst dann wieder, wenn dir danach ist.

↘ Rückreise

Reisetipp: Lassen Sie die Teilnehmer ihre Schuhe vor der Übung ausziehen. Dann fällt die Vorstellung noch leichter, in neue, vollkommen bequeme Schuhe zu schlüpfen.

Wichtige Reisefragen

→ Welche Straße haben Sie sich vorgestellt? Warum gerade diese?
→ Was war es für ein Gefühl, in den neuen Schuhen zu gehen?
→ Was hat sich in dem Moment verändert, als Sie abgehoben haben?
→ Was war am Fliegen für Sie das Schönste?
→ Welche Beschwernisse haben Sie zurückgelassen?
→ Gibt es in Ihrem Leben »Siebenmeilenstiefel« – also Gedanken oder Dinge, Menschen oder Tätigkeiten, die Sie leichter und unbeschwerter machen?
→ Wenn Sie Ihr eigener Schuster wären – durch welches Verhalten, durch welche Maßnahmen könnten Sie noch mehr Paare von diesen Stiefeln herstellen?

These zur Diskussion (provokant): Das Leben ist nun einmal kein Seilhüpfen. Wer Verantwortung trägt, sollte nicht nach Unbeschwertheit streben – sondern danach, seiner Verantwortung gerecht zu werden.

Idee für Gruppenarbeit Lassen Sie jeden Teilnehmer auf einen Zettel schreiben, was ihn in seinem Leben belastet. Dann zerknüllen die Teilnehmer ihre Zettel, nehmen sie in die Hand und stellen sich im Kreis auf. Suggerieren Sie den Teilnehmern zwei, drei Minuten lang, bei dem Zettel handele es sich um einen schweren Stein. Und dann, in derselben Sekunde, geben Sie ihnen die Erlaubnis, diesen Stein fallen zu lassen und leichter zu werden. Ein Erlebnis, das nicht nur die Gruppe verbindet, sondern auch symbolischen Charakter hat.

Idee für die Arbeit mit Einzelklienten Lassen Sie Ihren Klienten auf einer Seite eines A3-Papiers große Steinbrocken malen, die er jeweils mit einem Beschwernis seines Lebens beschriftet. Und dann entwickeln Sie mit ihm einen jeweils passenden Siebenmeilenstiefel als Gegengift, den er dem Problem gegenüber aufmalt. Beispiel: Ein Manager fühlt sich von seiner Arbeit vollkommen gestresst (der Stein). Der Siebenmeilenstiefel könnte sein: Jeden Abend joggen. Besprechen Sie, was er durch welche Handlungen umsetzen möchte.

Idee für Jugendarbeit Eine Variante der Idee zur Gruppenarbeit: Gehen Sie mit den Jugendlichen raus und lassen Sie sie ihre »Sorgenzettel« an einer sicheren Feuerstelle verbrennen, sodass die Beschwernisse mit dem Rauch symbolisch aufsteigen. Solche Abenteuerelemente stärken die Wirkung der Übung und prägen sich bei jungen Menschen lange ein. Auch eine interessante Erfahrung bei Nacht am Lagerfeuer.

11. Das Buch des Glücks

Reisethemen Wünsche, Visionen, Macht der Gedanken.
Reiseziel Die Teilnehmer werden angeregt, über ihre tiefsten Wünsche nachzudenken – und darüber, was sie selbst tun können, um sich ein Stück Erfüllung zu schenken.

↗ Reisestart

Lass deine Gedanken jetzt ganz weit aufsteigen.
Lass sie wandern in ein Haus, ein uraltes Haus.
Die Räume sind groß und geheimnisvoll
und gerade hell genug, dass du keine Kerze brauchst.
Schaffst du es, dich vollkommen in dieses Haus zu versetzen?
So gut, dass du die Dielenbretter knacken hörst,
während du dort langsam läufst?
So gut, dass du den Staub wie einen Mückenschwarm wirbeln siehst,
wenn vor dir ein Streifen Tageslicht in den Raum fällt?
Du spürst, dass es ein ganz besonderes Haus ist.
In der Mitte des Raums steht ein uralter Schreibtisch.
Lauf hin zu diesem Schreibtisch.
Puste den Staub beiseite, damit du den Tisch besser siehst.
Schau dir seine Platte ganz aus der Nähe an.
Siehst du diese eingeschnitzte Spalte in der Tischfläche?
Was, glaubst du, könnte in diesem Geheimfach versteckt sein?
Greif dir einen spitzen Gegenstand vom Schreibtisch,
steck ihn in diese Ritze und stemm dein Gewicht dagegen.
Nun springt das Geheimfach knarrend auf.
Ein riesiges, uraltes Buch kommt zum Vorschein.
Es ist das größte Buch, das du je gesehen hast.
Fass den Einband vorsichtig an
und spür, wie sich das staubige Buch anfühlt.
Nun heb das Buch heraus und schau es an.
Wisch den Staub vom Einband, damit du den Titel lesen kannst.
Dort steht: »GLÜCK – das Buch aller Bücher.«
Schlag doch mal das erste Kapitel auf,
ganz vorsichtig, damit du das alte Papier nicht beschädigst.
Die Überschrift lautet: »Das Glück der Freundschaft«.
Du blätterst weiter, doch die Seiten des Kapitels sind leer.
Es ist ein ganz besonderes Buch,
ein Buch, das du mit deinen eigenen Gedanken füllen musst.
Denk ganz fest an Freundschaft, denk ganz fest an Freunde.
Was bedeutet das »Glück der Freundschaft« für dich?
Wenn du das Kapitel schreiben müsstest, welche deiner Freunde kämen vor?

Was genau würdet ihr unternehmen?

Und woran könnte man sehen, dass ihr glücklich seid?

Blättere jetzt in das nächste Kapitel.

Die Überschrift lautet: »Das Glück der Schulzeit«.

Die Seiten sind wieder leer.

Versetz dich in dein (altes) Klassenzimmer.

An welchen Tagen ging es dir in der Schule so richtig gut?

Woran lag das, an welchen Erlebnissen, an welchen Menschen?

Nehmen wir an, du wolltest deinen glücklichsten Schultag aufschreiben –
fallen dir ein paar Sätze ein, die passen würden?

Nun blätterst du das dritte Kapitel auf.

Die Überschrift lautet: »Das Glück der Arbeit«.

Denk an Aufgaben, die dich so richtig reizen.

Bei welchen Arbeiten vergisst du alles um dich herum?

Wie muss eine Aufgabe aussehen, damit du aufblühst?

Und haben diese Tätigkeiten eine Gemeinsamkeit?

Was genau unterscheidet dich in solchen Momenten von jemandem,
der dieselben Arbeiten langweilig findet oder hasst?

Über dem vierten Kapitel steht: »Das Glück des Hobbys«.

Sofort steigen Erinnerungen an deine Hobbys auf.

Welches sind die schönsten Augenblicke deiner Freizeit?

Stellt dir vor, man hätte dich in einem solchen Moment gefilmt:

Was genau würde der Betrachter sehen?

Woran könnte er bemerken, dass du glücklich bist?

Wie verändert sich dein Körpergefühl?

Und was geschieht mit deinem Denken?

Über dem fünften Kapitel steht: »Das Glück des Unglücks«.

Diesmal stutzt du. Und blätterst weiter.

Auf der nächsten Seite steht ein kurzer Dialog.

Armer Ritter: »Verdammt, ich bin durch die Hölle gegangen!«

Himmlischer Engel: »Das ist gut so – nur deshalb kamst du hier an!«

Hast du eine Ahnung, was dir dieser Dialog sagen will?

Kann es sein, dass alles im Leben zu etwas gut ist,
auch die Niederlagen, die Krankheiten, der Schmerz?

Denk einmal an einen Umstand in deinem Leben,
der dich stört und unter dem du leidest.

Kann es sein, dass du genau an dieser Situation wächst?

Steckt also in deinem Unglück tatsächlich auch ein Glück?

Das Tageslicht wird immer schwächer.

Die Sonnenstreifen, in denen der Staub wirbelte, sind verblasst.

Langsam wird es Zeit, dieses uralte Haus wieder zu verlassen.

↘ Rückreise

Reisetipp: Je nach Thema und Gruppe können Sie die Kapitel präzisieren. Nehmen wir »Glück«, hier bieten sich zum Beispiel an: »Das Glück, ein Vorbild zu haben«, »Das Glück des Lernens«, »Das Glück des Helfens«, »Das Glück des Jungseins«, »Das Glück, Menschen zu führen«, »Das Glück, über sich selbst lachen zu können«, »Das Glück der Unabhängigkeit«, »Das Glück der Familie«, »Das Glück der Liebe« und so weiter.

Wichtige Reisefragen

→ Was für ein Gefühl war das, ein Buch selbst zu füllen?

→ An welche Situationen und Menschen haben Sie gedacht?

→ Was genau tun Sie im realen Leben, um das Glück anzulocken?

→ Gibt es da eine Verbindung in allen Lebensbereichen?

→ Was genau verändert sich, wenn Sie vollkommen glücklich sind?

→ Wie würdigen und bewahren Sie solche Momente?

→ Welches Glück halten Sie noch für ausbaufähig?

→ Auf einer Skala von eins (für wenig Glück) bis zehn (für viel Glück) – wo sehen Sie sich? Und was genau müssten Sie tun, um eine Zahl weiter nach oben zu rutschen?

Zitat zur Diskussion »Es ist nicht schwer, Menschen zu finden, die mit 60 Jahren zehnmal so reich sind, wie sie es mit 20 waren. Aber nicht einer von ihnen behauptet, er sei zehnmal so glücklich.« *George Bernard Shaw* (irischer Dramatiker)

Idee für Gruppenarbeit Bilden Sie Gruppen mit vier bis sechs Teilnehmern. Jeder Teilnehmer darf eine »Glücksquelle« eröffnen. Er schreibt dazu ein Erkennungswort auf eine Bodenpappe und darf eine Minute lang wie ein Hyde-Park-Speaker für seine Glücksquelle werben, zum Beispiel: »LÄUFERGLÜCK: Es gibt nichts Schöneres, als frühmorgens durch den Stadtwald zu joggen, denn …« Das Spiel besteht darin, dass sich die Teilnehmer am Ende auf Kommando für jene Quelle entscheiden müssen, die sie (außer ihrer eigenen) am meisten reizt. Wer wählt welche Quelle? Mit welchem Gefühl steht er dort? Könnte in dieser Wahl eine Anregung für sein Leben enthalten sein?

Idee für die Arbeit mit Einzelklienten Sprechen Sie mit Ihrem Klienten über die Ergebnisse der Glücksforschung. Arbeitsglück wird vor allem dann empfunden, wenn Herausforderungen in einem gesunden Verhältnis zu den Fähigkeiten stehen. Mangelndes Glücksempfinden deutet auf Unter- oder Überforderung hin. Was kann der Klient dazu beitragen, seine Fähigkeiten der Aufgabe oder seine Aufgabe den Fähigkeiten anzupassen? Zum Beispiel fehlt es unglücklichen Führungskräften oft nur am nötigen Führungswissen. Sie sind überfordert – ohne sich dessen bewusst zu sein.

Idee für Jugendarbeit Verteilen Sie Glückskekse, lassen Sie die Packungen aufreißen und sprechen Sie dann über die Sprüche. Wer glaubt, dass an seinem Spruch was dran ist? Wer eher nicht? Woher weiß man eigentlich, was für einen selbst das Richtige ist – obwohl man so vieles noch gar nicht probiert hat? Eröffnen Sie einen kleinen Basar, auf dem die Zettelchen getauscht werden können.

12. Das Adlernest

Reisethemen Alleinsein, Gemeinschaft, Intuition.
Reiseziel Die Teilnehmer sollen nachdenken über den Kontrast zwischen Alleinsein und Gemeinschaft, über sich selbst als soziale Wesen.

↗ Reisestart

Stell dir vor, es zieht deine Gedanken an einen fernen Ort.
Es ist der fernste Ort des ganzen Universums.
Deine Gedanken werden von Sekunde zu Sekunde dichter,
so wie Wassermassen, die aufeinanderprallen
und plötzlich zu wirbeln beginnen,
ein Strudel in deinem Kopf, der sich im Kreis dreht
und dich mitreißt, an diesen fernen, fernen Ort.
Gib dich diesem Strudel mit allen Sinnen hin.
Lass die Härchen deiner Haut sich aufrichten,
als wären es winzige Finger, die dieses ferne Land ertasten können.
Lass deine Ohrmuscheln sich öffnen, als wären es riesige Eingangstore,
durch die alle möglichen Klänge direkt in deinen Kopf laufen.
Was genau spürst du auf deiner Haut?
Was genau hörst du mit deinen Ohren?
Das alles sind nur Reisegeräusche,
denn dieses ferne Land, wo du jetzt ankommst, ist vollkommen still.
Lass dich in ein Moosbett zwischen zwei Felsen sinken,
und atme den würzigen Geruch der Erde ein.
Dieser Ort gleicht einem stolzen Adlernest,
seine dünne, wunderbar frische Luft
fließt dir wie von alleine in die Lungen.
Atme diese Luft ein, atme diesen Ort ein,
lass dich ganz fallen ins weiche Moos zwischen den Felsen.
Du bist Lichtjahre von deinem anderen Leben entfernt.
Konzentrier dich ganz auf die Stille dieses Ortes.
Diese Stille ist so still, dass sie schon wieder spricht.
Kennst du das, eine sprechende Stille?
Warum muss man eigentlich, um die Stille zu hören,
seine Ohren erst öffnen?
Warum musst du, um Nähe zu erfahren,
die Ferne erst kennen?
Schau dir die Felsen einmal an: Es sind zwei.
Schau dir die Mooshalme einmal an: Es sind Tausende.
Nur du, du bist der einzige Mensch in diesem Land.
Doch das Wichtigste hast du dabei: dich selbst.

Spür deinen Körper im weichen Moos,
die feinen Halme auf deiner Haut und im Nacken.
Lass deine Gedanken im Kopf aufsteigen,
als wären es bunte Drachen am Himmel.
Wohin reisen deine Gedanken?
Jetzt hörst du das erste Geräusch von außen,
es ist ein Pfeifen, ein Schwingen, ein Vibrieren von Luft.
Es kommt von oben, aus dem Himmel, kommt näher und näher.
Kneif deine Augen zusammen und schau hinauf.
Kannst du diesen kleinen, schwarzen Punkt sehen, ganz oben?
Konzentrier dich auf diesen Punkt.
Wann erkennst du, dass er größer wird, immer größer?
Wann erkennst du, dass er näher kommt, immer näher?
Jetzt begreifst du, dass dieser Punkt gar kein Punkt ist.
Er schwingt seine Flügel, es ist ein prächtiger Adler.
Und wenn du ihn genau anschaust, verrät dir sein Gesicht,
wie sehr er sich freut über den Gast in seinem Nest.
Rück ein wenig zur Seite, damit der prächtige Adler
neben dir im weichen Moos landen kann.
Deine Haare flattern im Wind, kurz bevor er landet.
Du staunst, dass dieser riesige Vogel
so sanft wie eine Feder neben dir aufsetzt.
Er legt seinen flaumigen Flügel wie eine wärmende Decke über dich.
Kuschle dich an diesen Flügel. Genieß die Nähe dieses stolzen Vogels.
Dann streckt er dir mit seinem Schnabel einen Umschlag hin.
Wer hat dir wohl einen Brief in dieses ferne Land geschickt?
Wer hat dich zu Hause vermisst?
Und gibt es jemanden, der dir hier draußen gefehlt hat?
Was genau ist anders, wenn du unter Menschen bist,
als wenn du mit dir allein bist?
Du brauchst den Brief nicht zu lesen.
Du kennst seinen Absender, du kennst seinen Inhalt.
Freu dich über diesen Brief mit der Adlerpost!
Denk an den Menschen, der dir geschrieben hat.
Denk an das, was in dem Brief wohl steht.
Und genieß die letzten Minuten im Adlernest.

↘ Rückreise

Reisetipp: Experimentieren Sie an wichtigen Textstellen mit Wort- oder Satzwiederholungen. Zum Beispiel ist im Text die Rede von »einem Strudel, der sich im Kreis dreht«. Hier können Sie »im Kreis dreht« mehrfach wiederholen – genau wie der Strudel seine Drehungen wiederholt. Doppeltes oder dreifaches Sprechen erhöht die suggestive Wirkung von Sätzen.

Wichtige Reisefragen

→ Wie schwer oder leicht ist es Ihnen gefallen, sich auf die Reise ins Unbekannte einzulassen?

→ Reisen Sie lieber mit definiertem Ziel – oder ins Blaue? Wie halten Sie es bei sonstigen Veränderungen?

→ Wie hat es sich angefühlt, der einzige Mensch in einem fernen Land zu sein?

→ Was hat sich verändert, als der Adler hinzukam?

→ In welchen Situationen Ihres Lebens ziehen Sie Gemeinschaft, wann Alleinsein vor? Welche Mischung ist für Sie die richtige?

→ Wussten Sie tatsächlich, von wem der Brief kommt?

→ Wie erklären Sie, dass unsere Intuition oft wacher als der Verstand ist – zum Beispiel, wenn wir schon beim Läuten an der Haustür wissen, wer (eigentlich völlig unerwartet) davorsteht?

Zitat zur Diskussion »Der Mensch hat immer eine Heimat, und wär es nur der Ort, wo er gestern war und heute nicht mehr ist. Entfernung macht Heimat, Verlust Besitz.« *Alexander von Villers* (österreichischer Autor und Diplomat)

Idee für Gruppenarbeit Lassen Sie jeden Teilnehmer eine kleine »Beziehungslandkarte« in Einzelarbeit auf einem Flipchartbogen entwickeln. Das Land in der Mitte des Blattes ist er selbst, dort schreibt er seinen Namen hinein. Nun malt er angrenzende Staaten auf, wieder mit Namen. Wer steht ihm nahe? Wer ist weiter weg? Gibt es gar andere Kontinente, feindliche Mächte? In der Kleingruppe werden diese Landkarten dann vorgestellt und besprochen. Wie sähe die Wunschlandkarte aus?

Idee für die Arbeit mit Einzelklienten Klären Sie mit Ihrem Klienten, welche Menschen in Verbindung mit seiner aktuellen Situation und seinem Ziel stehen. Notieren Sie diese Namen und stellen Sie dann zu jedem zirkuläre Fragen, also: »Wenn Herr Huber, Ihr Geschäftsführer, jetzt im Raum wäre – wie würde er mir Ihre Situation schildern?« Solche Fragen bringen nicht nur wertvolle Informationen für die Beratung, sondern erweitern auch das Gesichtsfeld des Klienten.

Idee für Jugendarbeit Lassen Sie die Teilnehmer in kleinen Gruppen eine Geschichte erfinden. Jeder darf einen Satz auf ein Blatt schreiben, der Nächste schreibt die Story weiter. Das Blatt kreist etwa zehn Minuten lang. Der Text soll unter dem Motto stehen: »Was auf einer einsamen Insel anders wäre als zu Hause.« Die Übung führt nicht nur zu lustigen Ergebnissen, die später verlesen werden, sondern sie macht auch deutlich, wie individuell das Sozialverhalten der einzelnen Charaktere ist.

13. Der springende Stein

Reisethemen Systemische Auswirkungen, Gruppendynamik, Bewegung und Stillstand.

Reiseziel Die Teilnehmer sollen darüber nachdenken, welche Auswirkungen ihr Handeln auf ihre Umwelt hat, zum Beispiel auf andere Menschen.

↗ Reisestart

Denk dir jetzt einen See, einen See am ganz frühen Morgen.
Du stehst am Ufer, deine Fußspitzen berühren fast das Wasser.
Der See dampft wie eine Waschküche.
Der Nebel ist dicht, er verschleiert die anderen Ufer.
Nur den Wasserspiegel vor dir kannst du sehen,
er liegt vollkommen unberührt vor deinen Füßen
wie eine bläuliche Tischdecke.
Du atmest diesen milchigen Nebel in tiefen Zügen ein,
und du atmest ihn aus voller Lunge aus.
Mit jedem Ausatmen pustest du Wölkchen in den Morgen.
Du siehst, wie diese kleinen Wölkchen sich von dir lösen,
wie sie ein Stück hinaus auf den See schweben
und sich über dem Wasser mit dem Nebel vermischen,
bis sie mit dem Dampf des Wassers verschmelzen.
Du atmest den Nebel des Morgens ein,
du atmest den Nebel des Morgens aus.
Du bist ein Teil dieses Morgens.
Ein Stück neben dir, vor einer Schilfkante,
siehst du einen Vogel im Wasser stehen,
einen großen, grauen Vogel auf langen Beinen.
Er steht so unbewegt dort, als hätte ihn ein Bildhauer geformt,
und er lässt seinen spitzen, orangefarbenen Schnabel
wie eine Lanze über dem Wasser schweben.
Wenn du die Tautropfen in seinem Gefieder anschaust,
dann erinnert dich ihr Glitzern an Edelsteine im nebligen Einerlei.
Und irgendwo am Ufer raschelt es im Gras.
Das leise Mäusegeräusch wird von der Stille herauspräpariert
wie ein Glühwürmchen von der Dunkelheit der Nacht.
Vor dir, am sandigen Ufer, siehst du einen hellen Stein liegen,
er leuchtet so intensiv, dass du ihn einfach in die Hand nehmen musst.
Er ist angenehm kühl, so wie dieser ganze Morgen,
und er ist so flach und klein, dass du deine Hand um ihn schließen kannst.
Du spürst diesen flachen, kühlen Stein in deiner Hand,
und du merkst, wie er deine Faust ein wenig schwerer macht.

Und plötzlich überkommt dich der Wunsch,
diesen Stein in das unbewegte Wasser vor dir zu werfen.
Was wird passieren, wenn du ihn hineinwirfst?
Wird er das Wasser nur dort bewegen, wo er es trifft?
Und wer, außer dem Wasser, wird von diesem Stein noch berührt sein?
Hol mit deinem Arm seitlich Schwung,
um den Stein übers Wasser hüpfen zu lassen.
Lass ihn jetzt sausen und zähl mit, wie oft er springt,
wie oft er das Wasser berührt und wieder abhebt,
ehe ihn der See wie ein schwarzer Schlund verschluckt.
Der graue Vogel vor der Schilfkante
schwingt sich mit knarrenden Flügeln in die Höhe.
Das Rascheln der Maus ist noch einmal zu hören,
aufgeregter und lauter als vorher, sie flieht.
Schau den Wellenkreisen deines Steins hinterher,
sie laufen langsam, aber stetig in alle Richtungen,
nach rechts und nach links, nach vorne und nach hinten,
und so bringen sie mehr und mehr Wasser in Bewegung.
Schließlich schlagen einige dieser Wellen
ganz sanft vor deinen Füßen ans Ufer.
Du blickst hinaus auf dichten Nebel,
von dort flattern jetzt zwei Enten herbei.
Sie landen genau dort auf dem Wasser,
wo eben noch ein Wellenkreis war
und jetzt ein Stein am Seeboden liegt.

↘ Rückreise

> **Reisetipp:** Wählen Sie eine Musik, die Wassergeräusche aufgreift oder imitiert. Eine Wasser-stimmung aus ruhigen und schnelleren Abschnitten unterstützt diese Reise.

Wichtige Reisefragen
→ Welche Personen, Tiere oder Gegenstände spielen bei der Reise eine Rolle?
→ Wie war der Morgen am See, ehe Sie den Stein geworfen haben?
→ Was verändert sich durch den Steinwurf?
→ Welche Folgen dieses Wurfes waren erwünscht?
→ An welche anderen Folgen haben Sie weniger gedacht?
→ Gibt es Parallelen im Alltag – Situationen, in denen Ihr Handeln unbeabsichtigte Folgen hat?
→ Wie lassen sich solche Folgen einkalkulieren oder verhindern?

These zur Diskussion (provokant): Wer vor jedem Stein, den er ins Wasser des Lebens wirft, über die Wellenkreise nachdenkt – der tut vor lauter Grübelei gar nichts mehr.

Idee für Gruppenarbeit Ein Gruppenmitglied bekommt einen kleinen Ball in die Hand gedrückt und darf den ersten Satz einer beliebigen Geschichte erfinden. Dann wirft es den Ball einem anderen Gruppenteilnehmer zu, der die Geschichte mit einem weiteren Satz fortsetzt – so lange, bis alle erzählt haben. Danach analysieren Sie mit der Gruppe, inwieweit die einzelnen Beiträge, auch über mehrere Ballwürfe hinweg, von den vorhergehenden Beiträgen beeinflusst waren – systemische Zusammenhänge.

Idee für die Arbeit mit Einzelklienten Bitten Sie Ihren Klienten, eine Entscheidung, vor der er steht, einmal als ins Wasser geworfenen Stein aufzuzeichnen – und dann als Wellenkreise im Umfeld alle von dieser Entscheidung betroffenen Menschen (oder Abteilungen) hinzuzufügen. Welche Überraschungen und neuen Erkenntnisse bringt diese Arbeit ans Licht?

Idee für Jugendarbeit Gehen Sie mit der Gruppe an einen See. Lassen Sie einen Teil der Gruppe Steine ins Wasser werfen, während die anderen möglichst genau beobachten, was durch die Steinwürfe passiert. Es ist spannend, wie vielseitig und unterschiedlich die Beobachtungen sind, vor allem zwischen denen, die werfen, und denen, die nur schauen. Das schult das Gespür für systemische Zusammenhänge – in der Schule zum Beispiel für die Verbindung zwischen einzelnen Fächern.

14. Die blaue Grotte

Reisethemen Sich führen lassen, vertrauen, genießen, träumen.
Reiseziel Die Teilnehmer sollen sich entspannen, ihre Fantasie ausbauen und darüber nachdenken, wie Sie sich führen lassen (oder selbst führen).

↗ Reisestart

Stell dir vor, du stehst in einem südlichen Hafen,
und du schaust hinaus aufs offene Meer.
Du siehst die Segel in den Wellen tanzen
wie weiße Fähnchen im endlosen Blau.
Der Wind trägt die Gerüche des Meeres zu dir,
eine Mischung aus Algen und Salz und Freiheit.
Und an deinem Knöchel spürst du
das flaumige Fell einer Hafenkatze,
die sich schnurrend an deinem Bein reibt.
Diese Katze ist so frei wie der Wind
und niemandem Rechenschaft schuldig.
Wenn du jetzt auf deine Sehnsucht hörst,
wirst du merken, ob du auch gerne frei wärst.
Frei wie diese Katze. Frei wie ein Boot auf dem Meer.
Lass dir von deiner Sehnsucht ein Signal geben.
Die Katze miaut und blickt auf zu dir.
Sie läuft ein Stück weg, sieht sich nach dir um,
und ihre Katzenaugen leuchten geheimnisvoll.
Woran erinnert dich dieses Leuchten bloß?
Die Katze will dir etwas zeigen. Wirst du ihr folgen?
Wem folgst du im Leben, wem vertraust du?
Du folgst der Katze an einen zerklüfteten Strand.
Die Rücken der Uferfelsen sind moosig,
wie mit einem grünlichen Polster bezogen.
Schließlich, vor einer mächtigen Klippe,
schlüpft die Katze zwischen zwei Steinen hindurch,
und ihr buschiger Schwanz winkt dir.
Du schiebst die beiden Steine zur Seite
und krabbelst auf allen vieren in eine enge Höhle.
Spür die angenehme Kühle der Felsen,
die von allen Seiten auf deine warme Haut abstrahlt.
Am Ende der Höhle schimmert ein bläuliches Licht.
Du krabbelst der Katze hinterher,
bis sich der Gang zu einer zauberhaften Grotte öffnet.

Ihr offenes Ende ist mit dem Meer verbunden,
das nun direkt vor deinen Füßen plätschert.
Sieh dich um in dieser Grotte, sie ist so blau,
als würde alle Tinte dieser Erde aus ihren Wänden fließen.
Die Katze miaut und lenkt deinen Blick auf das Wasser.
Vor deinen Füßen dreht ein silberner Rücken
im tintenblauen Wasser seine Kreise.
Das Tier richtet sich auf, strahlt dich an und schnattert.
Vertrau dem Delfin, steig auf seinen weichen Rücken.
Mit einer Bugwelle saust ihr hinaus ins offene Wasser.
Das Wasser ist blau wie die Grotte, nur strahlender.
Sieh die fliegenden Fische, die überall aus dem Wasser schießen
wie die Funken eines unterseeischen Feuerwerks.
Hör ein Schiff, das am Horizont heiser tutet
und ganz langsam mit der blauen Ferne zerfließt.
Der Delfin schnattert, er will dir etwas zeigen.
Vor euch beginnt das Wasser zu brodeln,
und ein Rücken, schimmernd und riesig,
hebt sich aus den Tiefen des Blaus
und sprüht eine Wasserfontäne in die Luft,
höher und höher, fast bis zum Himmel.
Sieh, wie das Wasser des Wals sich im Sonnenlicht bricht,
es schimmert in allen Farben des Regenbogens
und prasselt wie ein feiner Duschstrahl auf dich herab.
Du greifst mit deiner Hand nach einem Tropfen,
und genau, als er deine Hand berührt, wird er hart,
eine glitzernde Perle, die kühl zwischen deinen Fingern liegt.
Was wirst du mit dieser Perle tun?
Wo wirst du die Erinnerung an diesen wunderbaren Tag verwahren,
wenn du wieder zurück im Hafen bist?

↘ Rückreise

Reisetipp: Teilen Sie vor der Reise Plastikperlen aus, jeder Teilnehmer bekommt eine in die Hand. Und erinnern Sie genau dann, wenn der Wassertropfen sich in eine Perle verwandelt, an dieses Gefühl zwischen den Fingern: »Du kannst die Perle zwischen deinen Fingern greifen, drück sie fest, spür sie ganz intensiv …« Die Verknüpfung der Fantasiereise mit realen Gegenständen wird in der Praxis leider kaum angewendet, ist aber eine äußerst effektive Methode, damit sich die Reise noch realer anfühlt.

Wichtige Reisefragen

→ Was war es für ein Gefühl, der Hafenkatze zu folgen?

→ Mussten Sie sich überwinden, um in die Höhle zu krabbeln?

→ Woher wussten Sie, dass Sie der Katze vertrauen können?

→ Welches sind allgemein die Voraussetzungen, unter denen Sie sich gerne führen lassen?

→ Und in welchen Situationen sind Sie eher misstrauisch?

→ Was würden mir andere über Ihre Eigenschaften als Geführter (Mitarbeiter, Schüler) erzählen?

→ Wenn Sie selbst führen, was tun Sie dann, damit andere Ihnen gerne folgen?

Zitat zur Diskussion »Wer nicht genug vertraut, dem vertraut man nicht.« *Laotse (chinesischer Philosoph)*

Idee für Gruppenarbeit Die Teilnehmer bilden Zweiergruppen. Einer bekommt die Augen verbunden, dreht sich mehrfach im Kreis und wird dann von einem anderen durch das Haus geführt. Nach fünf Minuten: Rollenwechsel. Danach diskutieren die Teilnehmer, wie sich diese Führung anfühlt und unter welchen Voraussetzungen sie funktioniert. Welche Parallelen zu anderen Führungssituationen gibt es?

Idee für die Arbeit mit Einzelklienten Bitten Sie Ihren Klienten, dass er die »blaue Grotte« beschreibt, zu der er seine Mitarbeiter führen möchte – also jene Vision, deren Strahlkraft nicht vor allem für ihn, sondern für seine Mitarbeiter attraktiv sein sollte. In der Detailarbeit lässt sich für jeden relevanten Mitarbeiter eine eigene Grotte entwickeln. Es gilt, die Überschneidung zwischen den persönlichen Zielen und den Firmenzielen herauszuarbeiten.

Idee für Jugendarbeit Bieten Sie eine Führung mit verbundenen Augen an (wie bei der Gruppenarbeit, nur in freier Natur, zum Beispiel in einem Wald). Ideal ist es, wenn Sie ein Gelände mit einem kleinen Bach oder einem flachen See zur Verfügung haben (bitte darauf achten, dass keine Risiken entstehen). Die Führung am Wasser oder gar ins Wasser ist ein ganz besonderes Erlebnis, das auch die Brücke zu der Fantasiereise schlägt.

15. Die Jacht im Ozean

Reisethemen Soziologische Rollen, Rollenwechsel, Statussymbole.
Reiseziel Die Teilnehmer sollen ihre soziologischen Rollen im Alltag reflektieren.

↗ Reisestart

Lass deine Fantasie jetzt auf ein Boot im Ozean wandern,
auf eine weiße Jacht im tiefblauen Meer.
Spür, wie das Boot die Wellen hinaufklettert
und sich dabei ganz leicht hebt,
als würde es sich auf die Zehenspitzen stellen.
Und spür, wie es die Wellen wieder hinabklettert,
und sich dabei ganz leicht senkt,
als würde es ein wenig in die Knie gehen.
Vorne, am Bug, bricht sich zischend das Wasser,
und wenn du dich nach hinten umdrehst und auf das Meer schaust,
siehst du zwei Spuren aus weißem Schaum,
die auf dem Blau erst ganz dicht beieinander verlaufen,
sich dann aber, wie eine riesige Schere, immer weiter öffnen,
und sich links und rechts im endlosen Blau verlieren.
Stell dir vor, du bist Schiffsdiener auf dieser Jacht,
und du jonglierst ein Tablett mit Getränken.
Die Gläser sind bis zum Rand gefüllt mit Drinks in schillernden Farben.
Achte darauf, dass du mit deinem Tablett die Balance hältst
und die schaukelnden Bewegungen des Bootes ausgleichst.
Du musst das Tablett etwas senken, wenn das Boot sich hebt,
und etwas heben, wenn das Boot sich senkt.
Lauf auf den Pool zu, wo die Gäste in der Sonne liegen,
und biete ihnen deine kühlen Drinks an.
Stell dir dabei ganz genau vor, was du sagst,
wenn du mit den Gästen Kontakt aufnimmst.
Woran erkennen sie, dass du der Schiffsdiener bist?
Mal dir aus, welche Kleidung du trägst,
welche Gegenstände du mit dir führst,
in welcher Tonlage du sprichst
und welche Bewegungen und Gesten du ausführst.
Und wie musst du dich als Bootsdiener verhalten,
wenn plötzlich ein schwerer Sturm aufzieht?
Stell dir vor, du hättest nun die Kraft,
dich durch ein Fingerschnipsen in eine neue Rolle zu versetzen.
Wünsch dir ganz fest, dass du jetzt ein Gast am Pool bist,
und schnips dich mit deinen Fingern auf einen Liegestuhl.

Spür, mit welcher inneren Haltung du dort in der Sonne liegst,
von tropischer Wärme umhüllt, von kühlender Sonnencreme umduftet.
Vor dir liegt der Pool, dahinter liegt das blaue Meer,
und außerdem schwimmst du in einem Meer aus Zeit.
Stell dir vor, du bekommst Durst und winkst den Schiffsdiener herbei.
Konzentrier dich auf die Bewegung, mit der du winkst.
Woran erkennt der Schiffsdiener dich als Gast?
Mal dir aus, wie du am Pool gekleidet bist,
welche Gegenstände sich auf deiner Liege befinden,
welchen Ton du gegenüber dem Diener anschlägst.
Lausch den Worten nach, mit denen du deinen Drink bestellst,
sieh dem Diener nach, der eiligen Schritts davonwieselt,
und lass dieses Gefühl ein wenig auf dich wirken.
Und wie musst du dich als Gast verhalten,
wenn plötzlich ein schwerer Sturm aufzieht?
Und nun stell dir vor, dass du noch einmal mit den Fingern schnipst,
diesmal um dich auf die Kapitänsbrücke zu versetzen.
Du stehst so hoch, dass du dein ganzes Schiff überblicken kannst,
so wie ein König sein Königreich, du bist Kapitän.
Stell dir den Ort, wo du stehst, so genau wie möglich vor.
Mal dir einmal aus, wie sich das wohl anfühlt,
der Kapitän einer solchen stolzen Jacht zu sein.
Finde heraus, was genau sich in dir verändert,
wenn du den Kurs des ganzen Schiffes bestimmst,
statt als Gast am Pool zu liegen
oder als Schiffsdiener die Drinks zu servieren.
Denk dir nun, du läufst an einem großen Spiegel vorbei
und kannst dein Spiegelbild sehen.
Versuch dich so übers Schiff zu bewegen,
dass die Gäste dich sofort als Kapitän wahrnehmen.
Achte darauf, welche Kleidung du als Kapitän trägst,
welche Körperhaltung du einnimmst
und welche Tonlage du anschlägst,
wenn du zum Beispiel den Befehl »Steuerbord!« gibst.
Und wie musst du dich als Kapitän verhalten
wenn plötzlich ein schwerer Sturm aufzieht?
Schnips noch einmal mit dem Finger
und leg jetzt alle drei Rollen ab.
Sieh die Jacht, wie sie durchs blaue Meer schneidet,
und hör einmal in dich hinein,
was sich in den einzelnen Rollen verändert hat:
an deiner Kleidung und deiner Haltung,
an deiner Stimme und deinem Denken.

Spür nach, welche Rolle dir leichtfiel und welche schwer.
Schau noch einmal hinter das Boot zurück und sieh,
wie die weißen Schaumspuren sich im Blau verlieren.

↘ Rückreise

> **Reisetipp:** Wenn Sie mit Jugendlichen arbeiten, kann es eine interessante Variante sein, die Handlung auf ein Seeräuberschiff zu übertragen. Dieser Ort erhöht die Spannung der Reise und ergibt zusätzliche Themen – zum Beispiel, was Gesetze sind, für wen sie gelten und welche Rollen Menschen einnehmen, um diese Gesetze zu brechen.

Wichtige Reisefragen

→ Wie ging es Ihnen in den einzelnen Rollen? Wo lagen die Unterschiede? Welches Verhalten war jeweils bei einem Sturm gefragt?
→ Wie kommt es, dass jede Rolle ein anderes Auftreten verlangt?
→ Wer bestimmt eigentlich, wie eine Rolle auszufüllen ist – der eigene Wille oder die Erwartung der anderen?
→ Welche Rollen, die Sie in Ihrem Leben einnehmen, sind leicht zu unterscheiden? Und wann sind die Rollengrenzen unklar?
→ Durch welche Äußerlichkeiten, zum Beispiel Kleidung, Körperhaltung oder Statussymbole, füllen Sie Ihre Rollen aus?
→ Und woran merken Sie an Ihrer inneren Haltung, welche Rolle Sie einnehmen. Beispiel: Woran würde ich an Ihrem Ton am Telefon merken, ob Sie als Privatmensch oder in der Firma abnehmen?

These zur Diskussion (provokant): Nicht Kleider machen Leute – Leute machen Kleider!

Idee für Gruppenarbeit Mischen Sie eine kleine Lostrommel, in der Sie im gleichen Verhältnis Lose mit der Aufschrift »Schiffsdiener«, »Gast« und »Kapitän« verteilen. Jeder zieht einen Zettel und prägt sich die Rolle ein (ohne sie mitzuteilen). Dann laufen die Teilnehmer ein Stück »über Bord«, in ihrer jeweiligen Funktion, ohne zu sprechen. Kann die Gruppe erraten, welche Rolle sich derjenige gerade vorstellt? Und woran errät sie es?

Idee für die Arbeit mit Einzelklienten Malen Sie einen Kreis in die Mitte eines Flipchartbogens und schreiben Sie den Namen Ihres Klienten hinein. Dann bitten Sie ihn, einmal zu überlegen, welche Rollen er in seinem Leben einnimmt. Sei es privat (als Vater oder Mutter, als Hobbyläufer, als Börsenspekulant und so weiter) oder beruflich (beispielsweise als Vorgesetzter, Untergebener, Kundenbetreuer). Fügen Sie die Vielzahl der Rollen mit Verbindungsstrichen zu seinem Namen hinzu, thematisch geordnet. Schließlich analysieren Sie mit ihm, welches Rollenverhalten jeweils förderlich ist und wie er Rollenwechsel am besten signalisieren kann – zum Beispiel, wenn er mit seinem befreundeten Mitarbeiter nicht mehr als Privatmann spricht, sondern als Vorgesetzter.

Idee für Jugendarbeit Lassen Sie die Jugendlichen eine populäre Musikband oder einen Fußballverein aussuchen, um dann zu analysieren, wer dort welche Rolle einnimmt. Machen Sie deutlich, dass es nicht nur um Instrumente oder Positionen auf dem Spielfeld geht, sondern darum, wer in welcher Situation das Sagen hat und woran das die anderen merken. Welche Erkenntnisse kommen dabei heraus? Was lässt sich für alltägliche Situationen ableiten?

16. Der Wächter der Brücke

Reisethemen Verhandeln, Termindruck, Ziele kreativ erreichen.
Reiseziel Die Teilnehmer werden angeregt, über ihren Verhandlungsstil und ihre Konsequenz auf dem Weg zu persönlichen Zielen nachzudenken.

↗ Reisestart

Mal dir aus, du fährst auf einem Fahrrad
über einen holprigen Pfad im Wald.
Du kannst jeden Stoß im Sattel spüren,
die Baumwurzeln, die Löcher, den Weg.
Die Luft schmeckt harzig und frisch,
sie durchfließt deinen Körper mit angenehmer Kühle.
Der schmale Pfad führt an knorrigen Bäumen entlang,
dein Reifen wirbelt Waldboden auf,
wie sanfter Regen trommeln Tannennadeln gegen das Schutzblech.
Tausend Vogelstimmen lassen den Wald singen,
und ein Specht schlägt den Rhythmus dieses Liedes.
Hör auf diese Abendmusik des Waldes,
sie begleitet dich wie der Fahrtwind.
Dir fällt auf, dass der Wald schattiger wird.
Die Nacht sinkt langsam über das Land.
Beeil dich, du musst dein Ziel noch erreichen,
ehe es dunkel ist, du hast kein Licht.
Tritt schneller in deine Pedale und spür,
wie die Muskeln deiner Oberschenkel sich erhitzen.
Dein schmaler Pfad führt einen Hügel hinab,
dein Rad wird schneller und schneller.
Neig deinen Oberkörper nach vorne,
als wärst du ein Skispringer in der Luft,
und genieß, dass du nicht mehr treten musst.
Spür die Luft, sie rauscht an deinen Ohren vorbei,
als wäre sie das Wasser eines Flusses.
Oder hörst du tatsächlich einen Fluss?
Achte genau darauf, das Rauschen wird immer lauter.
Tatsächlich, jetzt liegt ein blaues Band,
ein gluckernder Fluss vor dir in der Landschaft,
du fährst direkt auf eine große Pionierbrücke zu,
sie schwingt sich in einem kühnen Bogen übers Wasser.
Am Beginn der Brücke steht ein Mann,
sein Rauschebart reicht fast bis zur Erde,
und er verstellt dir breitbeinig den Weg.

Drück die kühlen Handbremsen durch,
ganz fest, bis du deine Fingerknochen spürst,
und hör auf das Quietschen deiner Bremsklötze,
die sich jetzt an den Reifen reiben.
Der Mann spricht mit einer tiefen Stimme:
»Ich bin der Wächter der Brücke. Hier darf niemand durch.«
Du sagst ihm, dass du dringend ans andere Ufer musst.
Er sagt: »Hier darf niemand durch.«
Frag ihn, ob es andere Übergänge gibt.
Er sagt: »Hier darf niemand durch!«
Frag ihn, ob der Fluss flach genug ist,
um ihn mit dem Fahrrad zu durchqueren.
Er sagt: »Hier darf niemand durch!«
Du bist verzweifelt, denn du musst unbedingt
ans andere Ufer, ehe es dunkel ist.
Frag ihn, ob du etwas für ihn tun kannst,
oder ihm etwas geben kannst,
damit er dich doch über die Brücke lässt.
Diesmal verneint er nicht, sondern er krault sein Kinn,
du hörst seine langen Barthaare rascheln.
Dann sagt er: »Gib mir dein Fahrrad.
Ich habe eine weite Fahrt vor mir.«
Und sein Arm deutet über die Brücke hinweg.
Du brauchst dein Fahrrad, du kannst es nicht hergeben.
Deine Gedanken schwirren durch den Kopf,
jetzt brauchst du eine Lösung.
Es darf eine verrückte Lösung sein.
Oder eine einfache Lösung.
Aber es muss eine Lösung sein.
Eine Minute später setzt du deine Fahrt fort,
und die Planken der Brücke summen unter deinen Reifen.
Wie sah deine Lösung aus?
Wie hast du den Wächter der Brücke überzeugt?

↘ Rückreise

Reisetipp: Lassen Sie beim vorletzten Abschnitt, nach den Worten »Aber es muss eine Lösung sein«, eine lange Pause. Jeder Reiseteilnehmer soll die Chance haben, hier mit seiner Fantasie einen Weg zu erschließen. Es muss nicht derselbe sein; oft kommen ganz unterschiedliche Ideen ans Licht. Und wer nicht auf das Naheliegende kommt – etwa Weiterfahrt mit dem Wächter auf dem Gepäckträger –, sondern auf einen anderen Einfall, darf auf seine Lösung ebenso stolz sein. Auch bei allen, denen partout nichts einfällt, stellt sich später ein Lerneffekt durch den Austausch mit der Gruppe ein.

Wichtige Reisefragen

→ Was war es für ein Gefühl, so dringend ein Ziel erreichen zu müssen? Was stand eigentlich so Dringendes am anderen Ufer an?

→ Kennen Sie diesen Termindruck aus Ihrem Alltag? Wie gehen Sie damit um?

→ Was ging in Ihnen vor, als der Wächter vor Ihnen stand? Hatten Sie noch andere Ideen, um über den Fluss zu kommen?

→ Wie könnte man das Gespräch zwischen Ihnen und dem Wächter überschreiben?

→ Wann stockte dieses Gespräch? An welchem Punkt wendete es sich?

→ Welche Lösung haben Sie dem Wächter schließlich vorgeschlagen?

→ Wenn er nicht eingewilligt hätte – wie wären Sie dann vorgegangen?

→ Wann begegnen Ihnen solche Verhandlungssituationen im Alltag? Was können Sie für diese Situationen lernen?

These zur Diskussion (provokant): Wer verhandelt, bekommt faule Kompromisse. Wer sich durchsetzt, bekommt, was er will.

Idee für Gruppenarbeit Geben Sie den Teilnehmern den Auftrag, in Zweiergruppen zu verhandeln. Jeder soll sich vom anderen etwas aussuchen, das er gerne hätte, einen Gegenstand oder eine Dienstleistung – und herausfinden, wie er es bekommen kann. Die Aufgabe ist, möglichst viele Wege ans Ziel zu finden. Beispiel: Eine Teilnehmerin hätte gern das Halstuch der anderen. Sie findet heraus, zu welchem Preis sie es bekommen kann, für welche Dienstleistung, in welchem Tauschgeschäft, zu welcher Zeit und auf welcher Grundlage (Ausleihe, Eigentümerwechsel, Probetragen und anderes mehr). Später tauscht sich die Gruppe über ihre Verhandlungserfahrungen aus. Welche Wege, die zuerst nicht sichtbar waren, kamen doch noch ans Licht? Welche Fragen und Gedanken haben diese Tür geöffnet?

Idee für die Arbeit mit Einzelklienten Sprechen Sie mit Ihrem Klienten seine Verhandlungen der Vergangenheit durch und ziehen Sie eine Parallele zu der Situation an der Brücke. Welche »Wächter« hat er im realen Leben passiert? Auf welche Weise? Und wann wurde ihm der Durchlass verwehrt? Und warum? Auf welche Brücken wird er künftig treffen? Und wie kann es ihm gelingen, die Wächter für sich zu gewinnen? Knüpfen Sie immer wieder Parallelen zu der Fantasiereise.

Idee für Jugendarbeit Lassen Sie die Jugendlichen zwei Gruppen bilden, die miteinander verhandeln. Ideal ist es, wenn Sie eine reale Verhandlungssituation herbeiführen können – zum Beispiel über die Frage, wie das Seminar fortgesetzt werden soll: im Raum oder draußen? Dann können sich zwei natürliche Fraktionen bilden. Aufgabe ist es, einen Weg zu finden, der von beiden Gruppen akzeptiert wird. Nach der Verhandlung lassen Sie die Gruppe ihre Erfahrungen besprechen und prüfen das Ergebnis.

17. Die Wolken aus Zuckerwatte

Reisethemen Selbstwirksamkeit, Einfluss, Macht der Gedanken.
Reiseziel Die Teilnehmer werden angeregt, die Macht ihrer Gedanken zu reflektieren.

↗ Reisestart

Stell dir vor, du liegst auf dem Rücken,
und eine Luftmatratze schaukelt dich sanft,
so wie ein glückliches Baby in der Wiege.
Du weißt nicht, wo du treibst,
ob auf einem Meer, ob auf einem See,
und es ist dir vollkommen egal,
denn das Wasser trägt dich.
Lass dich treiben unter dem freien Himmel.
Lass dich wiegen von den sanften Wellen.
Lass dich wie auf einer Empore tragen
von den starken Händen des Wassers.
Konzentrier dich nun auf den Himmel,
er wölbt sich über dir wie das blaue Dach eines Tempels,
und die heiteren Wölkchen sehen aus,
als hätte der Wind sie aus Zuckerwatte gezupft.
Wenn du länger schaust, erinnern sie dich an weiße Schaumkronen,
die in sanfter Strömung über das blaue Himmelsmeer treiben.
Beobachte diese große Schaumwolken-Herde dabei,
wie sie gemächlich über den blauen Himmel trabt.
Bist du ganz sicher, dass die Wolken wandern?
Kann es nicht auch sein, dass deine Matratze treibt?
Lass dich treiben unter dem freien Himmel.
Lass dich wiegen von den sanften Wellen.
Lass dich wie auf einer Empore tragen
von den starken Händen des Wassers.
Probier einmal, ob du die Wolken steuern kannst.
Achte auf zwei Wolken, die hintereinandertreiben.
Dann stell dir ganz fest vor, dass die eine die andere überholt.
Denk nur noch diesen einen Gedanken:
Die hintere Wolke überholt die vordere!
Siehst du, was am Himmel geschieht?
Deine Gedanken sind mächtig. Sie können *alles* bewegen.
Lass dich treiben unter dem freien Himmel.
Lass dich wiegen von den sanften Wellen.
Lass dich wie auf einer Empore tragen
von den starken Händen des Wassers.

Probier einmal, Farbe in den Himmel zu bringen.
Such dir eine besonders bleiche Wolke aus
und stell dir ganz fest vor: Sie läuft jetzt farbig an,
läuft an in deiner Lieblingsfarbe.
Denk nur noch diesen einen Gedanken:
Diese Wolke trägt gleich deine Lieblingsfarbe.
Siehst du, was am Himmel geschieht?
Deine Gedanken sind mächtig.
Sie können *alles* bewegen.
Lass dich treiben unter dem freien Himmel.
Lass dich wiegen von den sanften Wellen.
Lass dich wie auf einer Empore tragen
von den starken Händen des Wassers.
Denk jetzt an einen Zustand deines Lebens,
den du verändern willst.
Stell ihn dir wie ein Bild mit Einzelheiten vor:
erst so, wie er im Moment ist,
mit dem, was dich stört, was dich bremst.
Und dann so, wie du ihn gerne hättest,
mit dem, was dich beflügelt, was dich vorwärtsbringt.
Wie sieht der Unterschied im Detail aus?
Stell dir ganz fest vor, dass der Ist-Zustand sich verändert,
genau so, wie du ihn dir wünschst.
Was passiert jetzt am Himmel?
Welche Gestalt nimmt dein Leben dort an?
Und wie kannst du dieses Bild in die Zukunft mitnehmen?
Deine Gedanken sind mächtig.
Sie können *alles* bewegen.
Lass dich treiben unter dem freien Himmel.
Lass dich wiegen von den sanften Wellen.
Lass dich wie auf einer Empore tragen
von den starken Händen des Wassers.

↘ Rückreise

Reisetipp: Bei dieser Reise kommt ein Element aus der Dichtung zum Einsatz: der Refrain. Er macht den Text eindringlicher und dient hier als Bindeglied zwischen zwei Handlungen: dem Geschehen am Himmel, einem gedanklichen Vorgang, und dem Treiben auf dem Wasser, einem (scheinbar) körperlichen Erlebnis. Entscheiden Sie selbst, wie oft Sie den Refrain verwenden. Die Reise lässt sich verkürzen, indem Sie den Refrain nur nach dem ersten und dem letzten Reiseabschnitt einsetzen.

Wichtige Reisefragen

→ Wie sicher haben Sie sich auf dem Wasser gefühlt?

→ Wie hat es sich ausgewirkt, dass Sie nicht wussten, auf welchem Gewässer Sie treiben?

→ Was geschah, als Sie ganz fest wollten, dass eine Wolke die andere überholt?

→ Wie leicht fiel es Ihnen, die Wolke zu färben? In welcher Farbe eigentlich?

→ Wie fühlte es sich an für Sie, über Wolken bestimmen zu können?

→ Was passierte am Ende, als Sie eine Situation Ihres Lebens verändern konnten?

→ Inwieweit könnte Sie diese Gedankenreise bei einer realen Veränderung unterstützen?

Zitat zur Diskussion »Zwischen Können und Tun liegt ein großes Meer und auf seinem Grund gar oft die gescheiterte Willenskraft.« *Marie von Ebner-Eschenbach* (österreichische Autorin)

Idee für Gruppenarbeit Lassen Sie Dreier- oder Vierergruppen bilden. Jeweils einer beschreibt eine Situation, in der er sich ausgeliefert und ohne Einfluss fühlt. Die anderen Teilnehmer beraten sich kurz, als wären sie eine kreative Werbeagentur – und machen ihrem »Auftraggeber« dann Vorschläge, wie er doch Einfluss nehmen kann.

Idee für die Arbeit mit Einzelklienten Ihr Klient soll im Detail definieren, worin genau der Unterschied zwischen der Ausgangs- und der Wunschsituation besteht. Woran würde er bemerken, dass er sein Ziel erreicht hat? Was fiele anderen in seiner Umgebung auf? Was genau würde sich an seinem Tun, seinem Denken und seinem Handeln verändern? Es ist wie bei den Wolken: Nur wer sich die Veränderung *ganz konkret* vorstellt, kann sie schließlich erreichen.

Idee für Jugendarbeit Lassen Sie ein Rollenspiel aufführen, das zum Thema Ihrer Veranstaltung passt. Zum Beispiel unterhalten sich zwei Schüler, die beide schlechte Noten haben. Nur gibt sich der eine ganz sicher, dass er sich bald aus dem Notenkeller befreit – während der andere sich dort hoffnungslos eingeschlossen fühlt. Danach bitten Sie erst die Rollenspieler, dann die Gruppe um eine Rückmeldung. Wie wirken sich die beiden Haltungen aus? Wer erkennt sich worin wieder?

18. Der Fußballtrainer (Teil 1)

Reisethemen Führung, Motivierung, Rollenverständnis.
Reiseziel Die Teilnehmer bekommen Anregungen, ihr Führungsverhalten bewusst wahrzunehmen und zu entwickeln.

↗ Reisestart

Reise jetzt mit deiner Fantasie in ein Fußballstadion.
Du stehst am Rand des Spielfelds
und spürst, dass der Boden ganz leicht zittert,
als wäre er der Rücken eines riesigen Tiers.
Das Beben kommt von den Rängen.
Dort klatschen die Fans und stampfen und schwenken Fahnen.
Heisere Stimmen singen Sprechchöre.
Hör so lange hin, bis du jedes Wort verstehst.
Schau jetzt auf das Fußballfeld,
dort jagen rote und blaue Trikots dem Ball hinterher.
Konzentrier dich ganz auf diesen Ball,
wie er sich vorwärtsdreht über den Rasen.
Und dreht und dreht. Und dreht und dreht.
Zoom dich ganz dicht an den Ball heran.
Zwei Paar Stollenschuhe kommen ihm jetzt näher,
Rasenfetzen wirbeln hoch, dann kracht es hölzern.
Ein schriller Pfiff geht dir ins Ohr: Freistoß.
Du läufst unruhig am Spielfeldrand auf und ab.
Du bist der Trainer, der Trainer der roten Mannschaft.
Dein Team liegt 0 zu 2 hinten, gleich ist Halbzeit.
Deine Mannschaft spielt schlecht, grottenschlecht.
Am liebsten würdest du aufs Spielfeld rennen
und den Ball selbst ins Tor hauen.
Du atmest durch und riechst den schwefligen Rauch,
den der Wind in Fetzen aus der Fankurve mitnimmt
und zu dir vor die Trainerbank haucht.
Der Pausenpfiff hallt durchs Stadion.
In der Kabine riecht es nach Schweiß und Lederschuhen.
Eine Spraydose faucht, der Arzt vereist ein Schienbein.
Was sagst du zu deinen Spielern?
Und wie sagst du es: ruhig oder erregt?
Welchen Unterschied macht die Tonlage?
Was passiert, wenn du mit deiner Mannschaft schimpfst?

Glaubst du, das kann die Spieler aufrütteln?
Was passiert, wenn du über die Fehler sprichst?
Werden sie dadurch in der zweiten Halbzeit weniger?
Wissen die Spieler dann, was zu tun ist?
Und redest du mit der ganzen Mannschaft zur gleichen Zeit,
sagst du Sätze wie: »Ihr habt …«, »Ihr müsst …«, »Ihr sollt …«
Oder sprichst du jeden Spieler einzeln an?
Den Tormann, der am Ball vorbeigegriffen hat?
Den Verteidiger, der nicht wachsam genug war?
Den Stürmer, der eine große Chance vergeben hat?
Was passiert, wenn du Einzelne herausgreifst
und sie vor der Gruppe kritisierst?
Oder umgekehrt: Wie kommt es beim Team an,
wenn du den besten Mann lobst?
Irgendwer flucht in der Kabine leise vor sich hin,
eine Wasserflasche gluckert beim Trinken.
Was sagst du der Mannschaft, ehe sie zurück aufs Feld geht?
Warum könnte es klug sein,
sie an ihren letzten Sieg zu erinnern?
Warum könnte es wichtig sein,
den Spielern zu sagen, dass du an sie glaubst?
Klopf jedem auf den Rücken,
und spür dabei die warme Nässe der Trikots,
und hör das platschende Geräusch.
Und nun geh deinem Team voraus durch die Katakomben,
dem Licht entgegen, dem Lärm entgegen, hinaus ins Stadion.
Der Schiedsrichter pfeift die zweite Halbzeit an.
Wieder zittert der Boden, wieder rollt der Ball.
Wie lautet deine Prognose für dieses Spiel?

↘ Rückreise

Reisetipp: Diese Reise bietet Ihnen zwei Möglichkeiten: Sie können sie als Einzelreise verwenden. Oder als den Auftakt einer Reiseserie. Welche Vorteile hat eine Serie? Sie kann eine Dramaturgie aufbauen und einen Bogen schlagen über einzelne (Seminar-)Abschnitte hinweg. Vor allem reisen die Teilnehmer zu späteren Zeitpunkten mit einem Bewusstsein, das sich durch die Diskussion über die erste(n) Reise(n) verändert hat. Das kann den Lerneffekt erhöhen. Der Spannungsbogen bleibt erhalten durch das offene Ende, hier die zweite Halbzeit des Fußballspiels (s. Reise Nr. 19, S. 149).
Jede Reise in diesem Buch können Sie als Start einer Reiseserie nutzen – indem Sie einfach das Ende öffnen und eine Handlung darauf aufbauen.

Wichtige Reisefragen

→ Hätten Sie Lust gehabt, selbst ins Spiel einzugreifen?

→ Juckt es Sie auch beim realen Führen manchmal, Dinge selbst zu tun, statt sie tun zu lassen?

→ Was denken die Spieler von einem Trainer, der die Tore selbst schießen will?

→ Welche Tonlage haben Sie in der Kabine angeschlagen? Mit welchem Ziel?

→ Zu welcher Tonlage neigen Sie beim realen Führen?

→ Wie haben Sie Lob und Kritik dosiert?

→ Gruppenansprache oder das Einzelgespräch – was ziehen Sie vor?

→ Inwieweit schien es Ihnen schlüssig, Ihr Team am Ende an Erfolge zu erinnern?

→ Wann schnitt Ihr reales Team zuletzt schlecht ab? Wie sind Sie damit umgegangen?

These zur Diskussion (provokant): Es ist falsch, dass im Profifußball oft der Trainer rausfliegt, wenn eine Mannschaft schlecht spielt! Das Team ist für seine Niederlagen selbst verantwortlich. Der Trainer spielt nicht mit.

Idee für Gruppenarbeit Schlagen Sie ein Impro-Theater vor: Einer spielt den Trainer in der Halbzeit, andere stellen das Team dar, mit hängenden Köpfen. Lassen Sie den Trainerdarsteller Karten mit Regieanweisungen ziehen: Erst erhält er zum Beispiel den Befehl, wie die Axt im Wald zu toben und nur Kritik zu üben. Dann wird er aufgefordert, das Spiel seiner Mannschaft schönzureden und Motivationsphrasen zu dreschen. Und schließlich soll er ein gesundes Maß zwischen Lob und Kritik, Gruppen- und Einzelgespräch finden. Was verändert sich durch die Regievorgaben? Was empfindet die Mannschaft dabei? Was der Trainer?

Idee für die Arbeit mit Einzelklienten Reflektieren Sie mit Ihrem Klienten, wie er mit den letzten Fehlern, den letzten Niederlagen seines Team umgegangen ist. Welches Verhalten hat seine Mitarbeiter gestärkt? Welches hat sie geschwächt? Was möchte er in Zukunft anders machen? Lassen Sie ihn ein kleines Drehbuch entwickeln.

Idee für Jugendarbeit Bitten Sie drei Teilnehmer nach vorne, die sich mit der Fußball-bundesliga besonders gut auskennen. Diese drei Experten stehen nun jeweils einem kleinen Team vor. Die Aufgabe für die Gruppe lautet: Sucht euch einen besonders gu-ten Bundesligatrainer aus und beschreibt, was er sagen oder tun müsste, damit seine Mannschaft vielleicht doch noch gewinnt. Die fiktive Arbeit mit diesem Rollenvorbild führt zu großem Erkenntnisgewinn – zumal vor allem Jungs dieses Reisethema lieben und mit ansteckender Begeisterung daran arbeiten.

19. Der Fußballtrainer (Teil 2)

Reisethemen Führung, Motivierung, Rollenverständnis.
Reiseziel Die Teilnehmer bekommen Anregungen, ihr Führungsverhalten bewusst wahrzunehmen und zu entwickeln.

↗ Reisestart

Mal dir aus, du stehst wieder am Spielfeldrand,
kommst dir winzig vor in dieser riesigen Suppenschüssel.
Die Steilwand der Tribüne schraubt sich kühn in den Himmel.
Und die Fankurve, dieses Fahnenmeer –
welche Farbe haben die Fahnen eigentlich, schau hin! –
wogt hin und her, hin und her.
Lass dich nun auf deine Trainerbank sinken.
Sie trägt dein Gewicht, und ihr Dach schützt dich.
Der Schiedsrichter pfeift die zweite Halbzeit an.
Deine rote Mannschaft wirbelt nach vorne.
Der Ball flitzt von Fuß zu Fuß.
Jetzt tänzelt dein Mittelstürmer seinen Gegner aus
und legt sich mit ganzem Gewicht in einen Schuss.
Achte darauf, wie der Ball durch die Luft saust,
so schnell, dass deine Augen kaum folgen können,
so schnell, dass er eine Leuchtspur zu ziehen scheint.
Er fliegt kerzengerade auf den Torwinkel zu.
Der Tormann hechtet und streckt seinen Arm.
Vergeblich! Krachend schlägt der Ball ins Netz.
Du schreist: »Tor!«, du springst auf von deiner Trainerbank
und du reißt deine Arme hoch bis in den Himmel.
Der Jubel rollt wie ein Orkan durchs Stadion,
du spürst, wie die Erde unter deinen Füßen bebt.
1 zu 2, dein Team hat wieder eine Chance!
Feuere deine Mannschaft an, schick sie nach vorne!
Du rufst etwas. Aber die Fans übertönen deine Stimme.
Durch welche Gesten kannst du deinem Team wortlos zeigen,
dass du zufrieden bist, dass es weiter angreifen soll?
Denk jetzt ganz intensiv an eine solche Geste.
Welche Haltung nimmst du dabei ein?
Was tun deine Hände, wie sieht dein Gesicht aus?
Aus dem Mittelkreis rennt ein Spieler auf dich zu
und springt dir so schwungvoll entgegen,
dass dich der Sprühregen seiner Schweißperlen trifft.
Fröhlich klatscht ihr euch die Hände.

Soll er, der Kapitän, dem Team etwas ausrichten?
Gewinnen deine Worte vielleicht an Gewicht,
wenn du sie über die Seitenlinie hinweg
mitten ins Spielgeschehen traben lässt?
Was genau sagst du ihm?
Die nächste halbe Stunde fliegt an dir vorbei
wie ein zu schnell gespulter Film.
Ihr greift an, schießt auf das Tor, 2 zu 2.
Schau auf deine Uhr: noch 15 Minuten.
Willst du einen frischen Spieler einwechseln?
Was verändert ein Neuer im Teamgefüge?
Welche Botschaft sendest du durch den Wechsel?
An den Spieler, der aufs Feld kommt?
An den Spieler, der vom Feld muss?
An deine gesamte Mannschaft?
Und wie wird dieser Wechsel nach außen wirken,
auf den Gegner und auf die Fans?
Spielt das auch eine Rolle?
Aus der Südkurve rollt der Gesang der Fans zu dir.
Es riecht nach Knallfröschen und nach verschüttetem Bier.
Geh zum Wechseln an den Spielfeldrand.
Welche Stärken muss dein neuer Spieler haben?
Hast du ihn trainiert für die Position, die ihm am besten liegt?
Wie kannst du dir da so sicher sein?
Wuschle ihm durchs Haar und lass ihn aufs Feld.
Kurz darauf siehst du, wie ein Eckball direkt vors Tor segelt,
wie dein Ersatzspieler in den Ball hechtet
und wie das Netz sich ein drittes Mal beult.
3 zu 2! Abpfiff, Jubel, großer Sieg.
Wie wirst du den Sieg begehen?
Zeigst du der Mannschaft deine Freude?
Oder sagst du, was noch besser hätte laufen können?
Wie gehst du überhaupt mit Erfolgen deines Team um:
Bist du jemand, der sie voraussetzt?
Bist du jemand, der sie würdigt?
Bist du jemand, der sie mit dem Team feiert?
Was würden deine Teammitglieder dazu sagen?
Ein Reporter hält dir ein buschiges Mikrofon hin:
»Wie fühlen Sie sich jetzt als Trainer?«
Hör in dich hinein und gib ihm eine ehrliche Antwort.
Und dann folg deinem Herzen – geh zur Mannschaft.

↘ Rückreise

Reisetipp: Je nachdem, wie geübt eine Gruppe in Fantasiereisen ist, können Sie den reflektierenden Frageteil der Reise ausweiten oder ihn kürzer halten. Es kann sinnvoll sein, zwischen den Frageabschnitten immer wieder szenische Elemente einzubinden, etwa, was im Stadion gerade zu hören, zu riechen oder zu sehen ist. Hier empfehle ich Ihnen, sich nicht akribisch an Textvorlagen zu halten – sondern auf eine Gruppe individuell einzugehen. Meist sieht man es den Teilnehmern an, ob sie vertieft sind (was Frageteile erlaubt) oder unruhig werden (was sinnliche Eindrücke erfordert).

Wichtige Reisefragen

→ Wollen Sie die Gesten vormachen, die Sie an Ihre Spieler gerichtet haben?

→ Wie sehen Ihre Führungsgesten im Alltag aus? Wie zeigen Sie Zufriedenheit? Wie Ärger?

→ War es eine gute Idee, über den Kapitän zu dem Team zu sprechen?

→ Wer transportiert Ihre Führungsbotschaften bei der Arbeit?

→ Worauf haben Sie bei den Auswirkungen Ihrer Auswechslung geachtet?

→ Welche Parallelen gibt es da zu Ihrem Arbeitsteam?

→ Was tun Sie, um die Stärken Ihrer Mitarbeiter herauszufinden?

→ Würden Sie sich zutrauen, den richtigen Mann zur richtigen Zeit ins Spiel zu bringen?

→ Wie begehen Sie Erfolge mit Ihrem realen Team?

These zur Diskussion Ein Mitarbeiter kann immer nur so gut sein, wie sein Job zu ihm passt. Führungskräfte müssten Stellen nach den Menschen ausrichten – statt Menschen für Stellen zu verbiegen.

Idee für Gruppenarbeit Anknüpfend an die genannte These werden Zweiergruppen gebildet. Jede Führungskraft schreibt den Namen eines (aus ihrer Sicht) schlechten Mitarbeiters auf einen Zettel und listet darunter seine schlechten Eigenschaften auf. Nach fünf Minuten werden die Zettel getauscht. Die Aufgabe ist nun, hinter den vermeintlichen Schwächen die Stärken hervorzuarbeiten. Steht auf dem Zettel »ist langsam«, wird das vom Mitspieler umgewandelt in »hat ein Talent für Gründlichkeit«. Danach bekommt jede Führungskraft den Zettel wieder zurück und macht einen Vorschlag, wie und auf welcher Position sich derselbe Mitarbeiter effektiver »ins Spiel bringen« ließe.

Idee für die Arbeit mit Einzelklienten Wie wirken sich Führungsentscheidungen – etwa das Einwechseln in der Reise – systemisch aus? Das ist ein interessantes und oft unterschätztes Thema. Besprechen Sie mit Ihrem Klienten, welche Auswirkungen seine Einzelentscheidungen – etwa das Schreiben einer Abmahnung – auf das ganze Team haben. Was davon ist erwünscht? Und was weniger?

Idee für Jugendarbeit Beauftragen Sie Dreier- oder Viewergruppen damit, eine Siegesfeier für den Fußballverein zu organisieren. Wie muss diese Feier ablaufen, damit die Spieler ihren Sieg genießen können? Welche Rolle spielt der Trainer dabei? Und warum?

20. Im Land von Winnetou

Reisethemen Vorurteile, Macht der Gedanken, Wissen aus dritter Hand.
Reiseziel Die Teilnehmer werden eingeladen, ihre Überzeugungen und Maßstäbe zu
hinterfragen.

↗ Reisestart

Gib deiner Fantasie jetzt die Sporen
und lass sie in den Wilden Westen reiten.
Tauch ein in eine zerklüftete Landschaft,
wie du sie aus den Winnetou-Filmen kennst.
Konzentrier dich ganz auf dieses Land,
auf die Ebenen und Berge, die Schluchten und Flüsse.
Wie sieht diese Landschaft genau aus?
Und wie lange dauert es, bis du den Rauch bemerkst,
der von einem fernen Lagerfeuer aufsteigt?
Reite auf deinem Pferd durch diese Landschaft
und spür, wie sicher und zuverlässig sein Rücken dich trägt.
Genieße dieses sanfte Auf und Ab,
als würdest du auf ruhigen Wellen reiten.
Vor dir öffnet sich jetzt eine enge Schlucht,
der Weg ist gerade breit genug für dein Pferd.
Es bleibt stehen und wiehert aufgeregt.
Spür die Zügel in deinen Händen,
achte darauf, wie sich das Leder anfühlt.
Gib deinem Pferd jetzt sanft die Sporen.
Ihr bewegt euch ein paar Schritte vorwärts.
Da – plötzlich! – dringt ein tosender Donner an dein Ohr.
Schau nach oben, von dort stürzen riesige Brocken herab,
sie schlagen auf den engen Weg, vor dir und hinter dir.
Dein Pferd bäumt sich auf, halt dich gut fest
und sag ihm ein paar beruhigende Worte.
Dann steig ab und sieh dir die Bescherung an.
Die Brocken sind so groß, dass sie dir bis an die Hüften reichen.
Auf beiden Seiten haben sie sich hoch aufgetürmt.
So hoch, dass du nicht darüberklettern kannst.
Was tust du jetzt, um dich zu befreien?
Schau zum Himmel und lass dir eine Eingebung zuspielen.
Auf einmal weißt du genau, was zu tun ist.
Spreiz deinen kleinen Finger von der Hand
und fahr mit ihm rasch auf einen dieser Brocken zu –
rasch, weil du genau weißt, dass der Brocken weichen wird.

Und tatsächlich, dein Finger rollt ihn zur Seite, als wäre er aus Pappe.
Sieh diesem rollenden Brocken nach.
Und nun stoße mit deinen Füßen auch die restlichen Brocken beiseite.
Die Klötze sind nicht aus Stein, wie du erst dachtest,
sondern aus Styropor, wie du erst jetzt bemerkst.
Überlege beim Weiterreiten, was die Brocken schwer gemacht hat:
Es waren deine Gedanken.
Wie viele solcher Brocken liegen in deinem Leben?
Brocken, die du für schwer hältst und nicht anfasst,
obwohl sie sich ganz leicht zur Seite rollen ließen?
Reite jetzt auf eine Rauchsäule am Horizont zu.
Konzentriere dich ganz auf diese Rauchsäule in der Prärie,
mach sie zum Mittelpunkt deines Universums.
Auf einmal hörst du wildes Geheul von der Seite.
Mit Staubwolken fliegen Pferde auf dich zu.
Auf ihren Rücken sitzen federgeschmückte Indianer.
Sie heulen wild, und ihre Gesichter sind bunt bemalt.
Ihre Bögen haben sie gespannt.
Mal dir aus, was gleich passieren wird.
Ein Stück vor dir bremsen die Pferde ab.
Nur der Häuptling reitet direkt zu dir heran und sagt:
»Willkommen, Fremder, du bist unser Ehrengast.
Wir haben dich aus der Ferne heranreiten sehen,
wir haben uns extra für dich bemalt
und unsere Bögen gespannt, um dich zu beschützen.«
Danke dem Häuptling für sein Angebot.
Und genieße die Gastfreundschaft dieser Indianer.
Lass dich von ihnen, vorbei an Felsen und Kakteen,
bis zur nächsten Schlucht eskortieren.
Dann verabschiede dich und reite allein weiter.
Sieh, wie die Sonne hinter den Bergen versinkt.
Hör, wie aus der Ferne ein Kojote heult.
Warum hast du dich vor den Indianern erst gefürchtet?
Hast du jemals eine schlechte Erfahrung mit einem Indianer gemacht?
Wie oft beziehst du dein Wissen über andere Menschen
nicht aus eigener Erfahrung, sondern aus dritter Hand?
Wie zuverlässig ist dieses Wissen?
Kann es sein, dass es in deinem Leben Menschen gibt,
die du für Gegner hältst, obwohl sie auf deiner Seite stehen?
Lass dein Pferd zu einem Fluss traben, steig ab
und hör nun den Kies unter deinen Füßen knirschen.
Schöpfe das kühle Wasser mit deinen Händen.
Wasch dir damit die Hitze und den Staub aus deinem Gesicht.

Und nun male dir aus, dass du nicht nur die Haut abwäschst,
sondern auch alle Vorurteile, die dich durch dein Leben begleiten.
Welche Vorurteile gibt es in deinem Leben?
Stell dir diese festgefahrenen Meinungen als Papierschiffchen vor.
Und dann sieh dem Fluss nach, wie er deine Vorurteile davonträgt,
und nimm Abschied von ihnen.

↘ Rückreise

> **Reisetipp:** Wählen Sie zu dieser Reise eine Musik, die den Inhalt unterstützt, am besten die Filmmusik zu Winnetou. Es ist erstaunlich, wie zuverlässig die Teilnehmer mit der Musik die dazu gesehenen Filmbilder rekonstruieren und ihre Fantasiereise noch plastischer erleben.

Wichtige Reisefragen

→ Welche Felsbrocken haben Sie in Ihrem realen Leben entdeckt – und was spricht dafür, dass sie leichter sind als angenommen?

→ Inwiefern bestimmen unsere Gedanken, wie wir die Wirklichkeit wahrnehmen – ob wir Dinge als leicht oder schwer, Menschen als Freund oder Feind empfinden?

→ Aus welchen Puzzlesteinen bilden sich unsere Überzeugungen? Welche Rolle spielen eigene Erfahrungen, welche Rolle das, was wir hören und einfach übernehmen?

→ Kann es Annahmen geben, die entsprechende Wirklichkeiten nach sich ziehen? Beispiel: Wird jemand, der alle Hunde für bissig hält, durch sein Fluchtverhalten vielleicht eher gebissen?

→ Wie kann es gelingen, die eigenen Wertungsmaßstäbe zu prüfen und zu verändern?

→ Welche eigenen Vorurteile haben Sie dem Fluss übergeben? Durch welches Handeln ließe sich dieser Vorgang in Ihr reales Leben übertragen?

Zitat zur Diskussion »Das Vorurteil ist die hochnäsige Empfangsdame im Vorzimmer der Vernunft.« *Karl Heinrich Waggerl* (österreichischer Autor)

Idee für Gruppenarbeit Geben Sie Kleingruppen bestimmte Begriffe vor, die mit Vorurteilen verbunden sein können (und möglichst gut zum Thema passen) – zum Beispiel Manager, Gewerkschaft, Streber, Schuldirektor, Ausländerkriminalität. Die Aufgabe jeder Gruppe ist es, spontane Assoziationen zu den einzelnen Begriffen zu sammeln. Später werden die Ergebnisse verglichen: Welche Aussagen gleichen sich? Wie kommt es, dass ein und derselbe Begriff bei unterschiedlichen Menschen gleich besetzt ist? Dann wird über die Quellen der Vorurteile diskutiert.

Idee für die Arbeit mit Einzelklienten Finden Sie mit Ihrem Klienten heraus, wie ihm die größten Entwicklungsschritte seines Lebens gelungen sind. Meist hat er dafür seine Grenzen gesprengt und den Horizont seiner Überzeugungen erweitert. Wie ist ihm das gelungen, welche Motivation und welche Ressourcen hat er dazu gebraucht? Auf dieser Grundlage lässt sich seine persönliche Erfolgsstrategie herausfiltern, wie er Vorurteile korrigieren und sie durch *von ihm selbst gewünschte* Überzeugungen ersetzen kann.

Idee für Jugendarbeit Lassen Sie einige Jugendliche ein Rollenspiel aufführen. Es werden zwei Gruppen dargestellt, die (scheinbar) nicht viel voneinander halten. Zum Beispiel Schulschwänzer und Lehrer. Oder Jungs und Mädchen. Beide dürfen frei diskutieren und sich alle naheliegenden Vorurteile an den Kopf werfen. Die Beobachter des Gespräches achten genau darauf, was zwischen den beiden Gruppen passiert. Wie wirken sich die Vorurteile auf das Gespräch aus? In einer zweiten Gesprächsrunde sind Vorurteile verboten. Was passiert dann?

21. Der Gedankendrachen

Reisethemen Biografiearbeit, Perspektivenwechsel, Ressourcen für die Zukunft nutzen.
Reiseziel Die Teilnehmer betrachten eine Situation ihrer Vergangenheit aus einer völlig neuen Perspektive, verbessern ihre Selbstwahrnehmung und können daraus lernen.

↗ Reisestart

Lass deine Gedanken nun ziehen, höher und höher,
wie Drachen an einem tiefblauen Sommerhimmel,
spür sie gleiten durch den warmen Wind,
ganz hoch oben über den saftigen Feldern.
Ihr Leuchten strahlt zu dir herauf
wie die frische Farbe eines Pinsels.
Kannst du diese Landschaft sehen,
diese frische, farbige Sommerlandschaft?
Genieße dieses Gefühl, wie der Flugwind dich umbraust
und wie er dich mit einer unsichtbaren Hand
hier oben ganz sanft trägt und in der Luft hält.
Deine Gedanken werden getragen, du musst nichts dafür tun,
und du kannst sie ziehen lassen in alle Richtungen,
nach Norden oder Süden, nach Osten oder Westen,
in deine Vergangenheit (was war dort?),
in deine Zukunft (was wird dort sein?)
oder deine Gegenwart (was ist dort?).
Spür deine Gedanken, diese bunten Drachen,
wie sie dort oben, so völlig frei, im Wind surren.
Sind sie leicht, deine Gedanken?
Fliegen sie hoch, deine Gedanken?
Und zieht es sie in die Vergangenheit?
Dann folge einem dieser Gedankendrachen
bei seinem Flug über die freien Felder,
über dieses leuchtende Farbenmeer,
folge ihm so lange, bis er über jenem Tag steht,
zu dem der Sommerwind deine Gedanken zieht.
War es ein trauriger oder fröhlicher Tag?
Womit hat dieser Tag begonnen?
Kannst du dich noch erinnern, welche Kleidung du anhattest?
Welches besondere Ereignis dieses Tages
hat sich so tief bei dir eingeprägt,

dass es dich in deinen Gedanken bis heute bewegt,
dort oben, im lauen Sommerwind?
Schau hinab auf jenen Tag, hinab aus dem Blau,
von ganz weit oben, aus großer Entfernung.
Kannst du dich sehen dort unten?
Wie sieht es um dich herum aus?
Was genau tust du dort?
Was tun andere Menschen um dich herum?
Was hörst du, was dringt in deine Ohren?
Was riechst du, was dringt in deine Nase?
Und was geht derweil in deinem Kopf vor?
Wenn du aus diesem großen Abstand schaust,
frage ich mich, welche neuen Erkenntnisse du gewinnst.
Was wolltest du, wenn deine Stimme laut genug wäre,
dem Menschen dort unten zurufen?
Was macht er richtig in dieser Situation, was gelingt ihm?
Und was könnte er verbessern, worin möchtest du ihn korrigieren?
Schau noch einen Moment hinab aus deinem Sommerhimmel
und genieße deine Schwerelosigkeit,
deinen Ausblick aus der wunderbaren Höhe,
und deinen großen Abstand zu allem,
was dich mit irdischer Schwerkraft nach unten ziehen könnte.
Lass deinen Gedankendrachen nun wieder frei fliegen,
weg von jenem Tag, auf den du geblickt hast.
Was lernst du aus dem, was du dort unten gesehen hast?
Ein weiser Mann, ein Philosoph, hat einmal gesagt:
»Wer aus seiner Vergangenheit lernt,
der kann sein künftiges Glück mehren
und sein künftiges Unglück mindern.«
Entscheide selbst, welche Lehren du für dich ziehst
und in welchen künftigen Situationen
diese himmlischen Erkenntnisse
von großem Nutzen für dich sind.

↘ Rückreise

Reisetipp: Bei der längerfristigen Arbeit bietet es sich an, diese Fantasiereise mit zwei weiteren zu verbinden: einer Reise in die Zukunft und einer Reise in die Gegenwart. Diese Reihenfolge – Zukunft zuerst – ist hilfreich, weil die Teilnehmer dort ihre Visionen entdecken und daraus Schlüsse für die Gegenwart ziehen können.

Wichtige Reisefragen

→ Haben Sie Ihren Drachen von außen wahrgenommen? Oder waren Sie das selbst?

→ Wie leicht (oder schwer) fiel es Ihnen, in die Vergangenheit zu fliegen?

→ Was war das für ein Gefühl, so hoch über den Feldern zu surren?

→ Inwieweit hat sich die Welt unten durch Ihren Abstand verändert?

→ Möchten Sie erzählen, zu welchem Tag Sie gereist sind (freiwillig!)?

→ Was ist Ihnen aus der Distanz an der Situation aufgefallen?

→ Wie haben sich die (möglichen) anderen Menschen verhalten? Wie Sie selbst?

→ Was haben Sie sich zugerufen?

→ Ist es wahr, was der Weise gesagt hat: dass die Lehren aus der Vergangenheit das künftige Glück mehren und das künftige Unglück mindern können?

→ Welche Anregungen für Ihre Zukunft haben Sie mitgenommen?

Zitat zur Diskussion »Jeder Geist baut sich selbst ein Haus; und jenseits seines Hauses eine Welt; und jenseits seiner Welt einen Himmel.« *Ralph Waldo Emerson* (amerikanischer Autor)

Idee für Gruppenarbeit Laden Sie die Gruppe zu einem Aufstellungsspiel ein und finden Sie heraus, wie die Reise empfunden wurde (s. S. 78). Beispiel: »Ich möchte gerne wissen, wie hoch Sie am Himmel geflogen sind. Stellen Sie sich bitte nach Ihrer Flughöhe im Raum auf: Je höher Sie oben waren, desto näher an der rechten Wand. Je tiefer, desto näher an der linken.« Auf dieselbe Weise können Sie abfragen, wer seinen Tag scharf oder unscharf sah, wer ein positives oder negatives Erlebnis hatte, wer etwas für die Zukunft mitnimmt und wer nicht und so weiter. So kann sich die ganze Gruppe einander mitteilen – auch diejenigen, die später nicht über ihren Tag sprechen wollen.

Idee für die Arbeit mit Einzelklienten Grenzen Sie das Thema der Reise ein, indem Sie Ihren Klienten – je nach Anliegen – auf ein vergangenes Vorstellungsgespräch, einen Konflikt oder einen großen Erfolg blicken lassen. Laden Sie ihn während der Reise ein, die Flughöhe zu wechseln, zum Beispiel erst von oben zu schauen, dann ganz dicht über dem Geschehen zu schweben. Solche Distanzwechsel verhelfen ihm zu einer differenzierten Selbstwahrnehmung – oft die Basis für künftige Erfolge.

Idee für Jugendarbeit Gehen Sie mit den jungen Menschen in die Natur und lassen Sie Drachen steigen. Vor der Reise kann das eine Einstimmung auf das Thema sein, danach eine Reflexion. Jedes Mal stellt sich die Frage: Wo liegt die Verbindung zwischen dem realen und dem imaginären Erleben? Inwieweit ist es zum Beispiel mit den Gedanken wie mit den Drachen: dass die größte Schwierigkeit darin liegt, sie erst einmal in die Luft zu bringen – und dann fliegen sie fast von alleine?

22. Der Papagei

Reisethemen Vergänglichkeit, Selbst- und Fremdbild, Zukunftsgedanken.
Reiseziel Die Teilnehmer sollen nachdenken über den Kontrast zwischen Alleinsein und Gemeinschaft, über sich selbst als soziale Wesen.

↗ Reisestart

Versetz dich jetzt mit deiner Fantasie in die Ferne,
auf eine kleine Insel im tiefblauen Ozean.
Du liegst im warmen Sand
und hast deine Füße so dicht ans Meer gestreckt,
dass die Schaumkronen deine Zehen lecken.
Ein angenehmes Kitzeln läuft von unten deinen Körper hinauf.
Konzentrier dich ganz auf diesen Kontrast:
den warmen, trockenen Sand unter deine Haut
(spürst du, wie er sich deiner Körperform anpasst?),
und die angenehm feuchten Schaumkronen an deinen Zehen,
die kommen und vergehen, kommen und vergehen.
Dir dämmert, dass alle Augenblicke dieses Tages
so wie die Schaumkronen sind: Sie kommen und vergehen.
Schau dir die Schatten der nahen Palme an, sie huschen über den Strand,
sie kommen und vergehen.
Schau dir die Wattebausch-Wölkchen am blauen Himmel an:
Sie kommen und vergehen.
Fühl deinem Atem nach, der die warme Meeresluft aufsaugt:
Er kommt und vergeht.
Für alles, was kommt, vergeht etwas.
Und für alles, was vergeht, kommt etwas.
Dieser Gedanke wärmt dich wie der Sand unter dir.
Du fühlst dich sicher, ganz sicher.
Lass deinen Blick hinüber zu der Palme gleiten
und sieh ihre Farben, die sich vorm Himmel so deutlich abzeichnen,
als hätte ein Maler die Palme auf eine blaue Leinwand gemalt.
Wie lange brauchst du, um einen gelben Farbtupfer in der Palme zu erkennen?
Schau genau hin, es ist ein Vogel, ein bunter und erhabener Papagei.
Und nun, als hätte er deinen Blick gespürt,
flattert er zu dir herüber und landet auf deinem Knie.
Kannst du das angenehme Kribbeln spüren,
das die sanfte Berührung durch seine Krallen auslöst?
Finde heraus, ob dieser Papagei sprechen kann.
Gibt es einen Satz, von dem du dir schon lange wünschst,
ein anderer würde ihn zu dir sagen?

Einen Satz, nach dem du dich sehnst?
Sag dem Papagei ganz laut und deutlich
diesen für dich so wichtigen Satz vor.
Und sieh nun genau hin, wie sein Schnabel sich öffnet
und wie er deinen Satz wiederholt.
Doch er spricht nicht mit einer Papageienstimme,
er spricht mit der Stimme des Menschen,
an den du bei diesem Satz gedacht hast.
Lausch dem Klang dieser vertrauten Stimme nach.
Was empfindest du bei diesem Satz?
Warum bedeutet er dir so viel?
Denk an einen anderen Menschen, der dir wichtig ist.
Stell ihn dir so genau vor, als solltest du ihn malen:
seine Statur, sein Gesicht, die Farbe seiner Augen.
Jetzt stellst du dem Papagei eine Frage.
Sprich ihn mit dem Namen des Menschen an,
den du dir gerade vorgestellt hast, und sag:
»Was magst du an mir?«
Wieder öffnet der Papagei seinen Schnabel,
wieder antwortet er mit der Stimme dieses Menschen.
Was sagt dieser Mensch? Was mag er an dir?
Hättest du das gedacht?
Stell dir einen anderen Menschen vor,
aus einem anderen Bereich deines Lebens,
wieder in allen Einzelheiten. Siehst du ihn vor dir?
Und nun frag den Papagei wieder:
»Was magst du an mir?«
Was antwortet er mit der Stimme dieses Menschen?
Hättest du das gedacht?
Fühl dich in deinem warmen Sandbett ganz geborgen,
genieße das Kitzeln der Schaumkronen an deinen Füßen.
Du spürst, dass du diesem Papagei jede Frage stellen kannst,
und er wird darauf die richtige Antwort wissen.
Welche Frage zu deiner Zukunft möchtest du ihm stellen?
Überleg es dir genau, du hast nur diese eine Chance.
Und dann stell ihm, ganz langsam, diese Frage.
Schau gespannt auf seinen Schnabel, der sich öffnet.
Kannst du hören, was der Papagei dir antwortet?
Saug die Antwort so tief in dich ein wie die Meeresluft.
Sieh: Der Papagei ist verschwunden.
Es ist der Tag, an dem alles kommt und vergeht.

↘ Rückreise

Reisetipp: Achten Sie darauf, dass Sie dort, wo die Reisenden sich eine Handlung ausmalen sollen, Pausen von ausreichender Länge einlegen – so wie ein Flugzeug, das seine Passagiere beim Zwischenstopp aussteigen lässt, erst wieder starten darf, wenn sich alle an Bord versammelt haben. Ich lege nach dem Satz »Welche Frage zu deiner Zukunft möchtest du ihm stellen?« eine Pause von mindestens 20 Sekunden ein, nach der folgenden Aufforderung (»Überleg es dir gut …«) noch einmal weitere 20 Sekunden.

Wichtige Reisefragen

→ Wie hat es sich angefühlt, dass alles kommt und vergeht? Was war daran entspannend?

→ Inwiefern könnte diese Sichtweise auch Ihren Blick auf den Alltag verändern?

→ Fiel es Ihnen leicht, einen Satz zu finden, den Sie gerne hören würden?

→ Wie hat es sich angefühlt, diesen Satz selbst zu sprechen? Wie, ihn dann zu hören?

→ Was genau haben die beiden befragten Menschen an Ihnen gemocht? Inwieweit fühlen Sie sich dadurch (an)erkannt?

→ Welche Frage zu Ihrer Zukunft haben Sie gestellt?

→ War die Antwort hilfreich? Reicht es manchmal vielleicht schon, die richtigen Fragen zu stellen?

These zur Diskussion (provokant): Verlust ist kein Problem – solange man ihn als geöffnete Tür zu neuen Wegen sieht.

Idee für Gruppenarbeit Wenn die Gruppe sich schon etwas länger kennt: Jeder Teilnehmer klebt sich ein Pappschild auf den Rücken und nimmt einen Stift in die Hand. Nun schreiben sich die Teilnehmer gegenseitig Komplimente auf den Rücken, Motto: »Was ich an dir mag.« Am Ende dürfen dann alle ihr Schild vom Rücken lösen und anschauen. Bitten Sie die Teilnehmer, ihre Komplimente in der Gruppe vorzulesen. Wie geht es ihnen damit?

Idee für die Arbeit mit Einzelklienten Besprechen Sie mit Ihrem Klienten, welche Eigenschaften andere an ihm schätzen müssten, damit er mit seinem Anliegen vorwärtskommt. Wenn es eine Strecke von 100 Metern wäre: Wie viele Meter hat er dann schon zurückgelegt? Welche Qualitäten haben ihn so weit gebracht? Und was, ganz konkret, wird er tun, um die Reststrecke zu bewältigen?

Idee für Jugendarbeit Lassen Sie die jungen Teilnehmer einander Komplimente machen wie bei der Gruppenarbeit – nur dass es in der ersten Runde zwei Gruppen gibt: Papageien und Menschen. Die Papageien schlagen ihre Arme wie Flügel, laufen von Mensch zu Mensch und sagen dem anderen jeweils, was sie an ihm mögen. Nach der ersten Runde werden die Rollen gewechselt, danach die Ergebnisse und Erlebnisse in der Gruppe besprochen. Welche Parallelen zu der Fantasiereise gibt es? Wer hat sich an die Situation am Strand erinnert gefühlt?

23. Ein Museum voller Sätze

Reisethemen Glaubenssätze, Macht der Worte und Gedanken, Prägung durch Erziehung.

Reiseziel Die Teilnehmer werden angeregt, ihre persönlichen Glaubenssätze unter die Lupe zu nehmen und kritisch zu prüfen.

↗ Reisestart

Wandere jetzt mit deinen Gedanken in einen Raum,
wo du auf eine große, lange Wand blickst.
Stell dir eine Wand wie in einem Museum vor,
an der ganz viele große und kleine Bilderrahmen hängen,
und in jedem dieser Rahmen stehen unterschiedliche Sätze.
Die Buchstaben sind farbig, sie leuchten dir entgegen.
Einige der Sätze flackern, andere leuchten ruhig und stetig.
Lass dich ganz auf das Leuchten der Worte ein,
spür, dass dich Sprache dein Leben lang umgibt,
dass Buchstaben für dich wichtig sind,
dass Sätze dich erleuchten können.
Und nun folge dem Museumsführer,
der mit einer kleinen Gruppe durch den Raum läuft.
Jetzt hält er vor einem Bilderrahmen aus kleinen Mauersteinen.
In strengem Ton liest er die Worte: »Ohne Fleiß kein Preis.«
Stell dir diesen Satz vor, leuchtend in einem gemauerten Rahmen:
»Ohne Fleiß kein Preis.«
Hast du diesen Satz in deinem Leben schon einmal gehört?
Wenn ja, aus welchem Mund?
Wann handelst du in deinem Leben nach diesem Satz?
Überleg einmal, ob du den Satz wirklich glauben *möchtest*.
Was wäre, wenn sich so mancher Preis auch ohne Fleiß ergattern ließe?
Der Museumsführer winkt euch zum nächsten Bild.
Der Rahmen ist geformt wie eine geballte Faust.
In der Mitte flackert der Satz: »Ich darf keine Schwächen zeigen.«
Lass diesen Satz auf dich wirken, bis er ein Echo in deinem Kopf erzeugt:
»Ich darf keine Schwächen zeigen.«
Hast du diesen Satz schon einmal gesagt oder gedacht?
Denk an Situationen, in denen du Schwächen überspielst.
Welche Befürchtung leitet dich dabei?
Was genau würde passieren, wenn du einfach schwach wärst?
Kann es eine Stärke sein, zu Schwächen zu stehen?
Lass dich mit der Gruppe zum nächsten Bilderrahmen treiben,
einem ganz mickrigen, kaum sichtbaren, verwitterten Rahmen.

Dort steht in gesudelter Schrift: »Eigenlob stinkt!«
Horch in dich hinein, was lösen diese Worte aus: »Eigenlob stinkt.«
Bist du jemand, der seine eigene Leistung gerne anderen präsentiert?
Oder ist es dir peinlich, dir selbst auf die Schulter zu klopfen?
Überleg einmal genau, wie das in deiner Kindheit war,
zum Beispiel, als du etwas gebastelt hattest.
Hast du es versteckt? Oder stolz den Eltern gezeigt?
Und wenn der Stolz damals etwas ganz Natürliches war –
warum will er dir heute so unnatürlich erscheinen?
Der nächste Bilderrahmen, vor den du trittst,
hat die Form einer am Himmel fließenden Wolke.
In blumiger Schrift steht dort: »Träume sind Schäume.«
Lass diesen Satz wie einen Gast in deinen Kopf hinein:
»Träume sind Schäume.«
Ist dieser Satz ein neuer Gast? Oder kennst du ihn schon?
Wenn ja, wann ist er dir das erste Mal begegnet?
Und wer hat ihn dir vorgestellt?
Wie gehst du in deinem Leben mit den Träumen um?
Lässt du sie zu? Oder hältst du sie für Spinnereien?
Und was, wenn Träume nicht nur Schäume wären,
sondern das Meer, aus dem alles entspringt?
Schau noch einmal auf die vier Sätze zurück:
»Ohne Fleiß kein Preis«, »Ich darf keine Schwächen zeigen«,
»Eigenlob stinkt«, »Träume sind Schäume«.
Die Buchstaben sind immer noch hell wie Leuchtreklamen.
Spür deine Macht, diese Lichter zu löschen.
Such dir einen Satz aus, der dich am meisten behindert.
Fixiere seine Wörter, seine Buchstaben, jedes Detail.
Und dann denkst du dir ganz fest, dass er erlöschen soll.
Genieße den Anblick, wie das Licht des Satzes ganz langsam ausgeht,
bis er schließlich vollkommen verschwunden ist.
Geh so mit allen Sätzen vor, denen du dich entziehen willst.
Und nun nimm dir vor, dein Leben einmal zu durchforsten:
nach Sätzen, die dich leiten, obwohl du von ihnen nicht geleitet werden willst.
Lösche diese Sätze wie im Museum.
Jetzt sagt eine Lautsprecherstimme: »Wir schließen in zehn Minuten.«
Geh noch einmal durch den Gang mit den Sätzen,
und dann bewege dich langsam in Richtung Ausgang.

Reisetipp: Variieren Sie diese Reise, indem Sie im letzten Bilderrahmen keinen Satz vorgeben, sondern Ihre Teilnehmer einen ganz persönlichen Glaubenssatz hineindenken lassen. Das
macht die Reise noch individueller – auch wenn bei der Feedbackrunde mit Sicherheit herauskommt, dass nicht jedem in der Kürze der Zeit ein persönlicher Glaubenssatz eingefallen ist.

Wichtige Reisefragen

→ Welches sind Ihre Überzeugungen, die Sie ganz bewusst vertreten?

→ Und welche Überzeugungen begleiten Sie wie blinde Passagiere – also ohne dass Sie sich ihrer bewusst wären?

→ Welche Überzeugungen würden Ihnen andere Menschen aus Ihrem Umfeld nachsagen?

→ Aus welchen Quellen speisen sich Ihre Überzeugungen?

→ Wann ist es Ihnen gelungen, eine Überzeugung abzulegen? Wie haben Sie das geschafft?

→ Welche Ihrer Überzeugungen würden Sie gerne ersetzen? Und wodurch?

These zur Diskussion Glaubenssätze sind wie Gefängnisse: Ist man einmal drin, kommt man nur schwer wieder raus. Die Hoffnung: Man hat den Schlüssel selbst in der Tasche!

Idee für Gruppenarbeit Laden Sie die Gruppe zu einem Aufstellungsspiel ein: Verteilen Sie eine größere Zahl von möglichen Glaubenssätzen im Raum. Bitten Sie die Teilnehmer, sich hüpfend durch den Raum zu bewegen und dann, auf Ihr Kommando, bei jenem Glaubenssatz Position zu beziehen, der in ihrem Kopf am präsentesten ist. Welcher Satz zieht die meisten Menschen an? Welches Feld bleibt leer? Interviewen Sie die Teilnehmer in ihrer Position und bringen Sie sie miteinander in Dialog.

Idee für die Arbeit mit Einzelklienten Lassen Sie Ihren Klienten eine »Giftliste« jener Glaubenssätze erstellen, die er für schädlich hält. Dann prüfen Sie mit ihm, in welchen Situationen ihm diese Überzeugungen nützlich waren (oder noch sind). Welcher neue Glaubenssatz schiene ihm stimmiger? Was genau müsste er tun, um diese veränderten Überzeugung mit Leben zu erfüllen?

Idee für Jugendarbeit Lassen Sie die Jugendlichen die möglichen Glaubenssätze literarischer Figuren erraten – zum Beispiel von Pippi Langstrumpf, Robinson Crusoe oder Goethes Werther. Wie nützlich oder schädlich wirken sich diese Überzeugungen auf das Handeln des jeweiligen Protagonisten aus? In kleinen Gruppen können die Glaubenssätze umgeschrieben und in schauspielerische Handlungen mit den Romanfiguren umgesetzt werden. Die restliche Gruppe muss raten: Wie lautet wohl der neue Glaubenssatz? Diese spielerische Übung verdeutlicht die Macht der Glaubenssätze.

24. Der Ritt auf dem Motorrad

Reisethemen Geschwindigkeit, Wahrnehmung, Umgang mit Pannen, Reframing.
Reiseziel Die Teilnehmer werden angeregt, ihre Lebensgeschwindigkeit zu überdenken.

↗ Reisestart

Schnür jetzt das Bündel deiner Fantasie
und lass es wandern zu einem Weg, der dir sehr vertraut ist.
Es kann ein Weg sein, den du häufig gehst oder gegangen bist.
Stell dir diesen Weg so genau vor,
als hättest du ihn Stück für Stück fotografiert.
Was wäre auf dem ersten Bild? Auf dem zweiten? Dem dritten?
Tauch ganz in die Bilder dieses vertrauten Weges ein.
Und nun stell dir vor, dass du am Beginn der Strecke stehst.
Ein Knattern kommt näher, ein schnelles Motorrad.
Der Fahrer winkt dich auf seinen Sozius.
Schwing dich auf das Motorrad, spür den Sitz unter dir,
das Vibrieren des laufenden Motors.
Ein leichter Benzingeruch umweht deine Nase.
Der Motor heult auf, das Motorrad startet durch.
Was geschieht mit deinem Körper,
während das Motorrad beschleunigt?
Umklammere den Fahrer, damit dir nichts passiert.
Spür den Fahrtwind, der dich umpfeift.
Und nun achte darauf, wie dein vertrauter Weg
in rasender Geschwindigkeit an dir vorbeirauscht,
fast unscharf, so schnell flitzt das Motorrad:
Bild folgt auf Bild, Bild folgt auf Bild,
Bild, Bild, Bild, Bild, Bild, Bild.
Wie scharf sind die Bilder, die du siehst?
Warum ist es dir nicht möglich, Details zu sehen?
Und wie lange dauert es, bis du den Weg durchrast hast?
Doch kaum, dass ihr am Ende der Strecke seid,
beginnt das Motorrad wie ein bockiges Pferd zu rucken.
Du hörst, wie der Motor ein gurgelndes Geräusch macht,
dann verstummt er: kein Benzin mehr.
Ihr müsst die Maschine den Weg zurück schieben.
Stell dir vor, wie ihr denselben Weg gemeinsam geht,
ganz langsam, weil ihr das Motorrad schiebt.
Genieße die Langsamkeit deiner Bewegung.
Geh deinen Weg mit hellwachen Sinnen zurück.

Nimm dir die Zeit, auf jede Einzelheit zu achten.

Entdeck auf dem alten Weg noch etwas Neues.

Achte auf Details, die du schon lange nicht mehr beachtet hast.

Nimm die Farben wahr, die Gerüche und auch alle Erinnerungen,

die du mit den einzelnen Abschnitten dieses Weges verbindest.

Welche Erinnerungen sind das?

Was bringen diese Gedanken in dir zum Klingen?

Nun habt ihr den Ausgangspunkt erreicht.

Wirf noch einmal einen Blick auf den vertrauten Weg zurück.

Was hast du bei der schnellen Motorradfahrt wahrgenommen?

Und was beim langsamen Zurückschieben?

Inwieweit kam es dir vor, als wären es zwei unterschiedliche Wege?

Was war gut an der Panne, wodurch hat sie dir genützt?

Denk einmal darüber nach, wie das bei dir im Leben ist:

Mit welcher Geschwindigkeit bist du unterwegs?

Wenn dein Leben einen Tacho hätte:

In welchen Situationen würde er voll ausschlagen?

Bist du in Gesprächen ein geduldiger Zuhörer?

Oder willst du das Wort selbst ergreifen?

Kannst du, wenn du etwas erreicht hast, in Ruhe genießen?

Oder läufst du schon dem nächsten Erfolg hinterher?

Und wie verhältst du dich, wenn dir das Benzin ausgeht?

Siehst du Krankheiten oder Misserfolge als wertvolle Chance,

deinen Weg in Ruhe zu überblicken, zu prüfen, zu korrigieren?

Erkennst du dann Dinge, die du im rasenden Alltag übersiehst?

Oder fährst du in Gedanken schon wieder weiter?

Stell dir noch einmal den Tacho deines Lebens vor

und lenke die Tachonadel auf deine Wunschgeschwindigkeit.

Was genau müsstest du tun, um sie für dich zu finden?

↘ Rückreise

Reisetipp: Erhöhen Sie Ihr Sprechtempo, wenn Sie die Motorradfahrt beschreiben. Und machen Sie langsam, wenn das Motorrad zurückgeschoben wird. Mit Ihrer Sprechgeschwindigkeit können Sie beeinflussen, wie detailliert oder verschwommen die Wahrnehmungen der Reisenden ausfallen.

Wichtige Reisefragen

→ Auf einem Tacho von 1 bis 200 – wo sehen Sie Ihre Lebensgeschwindigkeit?

→ In welchen Situationen ist sie besonders hoch? Wann besonders niedrig?

→ Wie wirkt sich diese Geschwindigkeit auf Ihre Wahrnehmung aus? Was könnte Ihnen am Wegesrand entgehen?

→ Wodurch wird Ihr Leben beschleunigt?

→ Wie können Sie das Tempo selbst bestimmen?

→ Welche Folgen für die Lebensqualität hat Ihr Lebenstempo? Zu welcher Geschwindigkeit tendieren Sie in Freizeit und Urlaub?

→ Welche positiven Seiten haben »Pannen« im Leben?

These zur Diskussion (provokant): Das Zeitalter der Postkutsche ist vorbei. Die gesamten Errungenschaften der Neuzeit, von Raumfahrt bis Internet, beruhen auf Geschwindigkeit. Wer Gas gibt, hat mehr Spaß am Leben.

Idee für Gruppenarbeit Lassen Sie Kleingruppen mit Geschwindigkeit experimentieren, etwa mit Sprechgeschwindigkeit, Gehgeschwindigkeit, Denkgeschwindigkeit und Laufgeschwindigkeit. Zum Beispiel können zwei Gruppenmitglieder den Auftrag erhalten, unter denselben Rahmenbedingungen jeweils ein Extremverhalten aufzuführen. Was fällt den Beobachtern dabei auf? Was den Vorführenden? Welche Veränderungen bewirkt die Geschwindigkeit?

Idee für die Arbeit mit Einzelklienten Schlagen Sie Ihrem Klienten vor, bis zum nächsten Termin einen Tag in seinem Wunschtempo einzulegen. Was genau wird er tun, um dieses Tempo zu erreichen? Wie kann er seine Geschwindigkeit im Laufe des Tages immer wieder kontrollieren? Bitten Sie ihn, seine Erfahrungen in Stichwörtern aufzuschreiben und in der nächsten Beratung einzubringen: Was macht die Geschwindigkeit mit ihm und seiner Wahrnehmung?

Idee für Jugendarbeit Teilen Sie die Jugendlichen in zwei Gruppen, die draußen eine kleine Erkundungstour unternehmen. Die Aufgabe besteht darin, Beispiele für besonders hohes Tempo und für besondere Langsamkeit zu dokumentieren – durch Beobachtungen oder gerne auch durch Fotos oder durch Filmaufnahmen. Worin genau besteht der Kontrast zwischen Orten der Langsamkeit (etwa dem Schachfeld im Stadtpark) und Orten der hohen Geschwindigkeit (etwa der Wandelhalle im Hauptbahnhof)?

25. Der Goldfisch und du

Reisethemen Loslassen, Fantasie, Verstand und Intuition.
Reiseziel Die Teilnehmer bekommen die Chance, sich über die Grenzen ihres Verstandes hinauszubewegen und schulen ihre Fantasie.

↗ Reisestart

Stell dir vor, du stehst vor einem Fahrstuhl,
einem Fahrstuhl, wie du ihn kennst.
Stell dir diesen Fahrstuhl im Detail vor.
Mit welchem Gefühl steigst du gleich ein?
Konzentriere dich ganz auf diesen Fahrstuhl
und bewege dich nun langsam hinein,
bis dein Fuß gegen einen harten Gegenstand stößt.
Etwas schwappt dir ans Hosenbein: Es ist Wasser.
Du schaust nach unten, dort steht ein großes Glas,
und im Wasser schwimmt ein Goldfisch.
Seine bunten Flossen vibrieren, als wollte er dir winken.
Was will er dir wohl sagen?
Du drückst auf »Erdgeschoss«, der Liftboden sackt weg,
und du genießt dieses Gefühl des Durchsackens.
Du schaust hinab zu dem Goldfisch, er schwimmt im Kreis.
Schau ihn dir ganz genau an,
er kreist so schnell, dass er sich fast überholt.
Ein Kreis. Und noch ein Kreis. Und noch ein Kreis.
Du merkst, wie sich ein leichtes Schwindelgefühl
aus deinem Kopf in den Körper fortpflanzt.
Lass dich sinken auf den Boden,
setz dich gemütlich neben diesen Fisch.
Du schaust hoch zur Leuchtanzeige und siehst,
wie das Erdgeschoss vorbeifliegt,
das erste Untergeschoss, das zweite, das dritte.
Du weißt, dass dieses Gebäude nicht so viele Untergeschosse hat,
aber du hast heute keine Lust auf Logik.
Fühl dich wie ein Fallschirmspringer im Flug,
lass dich genussvoll im Fahrstuhl abwärtsgleiten.
Jetzt springt dein Goldfisch aus dem Glas.
Du willst ihn greifen, ihn zurück ins Wasser tun,
doch da schwimmt er auch schon an dir vorbei.
Der Fahrstuhl öffnet lautlos seine Tür,
und vor dir leuchtet ein Korallenriff.
Es schimmert in prächtigen Farben,

und eine bunte Wolke hüpft lustig am Riff entlang.
Probier einmal, ein paar Schritte unter Wasser zu gehen.
Merkst du, dass du gar keinen Boden brauchst?
Du kannst schwerelos im Wasser laufen.
Wie fühlt sich dieses Gehen an?
Schau dir diese Farbwolke einmal aus der Nähe an.
Es sind Fische, fingerlange, bunte Fische,
sie haben sich zu einem Schwarm versammelt.
Und mittendrin in diesem fröhlichen Gewusel
winkt dir dein Goldfisch mit seinen Flossen zu.
Woran genau hast du ihn erkannt?
Am nächsten Riff siehst du einen Tintenfisch,
er hat sich mit einem seiner Arme festgesaugt,
und mit einem anderen Arm sprüht er blaue Tinte,
die sich schimmernd über das Riff verteilt,
er lackiert die Unterwasserlandschaft.
Er schreibt mit seiner Tinte ein Wort,
das dir viel bedeutet. Wie lautet dieses Wort?
Eine Meerjungfrau mit silbernem Schuppenkleid
kommt fröhlich auf dich zugeschwommen.
Sie reicht dir ihre Hand und will tanzen.
Zusammen umwirbelt ihr das Riff.
Noch nie waren deine Beine so leicht.
Wirf die Meerjungfrau in die Höhe,
mit einem Silberstreifen steigt sie auf
und fällt in deine Arme zurück.
Achte darauf, welches Gefühl deinen Bauch flutet,
während du unter Wasser tanzt.
Jetzt bemerkst du ein leichtes Schwindelgefühl.
Lass dich sinken auf den Boden, setz dich gemütlich hin.
Neben dir steht ein Goldfischglas.
Der Fahrstuhl fährt wieder aufwärts.
Und der Goldfisch neben dir fragt sich,
was du durch diese Reise über dich gelernt hast,
über die Leichtigkeit deines Körpers,
über unvermutete Stockwerke deines Lebens,
über die Existenz in einem fremden Element.

Reisetipp: Wenn Sie mit der Gruppe (oder Ihrem Klienten) in einem Gebäude arbeiten, in dem sich ein Fahrstuhl befindet, dann sollten Sie ihn zum Ausgangsort der Reise erklären und die Stockwerke im Text anpassen. Ein Schuss greifbare Realität, in die Fantasie gemischt, gibt den Inhalten einen besonderen Kick.

Wichtige Reisefragen

→ Wie haben Sie das Goldfischglas im Lift gedeutet?

→ Was ging in Ihnen vor, als der Lift über das unterste Stockwerk hinausfuhr?

→ Woher kennen Sie diese Erfahrung: dass eine scheinbare Grenze gar nicht besteht?

→ Haben Sie sich schon im Lift gewundert, dass Sie unter Wasser offenbar atmen konnten?

→ Wie war es, sich im Reich der Fische zu bewegen?

→ Ist Ihnen im Leben immer klar, wann Sie Ihr eigenes Reich verlassen und die Reiche anderer betreten? Wie genau bewegen Sie sich dort?

→ Welches für Sie wichtige Wort hat der Tintenfisch geschrieben?

These zur Diskussion Wenn wir unsere Ziele nicht erreichen, hat es meistens nur einen Grund: Wir verkennen, dass der Fahrstuhl unseres Lebens mehr Knöpfe hat, als wir zunächst glauben.

Idee für Gruppenarbeit Jeder Teilnehmer definiert eine persönliche Grenze, ein »Stockwerk«, von dem er meint, es nie erreichen zu können. Dann sammelt er selbst Gegenargumente: Was spricht dafür, dass er es doch erreichen kann? Schließlich trägt er in der Kleingruppe beide Standpunkte jeweils zwei Minuten lang vor – erst unter der Überschrift »Ich, der Begrenzte«, dann unter der Überschrift »Ich, der Grenzenlose«. Welcher Standpunkt klingt stimmiger?

Idee für die Arbeit mit Einzelklienten Sprechen Sie mit Ihrem Klienten, wenn das Thema zu ihm passt, über die Bedeutung der Logik. In welchen Fällen ist es gut, eine Sache völlig rational zu sehen? Und wann ist es effektiver, der Intuition zu folgen? Wie sieht die ideale Balance zwischen Logik und Intuition aus? Und wohin will er sich entwickeln?

Idee für Jugendarbeit Inszenieren Sie eine kleine Gruppenaufführung: Eine Gruppe soll hüpfen, tanzen, sich bewegen, als wäre sie völlig schwerelos – federleichtes Mondballett. Die andere Gruppe soll die Erdanziehung, die Schwere der Glieder aufführen. Eine dritte Gruppe beobachtet beides. Wie fallen die beiden Aufführungen im Kontrast aus? Haben sich die »Schwerelosen« tatsächlich leichter gefühlt? Wie kann es sein, dass allein ein Gedanke das Körpergewicht reduziert? Inwieweit gilt das auch für Probleme?

26. Das Gewitter der Zukunft

Reisethemen Naturgewalt, Zukunft, Visionen, Entwicklungsziele.
Reiseziel Die Teilnehmer werden angeregt, sich mit ihrer eigenen Zukunft auseinanderzusetzen.

↗ Reisestart

Lass deine Gedanken aufsteigen und aus diesem Raum schweben.
Stell dir vor, es ist Nacht, du sitzt am Fenster einer einsamen Berghütte.
Das Holz im Ofen knackt und knistert und sprüht Funken.
Ein Herbststurm klatscht Wassertropfen an die Scheibe vor dir,
und du hörst, wie der Wind unter den Dachziegeln orgelt.
Spür die Luft des Ofens, die deine Haut streichelt,
als wollte sie dich in einen Mantel aus Wärme packen.
Jeder Atemzug lässt Wärme in deiner Brust aufsteigen,
so als wärst du selbst ein kleiner Ofen.
Genieße diese wohlige Wärme, diesen schützenden Raum,
während draußen der wilde, eisige Herbststurm pfeift.
Jetzt achte einmal darauf, was dir der Sturm zu sagen hat.
Konzentriere dich auf die Sprache des Regens,
wenn er mit harten, eiligen Füßen über die Scheibe tippelt.
Lass das, was er sagt, in dich hinein.
Konzentriere dich auf die Sprache des Sturms,
wenn er sein Gebläse aufdreht, bis es hoch und gespenstisch pfeift.
Lass das, was er sagt, in dich hinein.
Lenk deinen Blick jetzt in die Nacht hinaus,
nimm genau wahr, wie sie unscharf am Fenster lehnt,
als hätte das Regenwasser auf der Scheibe ihre Konturen verwischt.
Woher weißt du, dass da überhaupt etwas hinter der Scheibe ist,
obwohl du nur ins Schwarze schaust?
Stell dir vor, da draußen lehnt nicht die Nacht am Fenster,
sondern da liegt das Land deiner Zukunft im Dunkeln,
dein Leben, wie es einmal sein wird.
Wenn du daran denkst, kribbelt dein Körper angenehm,
du willst einen Blick in diese Zukunft werfen.
Nun hörst du ein Geräusch, als würde ein riesiger Felsklotz
langsam über den finsteren Himmel gerollt, mit gewaltigem Nachhall.
Das muss ein Donnergrollen sein, ein aufziehendes Gewitter.
Sieh, wie ein leuchtender, gezackter Arm vom Himmel in die Nacht fährt
und kurz, ganz kurz, ein wenig Licht auf das Land deiner Zukunft wirft.
Achte genau darauf, was du dort unten erkennen kannst.
Wie sieht das Land deiner Zukunft aus?

Vielleicht nimmst du wahr, wo du wohnst.
Oder du kannst erkennen, wo du arbeitest.
Oder du siehst Menschen, die bei dir sind.
Atme den harzigen Geruch ein,
den das brennende Holz in deiner Hütte verströmt.
Und lass den finsteren Himmel nicht aus den Augen.
Wünsch dir ganz fest, dass er wieder einen Blitz schickt.
Da! Schon spaltet der gezackte Leuchtarm das Dunkel wieder,
diesmal viel länger und heller als zuvor.
Schau noch genauer auf das Land deiner Zukunft:
Wie siehst du aus? Welche Kleidung trägst du?
Womit verbringst du deine Zeit?
Was unterscheidet den Menschen, der du dort bist,
von dem Menschen, der du früher warst?
Nimm ganz intensiv wahr, wie du dich entwickelt hast,
wie du dein Leben mit eigener Kraft steuerst,
wie du deine Stärken jeden Tag einsetzt
und dich mit deinen Schwächen versöhnt hast.
Ich frage mich, ob du stolz auf dich bist,
denn du warst einmal ein kleines Baby,
du konntest nicht gehen, du konntest nicht sprechen,
du konntest nur schreien.
Und jetzt, im Licht dieses Blitzes,
siehst du dich als reifen, als künftigen Menschen.
Erleuchtet – von einem Blitz.
Nun erlischt der Blitz wieder, das Land liegt still,
und der Sturm schaltet einen Gang zurück.
Der Regen tröpfelt nur noch leise an die Scheibe.
Du weißt, dass kein Blitz mehr kommen wird.
Doch du hast gesehen, was du sehen wolltest.
Nimm diese Gedanken mit auf deine Rückreise.

↘ Rückreise

Reisetipp: Eine interessante Variante dieser Reise ist, dass Sie den Blitz jeweils nur einen Ausschnitt des künftigen Lebens beleuchten lassen – zum Beispiel einmal die Familie, einmal die Freizeit, einmal die Arbeit. Solche Vorgaben erleichtern es, an einem bestimmten Thema zu arbeiten.

Wichtige Reisefragen

→ Hat die Natur uns wirklich etwas zu sagen? Was müssen wir tun, um sie zu verstehen?

→ Draußen Sturm und drinnen Wärme – wie haben Sie diesen Kontrast empfunden? Gibt es Vergleichbares in Ihrem Leben, geschützte und weniger geschützte Zonen?

→ Wie sah das Land Ihrer Zukunft aus – was stach Ihnen zuerst ins Auge?

→ Welche Details kamen dann hinzu?

→ Was lag noch im Dunkeln, was wollten Sie näher sehen?

→ Nehmen wir einmal an, Sie könnten es wie ein Maler pinseln – wie sähe Ihr Bild aus?

Zitat zur Diskussion »Wenn du es dir vorstellen kannst, kannst du es auch machen.« *Walt Disney* (amerikanischer Filmproduzent)

Idee für Gruppenarbeit Laden Sie die Teilnehmer zu einer Schreibübung ein. Jeder soll ein kleines Drehbuch verfassen: Was genau hat er in der Dunkelheit gesehen (oder was hätte er dort gerne sehen wollen)? Wie kann er diese Vision in Worten an andere vermitteln? Angenommen, er wäre ein großer Schriftsteller und müsste darüber eine Seite schreiben – was stünde dann auf dieser Seite?

Idee für die Arbeit mit Einzelklienten Besprechen Sie mit Ihrem Klienten, ob es Momente gibt, in denen die Zukunft ihm zuwinkt – zum Beispiel Situationen bei der Arbeit, in denen er denkt: »Von dieser Aufgabe will ich eines Tages mehr machen!« Oder Menschen, bei deren Anblick ihm in den Sinn kommt: »So will ich eines Tages werden.« Welche Gemeinsamkeiten haben diese Anziehungskräfte der Zukunft? Welche Elemente davon sind schon in seinen jetzigen Tagen enthalten? Was kann er tun, um dieser erwünschten Zukunft ein gutes Wachstumsklima zu schaffen?

Idee für Jugendarbeit Lassen Sie die Jugendlichen eine kleine Zeitreise unternehmen. Ein Kreidekreis auf dem Boden wird zur »Zeitmaschine« erklärt. Die Gruppe darf diese Maschine betreten und wird dann, durch Herunterzählen von zehn bis eins, in die Zukunft »gebeamt«. Die Aufgabe besteht darin, dass sich dann nicht die gegenwärtigen Ichs, sondern die künftigen unterhalten. Jeder soll sich so verhalten und bewegen, wie er es dann für passend hält. Die Teilnehmer fragen sich gegenseitig zum Beispiel, was sie beruflich machen, wo sie dann wohnen, ob sie Familie haben und so weiter. Später erfolgt der Austausch in der großen Gruppe.

27. Die Möwenfeder über dem Meer

Reisethemen Bestimmung, Intuition, Vertrauen, Unbeschwertheit.
Reiseziel Die Teilnehmer sollen sich mit ihrer Intuition und mit Veränderungen auseinandersetzen.

↗ Reisestart

Versetz dich jetzt an einen fernen Ort, auf ein exotisches Meer.
Stell dir vor, du bist eine weiße Möwenfeder,
eine weiße Möwenfeder auf einem tiefblauen Meer.
Konzentriere dich ganz auf diesen Gedanken.
Auf diesem Meer treibst du wie ein stolzes, kleines Segel,
und der laue Atem des Windes schiebt dich an.
Spür das warme Meer, in dem du als Feder schwimmst,
schmeck sein salziges Wasser, das dich trägt.
Das Meer treibt dich auf ein Ufer zu. Vielleicht eine Insel?
Dort tanzen Menschen singend um ein Feuer
und drehen sich immer wieder im Kreis,
ein bunter und beschwingter Reigen.
Kannst du sehen, wie sich ihre dunklen Körper
um das hell lodernde Feuer drehen?
Und du, die Möwenfeder, reitest auf den Wellen,
die dich direkt auf diese goldene Insel zuspülen.
Was ist es für ein Gefühl, dass die Wellen dich
mit einer sanften, unsichtbaren Hand tragen?
Wie gefällt es dir, dich einfach treiben zu lassen,
dich der Strömung und den Wellen zu *überlassen?*
Wann in deinem Leben lässt du dich treiben?
In welchen Situationen kannst du ganz vertrauen?
Spür nun, wie der Wind mit dicken Backen
fester und fester über das glitzernde Meer pustet.
Spür, wie du als ganz leichte Möwenfeder
vom Wind erfasst und nach oben mitgenommen wirst,
als wärst du ein besonderer Vogel, der keine Schwingen braucht,
der auf dem Rücken des Windes getragen wird.
Und du fliegst direkt auf die Menschen am Feuer zu.
Dein Flug, dein Schaukeln durch die tropische Luft,
wie leicht, wie schwerelos fühlt es sich an?
Wenn du dich umschaust, siehst du einen Vogelschwarm,

der dich eskortiert, denn du bist Ehrengast des Himmels.
Wie sehen sie aus, diese exotischen Vögel?
Der Atem des Windes wird jetzt immer schwächer,
je näher du dem Lagerfeuer kommst.
Du verlierst an Flughöhe, direkt über dem Lagerfeuer.
Hör genau auf das Knistern unter dir.
Riech das Holz, das verbrannt wird.
Riech den Fisch, der gegrillt wird.
Riech die Zukunft, die kommen wird.
Das Feuer verströmt eine angenehme Wärme.
Hast du Angst, in den Flammen zu landen?
Oder weißt du ganz genau, dass der Wind dein Freund ist,
dass er dich mit sicherer Hand zur Erde bringt?
Woher weißt du im Leben, wem du vertrauen kannst?
Woher kennst du deine Richtung?
Direkt unter dir tanzen jetzt die Eingeborenen,
du schaust dir ihre Gesichter an.
Ein weiser, alter Mann, der Häuptling,
klatscht mit seinen Händen den Takt für seinen Stamm.
Sieh dir diesen Häuptling genauer an.
Woran hast du erkannt, dass er der Häuptling ist?
Auf den zweiten Blick entdeckst du seinen Federschmuck,
schwarze Federn, bunte Federn, alle möglichen Federn auf seinem Kopf.
Nur eine Feder, eine schlichte Farbe, fehlt.
Und auf einmal wird dir klar, was der Wind
schon die ganze Zeit mit dir vorhatte.
Jetzt fliegst du noch tiefer und landest,
so leicht und so elegant wie ein Schmetterling,
am Ort deiner Bestimmung.
Wie sieht dieser Ort deiner Bestimmung aus?
Wie fühlt es sich an, am Ziel zu sein?

↘ Rückreise

Reisetipp: Die Insel ist ein mächtiges Sprachbild: Sie steht für einen Zufluchtsort, für Sicherheit inmitten der wogenden See. Greifen Sie diese Metapher im weiteren Verlauf der Arbeit immer wieder auf. Sprechen Sie zum Beispiel nicht von Zielen – sondern von »den Inseln, auf die Sie reisen wollen«.

Wichtige Reisefragen

→ Wie leicht oder schwer fiel es Ihnen, sich vom Wind tragen zu lassen?

→ Wie hat sich dieses Gefühl im Laufe der Reise verändert?

→ Wie haben Sie die Insel und die Eingeborenen wahrgenommen?

→ Woran haben Sie den Häuptling erkannt?

→ Wo sind Sie am Ende gelandet? Und was war das für ein Gefühl?

→ Woher wissen Sie im Leben, woher der Wind der eigenen Wünsche weht?

→ Glauben Sie an eine Bestimmung Ihres Lebens?

→ Wenn ja, welche kleinen Zeichen gibt sie Ihnen im Alltag?

→ Wenn nein, wie entwickelt man diese Bestimmung?

→ In welchen Situationen sind Sie diesem Wind Ihrer Bestimmung schon gefolgt?

→ Wie könnten Sie diesen Wind künftig noch besser nutzen?

Zitat zur Diskussion »Wenn ihr's nicht fühlt, ihr werdet's nicht erjagen.« *Johann Wolfgang von Goethe* (deutscher Dichter)

Idee für Gruppenarbeit Lassen Sie die Teilnehmer in Murmelgruppen über das Thema Intuition diskutieren (s.S. 70). Als Aufhänger kann das genannte Goethe-Zitat dienen: Welchen Zusammenhang zwischen diesem Satz und der Fantasiereise könnte es geben? Was leiten die einzelnen Teilnehmer daraus für sich ab? Die Kleingruppen tragen ihre Ergebnisse später dem großen Auditorium vor.

Idee für die Arbeit mit Einzelklienten Besprechen Sie, wann der Klient seiner Intuition früher schon gefolgt ist. Woher wusste er, was richtig ist? Wie sahen die Ergebnisse aus? Lassen Sie Ihren Klienten, wenn er zwischen zwei Möglichkeiten schwankt, noch einmal als Feder aufsteigen – in welche Richtung treibt ihn der Wind? Die Intuition ist durch die Reise geschärft und weiß oft Antworten, die noch nicht zum Verstand vorgedrungen sind (s.S. 18).

Idee für Jugendarbeit Laden Sie die Teilnehmer zum Impro-Theater ein (s.S. 81). Ein Gruppenmitglied führt Regie, holt sein Reiseerlebnis auf die Bühne und verteilt die Rollen: Wer spielt (ihn) als Möwenfeder? Wer ist Häuptling? Wer Mitglied des Stamms? Welche Tänze und Rituale werden aufgeführt? Der Regisseur gibt Anweisungen, auch was die Flugbahn der Feder angeht. Er macht *seine* subjektiven Reiseeindrücke sichtbar. Ein Gruppenerlebnis mit pädagogischem Wert, auch für die anschließende Diskussion. Jeder kann seine Reise mit dieser Aufführung vergleichen und ihren Besonderheiten nachspüren.

28. Die Mondfahrt (gereimter Text)

Reisethemen Perspektivenwechsel, dissoziieren, Metaebenen erschließen.
Reiseziel Die Teilnehmer werden angeregt, über neue Perspektiven und Metapositionen nachzudenken.

↗ Reisestart

Wandre jetzt mit den Gedanken
aus dem Raum und über Schranken.
Sieh dort oben, in der Ferne,
tausendfach funkeln die Sterne.
Unterm Himmel, auf der Matte,
liegst du weicher als auf Watte.
Und die Nacht beginnt zu singen:
Grillen, die nach Kindheit klingen.
Fern vom Feld, da wiehern Gäule,
aus dem Wald schreit eine Eule.
Und dein Blick weilt ganz weit oben,
aus der Schwerkraft rausgehoben.
Schau sie an, die Sternenlichter,
sehn sie nicht aus wie Gesichter?
Funkel-Augen, Funkel-Nasen,
wie aus Silberstaub geblasen.
Sieh dort, mitten im Gewimmel,
blüht der Mond am Silberhimmel.
Und vom Sternenlicht getragen
fährt jetzt ein der Große Wagen.
Und du siehst ihn für dich blinken.
Er will dich nach oben winken.
Lass die Erde unten liegen,
werd jetzt leichter, üb' das Fliegen.
Schweb hinauf vom Erdendunkel
und hinein ins Sterngefunkel.
Schwing die Flügel, lass dich tragen,
näher, näher an den Wagen.
Sieh den Glanz, das Silberfeuer,
und nun setz dich hinters Steuer.
Hör dein Herz, es hüpft beim Schlagen.
Lass ihn an, den Großen Wagen.
Schau dich um zu jeder Seite:
Sterne, Mond und ganz viel Weite.
Nutz die Nacht, die knappen Stunden,

dreh am Himmel deine Runden.
Spür, wie's ist auf diesem Wagen
einmal um den Mond zu jagen.
Und nun stopp die schnellen Reifen,
lass den Blick noch einmal schweifen.
Und schau dich um im weiten All:
Wo blitzt der blaue Erdenball?
Sieh ihn an, den Punkt, den kleinen.
Unten will er größer scheinen!
Einer ist er nur von vielen,
deren Lichter dich umspielen.
Fühlst du dich mit ihm verbunden?
Denkst du an die Glückssekunden?
Siehst du ihn von hier viel reiner?
Siehst du deine Sorgen kleiner?
Was ist anders in der Höhe
als dort unten durch die Nähe?
Lass den Wagen wieder starten,
denn du spürst, dort unten warten
auf dich viele schöne Tage.
Nimm das Steuer nun und schlage
den Weg zurück zur Erde ein.
Bald wirst du wieder unten sein.

↘ Rückreise

Reisetipp: Achten Sie darauf, dass Sie den Text nicht rezitieren, mit stark betonten Reimen, sondern ihn möglichst natürlich und recht langsam sprechen. Die Reime sollen nicht auf der Kapitänsbrücke stehen, eher wie blinde Passagiere mitreisen, um dem Text Rhythmus und Sogkraft zu verleihen. Verse können suggestiv wirken und erreichen das Unbewusste manchmal reibungsloser als ungereimte Prosa.

Wichtige Reisefragen

→ Wie war es, die Perspektive zu wechseln – also erst von der Erde zum Himmel und dann vom Himmel zur Erde zu schauen?

→ Welche Perspektiven nehmen Sie in Ihrem Alltag ein? Wie oft wechseln sie?

→ Wie haben Sie die Erde aus dem All wahrgenommen?

→ Was sieht man schärfer, wenn man aus der Ferne schaut? Und was weniger scharf?

→ In welchen alltäglichen Situationen würden Sie sich mehr Abstand zu sich selbst wünschen?

→ Wann ist es Ihnen schon gelungen, mehr Abstand zu finden? Und wie?

Zitat zur Diskussion »Nicht der Abstand bestimmt die Entfernung. In der Enge unseres heimatlichen Gartens kann es mehr Verborgenes geben als hinter der Chinesischen Mauer.« *Antoine de Saint-Exupéry* (französischer Autor)

Idee für Gruppenarbeit Ein Teilnehmer stellt sich in die Mitte, die anderen bilden einen Kreis um ihn, ganz dicht. Dann laufen sie nach hinten, vergrößern den Kreis, bis sie an die Wände stoßen (oder unter freiem Himmel die Form des Kreises verlieren). Jeder Teilnehmer kommt einmal in die Mitte. Wie hat es sich angefühlt, von Nähe auf Distanz zu wechseln? Welche Beobachtungen und Gefühle gingen damit einher? Und was ist den Teilnehmern im Kreis aufgefallen?

Idee für die Arbeit mit Einzelklienten Üben Sie mit Ihrem Klienten das Dissoziieren. Lassen Sie ihn ein Problem aus unterschiedlichen Perspektiven betrachten, aus räumlicher und zeitlicher Entfernung. Wie würde er die Situation einschätzen, wenn er von seinem Urlaubsstrand aus schauen könnte? Wie als Astronaut aus dem All? Oder wie würde er die Lage als weiser, alter Mensch 20 oder 40 Jahre später beurteilen? Arbeiten Sie mit ihm heraus, was die Distanz zum Positiven verändert und wie er diese Ansätze schon heute nutzen kann.

Idee für Jugendarbeit Lassen Sie die Jugendlichen zwei Bilder von ihrem Leben zeichnen: eines, das sie aus dem All zeigt, von ganz hoch oben betrachtet. Und eines, das sie aus der Perspektive eines Menschen zeigt, der ganz dicht vor ihnen steht. Was verändert sich durch den Blickwinkel? Welche Gemeinsamkeiten und welche Unterschiede gibt es? Wann könnte welche Sichtweise nützlich sein?

29. Der Geist aus den Flammen

Reisethemen Selbstwertgefühl, Sozialverhalten, Entscheiden, Macht, Wünsche.
Reiseziele Die Teilnehmer werden angeregt, darüber nachzudenken, wie wichtig sie
sich selbst und andere nehmen.

↗ Reisestart

Stell dir vor, du sitzt an einem Lagerfeuer
mit Freunden, mit Bekannten, mit deiner Familie.
Die Flammen tanzen vor dir in der Dunkelheit.
Schau hin, das große Feuer besteht aus vielen kleinen Feuern,
es ist ein Farbenspiel aus tausend Flammen und Flämmchen.
Ganz unten, wo das Holz knackt, leuchtet und zuckt ein roter Glutteppich.
Achte genau auf diese Glut, auf ihre Farbe, ihre Kraft,
sie ist die Mutter aller Flammen, sie speist das Feuer.
Lass die Energie dieser Glut in deinen Körper steigen,
und spür, wie sich ihre Röte dort langsam ausbreitet,
in den Füßen und in den Beinen, in den Armen und in der Brust,
nimm diese wunderbare Wärme in dich auf, diese magische Energie.
Und nun sieh dir an, wie sich das Feuer über der Glut fortsetzt.
Vom Boden zischen ein paar kleine, blaue Zungen empor,
sie tuscheln mit den Flammen oberhalb und fordern sie auf,
immer weiter, immer heller in den Himmel zu schlagen.
Achte einmal darauf, wie die Flammen sich aufbauen,
wie sie sich aus der Glut rollen, um höher zu wachsen,
und sich an der Spitze des Feuers strecken, um in die Dunkelheit zu fließen.
Du spürst, dass dieses Feuer ein lebendiges Feuer ist,
es spricht zu dir in der Knistersprache.
Hör diesem Knistern, diesem Knacken, diesem Rauschen einmal zu.
Was will dir das Feuer sagen?
Und wenn du jetzt ganz tief einatmest,
schmeckst du nicht nur Harz und Holz, Rauch und Schwefel,
sondern du atmest auch wunderbare Augenblicke deines Lebens ein,
vielleicht Zeltlager, vielleicht Grillabende, du atmest Abenteuer.
Und nun konzentriere dich auf die winzigen Funken,
die immer wieder, mit verpuffenden Geräuschen, aus dem Feuer springen.
Einer dieser Funken hüpft direkt vor deine Fußspitzen.
Beuge dich zu ihm runter und sieh ihn an, diesen glühenden Punkt.
Jetzt hol tief Luft und puste den Winzling einmal an.
Puste ganz fest, damit er wachsen kann.
Du siehst, wie der Funke breiter und voller wird,
wie seine Glut immer heller aufleuchtet

und wie er sich, gleich einem Geist aus der Flasche,
zu einer großen, glühenden Lichtgestalt formt,
mit orangefarbenen, zuckenden Augen
und einer großen Mütze aus schwarzem Rauch.
Mit einer warmen Stimme, die im Rhythmus des Feuers zuckt,
wendet sich der Geist an dich und alle, die um das Feuer sitzen:
»Ich bin der Feuergeist, ich kann dreien von euch einen Wunsch erfüllen.
Wer als Erster wünscht, hat einen großen Wunsch.
Wer als Zweiter wünscht, hat einen mittleren Wunsch.
Und wer als Letzter wünscht, hat einen kleinen Wunsch.«
Kaum hat der Geist gesprochen, melden sich Stimmen:
»Ich will wünschen!« – »Nein, ich!« – »Ich bin zuerst dran!«
Ein wildes Gezänke, wie im Kindergarten um ein Spielzeug,
droht sich um das Feuer herum auszubreiten.
Der Geist weist mit seiner zuckenden Flammenhand auf dich:
»Du hast mich gerufen, du entscheidest, wer wünscht.«
Sieh dir die Menschen an, die um das Feuer sitzen,
es sind deine Freunde, vielleicht Familie, vielleicht Bekannte.
Weißt du eigentlich so genau, was ihnen im Leben fehlt,
sprichst du mit ihnen über ihre Wünsche und ihre Sehnsüchte?
Und kennst du dich im Land deiner eigenen Wünsche aus?
Weißt du, welches der wichtigste deiner Wünsche ist?
Stell dir diesen Wunsch einmal als einen Menschen vor.
Welchen Charakter hat er, wie sieht er aus, wie verhält er sich?
Ist er einer, der mit kräftiger Stimme spricht?
Oder ist er eher ein Schüchterner, ein Stiller?
Ist dein Ohr, das du für ihn hast, groß genug?
Der zuckende Flammengeist schaut dich lodernd an:
Er verlangt eine Entscheidung von dir.
Überleg selbst, wie du die drei Wünsche aufteilst,
welche davon du an andere abtrittst – an wen und warum? –
und welche davon du für dich selbst in Anspruch nimmst.
Spür diesem Gefühl nach, dass du die Macht zum Entscheiden hast
und ob diese Macht leicht wiegt wie eine große Freiheit
oder schwer wiegt wie eine große Last.
Welche Wünsche äußerst du? Welche die anderen?
Stell dir vor, der Flammengeist hat die Wünsche jetzt gehört
und er schraubt sich mit dem Rauch in den Himmel,
um sie von dort oben eines Tages zu erfüllen.
Und nun sitzt ihr wieder vor dem knisternden Feuer
und hört zu, was die Flammen euch erzählen.

↘ Rückreise

Reisetipp: Es gibt zwei Möglichkeiten, wie Sie diese Reise noch gezielter auf ein Thema abstimmen können: indem Sie die Gruppe spezifizieren, die um das Feuer sitzt (zum Beispiel könnten es Arbeitskollegen sein oder Schulkameraden), und indem Sie das Thema, zu dem der Wunsch frei ist, räumlich oder inhaltlich begrenzen (zum Beispiel auf Veränderungen in der Firma oder Veränderungen in der Schule).

Wichtige Reisefragen

→ Wen halten Sie für wichtiger – andere oder sich selbst?

→ Kennen Sie die Wünsche der Menschen, die Ihnen nahe sind?

→ Wie vertraut sind Sie mit Ihren eigenen Wünschen? Hören Sie tief genug in sich hinein?

→ Nach welchen Kriterien hätten Sie die Wünsche verteilt?

→ Hätten Sie die Tatsache, selbst entscheiden zu dürfen, als Last oder Chance gesehen?

→ Welche Erwartungen haben andere Menschen Ihrer Meinung nach an Sie? Inwieweit können und wollen Sie diesen Ansprüchen gerecht werden?

Zitat zur Diskussion »Es ist besser, unvollkommene Entscheidungen durchzuführen, als ständig nach vollkommenen Entscheidungen zu suchen, die es niemals geben wird.« *Charles de Gaulle* (französischer Politiker)

Idee für Gruppenarbeit Bilden Sie zwei Gruppen und geben Sie jeder den Auftrag, einen vorgegebenen Begriff zu definieren (den die andere Gruppe nicht erfährt) und ihn durch Szenen zu veranschaulichen. Die erste Gruppe soll zum Beispiel »gesunden Egoismus« auf den Punkt bringen, die zweite den Begriff »Großherzigkeit«. Beide Gruppen präsentieren ihre Ergebnisse – und die Zuschauer erraten den Begriff.

Idee für die Arbeit mit Einzelklienten Bieten Sie Ihrem Klienten diverse Glaubenssätze an, die er auf eine Skala von 1 (für völlig falsch) bis 10 (stimmt absolut) beurteilen kann, zum Beispiel: »Andere sind wichtiger als ich«, »Ich bin mir selbst am wichtigsten«, »Wer teilt, wird reicher«, »Andere nutzen mich ohnehin nur aus«. Arbeiten Sie mit jenen Aussagen weiter, bei denen der Ausschlag auf der Skala am stärksten war, egal in welche Richtung. Woher stammen diese Glaubenssätze? In welchen Situationen sind sie hilfreich? Und wann wäre es klüger, sie zu variieren?

Idee für Jugendarbeit Bilden Sie Kleingruppen. Jeweils ein Mitglied wird zum »Finanzminister« ernannt, er bekommt einen fiktiven 100-Euro-Scheck ausgestellt. Die anderen Gruppenmitglieder dürfen sich nun mit erfundenen Geschichten um diesen Betrag bewerben. Am Ende entscheidet und begründet der Minister, wer welche Summe bekommt – oder warum er das Geld oder einen Teil davon selbst behält. Welche Sozial- und Entscheidungsmechanismen, welche Glaubenssätze lassen sich aus dem Rollenspiel filtern?

30. Das Denkmal

Reisethemen Erdverbundenheit, Wurzeln, Heimat, Standort und -punkte.
Reiseziel Die Reiseteilnehmer werden angeregt, ihre Verbundenheit mit der Erde, mit
Überzeugungen und mit der Heimat zu prüfen.

↗ Reisestart

Versetz dich jetzt in eine ferne Stadt,
eine Stadt, die pulsiert, wo alles in Bewegung ist,
eine Stadt, die wie ein Fluss an dir vorbeirauscht.
Sieh genau hin, was auf den Straßen passiert:
Dort fließt ein bunter Autostrom, hupend und quietschend,
kleine Wagen, große Wagen, unaufhörlich ziehen sie vorbei
und werden durch neue, nachrückende Autos ersetzt.
Sieh genau hin, was auf dem Gehsteig passiert:
Dort fließt ein bunter Menschenstrom, plappernd und lachend,
alte Menschen, junge Menschen, unaufhörlich ziehen sie vorbei
und werden durch neue, nachrückende Menschen ersetzt.
Sieh genau hin, was am Himmel über der Stadt passiert:
Dort flattern Tauben herum, gurrend und schreiend,
weiße Tauben, schmutzige Tauben, unaufhörlich ziehen sie vorbei
und werden durch neue, nachrückende Tauben ersetzt.
Du spürst, dass dich dieses schnelle Treiben ganz schwindlig macht,
du möchtest dich mit deinem Blick irgendwo festhalten.
Geh hinüber auf den Marktplatz, dort ragt ein Monument empor,
ein Denkmal mit einem breiten Sockel,
stell es dir so genau vor, dass du es malen könntest.
Und nun geh dicht an dieses Denkmal heran,
an seinen breiten Sockel, der es mit der Erde verbindet
und dafür sorgt, dass es niemals wankt, auch nicht im Sturm.
Stell dir vor, wie fest dieser Beton mit der Erde verbunden ist,
wie er sich festhält an der ganzen Welt,
an diesem schweren, zuverlässigen Erdenball,
und wie diese Welt ihm jeden Tag neuen Halt gibt.
Fass das Denkmal einmal an, seine eingravierte Schrift,
lass die Finger über die großen Buchstaben wandern
und spür die gerippte Oberfläche, die Kühle des Betons.
Welche Gefühle löst diese Berührung in dir aus?
Das Denkmal ruht an einem Fleck, es hat seinen Platz gefunden.
Und dann schau dir das Treiben dieser Stadt an,
die rauschenden Autos, die hastenden Menschen, die flatternden Tauben.
Wenn du dich ganz auf das Gefühl in deinen Fingerspitzen konzentrierst,

auf diese Verbindung zwischen dir und dem Denkmal,
dann wirst du spüren, wie dich das Denkmal festhält.
Konzentriere dich auf dieses magnetische Feld, das deine Hand anzieht,
deinen Körper anzieht, das dich trägt und stützt
wie der Sockel das Denkmal.
Stell dir vor, dass du durch dieses Denkmal
mit dem Mittelpunkt der Erde verbunden bist.
Stell dir vor, dass deine Hand in das Denkmal hineinreicht
dass eine Wurzel aus deinen Fingerspitzen wächst,
tiefer und tiefer und tiefer in die Erde hinein,
bis zum Erdmittelpunkt, bis auf die andere Seite.
Du bist ein Teil dieser Erde, bist mit ihr verwurzelt.
Sie hält dich, ohne dass du dich festhältst.
Sie trägt dich, ohne dass du dich leicht machst.
Lass dich von ihr halten, lass dich von ihr tragen.
Genieße das Gefühl, so fest mit der Erde verbunden zu sein,
das Gefühl, zu ihr zu gehören,
das Gefühl, deinen Standort zu kennen,
während die Tauben verstreut über den Himmel schwirren,
die Autos und Motorräder im Wechsel an dir vorbeirauschen
und der ewige Fußgängerstrom den Gehsteig hinabtreibt.
Sie alle sind unterwegs, sie alle sind auf der Suche.
Doch du stehst fest auf einer Stelle, verbunden mit der Erde
wie durch den Sockel eines Denkmals.

↘ Rückreise

Reisetipp: Das Motiv des Denkmals lässt sich variieren. Zum Beispiel können Sie als Symbol für die Erdverbundenheit auch einen Felsen, einen Baum, einen Brunnen oder ein Riff tief im Meer wählen. Das Denkmal, ein städtisches Motiv, ist dann von Vorteil, wenn es um den Kontrast geht zwischen jener äußeren Hektik, die der Alltag produziert, und jener inneren Stetigkeit, nach der sich die Seele sehnt.

Wichtige Reisefragen

→ Was für ein Gefühl war es, im hektischen Treiben so fest mit der Erde verbunden zu sein?

→ Was verbindet Sie sonst mit der Erde?

→ Welche Wurzeln geben Ihnen Halt im Leben?

→ Gibt es Orte und Menschen, bei denen Sie sich »aufgehoben« fühlen?

→ Welche beruflichen Tätigkeiten, welche Hobbys verleihen Ihnen innere Stabilität?

→ Wie wirkt es sich aus, wenn Sie im Leben, auch in Diskussionen, klare Standpunkte haben? Und wie, wenn Sie Ihren Standpunkt nicht kennen?

These zur Diskussion Nur wer sich nicht bewegt, erkennt die Bewegung. Nur wer selbst Halt hat, kann anderen Halt geben.

Idee für Gruppenarbeit Lassen Sie die Gruppe links und rechts einer Sportmatte Position beziehen. Dann legt sich ein Teilnehmer auf die Matte. Er wird von den anderen untergefasst und von der Matte in die Höhe gehoben. Er soll möglichst stabil und ruhig gehalten werden, für mindestens 30 Sekunden. Dann wird er wieder sanft auf der Matte abgelegt. Alle kommen dran. Danach besprechen Sie, wie sicher sich die Kandidaten bei der Übung gefühlt haben. Welche Rolle spielt das Verhältnis der Teilnehmer zueinander? Was wäre bei einer zweiten Übungsrunde anders gewesen? Inwiefern setzt das Gefühl, getragen zu werden, ein Urvertrauen voraus? Und was bietet ein fester Untergrund, was eine »Trage« aus vielen Armen nicht bieten kann?

Idee für die Arbeit mit Einzelklienten Lassen Sie Ihren Klienten sich selbst als Baum zeichnen. Die Aufgabe: Er soll seine Wurzeln malen – umso tiefer, je älter sie sind, und umso dicker, je fester. Welche Wurzeln verbinden ihn mit seiner Familie und mit seiner Heimat? Welche Wurzeln verbinden ihn mit seinen Freunden, mit seinem Beruf, mit seinen Hobbys und so weiter? Sind diese Wurzeln so dick oder so dünn, wie er sich das wünscht? Und gibt es neue Wurzeln, die er sich wünschen würde? Was kann er dazu beitragen, sie aufzubauen?

Dieser »Lebensbaum« gibt dem Klienten (und auch dem Berater) einen interessanten Überblick, worauf sein Leben wurzelt und wohin es sich entwickeln kann.

Idee für Jugendarbeit Gehen Sie mit der Gruppe in die Natur und schlagen Sie folgendes Experiment vor: Alle legen sich auf den Boden, zum Beispiel auf ein Feld, und konzentrieren sich ganz auf das Gefühl, direkt auf der Erde zu liegen. Vielleicht wollen sie sogar mit dem Ohr an der Erde lauschen. Wie fühlt, wie hört sich das an? Und wie kommt es, dass immer weniger Menschen diesen direkten Kontakt zur Erde suchen? Welche Zusammenhänge zum Gefühl der Wurzellosigkeit, ja auch zur Umweltzerstörung kann es geben?

31. Der erste Schultag

Reisethemen Anfänge, Unsicherheit, Lernfortschritte, Entwicklung.
Reiseziel Die Teilnehmer werden angeregt, sich bewusst mit Anfangssituationen auseinanderzusetzen.

↗ **Reisestart**

Lass deine Fantasie jetzt in die Vergangenheit wandern,
lass sie wandern in die Gegend, wo du aufgewachsen bist,
wandern vor ein Gebäude, das du ganz genau kennst.
Es ist die erste Schule deines Lebens.
Stell dir vor, du läufst aus der Ferne auf dieses Gebäude zu.
Achte darauf, an welchem Platz dieses Schulgebäude steht,
in welcher Form es dort gemauert wurde,
welche Farbe seine Fassade hat und welche sein Dach,
wie groß die Fenster der Klassenzimmer sind
(stehen sie offen oder sind sie geschlossen?)
und wie es draußen aussieht, auf dem Schulhof.
Schließ jetzt die Augen und geh auf den Eingang zu.
Wenn gleich das Pausengeräusch erklingt,
wird es für dich ein vertrautes Geräusch sein.
Konzentrier dich vollkommen auf diesen Klang,
der sich aus der Schule bis weit über den Schulhof fortpflanzt.
Lass diesen Klang ganz tief in deinen Körper hinein,
als würde er mitten in deinem Bauch schwingen,
als würde er dich tragen, dich mitnehmen,
dich ganz sanft ziehen in eine vergangene Zeit.
Wenn du jetzt die Augen wieder öffnest,
wirst du nicht allein auf dem Schulhof stehen.
Um dich herum drängen sich Kinder,
stolze Kinder mit bunten Schulranzen,
sie sind kaum zu sehen hinter ihren riesigen Schultüten.
Diese Tüten sehen aus wie riesige Hüte von Zauberern,
nur dass die Spitze unten ist und die Öffnung oben.
Spür ganz genau, wie sich deine Schultüte anfühlt,
wie deine kleinen Finger sie unten umschließen
und wie die Tüte oben gegen deine Brust pendelt.
Vielleicht stehen deine Eltern neben dir.
Wenn du einen Blick auf sie wirfst, wirst du staunen,
wie jung sie noch sind und wie dich ihre Nähe beruhigt.
Nun achte genau auf die beiden Gefühle in dir:
auf den Stolz, jetzt ein Schulkind zu sein

(hast du deinen Schulranzen nicht schon Wochen vorher getragen?),
auf die Neugier, was dich in der Schule erwartet,
auf die durch den ganzen Körper kribbelnde Freude,
die vor jedem Abenteuer, vor jedem Aufbruch steht.
Aber achte auch auf die flüsternde Sorgenstimme,
die dich fragt, ob du der Situation überhaupt gewachsen bist,
ob du deine Eltern nicht zu sehr vermissen wirst,
ob das Lesen und Schreiben nicht viel zu schwierig für dich sind.
Und nun lös dich aus dieser Situation und geh ein paar Jahre weiter.
Du bist immer noch in derselben Schule.
Da steht ein Lehrer oder eine Lehrerin an der Tafel, Rücken zur Klasse,
und der ausgestreckte Arm wandert die Tafel entlang.
Vielleicht ahnst du, welcher Lehrer es ist.
Stell dir seine Statur vor, seine Kleidung, sein Gesicht.
Wenn du hörst, wie das Stück Kreide über die Tafel läuft,
wenn dieses hohe Quietschen tief in deine Ohren dringt,
dann hast du sofort den Geruch des Klassenzimmers in der Nase,
diese Mischung aus Kaugummi, Pausenbrot, Schwammwasser.
Du sitzt an deinem Schultisch und bist konzentriert.
Merkst du, was deine Hand mit dem Füller tut?
Sie läuft wie von allein über das Papier,
du kannst jetzt schreiben und rechnen.
Genieße das Gefühl, dass sich dir eine neue Welt geöffnet hat,
die Welt der Buchstaben und Zahlen,
die Welt der Bücher und Geschichten.
Merkst du, wie vertraut dir deine Mitschüler sind?
Wirf einen Blick auf deinen Tischnachbarn und mach dir bewusst,
dass dein Leben durch diesen Menschen reicher geworden ist.
Genieße das Gefühl, dass du Freunde gefunden hast,
dass du Teil dieser Gemeinschaft bist,
dass du eine andere Welt als dein Elternhaus kennengelernt hast.
Und nun denk noch einmal darüber nach,
wie oft in deinem Leben du schon »erste Schultage« hattest,
wie oft du neue Menschen getroffen, neue Situationen betreten hast,
immer mit dieser kribbelnden Ungewissheit im Bauch,
als hättest du dich auf ein vielleicht zu dünnes Eis gewagt.
Doch mit jedem Schritt, den du gegangen bist,
hast du dich auf diesem Eis sicherer gefühlt,
hast du gelernt und bist du gewachsen,
und schließlich konntest du, elegant wie ein Schlittschuhläufer,
völlig neue Pirouetten in deinem Leben drehen.
Lass dich auch jetzt wieder auf diesen ersten Schritt ein,
diesen ersten Schritt auf das Eis,

das nur für einen Augenblick knirscht
und dich dann tragen wird, zuverlässig tragen.

↘ Rückreise

> **Reisetipp:** Lassen Sie den Lehrer seinen eigenen Namen an die Tafel schreiben und die Reise-
> teilnehmer aufmerksam diesen Buchstaben folgen. Damit können Sie die Atmosphäre verstär-
> ken. Achten Sie bei der Einführung des Lehrers darauf, dass Sie den Reiseteilnehmern beide
> geschlechtlichen Varianten anbieten, also »Lehrerin oder Lehrer«.

Wichtige Reisefragen
→ Warum sind Anfänge immer besondere Situationen?
→ Welches waren die wichtigsten Anfänge in Ihrem Leben?
→ Welche Gefühle begleiten Sie bei Anfängen?
→ Wozu sind diese Gefühle gut?
→ Was verändert sich, wenn Sie sich auf eine Situation wirklich einlassen?
→ Welche Erfahrungen, die Sie aus bisherigen Anfängen gezogen haben, können Ih-
  nen künftig nützlich sein (oder heute, zum Start dieser Veranstaltung)?

Zitat zur Diskussion »Jedem Anfang wohnt ein Zauber inne, der uns beschützt und der
uns hilft, zu leben.« *Hermann Hesse* (deutsch-schweizerischer Autor)

Idee für Gruppenarbeit Lassen Sie die Teilnehmer einen fiktiven Text unter der Über-
schrift »Mein erster Sprung von der 20-Meter-Klippe« schreiben. Der Text soll aus
drei Teilen bestehen:
→ Erstens: Meine Gefühle vor dem Sprung.
→ Zweitens: Meine Gefühle beim Sprung.
→ Drittens: Meine Gefühle nach der geglückten Landung.
Später wird analysiert, wie sich die Gefühle in welcher Phase verändern – und welche
Parallelen es zu anderen Anfangssituationen gibt.

Idee für die Arbeit mit Einzelklienten Viele Menschen scheuen Anfänge – sie verharren in
einer unbefriedigenden Situation nur, um Neuland zu meiden. In diesem Fall können
Sie Ihren Klienten bitten, sich in die Rolle eines Wanderzirkusdirektors zu versetzen,
der fast täglich auf neue Situationen trifft. Was hätte er – als Zirkusdirektor – seinem
verharrenden Ich über das Glück der Neuanfänge zu sagen? Stellen Sie einen leeren
Stuhl in den Raum, der den Klienten symbolisiert. Und nun sprechen Sie mit dem
»Zirkusdirektor« in der dritten Person über den Klienten. Die neue Perspektive verhilft zu neuen Erkenntnissen.

Idee für Jugendarbeit Bitten Sie die Jugendlichen, sich Notizen über Anfangssituationen zu machen – über Ängste, die erst begründet schienen, sich dann aber aufgelöst
haben. Teilen Sie Luftballons und Nadeln aus. Jeder Teilnehmer bläst einen Luftballon
auf und erzählt von seiner Angst – und davon, wie sich diese schließlich aufgelöst hat.
In diesem Moment darf er seinen Luftballon symbolisch zerstechen.

32. Der geheimnisvolle Fleck

Reisethemen Wahrnehmung, Perspektiven, Nähe, Distanz.
Reiseziel Die Teilnehmer schärfen ihre Wahrnehmung für unterschiedliche Sichtweisen auf dieselbe Sache.

↗ Reisestart

Stell dir vor, es ist ein heißer Nachmittag,
und du läufst barfuß über eine saftig grüne Wiese,
aus der gespenstische Nebelschwaden aufsteigen.
Es hat geregnet, die Feuchtigkeit löst sich in der Sonne auf.
Spürst du das nasse Gras unter deinen Füßen?
Grashalme kitzeln zwischen deinen Zehen,
Wassertropfen krabbeln deine Schienbeine hinab.
Am Horizont kannst du einen weißen Fleck erkennen,
er sticht aus dem Grün heraus,
als hätte ihn ein Maler in die Landschaft gekleckst.
Konzentrier dich vollkommen auf diesen Fleck.
Es könnte ein Fußball sein
oder ein Gespenst
oder ein kleines, weißes Haus.
Halte den weißen Fleck mit den Augen fest
und geh durchs feuchte Gras direkt auf ihn zu.
Achte darauf, wie der Fleck größer wird,
immer größer, je näher du ihm kommst.
Jetzt erkennst du: Der Fleck ist nicht flach,
er hebt sich meterhoch aus dem Grün.
Seine Form kommt dir vor wie ein riesiger Pilz
mit dunklem Stiel und strahlend weißem Hut.
Geh weiter auf den weißen Gegenstand zu
und registriere genau, wie sein Bild schärfer wird,
als würdest du ihn im Sucher einer Kamera heranzoomen.
Jetzt erkennst du: Der Hut des Pilzes ist gar kein Hut,
das Licht scheint durch ihn hindurch
und seine Form hat etwas Fließendes,
als könnte der Wind das Weiße formen.
Geh noch dichter an den Gegenstand heran,
so dicht, bis du sicher erkennen kannst:
Es ist ein blühender Apfelbaum!
Stell dir diesen Baum in Details vor.
Wie ist der Stamm geformt, aufrecht oder windschief?
Wie intensiv kannst du den Geruch seiner Blüten

im milden Wind dieses Nachmittags erschnuppern?
Wonach riecht dieser Apfelbaum?
Nun stehst du direkt vor dem Baum,
seine Blüten wölben sich über dir als ein Dach.
Die Rinde des Baums ist schuppig und rau.
Schau dir ihre Muster aus der Nähe an.
Ein Käfer krabbelt über den Stamm.
Wie sieht er aus, dieser Käfer?
Nimm ihn auf deinen Finger und spür,
wie seine winzigen Beinchen dich kitzeln.
Nun schau nach oben, in die flatternden Blüten,
in deren Weiß sich ein Hauch von Rosa mischt.
Die schlanken, welligen Blätter sind aufgeklappt
und geben in ihrer Mitte dünne Fühler wie von Schmetterlingen frei,
jeder von ihnen trägt ein kleines, gelbes Knöllchen am Ende.
Eine Wolke aus Bienen umschwärmt die Blütenpracht,
der ganze Baum summt für dich mit tausend Stimmen.
Setz den Käfer wieder ab und ertaste den Stamm.
Spürst du, wie schuppig und uneben er ist,
mit tiefen Einbuchtungen, ein lebendiges Wesen?
Spür diesen Baum ganz intensiv.
Ob der Baum dich wohl auch spürt?
Denk einmal darüber nach, was aus der Ferne
anders war als aus der Nähe.
Was hat sich eigentlich verändert?
Der weiße Fleck? Oder nur deine Sicht auf ihn?
Und wie kommt es, dass du beim Blick auf den Baum,
alles andere vergessen hast?
Oder hast du die Blumen um dich herum noch gesehen
und deine nassen Füße die ganze Zeit gespürt?
Nimm dir vor, an diesen Baum zu denken,
wenn du deinen nächsten Apfel isst.

↘ Rückkreise

> **Reisetipp:** Der vorletzte Absatz dieser Reise nimmt schon ein Stück der Nacharbeit vorweg: Er regt die Teilnehmer zu intensiver Reflexion an. Nach meiner Erfahrung kann das sehr wirksam sein, weil sich das Unbewusste während der Reise besser erreichen lässt als danach. So manche Antwort, die jetzt wächst, bringt die Arbeit später vorwärts.

Wichtige Reisefragen

→ Wofür haben Sie den weißen Fleck zunächst gehalten?

→ Was hat sich mit wachsender Nähe verändert?

→ Ab wann haben Sie geahnt, dass es ein blühender Baum sein kann?

→ Kam Ihnen der Baum aus der Nähe noch identisch mit dem weißen Fleck vor – oder war er etwas anderes?

→ Haben Sie schon erlebt, dass Ihre Sicht auf einen Menschen sich mit wachsender Nähe oder Entfernung verändert hat?

→ In welchen Situationen halten Sie es für vorteilhaft, mit Abstand auf Ihr Leben zu schauen?

→ Und wann ziehen Sie den Blick aus der Nähe vor?

→ Wenn man sich ganz auf eine Sache konzentriert – was kann man dann übersehen?

These zur Diskussion Nähe trübt den Blick für Zusammenhänge, Distanz verwischt Details. Die Kunst im Leben: zwischen beiden Perspektiven zu wechseln.

Idee für Gruppenarbeit Lassen Sie eine Zweiergruppe einen Dialog vor der Gruppe aufführen, ein kleines Rollenspiel, das zum Thema Ihres Kurses passt. Geben Sie den Darstellern, ohne dass die Gruppe es mitbekommt, nur einen groben Handlungsfaden vor, den diese frei ausgestalten können. Nun bilden Sie aus den restlichen Teilnehmern vier Gruppen: eine erste, die ganz dicht vor der »Bühne« steht; eine zweite, die so weit wie möglich entfernt steht; eine dritte, die dem Dialog mit verbundenen Augen folgt; und eine vierte, die sich die Ohren zuhält. Wodurch unterscheidet sich die Wahrnehmung derselben Situation – je nach Nähe oder Distanz, je nach Schärfe oder Unschärfe der einzelnen Sinne?

Idee für die Arbeit mit Einzelklienten Geben Sie Ihrem Klienten die Aufgabe mit, eine (für ihn relevante) Situation einmal für einen Perspektivwechsel zu nutzen: Gelingt es ihm, sich in Gedanken aus der Situation zu entfernen und sich selbst wie von der Decke herab zu beobachten? Was verändert sich, wenn er seine Wahrnehmung von Nähe auf Distanz umschaltet? In welchen Situationen kann dieses Verhalten nützlich sein?

Idee für Jugendarbeit Gehen Sie mit den Jugendlichen auf ein freies Feld, platzieren Sie in der Ferne einen markanten Gegenstand, und beginnen Sie die Annäherung aus großer Entfernung. An definierten Punkten des Weges schreiben die Teilnehmer auf, was sie jeweils zu erkennen glauben. Was verändert sich mit wachsender Nähe? Wer erkennt den Gegenstand schneller, wer braucht länger? Achten Sie darauf, dass die Gruppe sich erst nach der Übung austauscht, nicht schon während des Übungsablaufs.

33. Rodeln auf dem Regenbogen

Reisethemen Wahrnehmung, Kontrast, Zugehörigkeit, Leichtigkeit und Schwere.
Reiseziel Die Teilnehmer werden angeregt, sich zu entspannen und über ihre Wahrnehmungsmuster nachzudenken.

↗ Reisestart

Lass deine Fantasie jetzt so weit laufen, wie sie laufen will.
Vielleicht zieht es sie hinaus unter einen freien Himmel,
dort marschiert gerade ein schwarzes Wolkengebirge auf,
und die Sonne schiebt ihre Strahlenfinger vorsichtig hindurch.
Der Boden um dich herum glitzert noch vom Regen,
und die Luft ist so frisch, als sei sie gerade gewaschen worden.
Atme diese Luft, diesen so erfrischenden Sauerstoff
in tiefen Zügen ein, sodass er deinen Körper durchschwimmt,
vom Mund in den Hals, von der Brust in die Beine.
Spür einmal genau, wie dieser Sauerstoff sich anfühlt,
wenn er deinen Körper angenehm ausfüllt
mit einem Prickeln wie von frischem Sekt.
Wenn du nun zum Himmel schaust und die Augen leicht zusammenkneifst,
wirst du merken, dass sämtliche Einzelheiten verschwimmen.
Du nimmst nur noch das Hell und das Dunkel wahr,
nur noch das Licht der Sonne und den Schatten der Wolken.
Schau in jene Richtung, aus der die Sonne kommt,
und spür ihre Lichttropfen durch deine halb geschlossenen Lider träufeln.
Lass dieses Licht ganz tief in deinen Körper dringen,
damit es den frischen Sauerstoff in dir erwärmt.
Und nun lass den Blick zum Schatten wandern
und sieh, wie die Wolken ihr Dunkel an deine halb geschlossenen Augen senden.
Genieß auch diese geheimnisvolle, schützende Schwärze
und lass sie ebenfalls in deinen Körper wandern.
Wenn du die Augen beim Blick nach oben wieder mehr öffnest, merkst du,
wie das Licht auf einmal viel heller wirkt und die Farben viel kräftiger.
Ein Regenbogen schwingt sich in satten Farben aus dem Himmel herab
und lässt seine Strahlen genau vor deinen Füßen in die Erde fließen.
Achte genau auf diesen Farbenfluss aus dem Himmel,
auf sein kräftiges Rot, sein Orange und sein Gelb,
auf sein zartes Grün, sein Hellblau und seinen Übergang ins Violette.
Folge den Farben mit deinem Blick bis in die Wolken hinauf,
lass deine Augen den Bogen am Himmel entlangwandern
und gleite dann mit deinem Blick, als wärst du ein Bobfahrer,
auf der anderen Seite des Regenbogens wieder zur Erde hinab.

Nimm dabei ganz intensiv wahr, wie alles ineinanderfließt:
die rote Farbe in die orange, die blaue in die violette,
und wie auch der Himmel hinab zur Erde fließt,
und die Erde hinauf in den Himmel fließt.
Atme das Gefühl, dass alles miteinander verbunden ist,
so tief wie den Sauerstoff mit der frischen Luft ein.
Und nun geh einen Schritt nach vorne, auf den Regenbogen zu,
und halte deine Handfläche in den Farbstrahl hinein.
Spür, wie deine Hand ganz langsam wärmer wird,
wie die kräftigen Farben in deinen Körper fließen,
und stell dir jetzt einmal vor, dass dein Körper bunt wird
und in allen Farben des Regenbogens leuchtet.
Du bist so bunt, so warm, so fließend wie ein Regenbogen.
Wenn du jetzt die Arme ausbreitest und den Regenbogen umfasst,
wird er dich und deine Farben in sich aufnehmen.
Spür dieses Gefühl, wie es ist, mit dem Regenbogen eins zu werden,
das Gefühl, wie es ist, Teil eines Ganzen zu sein,
das Gefühl, nun bis in den Himmel hinaufzureichen.
Du siehst die Welt jetzt aus deinem Regenbogen heraus
wie durch eine farbige Prismenbrille.
Was verändert sich an den Farben der Landschaft?
Gibt es einen Farbton, der dominiert?
Und inwieweit kann es sein, dass dieser bunte Anblick
auch das Denken in deinem Kopf bunter macht?
Wie würdest du dieses bunte Denken einem Freund beschreiben?
Schwimm den Regenbogen einmal hinauf bis in die Wolken,
du musst nichts dazu beitragen, der Farbenstrom nimmt dich mit,
und genieß es dann, auf dem höchsten Punkt zu sein.
Wirf einen Blick auf die farbige Welt unter dir
und lass dich dann, wieder wie ein Bobfahrer,
nach vorne gleiten und sause den Regenbogen hinab.
Spür, wie du immer schneller wirst im Farbenbogen,
wie die Farbpixel als winzige Punkte vor deinen Augen tanzen,
wie sie einen wunderbaren Strudel bilden
und dich einfach mitreißen. Und fließen lassen. Und fließen lassen.
Auf einmal merkst du, dass du wieder auf der Erde stehst.
Spür deinen Körper: Wie fühlt er sich jetzt an?
Sieh die Welt um dich herum: Was hat sich verändert?
Die Wolken am Himmel wandern weiter,
und der Regenbogen löst sich jetzt langsam auf.
Aber du spürst, dass du all diese Farben in dir trägst
und dass du sie leuchten lassen kannst:
durch das, was du denkst und tust.

Stell dir vor, was du tun könntest –
heute noch oder in den nächsten Tagen –
um deine inneren Farben leuchten zu lassen.

↘ Rückreise

> **Reisetipp:** Stimmen Sie den Raum auf die Reise ab – zum Beispiel, indem Sie mit einem Regenbogenposter oder mit farbigem Licht arbeiten. Diese kleinen Signale, die schon vor der Reise aufgenommen werden, verstärken die Vertiefung der Reise.

Wichtige Reisefragen

→ Wie haben Sie den Kontrast zwischen Dunkelheit und Licht empfunden?

→ Was hat sich verändert, als Sie während der Reise beim Blick nach oben die Augen komplett geöffnet haben?

→ Wie offen sind Ihre Augen im Alltag? Wann nehmen Sie nur hell und dunkel, aber keine Zwischentöne wahr?

→ Wie war es, in dem Regenbogen zu zerfließen?

→ Ein Teil welcher Gemeinschaften sind Sie ansonsten? Zu welchen Gemeinschaften gehören Sie gern, und wo haben Sie Bedenken?

→ Inwieweit verändert Ihr Blickwinkel, das Gesehene? Welche Brillen, rosarot oder schwarz, tragen Sie bei Ihrer Wahrnehmung im Alltag?

These zur Diskussion Wir sehen die Welt nicht, wie sie ist, sondern wie wir sind. In guter Laune tanzen wir zur Musik – in schlechter Laune halten wir sie für Lärm.

Idee für Gruppenarbeit Teilen Sie Brillen mit verschieden gefärbten Gläsern aus und lassen Sie die Teilnehmer mit Brille einen Gegenstand im Raum beschreiben – vor allem seine Farbe. Laden Sie die Teilnehmer dazu ein, sich über die Farbe zu streiten. Wessen Wahrnehmung ist denn nun die richtige? Und woher können wir uns sicher sein, ohne Brille tatsächlich die Wirklichkeit zu sehen? Sind die gefährlichsten Brillen nicht solche, die wir im Kopf tragen? Lassen Sie die Teilnehmer diskutieren.

Idee für Arbeit mit Einzelklienten Besprechen Sie eine Situation, in der Ihr Klient nach eigener Einschätzung unglücklich reagiert hat, zum Beispiel zu emotional. Analysieren Sie mit ihm, durch welche Brille er die Ausgangslage wahrgenommen hat. Zum Beispiel hat der Klient den Satz eines Kollegen als »Frontalangriff« gegen sich gewertet – er hatte also die »Feindsuchbrille« auf. Wie hätte er in derselben Situation reagiert, wenn er zum Beispiel eine »Freundsuchbrille« getragen hätte? Lassen Sie ihn Wunschbrillen für bestimmte Situationen entwickeln.

Idee für Jugendarbeit Die Jugendlichen dürfen sich ihre Gesichter mit leicht löslichen Hautfarben bepinseln. Allerdings weiß derjenige, der bemalt wird, nie so genau, wie er nun tatsächlich aussieht. Seine Aufgabe besteht am Ende darin, sein eigenes Gesicht zu beschreiben – so, wie er es sich vorstellt. Und dann darf er vor den Spiegel treten. Wie sicher können wir im Alltag sein, dass unsere Selbstwahrnehmung zutrifft?

34. Die Forelle im Fluss

Reisethemen Vertrauen in neuen Situationen, Rückzugsräume finden, Work-Life-Balance.
Reiseziel Die Teilnehmer prüfen, wie sie ihre Schritte in neuen Situationen abwägen können und welches ihre persönlichen Rückzugsräume im Alltag sind.

↗ Reisestart

Du schaust hinaus durch ein großes Fenster,
hinaus in die Natur und in einen jungen Tag.
Das Fenster ist gekippt, dieser Tag weht mit frischer Luft
zu dir herein, als wollte er dich vor die Tür rufen.
Es riecht nach Wald, nach Gras, nach Natur,
deine Lebensgeister werden wacher und wacher.
Und wenn du ganz tief in dich hineinfühlst,
spürst du, dass dieser frische Tag dich nach draußen zieht,
zwar sanft, aber stetig, wie mit unsichtbarer Hand.
Und schon stehst du vor der Tür, in diesem wunderbaren Morgen.
Du schließt die Augen und öffnest den Mund,
du darfst die frische Naturluft in dich hineinsaugen,
als wäre sie ein köstliches Getränk,
vielleicht kannst du gar nicht genug davon bekommen.
Wie fühlt es sich an, wenn diese Luft durch deinen Mund fließt,
durch deine Lungen, durch deinen ganzen Körper?
Welche Teile deines Körpers, welche Fasern, füllen sich zuerst
mit dieser kribbelnden Lebendigkeit?
Nun läufst du zwischen Tälern und Hügeln,
in einer Landschaft, die frisch wie dieser Morgen ist.
Die Tautropfen funkeln gleich Perlen am Wegesrand,
ein Schmuck des Grases. Wer hat sie dort hingezaubert?
Die Berge stehen um dich herum wie riesige Wächter
und erfüllen deinen Körper mit Geborgenheit.
Du atmest diesen Morgen ein und fragst dich,
wonach er riecht: Nach Tannennadeln? Nach Pilzen? Nach Freiheit?
Schau dir die Tannen an, im Tal stehen sie ganz dicht,
aber je weiter dein Blick die Berge hinaufwandert,
desto mehr verlieren sie sich, weichen den Felsen.
Die Bergspitzen strecken sich hoch bis zu den Wolken.
Das helle, stetige Sprudeln eines Bergbachs
klingt dir ans Ohr wie die Stimme dieser Landschaft.
Kannst du diese Stimme hören?
Hast du eine Ahnung, was der Bach dir zuflüstern will?

Du läufst auf eine kleine, recht morsche Holzbrücke zu,
ihre uralten Bretter werden vom Schaum des Baches gestreift,
so tief hängt sie schon über dem Wasser.
Du spürst, wie der Anblick des Wassers dich mit Ruhe flutet
und wie sich die Sicherheit des Wassers,
seine Kenntnis des Weges – flussab, flussab! – auf dich überträgt.
Ins moosige Geländer dieser Brücke sind zwei Namen geritzt,
umrahmt von einem wackligen Herzen.
Was hat dieses Zeichen zu bedeuten?
Wie lange brauchst du, um die beiden Namen zu entziffern?
Woher nimmst du den Mut, diese Brücke zu betreten?
Taste dich auf die Brücke, mit kleinen Schritten,
und spür das leichte Zittern der Bretter unter deinen Fußsohlen,
dieses Vibrieren, das deinen ganzen Körper mit der Gewissheit erfüllt:
Diese Brücke wird dich tragen. Solang du willst. Soweit du willst.
Lehn dich jetzt mit festem Stand über das Geländer
und schau in das dahinrauschende Wasser.
Ein schwarzer, flinker Schatten pendelt am Grund,
direkt hinter einem großen Felsen, einer Schneise in der Strömung.
Der Schatten muss ein Fisch sein, eine Bachforelle.
Wenn du ganz genau schaust, siehst du ihre roten Punkte.
Die Forelle hat den Strömungsschatten als Standplatz gewählt.
Dort lauert sie über dem hellen Grund
und schert von Zeit zu Zeit flink zur Seite aus, schnappt nach Nahrung.
Wie schafft es dieser Fisch nur, der Strömungsgewalt zu trotzen?
Woher hat er die Klugheit, sich einen Platz ohne Strömung zu wählen?
Wenn du eine Forelle wärst und dein Leben ein Fluss:
Welchen Strömungen musst du manchmal trotzen?
Und wie sehen deine Strömungsschatten aus?
Wohin kannst du dich zurückziehen, um Kraft zu tanken?
An welchem Ort bist du ganz sicher,
so wie diese Forelle hinter ihrem großen Felsen?
Wirf noch einen letzten Blick auf die Forelle,
diesen klugen Fisch im Schatten des Felsens,
ehe du die zitternde Brücke überschreitest
und weiter durch das waldige Tal läufst.

↘ Rückreise

Reisetipp: Besorgen Sie sich ein schönes Farbbild von einer Bachforelle und zeigen Sie es den Teilnehmern vor der Reise mit der Anmerkung, dieser Fisch werde gleich eine Rolle spielen. Das macht die Gedankenbilder noch plastischer.

Wichtige Reisefragen

→ Was hat die Stimme des Bachs Ihnen geflüstert?

→ Wovon haben Sie Ihre Entscheidung abhängig gemacht, die Brücke zu betreten?

→ Welche Namen waren ins Holz geritzt?

→ Inwieweit leitet Ihre Intuition Sie auch im Alltag?

→ Wie erklären Sie, dass die Forelle ihren Standplatz mit so viel Klugheit wählt?

→ Welcher Strom zerrt im Alltag an Ihnen und Ihren Kräften?

→ Wie sehen Ihre Strömungsschatten, Ihre Rückzugsorte aus?

→ Inwiefern können Sie diese Aufenthalte und die Zahl dieser Orte ausbauen?

These zur Diskussion (provokant): Nicht der Strömungsschatten fordert und mehrt unsere Kräfte – nur die Strömung selbst tut das!

Idee für Gruppenarbeit Lassen Sie jeden Teilnehmer einen kurzen Text unter folgendem Arbeitstitel schreiben: »Mein idealer Strömungsschatten – wie er aussieht, wann ich ihn nutze und wie ich ihn ausbauen kann«. Die Teilnehmer können realistisch über ihr Leben schreiben. Oder sie stellen sich als Forellen und ihr Leben als Fluss dar. Diese spielerischen Varianten sind oft besonders kreativ. Später kommt es zum Gruppengespräch.

Idee für die Arbeit mit Einzelklienten Lassen Sie Ihren Klienten seine »Strömungsschatten« definieren und daraus ein konkretes Ziel ableiten, bis wann er sich wie oft dorthin zurückziehen will – und wie sich dieser Erfolg messen lässt! Zum Beispiel kann er ein Heft mit »Schattennotizen« anlegen, jeweils mit Datum und Uhrzeit versehen, um sein Empfinden in den Ruhephasen festzuhalten und deren Anreiz zu verstärken.

Idee für Jugendarbeit Sprechen Sie mit den Jugendlichen über die Biologie der Forelle – zum Beispiel darüber, dass sie ein wechselwarmes Tier ist und ihre Herzfrequenz der Wassertemperatur anpasst (je kälter es ist, desto weniger Energie verbraucht sie). Vor allem Kinder sind wissbegierig. Schnell steht die Frage im Raum: »Was kann ich von einer Forelle lernen?«

35. Als Promi im TV

Reisethemen   Biografiearbeit, Fremdwahrnehmung, Selbstwahrnehmung, Beziehungspflege.

Reiseziel   Die Reisenden werden ermuntert, an wichtige Menschen ihres Lebens zu denken und bekommen aus dieser Perspektive eigene Stärken gespiegelt.

↗ Reisestart

Denk dich jetzt bitte einmal in ein Fernsehstudio.
Von der Decke, wie an riesigen Sprungfedern befestigt,
hängen Scheinwerfer herab und fluten den Raum mit ihrem Licht.
Zwei Kameramänner rollen ihr schweres Arbeitsgerät durch den Raum.
Und wenn du auf den kleinen Monitor schaust, der dir direkt gegenübersteht,
dann kannst du dich selbst dort erkennen, festlich gekleidet.
Schau dir dieses Bild einmal ganz genau an:
wie souverän, wie heiter du in diesem Fernsehstudio sitzt.
Überleg selbst, was du Großes geleistet haben könntest,
um durch eine Fernsehshow gewürdigt zu werden.
Jemand zählt rückwärts: »Fünf, vier, drei, zwei, eins: Sendung!«
Das Rotlicht der Kamera springt an,
und der Moderator heißt die Zuschauer zu Hause willkommen.
Nun dreht er sich zu dir und begrüßt dich in der Sendung.
Er sagt: »Wir haben mit vielen Menschen gesprochen,
die Ihnen auf Ihrem Lebensweg begegnet sind.
Im Laufe der Sendung werden wir einspielen,
was die anderen über Sie gesagt haben.«
Hör in dich hinein, wie es dir mit dieser Ankündigung geht
und wie gespannt du auf die Aussagen bist.
Der Moderator sagt nun: »Jetzt kommt der erste Einspieler!«
Und schon siehst du ein vertrautes Bild.
Das Kamerateam muss bei deiner Familie zu Besuch gewesen sein.
Achte darauf, welche Details der Wohnung du auf dem Monitor erkennst.
Und frag dich, wer wohl am ehesten über dich Auskunft geben wollte.
Dieser Mensch ist jetzt vor der Kamera zu sehen.
Das Kamerateam will von ihm wissen:
»Was fällt Ihnen spontan ein, wenn Sie an unseren Ehrengast denken?«
Überleg dir, mit welcher Antwort du rechnest.
Stell dir die Worte vor, die Tonlage, das Gesicht dazu.
Und dann hör zu, was dein Angehöriger tatsächlich sagt.
Danach plaudert der Moderator ein wenig mit dir,
über deine Familie, deine Herkunft, die Kinderzeit.
Dann wird der nächste kurze Film eingespielt.

Schau genau hin, diesmal ist es ein Freund deiner Kindheit,
der dort auf dem Bildschirm erscheint.
Der Reporter will von ihm wissen:
»Welche Stärke, würden Sie sagen, ist die größte unseres Ehrengastes?«
Überleg, was dein alter Freund (oder deine Freundin) antworten könnte.
Und dann hör zu, was dieser Mensch in die Kamera sagt.
Der Moderator leitet nun zu einem neuen Lebensabschnitt über:
Diesmal soll es um deine Schulzeit gehen.
»Wir haben ein Interview mit Ihrem Lieblingslehrer (oder -lehrerin) geführt«,
kündigt er an und fragt dich, ob du ahnst, welcher das war.
Lass das Bild dieses Menschen vor deinen Augen erscheinen.
Und dann hör, was der Reporter von ihm wissen will:
»Bitte erzählen Sie uns, was Ihnen positiv an unserem Ehrengast aufgefallen ist.«
Überleg dir genau, was der Lehrer (oder die Lehrerin) nun antworten könnte.
Und dann hör dir die Antwort an.
Der Moderator läutet das nächste Thema ein:
Diesmal soll es um dich in der Arbeitswelt gehen.
Der Reporter hat jemanden vor die Kamera geholt,
der bei der Arbeit dein Vorgesetzter war.
Schau dir diesen Menschen einmal an,
sein Gesicht, seine Kleidung, seine Haltung.
»Welchen Eindruck hat unser Ehrengast auf Sie gemacht?«
Überleg dir genau, was der Vorgesetzte nun antworten wird.
Und dann hör dir die Antwort an.
Und nun kündigt der Moderator noch ein Überraschungsinterview an:
»Wir haben jemanden gefunden, der Ihnen sehr dankbar ist.«
Denk scharf nach, welcher Mensch das sein könnte.
Ganz langsam, erst unscharf, erscheint ein Gesicht auf dem Monitor.
Siehst du, wie es an Kontur gewinnt, so lange,
bis du den Interviewpartner sicher erkannt hast?
Mal dir aus, wofür er sich gleich bei dir bedanken wird.
Stell dir ganz genau vor, welche Worte er wählt
und in welcher Tonlage und mit welcher Mimik er spricht.
Und dann hör dir an, was er tatsächlich sagt.
Genieße das Gefühl, dass du so vielen Menschen begegnet bist,
so vielen Menschen, denen du etwas bedeutest,
so vielen Menschen, die sich ein Bild von dir gemacht haben
und es sorgsam in ihrem Kopf oder ihrem Herzen verwahren.
Nun läuft der Abspann deiner Fernsehgala.
Wenn du an die Menschen vom Monitor denkst,
dann freust du dich darauf, einige bald wiederzusehen.

↘ Rückreise

Reisetipp: Bauen Sie in die Reise einen Studiogast ein, den sich Ihre Teilnehmer frei aussuchen dürfen. Sei es, weil sie diesen Menschen einfach einmal wieder sehen möchten. Sei es, weil sie zu gerne wüssten, was dieser über sie sagen wird.

Wichtige Reisefragen

→ Wie lange haben Sie gebraucht, bis Ihnen jeweils ein Mensch eingefallen ist?
→ Wie deutlich haben Sie diese Menschen vor sich gesehen?
→ Welche Aussagen haben Sie überrascht? Welche weniger?
→ Welche Komplimente haben sich wiederholt? Gäbe es dafür eine Überschrift?
→ Wie hat es sich angefühlt, vor einem großen Publikum gelobt zu werden?
→ Welcher Mensch ist Ihnen dankbar? Und warum?
→ Wem sind Sie selbst dankbar – und wie zeigen Sie diese Dankbarkeit?

These zur Diskussion (provokant): Es ist doch völlig egal, was andere Menschen über mich denken. Wichtig ist nur, wie ich mich sehe.

Idee für Gruppenarbeit Bilden Sie Zweiergruppen und lassen Sie die Teilnehmer sich gegenseitig interviewen. Aufgabe des jeweiligen Journalisten: Er soll durch seine Fragen herausfinden, welchen Menschen der Interviewpartner dem TV-Team als wichtigste Quelle zu seiner eigenen Person genannt hätte. Warum gerade diesen Menschen? Was verbindet die beiden? Und wie könnte sich das Verhältnis noch entwickeln?

Idee für die Arbeit mit Einzelklienten Wenn Ihr Klient ein Anliegen hat, für das er andere Menschen gewinnen muss, dann schreiben Sie deren Namen auf Karten, legen jeweils eine dieser Karten auf einen freien Stuhl und bitten den Klienten, diese Rolle einzunehmen. Beispiel: »Also gut, dann setzen Sie sich mal auf diesen Stuhl und spielen Sie Ihren Chef, Herrn Müller. Wie alt sind Sie, Herr Müller?«, und so weiter. Diese ersten Fragen nach Fakten – etwa dem Alter – dienen dem »Eindoppeln«. Der Klient wird dann als Chef über seinen Mitarbeiter (also sich) befragt. Diese Perspektivenwechsel können ihm spannende Einsichten bescheren, auch mit Blick auf eine Strategie für die nächsten Schritte.

Idee für Jugendarbeit Lassen Sie die Teilnehmer die Namen von drei Menschen aufschreiben, die ihnen besonders wichtig sind. Jeder Name steht auf einem eigenen A4-Blatt. Die Aufgabe: »Nehmen wir an, diese drei Menschen müssten ein Bild von dir malen – was glaubst du, wodurch diese Bilder sich unterscheiden könnten? Wer würde dich zum Beispiel am größten malen, wer am kleinsten? Und welche Einzelheiten sind dem einen wichtig, dem anderen nicht? Male bitte einmal auf jedes Blatt ein mögliches Bild von dir – aus der Sicht der Person, deren Name auf dem Zettel steht.« Betonen Sie: Auf malerische Finessen kommt es dabei nicht an – interessant sind später die Interpretationen der Gruppe und die Erklärungen des Malers.

36. Der Weise der Wüste

Reisethemen Visionen, Träume, Selbstwirksamkeit.
Reiseziel Die Hörer nehmen Kontakt mit ihren Visionen auf, arbeiten die wesentlichen Fragen ihres Lebens heraus und erfahren das Gefühl der Selbstwirksamkeit.

↗ Reisestart

Stell dir deine Fantasie wie einen Teppich vor,
einen fliegenden Teppich, der dich emporschweben lässt
aus diesem Raum, aus dieser Stadt, aus diesem Land.
Flieg auf deinem Teppich über alle Grenzen hinweg,
lass die Häuser und Straßen wie Spielzeug unten liegen.
Merkst du, wie sich wunderbare Ruhe in dir ausbreitet?
Schweb über den Dingen, atme frische Himmelsluft
und lass die Hand des Windes in dein Haar greifen.
Kannst du sehen, wie sich die Landschaft verändert?
Es sieht so aus, als würden die Städte, die Straßen,
als würden alle Menschenspuren langsam aus dem Bild laufen.
Lass all das hinter dir, auf deinem Teppich, tauch in den Moment ein
und genieß es, dass der Flugwind immer wärmer wird,
wie die angenehme Luft eines Föns nach dem kalten Duschen.
Wenn du jetzt nach unten schaust, wirst du erkennen:
Du schwebst über eine endlose Wüste hinweg.
Der Sand liegt wie Goldstaub auf der Landschaft.
Vor dir, im Himmel, breitet sich eine riesige Wolke aus,
eine goldene Wolke, die merkwürdig wirbelt.
Du fliegst direkt auf sie zu, bis du bemerkst:
Es ist keine normale Wolke, sondern eine Staubwolke,
die aus winzigen, goldenen Wüstensandkörnern besteht.
Ein wirbelnder Sandsturm, eine Walze am Himmel.
Je länger du diesen goldenen Wirbel wahrnimmst,
dieses Pfeifen und Knirschen des Sandes in der Luft,
desto mehr Vertrauen spürst du, dass dein Zauberteppich
dich sicher durch den Sturm tragen wird.
Du bist jetzt mitten im Sandsturm, im Wirbel der goldenen Körner,
und du denkst: »Wenn der Sand doch einen Ring bilden würde,
einen Ring, durch den ich unbehelligt schweben könnte.«
Kaum hast du das gedacht, bilden die Sandkörner einen Ring –
kannst du ihn sehen, diesen Ring? –
und du fliegst mit deinem Teppich vollkommen sicher hindurch.
Du stellst dir vor, dass die Sandkörner in der Luft eine Pusteblume bilden –
stell dir eine Pusteblume auf einer Wiese vor! –,

und schon bilden sie eine Pusteblume aus Sand.
Wie fühlt es sich an, dass deine Gedanken Macht über diesen Sturm haben?
Welche Figuren wirst du noch bilden? Stell sie dir ganz intensiv vor.
Und während dein fliegender Teppich am Rand des Sturmes schwebt,
schleicht sich ein Wunsch in deinen Kopf:
Wie wäre es, wenn dieser Sand sich zu einem Weisen formen würde,
einem Weisen der Wüste, dem du alle Fragen stellen darfst:
über deine Vergangenheit, über deine Zukunft, über dein Leben.
Kaum hast du an den Weisen der Wüste gedacht,
schon formt der wirbelnde Sand einen Riesen,
einen Weisen der Wüste im flatternden Sandkleid.
Sein Mund öffnet sich ganz langsam,
und seine Stimme klingt stürmisch, aber freundlich:
»Du darfst mir drei Fragen stellen, drei Fragen zu deiner Zukunft,
und ich will dir alles, was du selbst nicht weißt,
auf meine Art und Weise beantworten.«
Dein Teppich steht jetzt auf der Stelle,
und nur ein leises, vogelartiges Flattern verrät dir,
dass er immer noch am Fliegen ist.
Du überlegst, was du von dem Weisen der Wüste
erfahren möchtest über das Land deiner Zukunft.
Wie sehen deine Pläne, deine Wünsche, deine Träume aus?
Bist du neugierig darauf, ob du sie wahr machen kannst?
Nun stell dem weisen Mann aus Sand deine wichtigste Frage.
Wie genau lautet diese Frage?
Warum ist die Antwort für dich so wichtig?
Und in welcher Sprache, glaubst du, wird er antworten?
Kann es sein, dass sich der Sand wieder formen wird,
diesmal zum Bild deiner Zukunft, zur Antwort auf deine Frage?
Kannst du den Sand mit deinen Gedanken immer noch steuern
und ein Bild von deiner Zukunft nach eigenen Wünschen formen?
Probier es aus! Denk dir das Bild in allen möglichen Varianten,
so lange, bis es dir gefällt, vollkommen gefällt.
Genieß diesen Anblick, dieses goldene Schimmern deiner Zukunft.
Und dann flieg gemütlich weiter.

↘ Rückreise

Reisetipp: Die Reise wird noch greifbarer, wenn Sie Ihren Text an den passenden Stellen immer wieder unterbrechen und das Pfeifen des Sandsturms imitieren. Legen Sie nach den Fragen und Denkanstößen längere Pausen ein, damit sich innere Bilder formen können.

Wichtige Reisefragen

→ Wie hat es sich angefühlt, diesen Sturm selbst steuern zu können?

→ Welche eigenen Figuren haben Sie den Sand formen lassen?

→ Welche Fragen zu Ihrer eigenen Zukunft haben Sie dem Weisen gestellt?

→ Was geschah dann, wie sahen die Antworten aus?

→ Was war reizvoll an diesen Bildern aus Sand?

→ Inwieweit haben Sie diese Bilder noch umgeformt?

→ Was können Sie tun, um Ihre positiven Fantasien wahr werden zu lassen?

Zitat zur Diskussion »Ihr aber seht und sagt: Warum? Aber ich träume und sage: Warum nicht?« *George Bernard Shaw* (irischer Dramatiker)

Idee für Gruppenarbeit Lassen Sie die Teilnehmer Zweiergruppen für Rollenspiele bilden. Jeder schlüpft fünf Minuten in die Rolle des »Weisen der Wüste«. Der andere muss ihm kurz beschreiben, welche Ziele er erreichen möchte – und darf sich Tipps geben lassen. Danach die Auswertung: Welche Tipps waren hilfreich?

Idee für die Arbeit mit Einzelklienten Gehen Sie mit Ihrem Klienten die Fragen durch, die er dem »Weisen der Wüste« gestellt hat: Sind das Kernfragen seines Lebens? Verwendet er genug Energie auf diese Bereiche? Woran würde er merken, dass er auf dem richtigen Weg ist, seine Vision zu erreichen?

Idee für Jugendarbeit Lassen Sie die jungen Menschen in kleinen Gruppen diskutieren, welche tatsächlichen »Weisen« – also kluge und erfahrene Menschen – es um sie herum gibt und wie sie deren Rat für ihr Leben nutzen können. Jeder Teilnehmer soll einen Vorsatz bilden: Welche wichtige Frage seines Lebens wird er bis wann mit diesem »Weisen« besprechen?

37. Das Kopfradio

Reisethemen Innere Stimmen, Werte und Bewertungen, Reflexion.
Reiseziel Die Teilnehmer bekommen die Chance, ihre (unbemerkten) inneren Drehbücher und Überzeugungen gezielt unter die Lupe zu nehmen.

↗ Reisestart

Und jetzt stell dir einmal vor, es ist Nacht um dich herum.
Eine so finstere Nacht, dass du nichts sehen kannst.
Eine so stille Nacht, dass du keinen Ton hörst.
Eine Nacht, die dich wie ein Vakuum umhüllt,
deinen ganzen Körper und deinen ganzen Geist.
Wenn du spürst, wie gründlich diese Nacht dich umschließt,
dann kannst du deine ganze Konzentration nach innen lenken.
Vielleicht kannst du Stimmen hören, Stimmen wie aus einem Radio,
die sich in deinem Kopf immer wieder zu Wort melden.
Hör auf diesen kleinen Radiosender in deinem Kopf,
und mach dir bewusst, wie vertraut dir diese Stimmen sind
und wie lange sie dich schon durch dein Leben begleiten.
Alles, was in deinem Leben geschieht,
wird von den Stimmen dieses Kopfradios kommentiert.
Vielleicht geht es dir mit diesem Radio wie mit einem Musiksender,
den du nebenbei hörst, zum Beispiel bei einer Autofahrt:
Du hörst ihn, ohne dir bewusst zu sein, dass du ihn hörst.
Er wird zu einem vertrauten Begleitgeräusch.
Nutze die Dunkelheit, deine vollkommene Konzentration nach innen,
um das Radioprogramm in deinem Kopf näher zu ergründen.
Wenn du dich ganz auf diese Stimmen konzentrierst,
kannst du hören, dass sie auch jetzt am Sprechen sind.
Sie begleiten dich auf deiner Fantasiereise und sagen dir,
was du von dieser Reise zu halten hast.
Hör genau auf ihr Flüstern und finde einmal heraus,
wie zufrieden sie mit dem heutigen Tag sind
und mit dieser Reise, die du gerade unternimmst.
Wenn du das Flüsterkonzert in einzelne Stimmen aufteilst,
wirst du freundliche Stimmen herausfiltern,
die hinter dir stehen und dich unterstützen.
Und du wirst kritische Stimmen heraushören,
die dich kritisieren, weil du es ihnen nicht recht machen kannst.
Vielleicht sind es diese Stimmen, diese Kopfreporter,
die mit ihrem Einflüstern deine Meinungen bestimmen.
Deine Meinung, die du über dich selbst hast.

Deine Meinung, die du über andere hast.
Deine Meinung, die du über die Welt hast.
Damit du noch genauer erfährst, was dein Kopfradio sendet,
erinnere dich jetzt an eine Situation,
in der dir ein Missgeschick passiert ist.
Vielleicht hast du einen dummen Satz vor anderen gesagt.
Oder dir ist ein Glas zerbrochen.
Oder du bist in einer Prüfung oder ähnlichen Situation gescheitert.
Versetz dich genau in diese Situation zurück,
in den Augenblick, als es passiert war.
Lass dein erstes Gefühl noch einmal durch deinen Körper laufen,
und dann hör hin, was dein Kopfradio dazu sagt.
Vielleicht haben die inneren Stimmen dich beschimpft,
vielleicht haben sie dich für blöd erklärt,
vielleicht waren sie empört und fassungslos über dich.
Was genau haben sie zu dir gesagt?
Welche Stimme hat das Wort geführt und war am lautesten?
Lass den Satz, der durch deinen Kopf hallte,
noch einmal in derselben Tonlage erklingen.
Und dann denk an eine Situation,
in der du einen Erfolg hattest, in der etwas gelungen ist.
Vielleicht hast du etwas Schönes gebastelt.
Oder eine Arbeit mit Erfolg abgeschlossen.
Oder einem anderen Menschen eine große Freude gemacht.
Öffne dich noch einmal für das Gefühl, das du damals empfunden hast.
Und dann hör wieder, was dein Kopfradio dazu sagt.
Vielleicht hat es dich gelobt und angefeuert,
vielleicht hat es dich zum »Genie« erklärt,
vielleicht aber hat es dich gebremst und dich ermahnt,
du solltest am Boden bleiben und bloß nicht abheben.
Was genau haben die inneren Stimmen zu dir gesagt?
Welche Stimme hat das Wort geführt und war am lautesten?
Lass den Satz, der durch deinen Kopf hallte,
noch einmal in derselben Tonlage erklingen.
Vielleicht ist dein ganzes Leben wie ein Film,
und diese Stimmen im Kopf kommentieren ihn,
Augenblick für Augenblick, Szene für Szene.
Stell dir vor, welche Macht sie dann über dein Leben hätten,
darüber, ob du dich gut fühlst oder schlecht fühlst.
Woher kommen diese Stimmen? Kennst du sie aus der Außenwelt?
Und nun probier einmal, diese Stimmen zu beeinflussen.
Schaffst du es, dich von ihnen loben zu lassen,
zum Beispiel dafür, wie aufmerksam du dieser Reise folgst?

Sorg dafür, dass diese Stimmen freundlich mit dir sprechen,
so wie du mit anderen, und dass sie dir Respekt zeigen.
Denn diese Stimmen kommen ganz tief aus deinem Inneren,
diese Stimmen gehören zu dir,
diese Stimmen kannst du allein *bestimmen.*
Lass diesen Gedanken, der dir guttut,
in der Dunkelheit beruhigend auf dich wirken.

↘ Rückreise

Reisetipp: Der Text enthält die Frage, welche inneren Stimmen aus der realen Welt die Teilnehmer hören, während sie an der Fantasiereise teilnehmen. Eigentlich ist es bei Fantasiereisen nicht erwünscht, dass die Teilnehmer auf die Metaebene wechseln, sich also von außen beim Reisen betrachten. In diesem Fall ist eine Ausnahme jedoch angebracht (und kann von Ihnen im Text durch weitere Einschübe auch ausgebaut werden). Denn wenn die inneren Stimmen sich »live« zu Wort melden, sind die Teilnehmer für das Thema noch aufgeschlossener und sensibler.

Wichtige Reisefragen
→ Was flüstern die Stimmen Ihres Kopfradios jetzt, nach der Reise?
→ Waren Sie sich dieser Stimmen bewusst?
→ Wie klingen diese Stimmen, können Sie mal eine nachmachen?
→ Was sagen diese Stimmen, wenn Ihnen etwas nicht gelingt?
→ Und wie fallen die Stimmen aus, wenn Sie Erfolg haben?
→ Wie groß, denken Sie, ist die Macht dieser Stimmen?
→ Haben Sie es geschafft, Ihre inneren Stimmen zu steuern? Mit welchen Strategien kann Ihnen das auch im Alltag gelingen?

Zitat zur Diskussion (provokant): »Du musst jeden Tag auch deinen Feldzug gegen dich selber führen.« *Friedrich Nietzsche* (deutscher Philosoph)
Idee für Gruppenarbeit Lassen Sie die Teilnehmer in Einzelarbeit die inneren Stimmen in ihrem Kopf benennen und ihnen einen typischen Satz zuschreiben. Zum Beispiel sagt eine Stimme immer wieder: »Du schaffst das nie!« – und wird zum »Bremsminister« ernannt. Nun darf der Teilnehmer – jetzt Regisseur – sich aus der Gruppe für jede seiner Stimmen einen Darsteller aussuchen. Diese Darsteller setzen sich in einen Kreis und werden vom »Regisseur« eingedoppelt. Zum Beispiel sagt er: »Du bist mein ›Bremsminister‹, du sagst immer …« Schließlich bekommt die Runde ein Zeichen – alle fangen zugleich an, ihre Sätze zu sagen, wild durcheinander. Der »Regisseur« erlebt sein inneres Geflüster erstmals von außen. Danach darf er die inneren

Stimmen beauftragen, nicht mehr durcheinander, sondern miteinander zu sprechen. Was passiert jetzt?

Idee für Arbeit mit Einzelklienten Lassen Sie Ihren Klienten seine »Wunschstimmen« entwickeln: Was würde er sich wünschen, in bestimmten Situationen zu hören? Welche Sätze könnten ihn aufbauen und motivieren? Nun darf er wie ein Fußballtrainer agieren und neue Mitglieder in sein inneres Team einwechseln. Welche Unterstützer und Anschieber braucht er? Was kann er tun, um in kritischen Momenten seine Wunschsätze gesagt zu bekommen? Besprechen Sie mit ihm eine Strategie und lassen Sie ihn bis zum nächsten Termin Erfahrungen sammeln.

Idee für Jugendarbeit Lassen Sie jeden Jugendlichen einen Satz auswählen, den er in seinem Kopf immer wieder hört. Dann setzen sich die Teilnehmer in einen Kreis und brüllen auf Kommando immer wieder ihren Satz in den Raum. Der Trick: Die Sätze werden nach 20 Sekunden getauscht. Dann muss jeder den Satz des Nachbarn verwenden, bis alle Sätze einmal die Runde gedreht haben und der eigene Satz wieder angekommen ist. Was verändert sich durch diese Übung? Inwiefern lässt sich so eine gesunde Distanz zu inneren Stimmen gewinnen?

38. Der Herzschlag der Sekunden

Reisethemen Zeitempfinden, Relativität der Zeit.
Reiseziel Die Teilnehmer werden angeregt, ihr persönliches Verhältnis zur Zeit unter die Lupe zu nehmen.

↗ Reisestart

Träum dich jetzt in die Mitte eines alten Dorfes,
denk dich dort auf einen romantischen Kirchplatz.
Aus der Kirchentür weht feiner Weihrauch,
und die betörende Stimme einer Orgel umflutet dein Ohr.
Vielleicht spürst du den Frieden, der von diesem Ort ausgeht.
Lass deine Augen nun langsam die Kirche hinaufwandern,
entlang an den hohen Fenstern mit ihren Quadern aus Buntglas,
entlang an dem Turm, der sich schlank über das Kirchendach hinaushebt,
entlang an dem Schallloch, hinter dem eine Glocke schimmert,
und hinauf zu dem Blickfang des Kirchturms: zur riesigen, runden Uhr.
Wie eine kleine Sonne steht sie über dem Ort.
In der Uhr siehst du zwei dicke Striche, einer kurz, einer lang.
Und diese beiden Striche bilden miteinander einen Winkel.
Schau dir diesen Winkel an, er scheint für die Ewigkeit gemacht.
Doch wenn du lange genug auf die Striche schaust, wirst du sehen,
dass dieser Winkel sich wie in Zeitlupe verändert.
Der große Strich springt ein winziges Stück nach vorne.
Und steht. Und steht. Und steht.
Und dann springt er wieder ein winziges Stück.
Und steht. Und steht. Und steht.
Und der kleine Zeiger rückt langsam nach, ganz langsam.
Spürst du, dass in dieser Kirchturmuhr jemand wohnt?
Dort wohnt eine alte Dame; dort wohnt die Zeit.
Stell dir vor, dass die Zeit sich dort häuslich eingerichtet hat,
dass sie mit ihren unsichtbaren Füßen auf den Ziffern steht
und mit ihren unsichtbaren Händen die Zeiger schiebt,
Stück für Stück, Tag für Tag, Jahr für Jahr.
Und weißt du, mit welcher Stimme die Zeit spricht?
Es ist der Glockenschlag, mit dem sie ihre Freude ausruft,
dass sie wieder eine volle Stunde geschafft hat.
Hör diese Glocke jetzt, wie sie im langsamen Rhythmus schlägt
und diesen angenehm vibrierenden Ton über die Dächer des Dorfes trägt.
Finde heraus, wie oft die Glocke schlägt.
Wenn du dich vollkommen auf diesen Ton konzentrierst,
wirst du hören, dass die Zeit eine Botschaft an dich sendet:

Sie bittet dich, hinauf zu ihr in die große Uhr zu kommen.
Stell dir vor, wie dieser Ton der Kirchenglocke
dich wie ein angenehmer Aufwind erfasst.
Spür, wie dein Körper langsam die Schwere verliert,
wie der Boden unter deinen Füßen sich wegduckt
wie der schwingende Glockenton dich mit nach oben nimmt.
Jetzt bist du eingetaucht in diese riesige Uhr,
du könntest an den Zeigern Klimmzüge machen.
Du bist Gast im Reich der Zeit
und du hörst den Herzschlag der Sekunden, ein Ticken.
Hör ganz genau hin, wie die Herzen der Minuten klingen,
während sie die schweren Zeiger weiter und weiter schieben.
Beschreib deiner Gastgeberin, der Zeit, doch einmal,
wie du sie im Alltag wahrnimmst: In welcher Gestalt begleitet sie dich?
Als Uhr an deinem Arm? Als Anzeige auf deinem Handy?
Oder als innere Uhr in deinem Kopf?
Und warum hast du gerade diesen Zeitmesser gewählt,
was sagt das über dein Verhältnis zur ihr, zur Zeit, aus?
Und nun denk einmal darüber nach,
wie bewusst du mit deiner Lebenszeit umgehst.
Fängst du alle Minuten, die dir zufliegen, alle Tage und Stunden,
mit achtsamen Händen auf?
Oder fliegt sie an dir vorbei, die Zeit?
Machst du dir oft bewusst, dass jeder Tag einmalig ist,
oder glaubst du, einer gleiche dem anderen?
In welchen Situationen kannst du Zeit am besten genießen?
Und wie kann es sein, dass der Genuss von Zeit
schon wieder mit Zeitlosigkeit zu tun hat?
Denk jetzt an eine Situation, in der die Zeit rasch vergangen ist,
eine Situation, in der deine Stunden zu Minuten wurden.
Wodurch ist die Zeit für dich so schnell verflogen?
Und jetzt denk an eine Situation, in der die Zeit zu kriechen schien,
eine Situation, in der die Minuten zu Stunden wurden.
Was hat dir die Zeit so langsam gemacht?
Hier oben, in der Kirchturmuhr, wo du den Herzschlag der Sekunden hörst,
spürst du ganz tief, wie gerecht die Zeit ist.
Sie teilt allen Menschen jeden Tag dieselbe Portion zu,
den Jungen und den Alten, den Königen und den Bettlern.
Und jeder kann selbst entscheiden, was er aus diesem Geschenk macht,
ob er in einem Meer aus Zeit schwimmt oder sich in Zeitnot wägt.
Denk einmal darüber nach, woran du merken würdest,
dass du deine Zeit in vollen Zügen nutzt und genießt.
Hör dem Herzschlag der Sekunden noch ein wenig zu,

bis der nächste Glockenschlag erklingt.
Spür nun, wie der vibrierende Ton dich aus der Uhr zieht,
dich sanft durch die Luft trägt, immer tiefer,
bis du wieder auf dem Boden des Kirchhofs stehst.

↘ Rückreise

> **Reisetipp:** Bei dieser Reise können Sie mit einer ungewöhnlichen Geräuschkulisse arbeiten: einer Uhr, die im Hintergrund tickt. Haben Sie im Keller noch einen uralten Wecker? Oder eine laut tickende Küchenuhr? Solche alten Uhren sind bestens geeignet, diese Reise zu untermalen. Gerade in den Schweigephasen ist es erstaunlich, wie schon ein leises Ticken den Raum füllen und die gespitzten Ohren erreichen kann.

Wichtige Reisefragen

→ Welche Bedeutung hat Zeit in Ihrem Leben?
→ Konnten Sie Schlüsse aus Ihrem Zeitmessinstrument ziehen?
→ Fangen Sie die Sekunden auf? Oder rinnen Ihnen viele durch die Hände?
→ Was kennzeichnet Situationen, in denen Ihre Zeit schnell vergeht?
→ Und was macht den Unterschied aus, wenn sie langsam kriecht?
→ Welchen Umgang mit Zeit würden Sie sich wünschen? Was konkret können Sie in diese Richtung unternehmen?

Zitat zur Diskussion »Es ist nicht wenig Zeit, was wir haben, sondern es ist viel, was wir nicht nützen.« *Seneca* (römischer Philosoph)

Idee für Gruppenarbeit Machen Sie der Gruppe mit einem Experiment deutlich, dass sich die Wahrnehmung der Zeit von Mensch zu Mensch unterscheidet. Bitten Sie die Teilnehmer, auf ein kleines Startsignal hin die Augen zu schließen und zu schweigen. Nach einer bestimmten Zeit, die Sie gestoppt haben, heben Sie das Redeverbot auf – nehmen Sie eine unrunde Zeit, zum Beispiel 53 oder 74 Sekunden. Nun darf jeder eine persönliche Schätzung abgeben, wie lange die Schweigezeit gedauert hat. Lassen Sie die Teilnehmer diese Zahl aufschreiben und auf Kommando vorzeigen, damit die ersten Schätzungen die anderen nicht beeinflussen. Wie groß sind die Abweichungen? Und woher kommen sie?

Idee für die Arbeit mit Einzelklienten Stellen Sie Ihrem Klienten eine beliebige Zahl von Gläsern bereit. Jedes Glas soll für einen für ihn wichtigen Bereich seines Lebens stehen und darf durch einen aufgeklebten Zettel beschriftet werden, etwa »Arbeitsleben«, »Familienleben«, »Hobby«. Nun stellen Sie ihm ein weiteres Glas zur Verfügung, das Sie mit Orangensaft füllen. Die Aufgabe Ihres Klienten ist es nun, diese begrenzte Menge an Flüssigkeit – als Symbol seiner Zeit – auf die einzelnen Gläser der Lebensbereiche als Ist-Analyse zu verteilen. Je mehr Zeit er mit einem Bereich verbringt, desto mehr Saft füllt er ein. Diskutieren Sie diese Verteilung mit ihm und lassen Sie ihn dann durch Umschütten der Flüssigkeit eine neue Gewichtung vornehmen. Daraus leitet er Pläne für sein reales Verhalten ab.

Idee für Jugendarbeit Lassen Sie die Jugendlichen ebenfalls schätzen, wie viel Zeit vergeht – nur dass sie die Übung mit spielerischen Elementen begleiten. Zum Beispiel wird ein Teil der Jugendlichen gebeten, jeweils eine Wasserflasche in die Hand zu nehmen und den Arm auszustrecken. Andere Teilnehmer dürfen sich bequem auf den Boden legen. Dann lassen Sie wieder eine bestimmte Zeit vergehen und von den Teilnehmern erraten. Wie wirkt sich die persönliche Ausgangssituation auf das Zeitempfinden aus (meist kommt den »Wasserträgern« die Zeit viel länger vor)? Was lässt sich daraus für den Alltag ableiten?

39. Der Schattenadler

Reisethemen Körpersprache, Signalwirkung, Wahrnehmung.
Reiseziele Die Teilnehmer werden angeregt, ihr Bewusstsein für die eigene Körpersprache zu schärfen.

↗ Reisestart

Stell dir vor, du stehst vor einer hellen, langen Mauer,
einer Mauer, die sich freundlich durch die Landschaft zieht.
Und je länger du dir diese helle Mauer anschaust,
ihre glatte Oberfläche und ihr blitzendes Weiß,
desto mehr erinnert die Mauer dich an eine Leinwand.
Spür die Sonnenstrahlen, die deinen Nacken kraulen,
die Sonne scheint von hinten,
der schläfrige Nachmittag eines warmen Sommertages
gleitet langsam in den Abend hinüber.
Jetzt schau dir die Mauer einmal direkt vor dir an.
Und sieh den Schatten, den dein Körper dort wirft.
Probier einmal aus, ob dieser Schatten dir gehorcht.
Vielleicht hast du Lust, deinen rechten Arm zur Seite zu strecken.
Achte darauf, was der Schattenmann an der Mauer tut,
wie sein Arm ebenfalls zur Seite wächst.
Lass den Arm einen Moment ausgestreckt, als wäre es ein Adlerflügel,
und breite jetzt auch den linken Arm aus,
sodass dein Körper nach links und rechts großen Raum einnimmt.
Schau dir genau an, wie deine Spannweite den Schatten vergrößert,
wie sie ihn fließen lässt über seinen Rand hinweg,
ihm mehr Größe und mehr Macht verleiht.
Kann es sein, dass dein Körper nun fast doppelt so groß wird,
dass die Spannweite deiner Arme über deiner Körpergröße liegt?
Stell dir vor, wie du mit ausgebreiteten Schattenarmen
ein wildes Tier in die Flucht scheuchst.
Schlag dazu deine Arme einmal wie Adlerflügel,
sodass der Schatten noch mehr Raum einnimmt,
und an den Seiten hoch- und hinunterfließt.
Genieße diese Größe deines Schattens an der Mauer.
Und denk einmal darüber nach, wie Tiere ihre Körpersprache einsetzen.
Vielleicht hast du von jenen tropischen Fischen gehört,
die sich aufpusten, damit ihr Körper größer wirkt.
Die Raubfische bekommen Angst, wenn ihr Opfer so anschwillt,
und suchen sich zum Fressen eine kleinere Beute.
Ob du es wohl schaffst, den Schatten eines solchen Fisches zu werfen?

Probier einmal, deinem Körper so viel Größe wie möglich zu verleihen.
Vielleicht magst du dich breitbeinig aufstellen,
vielleicht deine Wangen mit Luft aufpusten,
und deine Arme wieder wie Flügel schwingen.
Achte darauf, wie dein Schatten immer mehr wächst.
Wie groß und breit würde dich einer schätzen, der nur den Schatten sieht?
Und wie fühlst du dich mit dieser Körpersprache?
Plötzlich hörst du neben dir ein kleinlautes Piepsen.
Schau hinab zum Boden, dort kauert ein winziges Mäuslein,
es hält still und macht sich ganz klein, damit du es nicht siehst.
Nimm dieses Mäuslein nun einmal zum Vorbild
und beginne langsam, deinen Körper kleiner zu machen.
Sieh dem Schatten an der Mauer zu, wie seine Breite schwindet,
wie er den ersten Flügel einholt und dann den zweiten.
Sieh, wie der Tunnel seiner Beine sich wieder schließt
und wie die aufgeplusterten Wangen abschwellen.
Konzentrier dich ganz auf die Veränderung des Schattens,
wie er kleiner und kleiner wird, ein stetiges Schrumpfen.
Und nun tu es dem Mäuslein gleich und geh in die Knie,
leg die Arme an den Körper und lass deinen Kopf
immer dichter zum Boden gleiten, als wolltest du ihn einrollen.
Achte derweil darauf, wie auf der hellen Mauer,
wo gerade noch ein stolzer Adler seine Flügel schwang,
ein winziges, kauerndes Mäuslein erscheint.
Was würde jemand, der diesen Schatten sieht,
über dich und deine Größe vermuten?
Und wie fühlst du dich mit dieser Körpersprache?
Nun richte dich wieder auf und denk einmal darüber nach,
welche Schatten du in deinem Alltag wirfst.
Ob du, wenn du einen Raum betrittst, wo andere Menschen sind,
mit stolzen Schwingen einfliegst, ob du viel Raum einnimmst
und schnell von den anderen gesehen wirst.
Oder ob du eher wie ein Mäuslein zu der Gruppe schleichst,
klein, leise, unscheinbar.
Stell dir eine Situation vor, in der du mit anderen sprichst.
Was würde der Schatten an der Mauer dir zeigen?
Sprechen deine Hände und deine Arme mit?
Nimmst du nicht nur mit deinen Worten,
sondern auch mit deinen Gesten viel Raum ein?
Breitest du dich bei einer Sitzung auf dem Tisch aus,
steckst du ein großes Revier ab?
Oder bist du schmal wie das Mäuschen?
Und welche Wirkung hat deine Körpersprache?

Wenn du dir eine Körpersprache wünschen könntest:
Was wäre anders an ihr als an deiner jetzigen?
Schau deinen Körper auf der Mauer noch ein wenig an.
Je tiefer die Sonne sinkt, desto mehr zieht er sich in die Länge.
Und bald, wenn die Nacht kommt, wird dein Schatten unsichtbar.
Bis am nächsten Morgen die Sonne wieder aufgeht.

↘ Rückreise

> **Reisetipp:** Die Körpersprache ist ein Thema, das in Rhetorikseminaren oft zu kurz kommt. Dabei hängt die Außenwirkung in der Kommunikation nur zu zehn Prozent von den Inhalten ab – und zu 90 Prozent von der Körpersprache und der Tonlage. Schärfen Sie das Bewusstsein Ihrer Teilnehmer für diesen Zusammenhang. Denn beim Blick darauf, wie man brillant spricht, gerät dieses tiefer liegende Thema oft aus dem Blick.

Wichtige Reisefragen
→ Was war es für ein Gefühl, dass Ihr Schatten Ihnen gehorcht hat?
→ Was ging in Ihnen vor, als Sie die Flügel gespreizt und sich immer größer gemacht haben?
→ Und wie war das, als Sie schließlich das Mäuschen spielten?
→ Inwiefern sehen Sie eine Wechselwirkung zwischen der Körperhaltung und Ihrem Denken?
→ Hatten Sie ein Bild Ihrer Körpersprache im Alltag vor sich? Wie genau würden Sie die Eigenheiten benennen?
→ Was würden andere Menschen, zum Beispiel Freunde, über Ihre Körpersprache sagen?
→ Welche Körpersprache würden Sie sich wünschen? Benennen Sie einmal eine innere Einstellung, die dem genau entsprechen könnte.

These zur Diskussion (provokant): Wer Körpersprache deutet, könnte genauso gut in die Kristallkugel schauen: Nicht jeder, der sich mal am Kopf kratzt, will der Welt dadurch etwas mitteilen.

Idee für Gruppenarbeit Jeder Teilnehmer darf ein Los ziehen – einen Zettel, auf dem eine Tierart genannt ist. Die Aufgabe der Teilnehmer: Sie sollen zwei Minuten lang die Körpersprache dieser Tierart auf sich als Menschen übertragen. Allerdings ohne Geräusche. Zum Beispiel können sich ein Löwe, ein Strauß, ein Adler, ein Igel, eine Maus und ein sich aufplusternder Fisch im Raum bewegen. Die Teilnehmer bekommen diese Tierarten genannt – nicht aber, wer welche Rolle spielt. Das wird nach dem Rollenspiel von den Teilnehmern geraten. Wie hat sich die Körpersprache ausgewirkt?

Idee für die Arbeit mit Einzelklienten Laden Sie ein, mit Körpersprache zu experimentieren. Bitten Sie Klienten, die gern eine markantere Körpersprache hätten, im Rollenspiel einmal vollkommen zu übertreiben – als würden sie eine Hauptrolle auf der Bühne spielen. Und bitten Sie andere, die mit Gesten gern sparsamer umgingen, einmal Mensch ohne Arme zu spielen. Was verändert sich dadurch im Gefühl beim Sprechen? Was davon – und in welcher Dosis – ließe sich übertragen?

Idee für Jugendarbeit Lassen Sie die Jugendlichen ein ähnliches Spiel wie die Gruppe oben machen – nur dass die Zettel diesmal nicht von Ihnen vorgegeben, sondern von den Jugendlichen selbst geschrieben werden. Erst dann kommen sie in einen Lostopf. Niemand erfährt, welche Tiere unterwegs sind. Diese Beteiligung steigert die Aufmerksamkeit und wirft auch die spannende Frage auf, ob es mehrere Tiere derselben Gattung im Raum gibt. Und ob jeder Teilnehmer die Tierart im Raum erkennt, die er selbst in den Lostopf gab.

40. Der rote Planet

Reisethemen Lebenserwartung, Maßeinheiten, Ziele.
Reiseziel Die Teilnehmer werden angeregt, über ihre Lebenserwartung nachzudenken, was die Jahre angeht, aber auch die Weise, wie sie sich sinnvoll nutzen lassen.

↗ Reisestart

Lass deine Gedanken nun in die Ferne schweben,
raus aus diesem Land, raus aus dieser Zeit,
raus aus dieser Welt und hinauf auf einen fernen Planeten.
Wenn du dich vollkommen auf ihn konzentrierst,
wirst du diesen roten Planeten im dunklen All schimmern sehen.
Aus der Ferne ist es nur ein winziger, roter Punkt,
als würde im Universum ein Stand-by-Lämpchen leuchten.
Doch je näher du diesem rotem Punkt im Dunkeln kommst,
desto mehr wächst er, wie ein Luftballon, der aufgepustet wird,
aufgepustet und aufgepustet, bis er die Größe eines Planeten hat.
Nun kannst du deine Füße auf seinen leuchtend roten Grund setzen.
Spür genau, wie der Boden des Planeten sich anfühlt.
Vielleicht kannst du die Wärme spüren,
wie sie in deinen Fußsohlen kribbelt, die Beine hinaufwandert
und deinen Körper langsam füllt mit diesem warmen Rot,
füllt mit diesem angenehmen Kribbeln,
füllt mit einer Ruhe, die dich vollkommen entspannt.
Jetzt bist du auf dem roten Planeten so richtig angekommen.
Alles, was du um dich herum siehst,
die Wiesen und Wälder, die Flüsse und Seen,
ist mit dieser warmen, roten Farbe überzogen.
Male dir diese rote Landschaft in allen Einzelheiten aus.
Wenn du die Bäume um dich herum anschaust,
kommt es dir vielleicht vor, als wäre ihre Rinde am Glühen.
Geh jetzt ganz dicht an einen dieser Bäume,
hol so tief Luft, bis dein Körper vor Leichtigkeit fast abhebt,
und lass diese Luft dann in einem warmen Strahl entweichen.
Achte genau darauf, was an jener Stelle passiert,
wo dein Atemstrahl die Rinde des Baumes trifft:
Das Rot flackert, schneller und schneller, heller und heller,
bis es dich in ein orangefarbenes Licht taucht.
Wenn du dich ganz auf diesen orangefarbenen Baumstamm konzentrierst,
wirst du hören, dass er ganz leise vor sich hinknistert.
Oder flüstert er? Ist er nicht ganz leise am Sprechen?
Hör wie ein Luchs hin, damit du seine Botschaft verstehen kannst.

Der Baum stellt dir eine Frage, er möchte wissen:
»Wie viele Meter ist dein Leben lang?«
Vielleicht irritiert dich diese Frage im ersten Moment,
da du es gewohnt bist, deine Lebenszeit in Jahren zu messen.
Aber warum sollte man Zeit eigentlich nicht in Metern beziffern,
wenn man sich auf einem Planeten befindet, der rot und nicht blau ist?
Also stell dir dein Leben einmal als eine Gerade vor
und schau auf den Punkt zurück, an dem du gestartet bist.
Wenn du dir eine Strecke von insgesamt 100 Metern denkst:
Wie weit bist du dann vom Start entfernt?
Stell dir genau die Position vor, die du auf der Strecke erreicht hast,
ob sie am Anfang, in der Mitte oder in der zweiten Hälfte liegt.
Stell dir die Hürden vor, die du schon überwunden hast,
die schwierigen Situationen deines Lebens.
Und denk einmal darüber nach, woher du die Kraft genommen hast,
all diese Hindernisse zu überwinden und deinen Weg zu gehen.
Wenn du an diese Kraft denkst, die dich so weit gebracht hat,
dann spürst du, wie sie mit der roten Wärme durch deinen Körper fließt,
und es fühlt sich an, als würdest du wie der Baumstamm aufleuchten.
Gib dem Baum, der immer noch leuchtet, nun Antwort:
Schreib eine Meterzahl, die dein Alter beziffert,
eine Zahl zwischen eins und hundert,
in großen Buchstaben auf den farbigen Stamm.
Wie fühlt der Baum sich an, während du die Zahl schreibst?
Woher weißt du, dass er dich verstehen wird?
Und nun wirf einen Blick auf die Meter vor dir.
Hast du ausgerechnet, wie viele es sind?
Und woher nimmst du eigentlich die Sicherheit,
dass die Strecke vor dir nicht viel länger ist?
Spür dem Gedanken einmal nach, woher deine Überzeugung kommt,
dass dein Leben in etwa diese Länge habe.
Um wie viele Meter kannst du dich verschätzt haben?
Gibt es neue Hürden, die du überspringen musst, um Ziele zu erreichen?
Male dir aus, wie du beherzt auf diese Hürden zuläufst
und wie du deine alte Kraft, die noch warm durch deinen Körper fließt,
für diese Sprünge über die Hürden nutzen wirst.
Wenn du diesen Gedanken nur intensiv genug denkst,
dann siehst du, wie diese Hürden immer kleiner werden
und du mit großen Schritten über sie hinweggaloppierst.
Genieße dieses Gefühl, dass du alles schaffen kannst.
Nun schau noch einmal auf den Boden,
auf die rot leuchtende Kruste dieses Planeten,
und lass dich von ihrer Wärme durchwandern,

Allmählich hört der Baumstamm vor dir zu flackern auf.
Dein kräftiger Atemstrahl ist verweht,
und der Baum nimmt wieder sein normales Rot an.

↘ Rückreise

> **Reisetipp:** Diese Reise kann Ihnen als Anregung für weiteres Spielen mit Maßeinheiten dienen. Zum Beispiel können Sie Glück in Geld messen (von einem Euro bis zu einer Million), Beschwernisse des Lebens in Gramm (von eins bis tausend) oder Zufriedenheit in Form eines Abreißkalenders (vom 1. Januar bis zum 31. Dezember) – Ideen für neue Gedanken.

Wichtige Reisefragen

→ Was verändert sich, wenn Sie sich Ihr Leben in Metern statt Jahren vorstellen?

→ An welchem Punkt der Strecke sehen Sie sich?

→ Haben Sie eine Ahnung, wie Sie zu dieser Einschätzung kommen?

→ Welches waren die größten Hürden? Wie haben Sie diese überwunden?

→ Welche Hürden erwarten Sie noch? Wie werden Sie diese bewältigen?

→ Was würden Sie tun, wenn Sie wirklich nur noch wenige Meter vor sich hätten?

→ Und inwiefern wäre es sinnvoll, mehr vom Essenziellen zu tun, auch wenn Ihre Lebensstrecke noch länger als wenige Meter scheint?

Zitat zur Diskussion »Wie bei einem Theaterstück kommt es beim Leben nicht darauf an, wie lange es dauert, sondern wie gut es gespielt wird.« *Seneca* (Philosoph)

Idee für Gruppenarbeit Bilden Sie mehrere Kleingruppen, erklären Sie diese zu Regierungskommissionen und sagen Sie: »Ihre Aufgabe besteht darin, mehr Abwechslung in unsere Maßeinheiten zu bringen. Entwickeln Sie Vorschläge, welche Maßeinheit jeweils eine andere ersetzen könnte. Und begründen Sie für die Bevölkerung, warum neue Einheiten auch zu einem neuen und schärferen Bewusstsein führen werden.«

Diese Aufgabe schult die Kreativität, lässt die Teilnehmer aus einem neuen Blickwinkel schauen und schärft ihre Sensibilität für Maßstäbe jeder Art.

Idee für die Arbeit mit Einzelklienten Lassen Sie Ihren Klienten seinen eigenen Nachruf schreiben. Was, wünscht er sich, sollten andere ihm nachrufen? Was sollte seiner Familie fehlen, wenn er geht? Was seinen Freunden? Was seinen Geschäftspartnern? Ausgehend von diesem Ende, können Sie dann mit ihm einen Fahrplan entwickeln, wie er sich diese Bedeutung und Anerkennung erarbeiten kann.

Idee für Jugendarbeit Bieten Sie den Jugendlichen ein Aufstellungsspiel an. Gehen Sie hinaus auf eine reale 100-Meter-Bahn. Bitten Sie die Teilnehmer in die Startblöcke, geben Sie ein Signal und lassen Sie jeden bis zu jenem Punkt laufen, an dem er sich in seinem Leben wägt. Dann bleiben die Jugendlichen auf ihren Positionen stehen und sprechen miteinander, warum sie sich – meist trotz gleichen Alters – nicht auf genau derselben Höhe versammelt haben.

41. Die Ballonreise

Reisethemen Hinderliche Gewohnheiten, Ressourcen(-Bremsen), Loslassen.
Reiseziel Die Reisenden erfahren, was die Voraussetzung ist, um neue Ziele zu erreichen: Altes loslassen, Ballast abwerfen.

↗ Reisestart

Stell dir vor, dass du über eine Wiese läufst,
eine erhitzte Sommerwiese, deren Grashalme deine Füße kitzeln.
Die Halme sind warm und strahlen eine angenehme Wärme ab,
und diese Wärme steigt von deinen Fußsohlen langsam höher,
steigt in deine Oberschenkel und in deine Lenden,
in deinen linken Arm und in deinen rechten Arm,
in deine Brust und in deinen Kopf.
In welchen Körperteilen kribbelt die Wärme am angenehmsten?
In den Füßen? In den Händen? In der Brust?
Immer noch läufst du über diese warme Sommerwiese,
die langen Grashalme neigen sich unter deinen Fußsohlen,
und ein fröhliches Rascheln steigt hinauf an deine Ohren.
Ein bunter Schmetterling schwingt sich majestätisch aus dem Grün
und fliegt ganz dicht an deinem Gesicht vorbei.
Kannst du den zarten Windhauch seines Flügelschlags spüren?
Kannst du die Blumen auf dieser Wiese sehen, bunte Kleckse,
die aussehen wie das lustige Muster eines grünen Teppichs?
Welche Blumen blühen da? Schau ganz genau hin.
Kannst du ihren Duft riechen? Atme ihn tief ein.
Woran erinnert dich dieser Geruch?
An eine Zeit, einen Tag, ein Gefühl deines Lebens?
Vor dir, mitten in der Wiese, steht ein riesiger Korb im Gras,
ein Korb, an dem du deinen Blick hinaufwandern lässt.
um dann zu sehen, dass er zu einem Ballon gehört,
einem Heißluftballon, dessen riesige Hülle sich
wie ein schützendes Dach über die Wiese wölbt.
Wie deutlich kannst du die Farbe dieser Ballonhülle sehen?
Das Heliumfeuer des Ballons wispert dir freundlich zu,
dass du einsteigen und mitfliegen sollst.
Was empfindest du beim Anblick dieses Ballons,
bei der Vorstellung, gleich mit ihm abzuheben?
Nun stehst du im Ballonkorb und spürst das Weidengeflecht
unter deinen nackten, immer noch warmen Fußsohlen.
Der Duft der Blumenwiese steigt dir in die Nase.
Und der Himmel, der blaue, frisch gewaschene Himmel,

gleich einem offenen Tor zur Welt,
er lädt dich ein zu einem Flug hinauf zur Sonne.
Was empfindest du bei der Vorstellung,
dass du gleich den Himmel erobern wirst,
deine Schwerkraft auf der Erde zurücklässt
und leicht wie ein Schmetterling schwebst?
Das Heliumfeuer gibt sein Bestes,
du hörst es wie einen kleinen Drachen züngeln,
und der Ballon ruckt, er kippt hin und her,
als wollte er sich von der Erde lösen.
Doch der Korb kommt nicht von der Wiese los.
Offenbar bist du zu schwer zum Abheben,
musst du erst Ballast abwerfen.
Woher kennst du dieses Gefühl, dass du
alte Zustände verlassen und neue Zustände erreichen willst,
aber nicht so einfach von der Stelle kommst?
Was genau hält dich dort fest?
Das Heliumfeuer wispert dir zu:
»Wirf deinen Ballast doch endlich ab!«
Aber der Korb, in dem du dich umschaust, ist leer.
Also musst du deinen Blick nach innen richten.
Gibt es Gewohnheiten in deinem Leben,
die dich nach unten ziehen, dir ein schlechtes Gefühl geben?
Gibt es Menschen in deinem Leben,
zu denen der Kontakt für dich anstrengend ist,
zu schwer und zu aufreibend?
Gibt es Aufgaben in deinem Leben,
die dich Kraft kosten, die du nicht länger verrichten willst?
Immer noch ruckt dein Ballon wie ein Hund an der Leine,
er möchte sich endlich von der Erde losreißen.
Welchen Ballast deines Lebens wirfst du jetzt ab,
um leichter und unbeschwerter zu werden?
Stell dir diesen Ballast als einen riesigen Stein vor,
in den ein Wort eingraviert ist. Wie lautet dieses Wort?
Du fixierst den Stein, greifst ihn mit beiden Händen,
wuchtest ihn über den Korbrand hinaus
und lässt den schweren Stein plumpsen.
Wie fühlt es sich an, den Stein einfach loszulassen,
die Schwere aus Händen und Armen weichen zu spüren?
Und auf einmal singt das Heliumfeuer fröhlich,
und der Ballon hebt den Korb wie ein Spielzeug
aus dieser warmen Blumenwiese hinaus,

und du steigst der Sonne entgegen,
leichter und leichter, höher und höher.
Wie sieht die Blumenwiese aus von hier oben?
Kannst du noch den bunten Schmetterling sehen?
Einen Abdruck im Gras, wo der Korb stand?
Und finden deine Augen noch den Stein,
den großen Ballast deines Lebens?
Kannst du erkennen, woraus er besteht,
in welche Einzelteile er vielleicht zerbrochen ist?
Du genießt, dass dein Ballast dort unten bleibt,
und fliegst der Sonne mit warmen Füßen entgegen.

↘ Rückreise

> **Reisetipp:** Eine interessante Variante: Lassen Sie die Teilnehmer mehrere Ballaststeine abwerfen, von denen jeder für ein reales Verhalten steht. Dann können sie später diskutieren, bei welchem Abwurf die Erleichterung am größten war und was sich für die Zukunft daraus ableiten lässt.

Wichtige Reisefragen

→ Was war das für ein Gefühl, abheben zu wollen, aber es nicht zu können?
→ Wie hat sich diese bremsende Kraft angefühlt?
→ An welche vergleichbaren Situationen Ihres Lebens hat Sie das erinnert?
→ Welchen Ballast haben Sie in Ihrem Leben entdeckt?
→ In welcher Lebensphase hat dieser »Ballast« seinen Zweck erfüllt? Was hat sich jetzt geändert?
→ Wie ließe sich der Ballast – zum Beispiel eine schlechte Angewohnheit – im Alltag tatsächlich abwerfen?
→ Woran würden Sie merken, dass Ihnen dieser Abwurf gelungen ist?
→ Welche Gefühle würden in diesem Moment in Ihnen aufsteigen?

These zur Diskussion Mit dem Verhalten ist es wie mit den Nahrungsmitteln: Auch Ballast(-Stoff) erfüllt seinen Zweck. Wer etwas aufgibt, muss vorher verstanden haben, wozu es gut war.

Idee für Gruppenarbeit Richten Sie eine »Ballasthalde« ein, eine Müllkippe für schlechte Gewohnheiten. Jeder Teilnehmer kann hier Ballast loswerden, für den er symbolisch eine Figur aus einem Pappkarton ausschneidet und beschriftet. Der eine Teilnehmer wird zum Beispiel eine Nadelform schneiden (sein Anliegen pikt ihn leise), der andere einen erdrückenden Klotz (denn er leidet – im wahrsten Sinne – *darunter*).

Die Hürde: Sie selbst als Reiseleiter bewachen diese Ballastkippe. Und jeder, der an Ihnen vorbeiwill, muss eine Begründung liefern: Warum will er seinen Ballast gerade jetzt entsorgen? Was wäre danach besser in seinem Leben? Weshalb hat er diese Form gewählt? Dann diskutiert die Gruppe, wie man Ballast im wahren Leben abwerfen kann.

Idee für die Arbeit mit Einzelklienten Besprechen Sie mit dem Klienten, in welchen Situationen ihn der Ballast behindert und wann er einen Zweck erfüllt. Gibt es Stunden, Tage, Wochen, in denen der Ballast kaum hinderlich ist? Was ist in diesen Zeiten anders als sonst? Wie kann der Klient diese Phasen verlängern? Und durch welche Schritte könnte er sich vom Ballast seines Lebens trennen? Welches Ziel, das im Moment weit entfernt scheint, wird dann erreichbar sein?

Idee für Jugendarbeit Lassen Sie die Gruppe symbolisch Ballast abwerfen. Zum Beispiel, indem jeder Teilnehmer auf einen Zettel schreibt, was er loswerden möchte, und diesen Zettel vor den Augen der Gruppe in einen feuersicheren Behälter gibt und anzündet, bis nur noch Asche übrig bleibt. Was verändert sich durch diesen symbolischen Akt? Welche Parallelen (oder Unterschiede) zur Reise gibt es?

42. Der Bahnhof des Abschieds

Reisethemen (Bewusst) Abschied nehmen, neue Chancen erkennen.
Reiseziel Die Teilnehmer werden angeregt, sich mit den Abschieden ihres Lebens zu befassen und auch die damit verbundenen Chancen zu erkennen.

↗ Reisestart

Begib dich jetzt auf eine Fahrt mit deinen Gedanken,
reise so lange, bis du auf einem Bahnsteig stehst.
Es ist der kleinste Bahnsteig, den du je gesehen hast.
Eine einzige Laterne, von Spinnennetzen umfangen,
flackert ihr trübes Licht vor deine Füße.
Lass deinen Blick über das rostige Gleis wandern,
das direkt vor dir verläuft und sich draußen in der Nacht verliert.
Wie weit können deine Augen diesem Gleis folgen?
Gib deinen Erinnerungen Raum, die du mit Bahnhöfen verbindest.
Hier fahren Züge ein, die Menschen bringen.
Und hier fahren Züge ab, die Menschen mitnehmen.
Wann bist du zuletzt auf einem Bahnsteig gestanden
und hast einen Menschen verabschiedet, der dir viel bedeutet?
Lass dieses Gefühl des Abschieds auf dich wirken,
dieses Gefühl, dass sich am Bahnsteig die Wege trennen.
Achte auf das altmodische Stationsschild dieses Bahnhofs.
Lies die verwitterte Schrift; der Ort, wo du bist, heißt ABSCHIED.
Und auf einmal spürst du: Hier rollen ganz besondere Züge.
Jeder Zug, der hier fährt, steht für einen Abschied in deinem Leben.
Schließ jetzt die Augen und hör einmal zu,
wie sich ein Zug aus der Ferne deinem Bahnsteig nähert:
wie er das Gleis ganz leise wispern lässt,
wie dieses Wispern zu einem Rattern anschwillt
und wie dieses Rattern in ein schneidendes Pfeifen übergeht,
bis der Zug mit einem hörbaren Ruck zum Stehen kommt.
Öffne jetzt die Augen und schau auf die Bahnsteiganzeige.
Dort leuchtet auf: »Abschied von einem wichtigen Menschen«.
Hör ganz tief in dich hinein, welche wichtigen Menschen
einst in deinem Leben waren, aber nicht mehr in deinem Leben sind.
Vielleicht hat sich eine Freundschaft oder eine Liebe aufgelöst.
Vielleicht ist ein Mensch aus dem Leben geschieden.
Vielleicht hast du eine Gemeinschaft verlassen,
und der andere blieb dort zurück.
Stell dir das Gesicht dieses Menschen ganz genau vor,
seine Augen, seine Nase, seinen Mund und auch sein Haar.

Und nun schau auf den Zug vor dir, der schon wieder anfährt.
Kannst du erkennen, wer seinen Kopf aus dem Zugfenster streckt?
Es ist der wichtige Mensch, an den du gerade gedacht hast.
Nutze die Gelegenheit und verabschiede dich noch einmal von ihm.
Vielleicht willst du ihm noch etwas zurufen – was genau?
Vielleicht willst ihm zuwinken – mit welcher Geste?
Vielleicht willst du ihm auch nur stumm folgen.
Sieh jetzt, wie der Zug Fahrt aufnimmt, wie er dem Licht entgegenfährt
und wie der Mensch am Fenster kleiner und kleiner wird,
bis die Nacht den Zug umfängt und du nur noch die Schlusslichter siehst.
Lass alle Gefühle, die dieser Abschied bei dir auslöst,
einfach zu auf diesem einsamen Bahnsteig.
Und nun schließ erneut die Augen, so lange,
bis du wieder einen Zug einrollen hörst.
Diesmal steht auf der Anzeige: »Abschied von einem Ort«.
Denk an einen Ort, der in deinem Leben sehr wichtig war.
Das kann ein lauschiges Plätzchen in der Natur sein.
Vielleicht auch ein Klassenzimmer oder ein Arbeitsplatz.
Ein Haus oder ein Raum. Ein Dorf oder eine Stadt.
Das kann jeder Ort sein, den du noch im Herzen trägst,
aber den deine Füße heute nicht mehr betreten.
Stell dir diesen Ort ganz intensiv vor,
wie er aussieht, wie er riecht, wie es sich anfühlte, dort zu sein.
Und nun schau auf das Zugfenster vor dir, auf die spiegelnde Scheibe.
Ihr Spiegelbild zeigt genau diesen Ort, in allen Farben, mit jedem Detail.
Ganz langsam ruckt der Zug wieder an.
Vielleicht willst du ein Stück auf dem Bahnhof mitlaufen,
um deinen vertrauten Ort noch länger zu sehen.
Doch der Zug wird schneller und schneller,
und schließlich musst du ihn wieder entschwinden lassen.
Ruf deinem Ort noch etwas zu. Oder winke ihm nach.
Nimm ganz bewusst Abschied von ihm,
bis die Schlusslichter des Zuges von der Nacht verschluckt werden.
Male dir aus, welche Züge an diesem Ort noch einfahren könnten.
Von welchen deiner Eigenschaften hast du dich verabschiedet?
Bist du nicht mehr so unbeschwert, so verrückt, so spontan wie früher?
Was auch immer es war – nimm reinen Herzens Abschied von diesem Zug.
Von welchen Gegenständen hast du dich in deinem Leben verabschiedet?
Welche Spielzeuge deiner Kindheit, welche Kleidungsstücke,
welche Möbel oder Arbeitsgeräte waren für dich Augäpfel?
Was auch immer es war – nimm reinen Herzens Abschied von diesem Zug.
Und nun stell dir noch einmal vor, wie das auf dem Bahnhof ist:
dass für jeden Zug, der abfährt und etwas mitnimmt,

auch ein neuer Zug einfährt, der kommt und etwas bringt.
Überleg einmal, was jeder der Abschiede, die du nehmen musstest,
dir zugleich Neues und Bereicherndes in dein Leben gebracht hat.
Jetzt verlass diesen Bahnhof und geh eine Station weiter.
Vielleicht ahnst du schon, wie diese Station heißt: NEUBEGINN.

↘ Rückkreise

Reisetipp: Hören Sie mit der Gruppe nach der Reise noch ein Lied zum Thema an, zum Beispiel das bewegende »Niemals geht man so ganz« von Trude Herr. Vielleicht haben die Teilnehmer auch selbst einen Vorschlag, der ihrem Musikgeschmack entspricht.

Wichtige Reisefragen

→ Welche Erinnerungen verbinden Sie mit Bahnsteigen?
→ Wie verliefen die meisten Abschiede in Ihrem Leben – als ein bewusster Prozess, bei dem ein Zug langsam Fahrt aufnahm? Oder abrupt, sodass ein Zug einfach weg war? Was unterscheidet beide Arten?
→ Wollen Sie über den Menschen sprechen, den Sie im Zug gesehen haben?
→ Was haben Sie ihm zugerufen? Was hätte er Ihnen vielleicht gern gesagt?
→ Welcher Ort war in der Scheibe gespiegelt?
→ Welche Eigenschaften und Gegenstände fielen Ihnen ein?
→ Wenn Sie benennen müssten, was jeder Abschied, auch wenn er schmerzlich war, Ihnen Gutes und Neues gebracht hat – was wäre das?
→ Inwiefern hat diese Reise Sie angeregt, Abschiede bewusst zu gestalten?

These zur Diskussion Abschied ist nur ein anderes Wort für »Neubeginn«.
Idee für Gruppenarbeit Zwei Gruppen bekommen je eine Position vorgegeben, die sie erst intern mit Argumenten unterfüttern und dann mit der zweiten Gruppe diskutieren. Gruppe eins: »Jeder Abschied ist ein Moment: Je kürzer und schmerzloser, desto besser.« Gruppe zwei: »Jeder Abschied ist ein Prozess. Je langsamer und bewusster, desto besser.« Wie verläuft die Diskussion? In welchen Punkten hat die jeweils andere Gruppe einen Zipfel der Wahrheit erwischt? Und worin irrt sie?
Idee für die Arbeit mit Einzelklienten Lassen Sie Ihren Klienten von einem Abschied in seinem Leben erzählen, den er für besonders gelungen hält. Was war in dieser Situation anders als sonst? Mit welcher Einstellung ist er an diesen Abschied herangegangen? Und wie hat sich diese Haltung ausgedrückt? Auf der Basis eines solchen »Musterabschieds« kann er sich Abschiedsrituale für die Zukunft ausdenken.
Idee für Jugendarbeit Gehen Sie mit der Gruppe auf einen Bahnhof oder einen Flughafen, und beobachten Sie eine halbe Stunde lang die Abschiedsszenen. Danach schreibt jeder einen kleinen Bericht darüber, was ihm an den Abschiedsszenen aufgefallen ist. Welche Gemeinsamkeiten gibt es, verglichen mit eigenen Abschieden? Und welche Unterschiede? Wie erklären sich diese Abweichungen?

43. Die Schleuse der Gefühle

Reisethemen Emotionen (zulassen), Selbstkontakt, Freude, Angst.
Reiseziel Die Teilnehmer lernen sich und ihre Gefühle besser kennen.

↗ Reisestart

Lass dich jetzt treiben in ein exotisches Land,
wo jedes blasse Rosa wie ein flammendes Rot wirkt,
wo jedes leise Freudenwort wie ein großer Jubel klingt,
wo jedes deiner Gefühle glitzert und funkelt und blüht.
Genieße die Möglichkeit, deine alten Grenzen zu verlassen,
die Möglichkeit, dass dein Körper und deine Seele wachsen
und dass du Raum einnimmst, immer mehr Raum.
Wenn du jetzt ganz sachte ausatmest,
wirst du spüren, dass dein Atem als Wind übers Land fegt.
Was bewirkt dieser Wind?
Wenn du dich jetzt leise räusperst,
wirst du hören, dass dieses Räuspern wie ein Donner übers Land rollt.
Wie klingt dieser Donner?
Jede deiner Regungen wird in diesem Land wie mit der Lupe vergrößert.
Es ist das Land der ungefilterten Gefühle.
Lass deine Gedanken einen Moment bei deinen Gefühlen verweilen.
Wie viele Gefühle besuchen dich im Laufe eines Tages?
Kennst du jedes dieser Gefühle beim Namen?
Und lässt du sie wirklich zu Wort kommen, deine Gefühle,
hörst du auf das, was sie dir flüstern?
Vielleicht hat jedes Gefühl freien Zutritt in dein Leben.
Vielleicht ist es aber auch so, dass viele Gefühle bei dir anklopfen,
ohne dass du sie hereinbittest.
Probier einmal, deine Gefühle aus einem neuen Blickwinkel zu sehen.
Stell sie dir im Alltag einmal als Wasser in einem Kanal vor.
Dieser Kanal hat ein festes Ufer, über das sein Wasser nicht treten darf.
Und alles, was du empfindest, ob Glück oder Unglück,
ob Hoffnung oder Verzweiflung, ob Zuversicht oder Angst –
alles kann sich nur in diesem Kanalbett bewegen.
Und in diesem Kanalbett können die Gefühle nur selten wachsen,
fließen einfach ab wie Wasser.
Doch du bist ja in ein exotisches Land gereist,
wo dich alle Gefühle ungefiltert erreichen.
Hier können sie sich wie ein Meer bei der Flut
über alle Ufer, alle Strände hinaus ausbreiten.
Vielleicht erfüllt es dich mit Neugier,

was nun gleich mit deinen Gefühlen passieren wird,
wenn sie endlos viel Raum zum Wachsen haben.
Vielleicht ist das die erste Chance in deinem Leben,
deine Gefühle in ihrer wahren Größe zu sehen,
ohne Kanal, ohne einschränkendes Ufer.
Konzentrier dich jetzt ganz auf einen Umstand deines Lebens,
der dich mit Zufriedenheit und mit Glück erfüllt.
Stell dir diesen glücklichen Umstand einmal als eine Quelle vor,
die ihr Glückswasser hinein in dein Leben sprudelt.
Ob du es wohl schaffst, den Pegel dieses Glücks steigen zu lassen,
höher und höher, bis über sein altes Ufer hinaus?
Lass es einfach zu, dass dieses Glücksgefühl sich ausbreitet,
du musst nichts dafür tun, es geschieht von allein.
Lass es zu, dass dieses Glück deinen ganzen Körper durchflutet.
Spür genau, wie es sich anfühlt, wenn dein Glück wächst,
bis du in diesem Glück schwimmen und in es eintauchen kannst.
Lass dich tragen von diesem Glück, diesem großen Glück,
diesem Glück, das vielleicht viel größer ist, als du es gedacht hast.
Wie fühlt es sich an, im Glück zu schwimmen?
Komm jetzt wieder an Land
und lass die dicken Glückstropfen von dir abperlen.
Die Quelle für dieses große Glück ist in dir selbst.
Niemand kann sie dir nehmen, wenn du sie nur sprudeln lässt.
Aber du spürst hier, in diesem Land der ungefilterten Gefühle,
dass es noch viel mehr Gefühlsregungen in deinem Körper gibt.
Konzentrier dich jetzt ganz auf einen Umstand deines Lebens,
der dir Zweifel oder Angst bereitet.
Im Alltag meldet sich dieses Gefühl mit einem leisen Flüstern zu Wort.
Probier einmal, diese leise Stimme zu hören.
Verstehst du überhaupt, was sie dir sagen will?
Welche Sätze spricht sie?
Aber da du hier, im Land der ungefilterten Gefühle bist,
ist es so, als würde jemand den Lautstärkeregler aufdrehen.
Hör genau hin, wie die Stimmen deiner Zweifel oder Ängste
ihre Sätze immer klarer, immer lauter ausrufen,
als hätten sie schon lange den Wunsch, dies alles hinauszubrüllen.
Lass es zu, dass diese Gefühle immer lauter werden,
denn alle diese Stimmen meinen es gut mit dir.
Gib diesen Stimmen ein Signal, dass du sie verstanden hast,
und du wirst merken, wie sie von alleine leiser werden.
Warum haben sich deine Zweifel oder Ängste so laut zu Wort gemeldet?
Kann es sein, dass du im Alltag zu wenig auf sie hörst?
Kann hinter dem, was sie sagen, eine wichtige Botschaft stecken?

Und kann es sein, dass jeder Zweifel gehört sein will,
damit du weißt, was er denkt – und auf ihn eingehen kannst?
Lass diese großen Gefühle noch ein wenig in dir nachhallen,
den Wellenschlag des Glücks, die Stimmen des Zweifels.
Genieße es, dass dein Körper ein stattliches Haus ist,
in dem so viele Gefühle wohnen und sich zu Wort melden.
Vielleicht magst du dir vornehmen,
deinen Gefühlen auch im Alltag mehr Raum zu geben,
sodass sie und du an neue Ufer gelangen können.

↘ Rückreise

> **Reisetipp:** Diese Reise bewegt sich zwischen zwei Polen: einem Gefühl, das gesellschaftlich erwünscht ist (Glück), und Gefühlen, die gesellschaftlich tabuisiert sind (Zweifel, Angst). Diese Themenwahl ist umso sinnvoller, je näher die Teilnehmer sich stehen und je weniger sie beruflich oder schulisch voneinander abhängen. Dagegen wollen solche intimen Einblicke wohlüberlegt sein, wenn in einer Gruppe Rivalität herrscht oder Mitarbeiter die Reise gemeinsam mit ihren Chefs antreten.

Wichtige Reisefragen

→ Wie macht sich das Anklopfen Ihrer Gefühle im Alltag bemerkbar?

→ Inwieweit können Sie die meisten Ihrer Gefühle beim Namen nennen?

→ Wie viel Raum räumen Sie Ihren Gefühlen ein? In welchen Situationen besonders viel Raum? In welchen besonders wenig?

→ Was geschah bei der Reise, als sich Ihr Glück ausbreiten durfte?

→ Was geschah, als Ihre Zweifel oder Ängste immer lauter wurden?

→ Was würde geschehen, wenn Sie Ihren Gefühlen im Alltag mehr Raum gäben? Wann wäre das wünschenswert? Und wann weniger?

Zitat zur Diskussion »Wer nicht zuweilen zu viel empfindet, der empfindet immer zu wenig.« *Jean Paul* (deutscher Autor)

Idee für Gruppenarbeit Lassen Sie zwei Gruppen eine Theaterinszenierung vorbereiten. Greifen Sie dazu gern auf eine literarische Vorlage zurück, zum Beispiel auf Goethes »Werther«. Eine Gruppe bringt den »Werther« (in vollkommen freier Fassung) als einen Menschen auf die Bühne, dessen Gefühle über jedes Ufer hinwegwallen. Eine zweite Gruppe inszeniert einen »Werther«, der seine Gefühle vollkommen unterdrückt und nur aufblitzen lässt. Und eine dritte Gruppe versucht einen Werther zu zeigen, der beide Elemente in sich vereinigt. Was fällt bei den einzelnen Fassungen auf? Wer kann sich mit welcher Version identifizieren? Und was leiten die Teilnehmer für den Umgang mit den eigenen Gefühlen daraus ab?

Idee für die Arbeit mit Einzelklienten Geben Sie Ihrem Klienten die Aufgabe mit auf den Weg, bis zur nächsten Sitzung einmal seinen eigenen Gefühlsseismografen zu beaufsichtigen. Seine Skala reicht von eins (für leichtes Ausschlagen) bis zehn (für heftiges Ausschlagen). In welchen Situationen kommt es zu welchen Ausschlägen? Wie wirken sich diese inneren Regungen aufs äußere Handeln aus? Wie authentisch kommt der Klient sich vor? Und inwieweit führt diese Aufgabe zu einer intensiveren Wahrnehmung der Gefühle?

Idee für Jugendarbeit Lassen Sie die Jugendlichen Lose ziehen. Auf jedem Los ist ein Gefühl genannt, zum Beispiel »Hass«, »Rachsucht«, »Wut«, »Freude«, »Stolz«, »Glück«. Jeder Teilnehmer soll dieses Gefühl in einer kleinen Inszenierung personifizieren. Es liegt an jedem selbst, ob er nur einen Satz sagt oder ein kleines Impro-Theater aufführt. Einzige Voraussetzung: Das Gefühl darf nicht benannt werden. Die anderen müssen raten.

Wenn Sie einzelne Gefühle mehrfach verlosen, wird deutlich: Das gleiche Gefühl hat für die einzelnen Teilnehmer nicht dieselbe Bedeutung. Jeder stellt es anders dar, nimmt es anders wahr.

44. Die magische Fernbedienung

Reisethemen Erinnerungen (formen), Selbstbild, Emotionen.
Reiseziel Die Teilnehmer erleben eine bremsende Erinnerung aus einem neuen Blickwinkel.

↗ Reisestart

Gib dir die Erlaubnis, nun mit all deinen Sinnen zu verreisen.
Lass die Bilder, die dir vor die Augen kommen,
einfach ziehen, als wären sie ein Film in einem Kino.
Lass die Töne, die dir ins Ohr wandern,
einfach klingen, als kämen sie aus einem Radio.
Atme die Gerüche, die in deine Nase ziehen,
einfach ein, als würde ein Wind immerzu neue zu dir tragen.
Und während dein Gedankenfilm vollkommen frei abläuft,
spürst du, wie entspannend es auf dich wirkt,
einfach nur deinen Gedankenbildern zu folgen,
mit ihnen Schritt zu halten, ohne dafür deine Beine bewegen zu müssen,
an ihnen teilzunehmen, ohne Teil des Films zu sein.
Lass die Bilder deines Films jetzt langsamer werden
und such dir eine Szene deines Lebens aus,
eine Szene, die du gerne nachträglich korrigieren möchtest.
Vielleicht wählst du eine Situation, in der etwas schlecht für dich gelaufen ist.
Eine Situation, in der du mit deinem Verhalten unzufrieden warst
und an die du oft noch denken musst, weil du dich grämst.
Vielleicht warst du an einem Streit beteiligt.
Vielleicht hast du eine Dummheit begangen.
Vielleicht hast du einen eigenen Vorsatz gebrochen.
Was auch immer es war, du hast die freie Wahl – entscheide dich jetzt.
Wenn du deine ganze Konzentration auf diese Szene lenkst,
wirst du sie sehen können, hören, riechen, spüren.
Und nun stell dir vor, jemand wirft dir jetzt einen magischen Hut zu,
einen Hut, wie du ihn schon bei Zauberern gesehen hast.
Fang diesen großen Hut auf und greif in ihn hinein.
Achte darauf, wie deine Hand immer tiefer in diesen Hut hineinwandert,
bis zum Ellbogen, bis zum Oberarm und noch tiefer.
Spür genau, wie deine Finger in diesem tiefen Hut tasten
und wie sie jetzt einen Gegenstand ergreifen.
Er ist länglich und so schlank, dass du deine Hand um ihn schließen kannst.
Die Oberfläche ist kühl und voll mit kleinen, runden Erhebungen.
Zieh diesen Gegenstand aus dem Hut heraus und schau ihn dir an:
Es ist eine Fernbedienung, eine magische Fernbedienung.

Wenn du diese Fernbedienung ganz bewusst in deiner Hand spürst,
wirst du merken, dass ihre Kraft auf dich abstrahlt und deinen Arm trägt.
Es ist eine ganz besondere Fernbedienung.
Probier einmal, was sie alles bewirken kann.
Stell dir jetzt noch einmal ganz intensiv diese Szene vor,
in der du dich anders verhalten hast, als du es gerne hättest.
Vielleicht wird in dieser Szene gesprochen.
Dann drück jetzt den Lautstärkeregler der Fernbedienung,
und reduziere den Ton so weit, dass die Szene zur Flüsterszene wird.
Hör, welche Worte in dieser Szene gefallen sind,
und hör, wie diese Worte immer leiser und sanfter werden,
wie sie Kraft verlieren, wie sie abebben zum Flüsterhauch.
Du kannst sie kaum noch hören, so leise werden die Worte.
Was verändert sich an der Szene durch das Flüstern?
Vielleicht magst du die Szene ein zweites Mal verändern.
Achte jetzt auf die Farben. Die Farben des Ortes,
der Kleidung, der Gesichter, der ganzen Umgebung.
Und drück nun, während die Szene läuft, auf »Farbe minus«,
sodass alles immer bleicher und bleicher wird.
Achte darauf, wie dein Gesicht erblasst, deine Kleidung,
wie aus allem um dich herum die Farbe entweicht,
bis nur noch Schwarz und Weiß übrig bleiben.
Lass die Szene vollkommen farblos weiterlaufen,
sieh sie an wie einen uralten Schwarz-Weiß-Film.
Was verändert sich, wenn die Szene ihre Farbe verliert?
Und nun steck die Fernbedienung in den Hut zurück
und konzentrier dich darauf, wie du deine Erinnerung jetzt bewertest.
Erscheint dir das Geschehene nah und real – oder weit weg und fremd?
Lass einmal den Gedanken zu, ob du all deine Erinnerungen
wie mit einer Fernbedienung steuern kannst,
ob du selbst entscheidest, wie oft sie ablaufen,
ob du selbst entscheidest, ob sie dich bremsen oder anschieben,
ob du selbst den Ton, die Farbe, die Geschwindigkeit
und deine ganze Wahrnehmung steuern kannst.
Wie müssten deine Erinnerungen ablaufen,
damit sie dich vorwärtsbringen und beflügeln?
Nimm dir vor, künftig bewusster Regie zu führen.

↘ Rückreise

Reisetipp: Passen Sie die Tonlage und die Geschwindigkeit Ihrer Stimme der Handlung der Reise an. Wenn Sie davon sprechen, dass die Szene leiser abläuft, dann senken Sie Ihre Stimme bis zum Flüstern. Wenn Sie davon sprechen, dass die Szene sich beschleunigt, dann sprechen Sie schneller – allerdings mit ausreichenden Pausen am Zeilenende, damit die Teilnehmer mit ihren Gedanken folgen können. Dieser Gleichklang zwischen Form und Inhalt macht das Reiseerlebnis noch intensiver.

Wichtige Reisefragen

→ Wie leicht oder schwer ist es Ihnen gefallen, eine Szene auszuwählen?

→ In welchen Momenten behindert Sie diese Szene in der Gegenwart?

→ Was ist passiert, als Sie den Ton verändert haben?

→ Wie haben Sie die Szene in Schwarz-Weiß erlebt?

→ Was geschah, als die Geschwindigkeit sich veränderte?

→ Wie hat sich Ihr Bild dieser Situation verändert? Inwiefern scheint sie Ihnen weiter entfernt und weniger machtvoll?

→ Welche Möglichkeiten sehen Sie, Ihre eigenen Erinnerungen zu formen?

These zur Diskussion (provokant): Erinnerungen sind wie Gäste: Wir entscheiden selbst, wen wir einladen.

Idee für Gruppenarbeit Lassen Sie einen Teilnehmer ein kleines Bühnenensemble bilden, das nach seiner Regieanweisung eine Szene seines Lebens aufführt – erst so, wie er sie erinnert. Und dann, indem die Darsteller – wie in der Gedankenreise – die Szene erst ganz leise, dann ganz laut durchspielen, erst ganz schnell, dann ganz langsam. Alle achten genau darauf, inwieweit sich die Szene verändert.

Idee für Arbeit mit Einzelklienten Finden Sie durch Nachfragen heraus, welche Sinnesmodalität Ihr Klient verändern muss, um den größtmöglichen Abstand zu einer erinnerten Situation zu erlangen. Was geschieht zum Beispiel, wenn er seine Wahrnehmung vom Sehen auf das Hören lenkt (oder umgekehrt)? Diese Dissoziierung kann ihm helfen, neue Aspekte einer Situation zu erkennen und mit mehr Abstand zu urteilen.

Idee für Jugendarbeit Schauen Sie mit den Jugendlichen eine emotional geladene Filmszene an – erst in der Originalfassung in gut hörbarer Lautstärke, dann mit ganz leisem Ton, dann ohne Farbe, dann in einer schnell gespulten Fassung. Wie verändert sich der Blick auf die Szene? Und wie erklärt es sich, dass dieselben Worte und Gesten nun eine völlig andere Wirkung haben?

45. Träume schaffen Räume

Reisethemen Träume, Unterbewusstsein, Fantasie, Gedanken steuern oder treiben lassen.
Reiseziel Die Teilnehmer beschäftigen sich mit der Kraft ihrer Fantasie und den Botschaften ihrer Träume.

↗ Reisestart

Wenn du spürst, wie sehr du deinen Gedanken vertraust,
macht dich diese Vorstellung ganz ruhig und sicher.
Du hast einen inneren Lotsen, der dich sicher leitet,
du brauchst ihm nur aufmerksam zu folgen.
Und dieser Lotse übernimmt das Steuer immer dann,
wenn du deinen Gedanken die Richtung nicht mehr vorgibst;
immer dann, wenn du deine Gedanken frei fließen lässt,
zum Beispiel nachts, in deinen Träumen.
Stell dir jetzt vor, dass sich große Müdigkeit in dir ausbreitet.
Spür, wie deine Beine schwer werden, immer schwerer,
als wären sie aus Metall und würden von einem Magneten angezogen.
Und dieser Magnet zieht deine Beine tiefer und tiefer.
Konzentrier dich darauf, wie sich diese Schwere auf deine Arme überträgt,
wie erst die Hände gezogen werden, dann die ganzen Arme.
Und nun achte darauf, dass dieser Magnet nicht nur an deinem Körper zieht,
nicht nur an deinen Beinen, deinem Unterkörper, deinem Oberkörper,
sondern spür, wie dieser Magnet auch an deinen Gedanken zieht,
wie alles, was du jetzt denken willst, sich in Einzelteile auflöst,
als würde ein Vogelschwarm langsam auseinanderfliegen
und sich in winzigen Pünktchen am weiten Himmel verteilen.
Vielleicht bist du jetzt so dicht an den Rand der Müdigkeit gerückt,
dass deine verborgenen Gedanken immer mehr Macht gewinnen,
dass all diese Wort- und Bildfetzen, die jetzt durch deinen Kopf schwirren,
sich wie die Vögel am Himmel neu formieren,
sich zu einem Ganzen fügen, einem Schwarm, einem Bild.
Achte genau darauf, in welche Richtung es deine Gedanken zieht,
ob es ein Thema gibt, auf das sie immer dann kommen,
wenn du sie einmal von der Leine des Bewusstseins lässt.
Wie kommt es, dass es sie gerade in diese Richtung zieht?
Und welche Bedeutung misst du diesem Thema bei,
wenn du wach und Herr deiner Gedanken bist?
Versenk dich nun in die Erinnerung an einen wunderschönen Traum,
der dich in einer unvergessenen Nacht deines Lebens besucht hat,
vor ganz langer Zeit oder ganz kurzer Zeit, das ist egal.

Denk an einen Traum, der für dich so schön war, so wunderbar,
dass du nie aus ihm erwachen, ihn immer weiterträumen wolltest.
Erinnere dich genau daran, wie in diesem Traum alles aussah,
was in diesem Traum alles geschehen ist und wie du dich gefühlt hast.
Welche Worte würdest du zu Papier bringen,
um dieses Gefühl einem anderen zu beschreiben?
Und welches Bild würdest du auf Papier malen,
um dieses Gefühl einem anderen zu zeigen?
Achte genau darauf, welche Farbe deinen Traum dominiert hat
und was du mit dieser Farbe verbindest.
Genieße den Flügelschlag dieses wunderbaren Traumes noch ein wenig,
dieses märchenhafte Schwingen und Klingen deiner Gedanken,
und gib deinen Gedanken jetzt die Erlaubnis,
ihren alten Schwarm aufzulösen und einen neuen Schwarm zu bilden.
Es darf gerne ein Traum sein, der dir ein Rätsel aufgegeben hat,
weil etwas passiert ist, das du nicht verstehen konntest.
Vielleicht hast du etwas getan – und weißt nicht, warum.
Vielleicht bist du irgendwo gewesen – und weißt nicht, warum.
Lass diesen rätselhaften Traum noch einmal ablaufen.
Wie ging er los? Wie ging er weiter? Wie ging er aus?
Und wie hast du dich beim Träumen gefühlt?
Welche Worte würdest du wählen, um diesen Traum zu beschreiben?
Welche Farbe würdest du wählen, um ihn zu malen?
Wenn du dich ganz auf diesen Traum konzentrierst,
wie fühlt er sich in deinem Körper an?
Je fester du an diesen Traum denkst,
desto deutlicher wirst du eine Frage hören,
eine wichtige Frage zu deinem Leben.
Male dir einmal aus, welche Frage das sein könnte.
Stell sie dir jetzt, diese Frage.
Und nun fang den Schwarm deiner Gedanken wieder ein
und probier ganz langsam, die Bilder wieder selbst zu steuern.
Blick noch einmal zurück auf deine Träume
und beweg deine Gedanken langsam von den Träumen weg,
so wie einen Vogelschwarm, der die Richtung wechselt.

↘ Rückreise

> **Reisetipp:** Je nach Arbeitsthema können Sie die Reise um einen Absatz ergänzen – nämlich über Träume, die sich oft wiederholen, oder auch Träume, die Angst machen. Die Besprechung solcher Themen setzt eine hohe Sensibilität in der Gruppe und ein großes Vertrauen zum Leiter voraus.

Wichtige Reisefragen

→ Wie schwer oder leicht fiel es Ihnen, das Steuer Ihrer Gedanken loszulassen?

→ Was ist passiert, als Sie die Gedanken ihrem Eigenleben überließen?

→ Wo haben Sie sich während der Gedanken an die Träume gesehen – müde auf der Unterlage oder handelnd in den Traumbildern?

→ Wollen Sie über den schönen (oder den rätselhaften) Traum erzählen, der Ihnen in den Sinn kam? Wie lange begleitet er Sie schon? Welche Bedeutung hat er für Sie?

→ In welcher Farbe haben Sie den Traum gesehen?

→ Haben Sie eine Ahnung, was Ihre Träume Ihnen sagen wollen? Inwiefern können Träume Wegweiser sein?

→ Inwieweit weisen Träume auf wichtige Themen in Ihrem Leben hin?

→ Wie nutzen Sie die Macht Ihrer Gedanken, die Fantasie Ihrer Träume im Alltag?

Zitat zur Diskussion »Ein Traum ist unerlässlich, wenn man die Zukunft gestalten will.« *Victor Hugo* (französischer Autor)

Idee für Gruppenarbeit Fordern Sie die Teilnehmer auf, als Drehbuchautoren einen Traum aufzuschreiben, den sie gerne einmal träumen würden. Laden Sie ausdrücklich zu verrückten Handlungen ein, die keinen Sinn ergeben und keine stilistischen Ansprüche erfüllen müssen. Wer mag, kann seinen Text vorlesen. Welche Gemeinsamkeiten haben diese »Wunschträume«? Inwiefern sind sie mit den Nachtträumen verwandt? Oder handelt es sich eher um Tagträume – wenn ja, welche Macht haben sie?

Idee für die Arbeit mit Einzelklienten Sprechen Sie mit dem Klienten über seine Tagträume. Wenn er als Kind mit seinen Gedanken der tristen Wirklichkeit entfloh – wohin ging die Reise? Ziehen sich solche Träume bis heute durch sein Leben? Welche Überschrift könnte über diesen Träumen stehen? Und welcher persönliche Wert dahinter? Gibt es Botschaften für die Lebensgestaltung, speziell für die im Coaching besprochene Situation, die sich aus diesem Traum ableiten lassen? Wenn der Traum einen Mund hätte, um zu sprechen: Was würde er wohl sagen?

Idee für Jugendarbeit Lassen Sie jeden der Jugendlichen drei Begriff auf einen Zettel schreiben – drei Gegenstände, Orte oder Situationen, die in seinen Träumen häufig vorkommen, zum Beispiel: Fluss, Rockkonzert, Fliegen am Himmel. Und nun lautet die Aufgabe: »Stell dir vor, du wärst ein Psychologe, ein großer Traumforscher – und du dürftest jeden dieser Begriffe deuten: Warum kommt er in dem Traum vor? Was könnte er zu bedeuten haben? Übertreib ruhig ein wenig und lass deiner Fantasie beim Schreiben freien Lauf.« Danach werden die Texte gelesen – was meist nicht nur lustig, sondern auch erkenntnisreich ist.

46. Das Karussell der Lebendigkeit

Reisethemen Lebendigkeit, Fröhlichkeit, Lebensmut, Ressourcen.
Reiseziel Die Teilnehmer bringen ihren Lebensmut und ihre Fröhlichkeit zum Klingen.

↗ Reisestart

Lad dich jetzt selbst zu einer Reise deiner Gedanken ein,
einer Reise, die dich zu einem wunderbaren Jahrmarkt trägt.
Einem Jahrmarkt, wie du ihn vielleicht als Kind erlebt hast.
Konzentrier dich zuerst auf die Geräusche des Jahrmarkts,
vielleicht auf das Kreischen, das von der Achterbahn herüberweht,
vielleicht auf die schnelle Musik, mit der sich die Karusselle drehen.
Vielleicht auf etwas ganz anderes, das du jetzt gerade hörst.
Lass diese fröhlichen Geräusche so lange in dich hinein,
bis du spürst, dass du zu einem Teil dieser Fröhlichkeit wirst,
dass dein Gang, der gerade noch schwer war, zu federn beginnt
und dass dein Herz, das gerade noch müde war, zu hüpfen beginnt.
Lass dich jetzt mit dem Menschenstrom über den Jahrmarkt treiben,
durch die Schneise zwischen den Buden hindurch,
vorbei an der Schießbude, deren Gewehre fröhlich bellen,
vorbei an der Achterbahn, deren Wagen sich überschlagen,
vorbei am Riesenrad, das kühn den Himmel kratzt.
Und wenn du jetzt ganz bewusst einatmest,
diese Luft aus gerösteten Mandeln und Bratwurst,
diese Luft aus Zuckerwatte und aus Glühwein,
wenn du diese zauberhafte Luft ganz bewusst einatmest,
wirst du merken, dass jeder Atemzug dich verändert.
Diese Luft wirkt wie ein Lachgas, das sich in deinem Körper ausbreitet.
Dieses Lachgas macht dich leichter, unbeschwerter, immer lebendiger.
Konzentrier dich einmal auf die Geräusche der Kinder,
auf ihr federleichtes Lachen, das aus dem Karussell weht,
auf ihr heiteres Kreischen, das aus den Tiefen der Geisterbahn dringt.
Und nun stell dir deine eigene Fröhlichkeit einmal als Quellwasser vor.
Unerschöpfliche Vorräte davon ruhen in den Tiefen deines Körpers.
Öffne jetzt einmal den von deiner Vernunft verschlossenen Hahn,
um dieses silberne Quellwasser sprudeln zu lassen,
und spür, wie die Fröhlichkeit auf Kitzelfüßen deinen Körper hinaufläuft,
wie sie dir heiter durch die Brust steigt, durch den Hals steigt
und wie sie dann als fröhliche Fontäne aus deinem Mund sprudelt.
Vielleicht als Lachen, als Kreischen, als heller Schrei.
Stell dir genau dieses Geräusch vor, mit dem diese Fröhlichkeit sich Luft macht,
dieses Geräusch, das aus deinen Tiefen aufgestiegen ist.

Konzentrier dich nun auf deine Schritte auf dem Jahrmarkt und spür,
wie sie leichter werden, als würdest du auf Wolken gehen.
Konzentrier dich auf deine Gedanken und spür,
dass sie abheben wie die bunten Ballons an den Schnüren der Kinder.
Und während du so federleicht über den Jahrmarkt läufst,
hörst du die werbende Stimme des Karussell-Ansagers:
»Steigen Sie ein bei uns und lassen Sie sich fallen!
Bei unserer Zauberfahrt legen Sie Ihre Schwerkraft ab,
Sie drehen sich und drehen sich und drehen sich,
bis Sie vor lauter Leichtigkeit davonfliegen,
bis die Lichter dieses Jahrmarkts wie Sterne an Ihnen vorüberwehen,
bis Sie alles, wirklich alles, um sich herum vergessen,
und nur den Moment, diesen einen Moment, genießen.«
Gib deinem Wunsch nach, in dieses Karussell zu steigen,
und spüre, wie es langsam Fahrt aufnimmt.
Denk, während es beschleunigt, an einen Moment in deinem Leben,
in dem du vollkommen heiter und fröhlich warst,
einen Moment, als dein Bauch so wunderbar gekribbelt hat wie jetzt,
da das Karussell schneller und schneller wird;
einen Moment, als das Lachen die Sprache war,
mit der du alles sagen konntest, was du sagen wolltest;
einen Moment, als du ganz leicht, lachend, heiter warst.
Versetz dich ganz in diesen Moment zurück,
sieh die Zeit, den Ort, die Menschen noch einmal vor dir.
Und lass dich von dem Karussell, das noch schneller dreht,
ganz in diesen Moment, in seine Mitte, hineindrehen.
Und denk nun, während das Karussell immer mehr beschleunigt,
an einen Moment in deinem Leben,
in dem du dich vollkommen lebendig gefühlt hast;
einen Moment, in dem dir alles so leicht fiel,
als hätte es keine Schwerkraft gegeben, wie hier im Karussell,
das sich jetzt so schnell dreht, als wollte es abheben.
Einen Moment, in dem du alles, was um dich herum geschah,
mit jeder Pore deiner Haut in dich aufgesogen hast,
in dich hereingelassen hast, alles gesehen, gespürt, genossen,
wie jetzt, im Karussell, die vorüberfliegenden Lichter.
Lass dich von dem Karussell so lang in diesen Moment hineindrehen,
bis du ganz in ihm bist, ihn sehen und atmen kannst,
das Gefühl von damals spürst, im Bauch, tief im Bauch.
Und nun spür, wie das Karussell langsam wieder bremst,
wie es dich langsam aus diesen Momenten herausdreht
und wie du wieder vom Karussell auf die Erde wechselst.
Denk noch einmal nach, was diese Erinnerungen mit dir gemacht haben,

wie viel Lebendigkeit und Fröhlichkeit in dir ruhen
und was genau du tun kannst, dass diese Quelle sprudelt
und dein Leben immer wieder zu einem Karussell macht.

↘ Rückreise

> **Reisetipp:** Nutzen Sie die Möglichkeit, die Gefühle der Reiseteilnehmer durch die Wiederholung von Schlüsselwörtern zu verstärken. Zum Beispiel wird Ihnen das im letzten Satz des vorletzten Abschnitts vorgeschlagen: »... Gefühl von damals spürst, im Bauch, tief im Bauch.« Das zweifache »Bauch« entfaltet in der gesprochenen Sprache eine starke Wirkung. Gleich im nächsten Satz wäre ebenfalls eine Wiederholung möglich: »... wie das Karussell langsam wieder bremst, ganz langsam bremst ...« Durch solche Einfügungen können Sie die Tiefenwirkung des Textes an wichtigen Stellen verstärken.

Wichtige Reisefragen
→ Welche Erinnerungen verbinden Sie mit Jahrmärkten? Welche Geräusche haben Sie am deutlichsten gehört, welche Gerüche gerochen, welche Bilder gesehen?
→ Wenn Sie sich Ihre eigene Lebendigkeit mal auf einer Skala von eins (für kaum vorhanden) bis zehn (für sehr stark) vorstellen – wie hat sich dieser Wert im Laufe der Reise entwickelt? Und warum?
→ Ist es Ihnen gelungen, die Quelle Ihrer Fröhlichkeit sprudeln zu lassen?
→ An welche Situationen Ihres Lebens haben Sie auf dem Karussell gedacht?
→ In welchen Momenten sind Sie in Ihrem Leben am lebendigsten und fröhlichsten? Können Sie einmal definieren, welche Voraussetzungen dazu erfüllt sein müssen?
→ Was bremst Ihre Fröhlichkeit und Unbeschwertheit?
→ Was könnten Sie konkret tun, um mehr fröhliche Momente in Ihr Leben zu bringen?

These zur Diskussion Nichts belebt einen Menschen mehr, als wenn er seine Wünsche verwirklicht. Und nichts lässt ihn schneller erstarren, als wenn er gegen seine Natur lebt.

Idee für Gruppenarbeit Jeder malt für sich ein farbenfrohes Bild von der Reise, so naturalistisch oder abstrakt, wie er es gerade mag. Alle Bilder werden aufgehängt, und danach findet eine kleine Museumsführung statt. Vor jedem Bild darf derjenige, der es gemalt hat, als Museumsführer ein paar Worte dazu sagen – warum es sich um »ein bedeutendes Kunstwerk der Lebendigkeit« handelt (s. S. 72).

Idee für Arbeit mit Einzelklienten Bitten Sie Ihren Klienten, sein Selbstbild durch Einschätzungen von außen zu ergänzen. Zum Beispiel kann er (vertraute) Menschen aus seinem Umfeld fragen, in welchen Situationen oder Bereichen seines Lebens er am lebendigsten wirkt. Was unterscheidet diese Felder von den anderen? Wie kann er das »Lebendigkeitsrezept« auf die anderen Lebensebenen übertragen?

Idee für Jugendarbeit Besuchen Sie mit der Gruppe einen Jahrmarkt und fahren Sie zusammen Karussell. Bitten Sie die Teilnehmer, ganz bewusst die Runden des Karussells zu zählen. Mit jeder Runde sollen sie ein wenig lebendiger und fröhlicher werden. Danach moderieren Sie den Austausch der Erfahrungen und regen zu einem Vergleich mit der Fantasiereise an. Warum fällt die Lebendigkeit bei einer Karussellfahrt besonders leicht? Durch welche Glaubenssätze, durch welche Veränderungen ließen sich viele alltägliche Vorgänge in eine muntere Karussellfahrt verwandeln?

47. Im Land der Maschinen

Reisethemen Umgang mit modernen Medien, Abhängigkeit, Unabhängigkeit
Reiseziel Die Teilnehmer werden angeregt, ihren Umgang mit Computer und Handy
zu überdenken.

↗ Reisestart

Nun schick deine Fantasie auf die Reise in ein Land,
an dessen Grenzschranke ein Landesschild steht.
Auf diesem Schild liest du das Wort: »MASCHINIEN«.
Stell dir dieses Wort in großen, nüchternen Buchstaben vor.
Geh auf die Grenzschranke zu und achte darauf, wie sie sich von alleine hebt,
als hätte sie Verstand, um zu denken, und Muskeln, um sich zu bewegen.
Während du unter der gehobenen Schranke hindurchschlüpfst,
hörst du sie mechanisch sagen: »Willkommen in Maschinien!«
Vielleicht bist du neugierig geworden, was dich in diesem Land erwartet.
Schau zum Horizont, dort kannst du die ersten Häuser sehen,
ihre Fassaden sind aus Glas, jeder kann hineinschauen.
Lauf näher an eines dieser Glashäuser heran und riskiere einen Blick.
In dem Haus herrscht Leben, obwohl du keine Menschen siehst.
Ein Staubsauger dreht im Wohnzimmer allein seine Runde.
Der Herd brutzelt sich gerade ein Schnitzel.
Eine Playstation spielt dudelnd gegen sich selbst.
Und ein Handy, das im Erdgeschoss liegt,
wählt sich zum anderen Handy im Obergeschoss durch,
um ein fröhliches Schwätzchen zu halten.
Sicherlich fragst du dich, wie das sein kann:
dass die Maschinen hier ohne Menschen auskommen?
Schleich in das Haus hinein, um das herauszufinden,
und sei dabei so leise, dass die Maschinen dich nicht kommen hören.
Achte genau auf die Geräusche: wie das Bügeleisen zischt,
als wollte es den anderen Maschinen etwas sagen;
wie der Staubsauger heult, als wäre er ein Wolf im Wald;
und wie im Obergeschoss ein Drucker rattert,
als würde er, in hektischen Schüben, Worte ausstoßen.
Wenn du genau hinhörst, wirst du merken,
dass die Maschinen sich tatsächlich miteinander unterhalten.
Das eine Handy trällert dem anderen zu:
»Wie gut, dass unser Menschensklave bei der Arbeit ist!
Es ist schon richtig, dass wir ihn zum Geldverdienen schicken:
Er soll unsere Familie noch ein wenig vergrößern!«
Und das Handy aus dem Obergeschoss wispert:

»Aber schade, dass er mich heute Morgen vergessen hat!
Es macht immer so viel Spaß, ihn den ganzen Tag zu kommandieren:
mit SMS, mit Klingeltönen – er hört so schön auf unsere Befehle.«
Lass diese Worte auf dich wirken und male dir aus,
gleich würde dein eigenes Handy, das du vielleicht bei dir trägst,
auch ein paar Worte zu dieser Diskussion beisteuern.
Was könnte es über sein Verhältnis zu dir sagen?
Wer dient wem: das Handy dir? Oder du dem Handy?
Stell dir jetzt vor, was genau dein Handy sagen würde,
ob es nur auf deine Befehle hört
oder ob es auch die Macht hat, dich zu kommandieren.
Schleich jetzt ins Obergeschoss, wo der Drucker rattert,
und schieb ganz langsam die Tür zum Büroraum auf.
Ein Computer lässt seinen Bildschirm fröhlich flackern,
seine Tasten heben und senken sich wie von allein.
Offenbar schreibt er gerade ein paar Sätze in sein Tagebuch.
Pirsch dich an den Bildschirm heran, damit du diese Worte lesen kannst:
»Ich kann mein Glück kaum fassen«, schreibt der Computer,
»mein Diener hat seine Arbeitszeit freiwillig verlängert.
Ich habe ihn so erzogen, dass er eher das Essen vergisst, als seine Mails zu checken.
Ich habe ihn so erzogen«, schreibt der Computer weiter,
»dass er kaum noch Freunde, aber täglich Seiten im Internet besucht.
Und wenn ich ihn zur Verzweiflung bringen will,
brauche ich nur mit Absturz drohen, dann wird er ganz lieb.«
Lass diese Worte des Computertagebuchs auf dich wirken.
Und nun stell dir vor, du könntest das Tagebuch deines Computers lesen.
Wer dient wem: der Computer dir? Oder du dem Computer?
Denk jetzt einmal an alle Tätigkeiten, denen du am Computer nachgehst.
Vielleicht an Mails, die du aufrufst. Oder Spiele, die du spielst.
Vielleicht an Websites, auf denen du surfst. Oder Dokumente, die du bearbeitest.
Tust du am Computer nur das, was du wirklich tun willst,
nur das, was dein Leben erfüllter und reicher macht?
Oder hat es der Computer geschafft, dich zu dressieren?
Inwieweit könnte er in seinem Tagebuch wie ein Hundebesitzer prahlen,
dass du ihm aufs Wort gehorchst?
Und nun stell dir umgekehrt vor, dass du ein Tagebuch schreibst.
Die Überschrift lautet: »Dieses Verhältnis zu Computer und Handy wünsche ich mir.«
Überleg genau, welche Wünsche du formulieren müsstest
und worin der Unterschied zum jetzigen Zustand besteht.
Woran würdest du merken, dass du deinen Plan umsetzt?
Und woran würde dein Computer es merken?
Stell dir vor, welche Sätze *er* dann in sein Tagebuch schriebe.
Geh jetzt aus diesem Haus der Maschinen heraus,

wirf noch einen Blick auf den Rasenmäher, der allein durch den Garten jagt,
und lauf wieder auf die Grenzschranke von »Maschinien« zu,
die sich von alleine hebt und dich zurück in dein altes Land lässt.

↘ Rückreise

Reisetipp: Untermalen Sie die Reise mit den Geräuschen Ihres eigenes Handys. Lassen Sie
es demonstrieren, mit welchen Geräuschen es seinen »Sklaven« kommandiert. Ebenso können Sie den Tagebucheintrag, den der Computer schreibt, durch das Klappern ihrer Laptop-
Tastatur begleiten.

Wichtige Reisefragen
→ Maschinen mit Eigenleben – wie realistisch oder unrealistisch schien Ihnen das?
→ Was genau hätte Ihr Handy zu berichten gehabt?
→ Und wie hätte das Tagebuch Ihres Computers ausgesehen?
→ Welchen Nutzen bringen diese technischen Geräte in Ihrem Leben?
→ Und welche Risiken sehen Sie?
→ Wie beurteilen Menschen aus Ihrem Umfeld Ihren Umgang mit den neuen Medien?
→ Welchen Rat würden Ihnen diese Menschen geben?
→ Was genau haben Sie ins Tagebuch geschrieben, um ein neues Verhältnis zu Com-
puter und/oder Handy zu definieren?

Zitat zur Diskussion »Die Freiheit des Menschen liegt nicht darin, dass er tun kann,
was er will, sondern dass er nicht tun muss, was er nicht will.« *Jean-Jacques Rousseau*
(französischer Autor)

Idee für Gruppenarbeit Bilden Sie zwei Gruppen: Die eine sucht Argumente für die
These, dass Computer und Handy nicht mehr den Menschen dienen, sondern die
Menschen der Technik. Die andere Gruppe untermauert die Aussagen, dass Computer und Handy das menschliche Leben enorm bereichern. Danach trägt ein Mitglied jeder Gruppe ein Plädoyer vor, ehe eine Diskussion beginnt. Inwiefern hat jede
Gruppe ein Stück der Wahrheit erwischt? Inwiefern liegt es gar nicht an den Geräten
an sich – sondern nur daran, wie mit ihnen umgegangen wird?

Idee für Arbeit mit Einzelklienten Falls Ihr Klient herausfinden möchte, wie abhängig
oder unabhängig er von der Technik ist – geben Sie ihm die Aufgabe, einen definierten Zeitraum, zum Beispiel ein Wochenende, einen Werktag oder eine Urlaubswoche,
vollkommen ohne Handy und Internet auszukommen. Lassen Sie ihn ein kleines Tagebuch führen, wie sich das auf ihn auswirkt und was er daraus lernen kann.

Idee für Jugendarbeit Lassen Sie jeden Teilnehmer einen kleinen Text mit folgendem
Beginn schreiben: »Wenn es keine Computer, kein Internet und keine Handys gäbe,
dann wäre mein Leben ärmer, weil ...« Nach zehn Minuten wird ein weiterer Text geschrieben, diesmal unter dem Motto: »... wäre mein Leben *reicher,* weil ...« Welcher
Standpunkt scheint stimmiger?

48. Die zerfließenden Gedanken

Reisethemen Macht der Gedanken, Gewohnheit, Funktion des Gehirns.
Reiseziel Die Teilnehmer sollen erkennen, welche Gedanken ihr Leben dominieren –
und sich frei für (neue) Gedanken entscheiden.

↗ Reisestart

Stell dir deine Gedanken nun einmal als Farben vor,
als Farben, die aus einem Pinsel auf weißes Papier tropfen,
als Farben, die dort von einer warmen Luft angepustet werden
und die sich nach allen Seiten auf dem Papier verteilen,
in kleinen Farbbächen, in großen Farbbächen.
Konzentrier dich auf diese Gedankenfarben auf dem Papier,
auf ihr freies Zerfließen zu allen Seiten,
auf die bunten Spuren, die sie dabei hinterlassen,
und auf das Bild, das sich aus diesen Farbbächen formt.
Male dir deine Gedanken genau wie diese Farben aus:
bunt und fließend. Und stell dir bei diesem bunten Anblick vor,
dass jeder Gedanke, wenn du ihn das erste Mal denkst,
sich ein kleines Flussbett durch deine Nervenzellen im Gehirn gräbt.
Und dass dieses Flussbett umso tiefer wird,
je öfter und je intensiver du diesen Gedanken denkst.
Lass die Farben deiner Gedanken, die du auf dem Papier siehst,
lass dieses Bild einmal auf dich wirken.
Die einen Spuren deiner Gedanken sind breit und kräftig,
die anderen Spuren sind dünn wie hingehaucht.
Und andere Spuren, die auf dem Papier hätten entstehen können,
sind nicht entstanden – alles ist noch weiß und unberührt.
Überleg einmal, welche Gedanken es wohl sind,
die in deinem Kopf die kräftigsten Spuren hinterlassen,
welche Gedanken es sind, die du jeden Tag am intensivsten denkst:
Gedanken, die dir vielleicht kurz vorm Einschlafen kommen,
Gedanken, die dir vielleicht unter der Dusche kommen,
Gedanken, die dich auf all deinen Wegen begleiten.
Konzentrier dich jetzt auf deinen Hauptgedanken mit der kräftigsten Farbspur.
Wie lange brauchst du, um die Farbe dieser Spur zu erkennen?
Es kann eine vergangene Situation sein, an die du dich erinnerst.
Es kann eine kommende Situation sein, die du herbeidenkst.
Es kann jeder Gedanke, es kann jede Farbe sein.
Lass diesen Gedanken, diese dickste Linie in deinem Kopf,
seinen Inhalt einmal laut sagen.
Achte darauf, mit welcher Stimme der Gedanke spricht.

Und prüfe genau, ob dir diese Aussage gefallen will.
Schau jetzt noch einmal auf das gesamte Bild deiner Gedanken
und urteile selbst, welche Anmutung dieses Bild verströmt.
Ist es ein Bild mit ganz vielen Farben, bunt und wild?
Lässt du jeden Tag neue Gedanken, neue Denkwege zu?
Oder ist es so, dass ein paar einzelne Farben dominieren,
während andere Farben gar nicht vorkommen?
Welches Gedankenbild würdest du dir wünschen?
Mach dir bewusst, dass du die Macht hast,
dein eigenes Gedankenbild selbst zu verändern.
Achte auf die weißen Flächen auf deinem Gedankenpapier,
auf all die ungenutzten Denkräume.
Welche Gedanken, die du noch nie gedacht hast,
würdest du gerne einmal denken?
Gibt es eine Einstellung, eine Haltung, eine Philosophie,
die du für dein Leben gern hättest?
Ein Vorbild, das diese Einstellung schon lebt?
Stell dir vor, welche Farbe dieser Gedanke wohl hätte,
welche Spur er auf dem Papier ziehen könnte
und welchen Satz er – könnte er sprechen – zu dir sagte?
Achte auf den Klang der Stimme, mit der er seinen Satz sagt.
Stell dir vor, wie ganz viele neue Striche auf deinem Papier entstehen,
wie sie alte Striche, die dir nicht mehr gefallen, übermalen
und wie ein neues Bild entsteht, so bunt und vielfarbig
wie du es dir gerade wünschst.
Lass deine Gedankenfarben nun wieder durch deinen Kopf fließen,
lass sie dort kreisen, bis sie bunte Spuren ziehen,
und folg diesen Farbenspuren wieder in die Richtung,
aus der sie zu Beginn der Reise gekommen sind.

↘ Rückreise.

> **Reisetipp:** Verfremdungen öffnen neue Denkräume. Wenn Gedanken, die sonst nicht zu sehen sind, auf einmal zu sichtbaren Farben werden, kann das den Teilnehmern neuen Zugang zu ihnen verschaffen. Ebenso können Sie eine Reise formulieren, in der sich Gedanken zu Melodien oder zu Gerüchen verwandeln.

Wichtige Reisefragen
→ Wie sah Ihr Gedankenbild aus, das Sie zunächst gesehen haben?
→ Wie hat sich dieses Bild im Laufe der Reise verändert?
→ Welche Farben haben dominiert?
→ Welchen Gedanken haben Sie ausgemacht, der Ihr Denken bestimmt?

→ Wollen Sie, dass dieser Gedanke so viel Raum einnimmt? Ist er so, wie Sie ihn denken, günstig für Sie?

→ Welche neuen Gedanken oder Haltungen, die Sie gerne hätten, sind Ihnen in den Sinn gekommen?

→ Wie haben Sie es in der Vergangenheit geschafft, Gewohnheiten zu verändern und neue Spuren für Gedanken anzulegen?

These zur Diskussion Mit alten Gedanken ist es wie mit alten Kleidern: Sie passen (zu) uns mit den Jahren nicht mehr – wir sollten sie öfter ablegen und durch neue ersetzen!

Idee für Gruppenarbeit Lassen Sie jeden Teilnehmer einen Gedanken, zum Beispiel einen Glaubenssatz, auf einen Zettel schreiben, etwa: »Ich muss mehr als andere leisten, um auch mehr zu erreichen.« Sammeln Sie diese Zettel nun ein und ziehen Sie jeweils zwei zur gleichen Zeit hervor, die Sie an verschiedenen Stellen im Raum auf den Boden legen und verlesen. Die Teilnehmer sollen Position beziehen bei jenem Gedanken, der eher ihrem eigenen Denken entspricht. Wer geht wohin? Welche Gewohnheiten üben hier ihre Sogkraft aus? Und was hätte dafür gesprochen, die andere Position einzunehmen?

Idee für Arbeit mit Einzelklienten Fordern Sie Ihren Klienten auf, bis zum nächsten Termin etwas in seinem Leben zu verändern – ganz egal, was; es muss nichts mit seinem Anliegen zu tun haben. Zum Beispiel könnte er jeden Morgen in einem Café frühstücken statt wie gewohnt zu Hause. Besprechen Sie mit ihm beim nächsten Termin, welche Auswirkungen diese Veränderung auf sein gesamtes Leben hatte. Kann es sein, dass diese eine Veränderung weitere Veränderungen begünstigt hat? Welche neuen Erfahrungen hat er über sich und seine Gewohnheitswege gesammelt?

Idee für Jugendarbeit Lassen Sie die Jugendlichen in Einzelarbeit ihre Gedankenbilder mit Wasserfarben malen – und zwar so, wie sie sich ihre Gedanken wünschen. Danach darf jeder erklären, wofür jeder Strich steht und welche bisherigen Striche er vielleicht ersetzt hat.

49. Die Flügel der Entschuldigung

Reisethemen Schuld, Vergebung, Verzeihen, Schwere und Leichtigkeit.
Reiseziel Die Teilnehmer werden angeregt, über die Chancen des Verzeihens und Entschuldigens nachzudenken.

↗ Reisestart

Lass deine Gedanken jetzt in deine Hände wandern,
so langsam, dass du sie fließen spürst wie warmes Wasser,
das deine Hände schwerer macht und schwerer.
Deine Handrücken werden schwer und sinken ein.
Deine Handflächen werden schwer und sinken ein.
Deine Fingerspitzen werden schwer und sinken ein.
Stell dir vor, dein ganzer Körper versinkt in der Erde,
versinkt so lange, bis du den Ort deiner Bestimmung erreicht hast.
Der Boden unter deinen Füßen ist hart und felsig.
Seine spitzen Erhebungen drücken auf deine Fußsohlen,
sodass du die Position wechseln willst.
Dabei merkst du, dass deine Hände mittlerweile so schwer geworden sind,
dass ihr Gewicht dich an dieser Stelle festhält.
Schau dich um, damit du siehst, wo du bist.
Du befindest dich in einem alten, unterirdischen Steinbruch.
Vor dir erhebt sich eine gezackte Felswand.
Wenn du die faltigen Kerben im Felsen anschaust,
kommt es dir vor, als würden uralte Gesichter aus dieser Wand herausschauen.
Ich frage mich, an wen dich diese Gesichter erinnern.
Und kantige Steinbrocken, mit dem Keilhammer losgeschlagen,
türmen sich vor deinen Füßen und überall um dich herum.
Stell dir vor, was diese gesamte Felswand wiegen würde,
wenn man sie auf eine Personenwaage stellen könnte.
Mal dir aus, wie der Zeiger der Waage sich im Kreis dreht,
wie dieses Gewicht ihn ganz schwindlig macht,
wie es ihn surren lässt wie den Rotor eines Hubschraubers,
weil es so schwer, so unmessbar schwer ist.
Und nun spür wieder das Gewicht in deinen Händen,
wie es an dir zieht, wie es dich auf der Stelle festhält.
Dieses Gewicht scheint dir so schwer wie der ganze Felsen,
es zieht dich fast in diesen harten, spitzen Boden hinein.
Schau jetzt einmal an deinen Armen hinab und sieh,
was deine beiden Arme so schwer macht:
Du trägst einen riesigen Felsbrocken auf den Händen.
Konzentrier dich darauf, wie dieser Felsbrocken sich anfühlt,

wie rau und kühl seine Oberfläche ist,
wie sein Gewicht, diese kompakte Schwere, an deinem Körper zerrt:
an deinen Armen, die angespannt sind und länger werden,
an deinen Schultern, die sich verhärten und steif werden.
Du fühlst dich so schwer, so unbeweglich, so hart,
als wärst du selbst ein riesiger Stein in diesem Steinbruch.
Und nun überleg einmal, woraus dieser schwere Stein besteht.
Stell dir vor, dass es ein Stein der empfundenen Schuld ist.
Ein Stein, den du in deine Hände geladen hast
durch dein Verhalten gegenüber einem anderen Menschen.
Mag sein, du hast diesen Menschen verletzt,
mag sein, du hast diesen Menschen enttäuscht,
mag sein, du hast diesen Menschen belogen.
Denk ganz genau daran, was damals vorgefallen ist,
sieh den Ablauf vor dir wie einen alten Film.
Denk an die Schwere der Schuld, die du seither spürst.
Und nun stell dir vor, wie du dich bei diesem Menschen entschuldigst.
Vielleicht hast du es schon einmal versucht, aber nun wird es anders sein.
Überleg dir einen Satz, den du diesem Menschen sagen möchtest,
einen ehrlichen Satz, der ihn versöhnen und dich leichter machen könnte.
Jetzt sprich diesen Satz aus, direkt gegen die Felswand,
und hör zu, wie sein Echo durch den Steinbruch läuft.
Achte jetzt darauf, wie die faltige Felswand bröckelt und knirscht,
wie Steine zu schmelzen scheinen, bis sich ein Gesicht geformt hat:
das Gesicht jenes Menschen, der dir verzeihen soll.
Sieh dieses Gesicht in der Felswand genau vor dir:
den Mund, die Nase und die Augen, die nun auf dir ruhen.
Hör, wie der Felsmund mit der Stimme des Menschen spricht:
»Ich nehme deine Entschuldigung an. Ich verzeihe dir!«
Schau jetzt auf deine Hände und sieh,
wie der Felsbrocken augenblicklich schrumpft.
Spür, wie sein Gewicht sich auflöst, seine Härte sich auflöst,
wie er sich auf einmal nicht mehr kühl anfühlt, sondern warm und flauschig.
Sieh, wie der Felsbrocken sich in einen Vogel verwandelt,
einen kleinen, federleichten Vogel, der jetzt aus deinen Händen aufflattert.
Konzentrier dich darauf, wie leicht deine Hände in diesem Moment werden,
wie leicht deine Schultern werden, wie leicht dein ganzer Körper wird.
Das, was du als Schuld empfunden hast, hat sich von dir gelöst wie dieser Vogel.
Heb deine Arme an und spür, dass sie nun leicht wie Flügel sind.
Genieß diese neue Leichtigkeit, diese Befreiung aus dem Griff der Schwere.
Und nun überleg dir genau, ob es weitere Menschen gibt,
bei denen du dich entschuldigen möchtest,
um dein Leben leichter zu machen und ihr Leben leichter zu machen.

Und überleg dir auch, von wem du eine Entschuldigung annehmen solltest, damit er den schweren Fels in seinen Händen nicht länger tragen muss und spüren kann, wie ein flauschiger Vogel auffliegt.

↘ Rückreise

> **Reisetipp:** Eine interessante Variante dieser Reise kann sein, dass es nicht um die Schuld gegenüber einem anderen Menschen geht, sondern um die Schuld gegenüber einem selbst. Diese Befreiung von einer Selbstanklage können Sie als weiteren Absatz einbauen oder als Motiv für eine eigene Reise verwenden, die sich an diese anlehnt.

Wichtige Reisefragen

→ Was verstehen Sie unter »Schuld«? Und was unter »Entschuldigung«?

→ Haben Sie je darüber nachgedacht, ob Schuld ein Gewicht hat und wo – zum Beispiel in welchem Körperteil – Sie es transportieren?

→ Wodurch entsteht Schuld nach Ihrer Meinung? Durch ein Verhalten an sich? Durch die Art, wie man es selbst bewertet? Oder durch die Bewertung eines anderen?

→ Mögen Sie umreißen, an welche Schuld und welchen Menschen Sie gedacht haben?

→ Was war es für ein Gefühl, eine Entschuldigung zu hören – und zu spüren, wie sich der Fels in einen Vogel verwandelt?

→ Inwieweit hat diese Reise Sie motiviert, sich bei anderen zu entschuldigen oder anderen selbst zu verzeihen?

Zitat zur Diskussion »Der Schwache kann nicht verzeihen. Verzeihen ist eine Eigenschaft des Starken.« *Mahatma Gandhi* (indischer Freiheitskämpfer)

Idee für Gruppenarbeit Lassen Sie die Teilnehmer in Einzelarbeit Kurzgeschichten unter der Überschrift »Wie ich mich entschuldigte« oder »Wie mir verziehen wurde« schreiben. Jeder hat die freie Wahl, ob er ein Erlebnis seiner Vergangenheit beschreibt, eine Szene, wie er sie bald herbeiführen möchte, oder etwas frei Erfundenes. Unbedingt soll das Gefühl beschrieben werden, das sich durch das Entschuldigen oder Verzeihen einstellt. Wer mag, kann seine Geschichte der Gruppe vorlesen. Welche Parallelen (oder Unterschiede) weisen die Geschichten auf? Und zu welcher Stimmung in der Gruppe führt es, solche Geschichten zu hören? Warum eigentlich?

Idee für Arbeit mit Einzelklienten Achten Sie darauf, ob Ihr Klient anderen Menschen grollt, weil er ihnen nicht verzeiht – oder ihm nicht verziehen wird. Regen Sie an, dass er über die Möglichkeiten des Entschuldigens oder Verzeihens nachdenkt. Bieten Sie ihm Rollenspiele an, in denen er seine Worte und sein Verhalten proben kann. Und lenken Sie seine Aufmerksamkeit auf das Gefühl, das sich *nach* einer solchen Szene einstellt. Ist es mit dem Felsbrocken verwandt, der sich in einen Vogel verwandelt?

Idee für Jugendarbeit Folgendes Rollenspiel in der Kleingruppe: Ein Jugendlicher sitzt auf einem Stuhl, die anderen treten nacheinander an ihn heran und entschuldigen sich bei ihm für etwas, das frei erfunden sein kann (oder auch einen realen Hintergrund hat). Seine Aufgabe ist es, den anderen zu verzeihen. Die Rollen wechseln. Danach wird ausgewertet: Was ist leichter – sich zu entschuldigen oder zu verzeihen? Welche Worte haben stimmig geklungen, welche weniger? Und welche Gesten sind bei der Übung aufgefallen?

50. Das Museum der Gerüche

Reisethemen Gerüche, Riechen, sinnliche Wahrnehmung, Assoziationen.
Reiseziel Die Teilnehmer werden angeregt, bewusster auf Gerüche und die damit verbundenen Assoziationen zu achten.

↗ Reisestart

Begib dich jetzt mit deiner Fantasie auf eine weite Fahrt,
eine Fahrt, die dich an den Ort der schlafenden Augen führt.
Dieser Ort ist so dunkel, dass ihn noch kein Mensch gesehen hat,
und auch für dich wird er unsichtbar bleiben.
Nimm bewusst wahr, wie es immer finsterer um deine Augen wird,
wie dich diese gleichmäßige schwarze Farbe umfließt
und wie sich deine Augen, da nichts zu sehen ist, mehr und mehr entspannen.
Diese Dunkelheit packt dich völlig in sich ein,
sie ist oben und unten, sie ist vorne und hinten.
Wenn du diese Dunkelheit warm durch deine Augenlider fließen spürst,
wirst du deinen Augen erlauben, dass sie immer weicher werden,
immer blinder werden, sich einfach mal zum Schlafen legen.
Gib dieser Dunkelheit um dich herum die Erlaubnis,
dass sie noch tiefer in deinen Körper hineinfließt,
jetzt auch durch deine beiden Ohren.
Nimm bewusst wahr, wie dieses Dunkel in deine Ohren strömt,
wie sie dein Trommelfell füllt mit dem wunderbaren Teer der Stille
und wie dieser Teer sich ausbreitet in deinen Gehörgängen,
bis sie so voll sind, dass dort kein Geräusch mehr Platz hat,
bis sich, wie unter Wasser, eine vollkommene Stille in dir ausbreitet.
Wenn du diese Stille warm durch deine Gehörgänge fließen spürst,
wirst du deinen Ohren erlauben, dass sie immer weicher werden,
immer tauber werden, sich einfach mal zum Schlafen legen.
Es kann sehr entspannend sein, nichts zu sehen.
Es kann sehr entspannend sein, nichts zu hören.
Stell dir nun vor, wie dir ein Geruch in die Nase steigt,
der dir vollkommen vertraut ist aus deiner Kindheit.
Dieser Geruch kommt dir vor wie ein uralter Freund,
der vielleicht lange weg war, den du aber sofort wieder erkennst.
Welchen Geruch verbindest du mit deiner Kindheit?
Wie würdest du ihn einem anderen Menschen beschreiben?
Lass diesen vertrauten Geruch durch deine Nase fließen

und nimm wahr, was dieser Geruch mit dir macht.
Vielleicht versetzt er dich so unmittelbar in die damalige Zeit,
als würdest du mit einem Fallschirm in sie hineinspringen.
Achte darauf, wo du landest und was dort um dich geschieht.
Lass dich ganz von deiner Nase leiten
und geh nun ein paar Schritte weiter durchs Dunkel.
Aus der Ferne weht ein Küchengeruch zu dir.
Es ist der Geruch deines Lieblingsessens, er macht dir sofort Hunger.
Nimm die Fährte deines Lieblingsessens auf
und folge ihr so lang, bis der Geruch sich verdichtet,
so lang, bis deine Nase nur noch Zentimeter von diesem Essen entfernt ist.
Lass diesen vertrauten Geruch durch deine Nase fließen
und nimm wahr, was dieser Geruch mit dir macht.
Vielleicht versetzt er dich so unmittelbar in eine Situation deines Lebens,
als würdest du mit einem Fallschirm in sie hinein springen.
Achte darauf, wo du landest und was dort um dich geschieht.
Und nun folge deiner Nase noch ein paar Schritte weiter,
bis du merkst, dass im Dunkeln ein Mensch ganz dicht bei dir steht.
Du kannst ihn nicht sehen, du kannst ihn nicht hören,
und doch weißt du, dass dieser Mensch dir sehr vertraut ist.
Du kannst diesen Menschen riechen.
Vielleicht riechst du seine Haut, sein Parfüm, eine Creme.
Wonach genau riecht dieser vertraute Mensch?
Lass diesen vertrauten Geruch durch deine Nase fließen
und nimm wahr, was dieser Geruch mit dir macht.
Vielleicht versetzt er dich so unmittelbar in eine Situation mit diesem Menschen,
als würdest du mit einem Fallschirm in sie hineinspringen.
Achte darauf, wo du landest und was dort um dich geschieht.
Und nun sinniere im Dunkeln noch ein wenig darüber,
warum es Kunstwerke für die Augen gibt, zum Beispiel Gemälde,
aber warum niemand, kein Museum, Kunstwerke für die Nase ausstellt.
Kann es sein, dass Gerüche etwas ganz Persönliches sind,
dass wir sogar Menschen danach auswählen, ob wir sie riechen können?
Und haben vielleicht schon Milliarden von Geruchsmuseen eröffnet,
nur dass jeder von uns sein ganz eigenes im Kopf trägt?
Wer nichts hört, ist taub. Wer nichts sieht, ist blind.
Wer nichts riecht, ist …? Der Sprache fehlt ein Wort.
Ein Leben ohne Gerüche: schwer vorstellbar.

↘ Rückreise

Reisetipp: Zünden Sie Duftkerzen an und sorgen Sie dafür, dass der Raum mit intensiven Düften gefüllt ist. Dann ist die Wahrnehmung der Teilnehmer bereits aufs olfaktorische Gleis gelenkt. Je länger die Reise dauert, desto mehr wird dieser Duft in den Hintergrund treten und durch die Gerüche aus der Erinnerung verdrängt.

Wichtige Reisefragen

→ Welche – vielleicht heimliche – Rolle spielen Gerüche in Ihrem Leben?

→ Welcher Geruch Ihrer Kindheit kam Ihnen in den Sinn? Inwiefern hat Sie dieser Geruch tatsächlich wie mit einem Fallschirm in dieser Zeit landen lassen?

→ An welches Essen haben Sie gedacht?

→ Welcher Mensch kam Ihnen in den Sinn? Halten Sie die Redensart »Ich kann ihn nicht riechen« für zutreffend oder unzutreffend?

→ Haben Sie eine Erklärung dafür, warum es keine Museen für Gerüche und kein gängiges Wort für »nicht riechen können« gibt? Wie, glauben Sie, wird der Riechsinn heute neben dem Sehen und dem Hören gewichtet?

→ Welche Wahrnehmung für Gerüche würden Sie sich wünschen?

These zur Diskussion »Mir stinkt's!«, »Ich hab die Nase voll!«, »Ich kann den Braten riechen!« – oft hat unser Verstand, mit dem wir zu urteilen meinen, zwei Nasenlöcher.

Idee für Gruppenarbeit Bringen Sie Parfümproben mit, in gleicher Fläschchengröße und mit verklebtem Etikett. Jeder Teilnehmer bekommt eine Probe und darf sie sich einprägen. Dann sammeln Sie die Flaschen wieder ein, mischen sie und teilen sie erneut aus. Jeder darf an jedem Parfüm riechen, um den ursprünglichen Duft wiederzufinden. Wer erkennt sein Parfüm wieder? Für welche Fläschchen gibt es mehrere Bewerber? Was passiert, wenn man mehrere intensive Gerüche nacheinander atmet? Und wie verändert sich die Wahrnehmung durch dieses Riechspiel?

Idee für Arbeit mit Einzelklienten Lassen Sie Ihren Klienten ein wichtiges Ziel über die Nase definieren. Wie – glaubt er – würde sein Erfolg riechen? Welche Geruchsquellen gäbe es (zum Beispiel der Duft von prickelndem Champagner, mit dem er feierte)? Und wie kommt es, dass seine Vision an Zugkraft gewinnt, wenn er die visuelle Vorstellung um eine olfaktorische ergänzt?

Idee für Jugendarbeit Schicken Sie die Jugendlichen vor die Tür, um von dort – am besten in der Natur – Dinge mit Eigengeruch einzusammeln. Niemand darf die Geruchsquellen sehen. Das Spiel: Einer gibt seinen riechenden Gegenstand frei, die anderen müssen mit verbundenen Augen (und ohne zu tasten) erraten, worum es sich handelt. Gewonnen hat, wer die meisten Geruchsquellen errät. Wie präzise oder unpräzise fällt das Raten aus? Wie oft sind sich Gruppen uneinig, was sie da gerade riechen? Welche Gerüche werden eher als angenehm, welche als unangenehm empfunden?

05

Reisen erfinden: Der Schreibkurs für Reiseleiter

In diesem Kapitel erfahren Sie unter anderem:

→ wie Sie ein Thema wählen, das Ihre Reiseteilnehmer mitreißt

→ wie Sie mit hypnotischer Sprache die Konzentration einfangen

→ welche acht Stiltipps Sie zu einem guten Reiseautor machen

→ welche Chancen und Risiken eine frei gesprochene Reise birgt

→ und wie Sie bei den abschließenden zehn Schreibübungen eine Co-Autorin namens Pippi Langstrumpf gewinnen

Deutsche Wortarbeit: Wie eine Reise entsteht

Eine Reisekauffrau sitzt an ihrem Tresen. Da schwingt die Tür des Verkaufsraums auf und ein unbekannter Kunde schreitet herein. Die Kauffrau lächelt, grüßt und sagt: »Ich hab da eine tolle Sommerreise für Sie im Angebot, einen Strandurlaub auf Mallorca.« Das Hotel, das Meer, der Sonderpreis – sie schwärmt in den höchsten Tönen.

Haben Sie eine Ahnung, warum der Kunde ein immer längeres Gesicht macht? Er wollte an einen ganz anderen Ort reisen – nach Norwegen. Er wollte zu einer anderen Zeit reisen – im Winter. Und er wollte zu einem anderen Zweck reisen – zum Skilanglauf.

Der Fehler der Reisekauffrau? Sie hat ihm ein Angebot gemacht, ohne vorher herauszufinden: »Welche Wünsche hat dieser Kunde? Welche Art von Reise würde zu ihm passen?« Mag sein, die Mallorcareise hätte ihr die höchste Provision gebracht. So aber erreicht sie gar nichts: Der Kunde verlässt frustriert das Büro. Er bucht seinen Norwegenurlaub bei der Konkurrenz.

Was lehrt uns dieses Gleichnis? Dass es klug ist, den Teilnehmern nicht die erstbeste Fantasiereise zu servieren, die man im Angebot hat. Sicher sind Sie gegenüber der Reisekauffrau im Vorteil: Sie wissen (in etwa), was Ihre »Kunden« wollen. Wer mit Managern im Führungsseminar, mit hyperaktiven Jugendlichen in einem Workshop oder mit den Zeitmanagement-Interessenten eines Volkshochschulkurses arbeitet, der kann sich einen Reim über die Motive seiner Teilnehmer machen. Was genau wollen sie mit ihrer Teilnahme erreichen? Wovon träumen sie? In welche Richtung wandern ihre Sehnsüchte?

Über solche Fragen können Sie spekulieren. Noch besser: Fragen Sie die Teilnehmer bei der Eingangsrunde: »Was soll nach dem Seminar (oder Coaching) für Sie anders sein als davor?« Dann haben Sie eine handfeste Grundlage und treffen mit Ihrem Angebot die Wünsche der Teilnehmer.

Aber ist es nicht *Ihre* Aufgabe, didaktische Ziele festzulegen? Und kann es nicht sein, dass diese Ziele in eine völlig andere Richtung als die der Teilnehmer gehen? Zum Beispiel wird der Mathelehrer, der seine Schüler zu einer Reise ins Land der Zahlen einlädt, den Verdacht nicht los, dass die Jungs mit ihrer Fantasie lieber ins Fußballstadion reisten und die Mädchen auf den Ponyhof.

Der richtige Ort

Es kommt nicht nur auf die Wünsche der Teilnehmer, sondern auch auf Ihre didaktischen Ziele an. Allerdings haben Sie ein Problem: Sie können niemanden zwingen, in Ihren Reisebus einzusteigen. Sie können nicht einmal durchzählen, ob alle Teilnehmer (geistig) anwesend sind. Wenn Sie ein Reiseziel festlegen, das die Gruppe nicht mag, werden Sie allein unterwegs sein. Und der didaktische Effekt ist gleich null.

Die Herausforderung: Mit dem Ort, wohin die Reise führt, und mit der Handlung, die sich ereignet, sollten Sie zwei Interessen unter einen Hut bringen – die Wünsche, Vorlieben und Sehnsüchte Ihrer Teilnehmer, denn ihr Interesse ist der Reisetreibstoff; und Ihre eigene didaktische Absicht. Das kann ein weit gefasstes Ziel sein, etwa dass sich Ihre Teilnehmer entspannen und auf das Seminarthema einlassen. Das kann aber auch ein eng gefasstes Ziel sein, etwa die Auseinandersetzung mit bestimmten Fragen der Streitkultur.

In vielen Fällen wird Ihnen der Brückenschlag zwischen diesen Interessen gelingen. Nehmen wir den Mathelehrer von. Warum denkt er sich keine Fantasiereise aus, die Fußballstadion und Ponyhof mit der Mathematik verbindet? Heißt das, es müssten so viele Tore fallen, so viele Ponys galoppieren, dass es eine mathematische Herausforderung wird? Ja, zum Beispiel. Aber wir könnten auch

→ dem Kassierer im Fußballstadion oder der Geschäftsführerin auf dem Pferdehof über die Schultern sehen und einen Dreisatz anwenden;
→ uns mit der Mathematik einer Bundesligatabelle befassen;
→ einen Hindernisparcours errichten und dabei geometrisches Grundwissen einsetzen;
→ ein krachendes Gewitter aufziehen und einen Zahlenregen herabprasseln lassen;
→ oder einen Sturm herbeirasen, Bäume umreißen und Erdlöcher aufreißen lassen, deren Fläche es dann zu berechnen gilt.

Fantasie kennt keine Grenzen. Jedes Thema kann lockeren Fußes auf ein anderes Thema zugehen und ihm die Hand reichen. Wer eine »Rechenreise« schon mit harten Zahlenfakten beginnen lässt, verliert seine Teilnehmer. Wer die Reisenden dagegen erst einmal ins Fußballstadion oder auf den Pferdehof mitnimmt, öffnet die Türen der Fantasie und hat später mit seinem Fachthema einen leichteren Zutritt.

Sogar der trockenste Stoff lässt sich lebendig machen – indem Sie ihn personifizieren. Statt nur über die Sache zu sprechen, lassen Sie die Sache durch (einen) Menschen verkörpern:

→ Wenn Sie zum Beispiel den Satz des Pythagoras oder Selbst-PR im Alltag thematisieren wollen – warum lassen Sie Ihre Reiseteilnehmer dann nicht auf einen Menschen treffen, der dieses Thema verkörpert? Wie wäre es, ins Geburtsjahr des griechischen Philosophen Pythagoras zu reisen (570 vor Christus) und Ihre Schüler mit ihm zusammen seinen Satz entdecken und anwenden zu lassen?

→ Oder Sie lassen Berufstätige, die sich für ihre Außenwirkung interessieren, mit dem russischen Feldmarschall Grigori Potemkin die nach ihm benannten Dörfer begutachten, jene Fassaden am Wegesrand, mit denen er angeblich die Zarin Katharina II. beeindrucken wollte – als Beispiel dafür, wie man wenig (sprich Fassaden) als viel (sprich ganze Dörfer) verkauft.

Denken Sie daran, wie Romanautoren arbeiten: Sie schreiben keine 300 Seiten über das Wesen der Liebe oder des Krieges; sonst wären sie Wissenschaftler, die nur von einer Handvoll Fachkollegen gelesen werden. Vielmehr hängen sie ihre Handlung an einzelnen Personen auf – und gewinnen so Hunderttausende von Lesern. Goethe hat die unglückliche Liebe seines Werther so fesselnd beschrieben, dass Dutzende von Lesern dem Protagonisten ins Jenseits folgten – so sehr hat dieser Briefroman sie berührt. Ebenso lassen sich die Menschen in eine positive Richtung leiten.

Mein Tipp: Lesen Sie Romane von meisterlichen Autoren, ob Goethe oder Fontane, ob Hesse oder Böll, ob Walser oder Grass – und achten Sie genau darauf, wie es den Schriftstellern gelingt, ihre Leser für ein abstraktes Thema (Liebe, Krieg, Abhängigkeit) mit konkreten Figuren und einer spannenden Handlung zu begeistern. Legen Sie ein Notizbuch an, in dem Sie sich nützliche Erzähltechniken und Formulierungen der Autoren notieren – und leiten Sie Lehren für Ihre nächsten Fantasiereisen daraus ab.

Die vier Schritte zur Reise

Schritt 1: Interessen und Vorlieben der Teilnehmer klären. Was wollen sie erreichen? Was finden sie spannend? Auf welches Reisethema würden sie sich einlassen? Prüfen Sie ihr Vorwissen, sprechen Sie mit der Gruppe oder dem Einzelklienten.

Schritt 2: Die eigenen didaktischen Ziele klären. Was wollen Sie mit der Reise erreichen? Welche neuen Blickwinkel, welche Veränderungen wollen Sie bei Ihren Teilnehmern anregen? Oder welches Wissen wollen Sie aufbauen, wiederholen, festigen?

Schritt 3: Schlagen Sie eine Brücke zwischen beiden Interessen. Zum Beispiel, indem Sie Ihre didaktischen Absichten mit Schauplätzen und Handlungen verbinden, die für Ihre Teilnehmer besonders spannend sind. Für abenteuerliche Reisen mit interessanter Handlung lassen sich alle Teilnehmer, ob jung oder alt, schnell begeistern.

Schritt 4: Wählen Sie eine Sprache, die zu Ihrer Zielgruppe passt. Zum Beispiel sollte eine Reise für Jugendliche so formuliert sein, dass sie deren Wortschatz nicht sprengt. Dagegen wären in einer Reise mit Literaturwissenschaftlern längere Sätze erlaubt sowie literarische Anspielungen (»Ihr naht euch wieder, schwankende Gestalten …«).

Wie bekommt Ihre Fantasiereise Zugkraft? Indem Sie Schauplätze und Handlungen wählen, die Ihre Teilnehmer faszinieren. Beispiel: Jungs lieben Fußballstadien, und Mädchen reisen gern auf Pferdehöfe.

Zauberhaft schreiben: Hypnotische Sprachmuster

An einem Ort zu sein, aber doch nicht anwesend – kennen Sie das auch? Bei mir ist das meistens so: Je mehr sich meine Wahrnehmung konzentriert, etwa auf eine frische Buchidee, desto mehr verdichten sich meine Gedanken zu einem Strudel und ziehen mein Bewusstsein unter die Oberfläche. In solchen Situationen kann es passieren, dass mich jemand anspricht, aber ich höre es nicht; dass ich bei einer Zugfahrt das Aussteigen verpasse, mit dem Auto an der richtigen Abfahrt vorbeirausche oder dass ich aus meiner Absicht, nur das Stichwortverzeichnis eines Buches zu überfliegen, nach einer zweistündigen Lektüre hochschrecke.

All das ist typisch für eine *Alltagshypnose:* Unsere Wahrnehmung konzentriert sich auf eine einzige Reizquelle. Das kann eine neue Idee sein oder eine große Sorge, eine Landschaft vor dem Zugfenster oder ein Blatt Papier, auf das Sie Ihre Fantasiereise schreiben wollen. Ihre Welt gleicht einer Kapsel. Ein einziger Gegenstand füllt Ihre Wahrnehmung aus, verstärkt Ihr Empfinden, versetzt Sie in eine hypnotische Trance, einen Zustand, der aus hirnphysiologischer Sicht auf halber Strecke zwischen Wachsein und Schlaf liegt (Mizerovsky/Porges 2008). Was um Sie herum geschieht, dringt nicht mehr zu Ihnen vor.

Genau dieselbe Fixierung erreicht ein Hypnotiseur. Das Bewusstsein der Zuhörer konzentriert sich auf seine Stimme. Seine Worte sickern ins Unbewusste, setzen Gefühle und Stimmungen frei. Diese Emotionen breiten sich wie Wellenkreise aus. Ein Profihypnotiseur schafft es, einen Menschen mit seinen Worten zu steuern, ihn zum Beispiel einen Purzelbaum schlagen zu lassen, ohne dass der Mensch es selbst realisiert.

Ist die Hypnose also in erster Linie ein Instrument des Zirkuskünstlers, mit dem Menschen vorgeführt werden? Nein, die Elemente der Hypnose bereichern die *seriöse* medizinische und didaktische Arbeit. Nehmen Sie den Arzt – er kann mit seiner medizinischen Hypnose das Schmerzempfinden gewisser Gehirnareale senken (Schulz-Stübner 2006). Nehmen Sie Coach und Therapeutin, Lehrer und Trainerin – viele ziehen hypnotische Sprachmuster dem Appell vor, um Menschen mit neuen Ideen zu fordern, ohne alte Widerstände auszulösen.

Solche Sprachmuster tauchen in fast jedem Gespräch auf, meist jedoch ohne Absicht. Ihr gezielter Einsatz geht zurück auf Milton H. Erickson, den Vater der modernen Hypnotherapie (Erickson/Rossi 2007). Die Sprache bahnt dabei einer neuen Wahrnehmung den Weg, verschafft Zugang zu Ressourcen, um die Vergangenheit neu zu deuten und die Zukunft neu zu gestalten.

Jede Fantasiereise arbeitet mit hypnotischen Mitteln. Gerade in der ersten Phase, dem Reisestart, wenn Sie Ihre Teilnehmer aus der Realität abholen, wirken hypnotische Sprachmuster wie Magnete. Mit dieser sanften und indirekten Sprache kann es Ihnen gelingen, die Teilnehmer zum Loslassen des rationalen Denkens und zum Sicheinlassen auf die Fantasiewelt zu bewegen. Gerade weil die hypnotische Sprache zu nichts auffordert, weil sie die paradoxe Wirkung des Appells umgeht und auf Katzenpfoten in die Köpfe schleicht, erreicht sie das Unbewusste.

Direkte Sprache löst Abwehr aus – dagegen schafft es die hypnotische Sprache, dass die Zuhörer die Inhalte freiwillig aufnehmen.

Welche hypnotischen Sprachmuster können Sie für Ihre Fantasiereisen verwenden? Es folgt nun eine Auswahl von Möglichkeiten.

Eingebettete Fragen

In dieser Hinsicht sind alle Menschen wie Schüler: Wer eine Frage gestellt bekommt, gerät unter Druck. Jede Frage geht mit dem indirekten Appell »Antworte mir!« einher. Wer (zu viele) direkte Fragen vermeiden will, kann eine sanftere Version wählen: die eingebettete Frage. Mit ihrer Hilfe können Sie fragen, ohne ein Fragezeichen zu setzen, fragen durch die Hintertür. So lassen sich die Fantasiereisenden zu inneren Antworten animieren, ohne dass es ihnen bewusst wird. Beispielsweise:

> »Ich bin neugierig, wann es dir gelingen wird, deine Gedanken wie Schaumkronen auf einem Meer treiben zu lassen.« (Statt: »Wann wird es dir gelingen …?«)

> Oder: »Dein Begleiter fragt sich, ob du schon bereit bist, in dieses neue Leben einzutauchen.« (Statt: »Bist du schon bereit …?«)

Eingebettete Kommandos

Direkte Appelle lösen Widerstand aus. Niemand lässt sich gern kommandieren; Druck erzeugt Gegendruck. Wie können Sie Ihre Teilnehmer dennoch zu etwas auffordern, so ihre Augen zu schließen und zu entspannen? Der eingebettete Appell ist ein Sprachkassiber. Solche heimlichen Kommandos sind am wirksamsten in Kombination mit einer Verneinung, denn Negationen sorgen für eine Abrüstung der inneren Appellabwehr, werden jedoch vom Bewusstsein ignoriert (wer das nicht glaubt, soll jetzt nicht daran denken, welches Wetter gerade draußen ist!). Was scheinbar kein Appell ist – und deshalb vom Bewusstsein durchgewinkt wird –, kommt im Unterbewusstsein als Kommando an. Zum Beispiel:

> »Ich werde dich jetzt nicht auffordern: ›Schließ die Augen, hör deinen Atem und lass deine Gedanken segeln!‹, aber vielleicht hast du ja Lust dazu.«

> »Niemand verlangt von dir, dass du dein Gewicht an den Stuhl abgibst und immer leichter wirst, doch könnte dich diese Leichtigkeit reizen.«

Vorannahmen

Zwei Gäste im Lokal bestellen ihr Essen. Die Bedienung fragt: »Was mögen Sie dazu trinken: Weiß- oder Rotwein?« Diese Frage ist raffiniert, weil sie zweierlei voraussetzt:

erstens, dass die Gäste überhaupt etwas trinken wollen, und zweitens, dass es ein Wein sein soll. Eine solche Vorannahme – in der Fachsprache Präsupposition genannt – wird den Weinverkauf fördern. Wer angesprochen wird, als sei eine Voraussetzung gegeben, verhält sich oft in diesem Sinne.

Vorannahmen sind im Coaching ein wichtiges Instrument, um die Energie für eine Veränderung zu unterstützen. Die Frage ohne Vorannahme – nach dem Ob – ist eine Banalität; sie beschwört einsilbige Antworten und Zweifel herauf: »Sind Sie zum ersten Schritt für Ihre Veränderung bereit?« (Klient: »Ich weiß nicht …«)

Die Frage mit Vorannahme – nach dem Wie – wirkt wie eine Startrampe; sie kann die Gedanken abheben und den Klienten das künftige Verhalten imaginieren lassen: »Welches wird Ihr erster Schritt zur Veränderung sein?« (Klient: »Also, ich werde …«) Der Klient zweifelt erst gar nicht daran, dass er diesen Schritt unternehmen wird – er denkt gleich über die Ausgestaltung nach (Wehrle 2010).

In der Fantasiereise erleichtern Ihnen Präsuppositionen den Zugang zum Unbewussten Ihrer Teilnehmer: Legen Sie bei wichtigen Passagen Ihren Formulierungen eine Vorannahme zugrunde, damit sich die Reisenden in die gewünschte Richtung orientieren und sie individuell ausgestalten. Zum Beispiel:

»Schau genau hin: Welcher deiner Freunde kommt dir nun auf dem staubigen Weg entgegen?« (Vorannahme: Es kommt ihm ein Freund entgegen.)

»Ich weiß nicht sicher, seit wann du dich bei dieser Reise völlig entspannt hast.« (Vorannahme: Er hat sich völlig entspannt.)

Scheinbare Alternative

Menschen haben gerne die Wahl. Nehmen Sie wieder einen Gast im Lokal. Es macht einen erheblichen Unterschied, ob nur ein Tagesmenü angeboten wird – und Sie *müssen* es nehmen. Oder ob Sie sich zwischen zwei Tagesgerichten *entscheiden* können. Diesen psychologischen Mechanismus, den Wunsch nach Alternativen, können Sie in Ihren Reisen nutzen: Geben Sie Ihren Teilnehmern immer wieder die Möglichkeit, sich zu entscheiden. Dabei kann die nur scheinbare Alternative eine kluge Wahl sein. Sie vermittelt den Reisenden das Gefühl einer freien Entscheidung, obwohl die Grundrichtung durch Ihre Frage bereits vorbestimmt ist – egal, wie die Antwort ausfällt. Beispielsweise:

»Willst du gleich in die Höhle tauchen oder vorher noch eine Muschel vom Meeresgrund einsammeln?« (Er wird in jedem Fall in die Höhle tauchen. Einmal direkt. Einmal etwas später.)

»Entscheide nun, ob du deine Augen sanft oder fest schließt, tu es genau so, wie du es gerade magst.« (Die Augen werden auf jeden Fall geschlossen.)

Zauber der Zitate

Wenn Sie sich als Reiseleiter weit aus dem Fenster lehnen, wenn Sie eine starke Meinung vertreten oder einen Appell senden, kann das zu ebenso starken Gegenmeinungen führen. Ihre Aussagen werden als eine Einladung zu Widerstand aufgefasst. Eleganter können Sie Botschaften platzieren, indem Sie Dritte an Ihrer Stelle sprechen lassen. Damit meine ich keine Menschen, die im Raum sind, sondern Menschen, die Sie imaginär durch ein Zitat in den Raum rufen. Eine solche Aussage löst weniger Widerstand aus, denn es ist niemand anwesend, dem man widersprechen könnte – und scheinbar niemand, der damit eine Absicht verfolgt. Sie selbst, als wahrer Absender der Aussage, bleiben im Hintergrund. Zum Beispiel:

> »Und mein Freund Pirmin sagt immer: ›Jede Fantasiereise ist wie ein Flug für mich: Ich leuchte von oben, wie eine Sonne, in mein Leben. Und dort, wo noch Fragen zu meiner Zukunft waren, sehe ich anstelle der dunklen Flecken ganz hell die Lösungen, die Chancen, die Wege.‹«

> Oder: »Entscheiden Sie selbst, welche Ideen Sie mit ins Gepäck für Ihre Rückreise in den Alltag nehmen und ob Sie konkrete Handlungen daraus ableiten wollen. Erich Kästner hat geschrieben: ›Es gibt nichts Gutes, außer man tut es.‹«

Die Ja-Straße

Mit der inneren Haltung, mit der Entscheidung zwischen »Ja« oder »Nein«, verhält es sich wie mit einer Ampel: Springt sie erst einmal auf Grün (oder Rot), bleibt diese Farbe für längere Zeit dominierend. Will heißen: Wer etliche Fragen mit »ja« beantwortet hat, tut sich schwer damit, plötzlich ein »Nein« folgen zu lassen – viel schwerer, als wenn ihm nur eine einzelne Frage gestellt worden wäre. Oder als wenn er davor schon eine Frage verneint hätte. Diese rhetorische Figur kennt jeder von uns aus Vertriebsgesprächen:

> »Wollen Sie eine Reise in die Südsee gewinnen?«
> »Ja!«
> »Fänden Sie es toll, eine große Jacht nur für sich und Ihre Freunde zu haben?«
> »Ja!«
> »Dann werden Sie sicher die Chance nutzen, Ihre Adressdaten für unser Preisausschreiben einzutragen?«

Nicht selten trägt das Fahrwasser der vorangegangenen Antworten den Kunden weiter, als er eigentlich hatte gehen wollen – zu einem erneuten Ja.

Als Vertriebsinstrument lehne ich diese Technik ab, weil sie manipuliert. Als Element einer Fantasiereise ist sie mir willkommen, weil sie den Teilnehmern helfen kann, meine Einladungen an Ihre Fantasie leichter anzunehmen. Eine Frage, die auf Widerstände stieße (»Willst du von der Klippe springen?«), ist am Ende einer Ja-Straße kein Hindernis mehr. Beispiele dafür sind:

> Willst du dich ganz leicht und unbeschwert fühlen,
> so wie eine hingehauchte Feder im Wind?
> Willst du all deine Sorgen, all deine Bedenken loslassen,
> so wie ein Kran, der eine Last zum Boden seilt?
> Und willst du nun, um so wunderbar leicht zu werden,
> einfach den Sprung wagen, den Sprung von dieser Klippe?

Oder:

> Sind sie leicht, deine Gedanken?
> Fliegen sie hoch, deine Gedanken?
> Und zieht es sie in die Vergangenheit?
> Dann folg einem dieser Gedankendrachen.

Nominalisierung

Dieses hypnotische Sprachmuster sollte Fantasiereisen nicht dominieren, sondern nur *dosiert* ergänzen. Der Vorteil: Nominaler Sprachstil ist so unkonkret, dass er der Fantasie viel Platz lässt, das Vage zu konkretisieren. Der Nachteil: Eine solche Sprache kann so langweilig und steif klingen, dass sie die Fantasie abwürgt. Was den Amtsschimmel wiehern lässt, lässt den Pegasus nicht abheben. Wer Menschen mit seinen Fantasiereisen packen will, braucht nach meiner Erfahrung einen packenden und damit verbenreichen Stil (s. S. 266). Die meisten Fantasiereisen, die vor Hauptwörtern strotzen, verfolgen keine hypnotische Absicht, sondern sind einfach schlecht geschrieben.

Dennoch gibt es Passagen, in denen Sie das Hauptwort dem Verb vorziehen können – immer dann, wenn Sie den Reisenden zusätzlichen Raum für ihre eigenen Vorstellungen des Handelns öffnen wollen:

> »Diese Suche nach der Lösung, dieses Gehen und Schweifen, dieses Versuchen und Erfahren – zu welcher Lösung führt es dich?«

> »Genieße die Ruhe, die Entspannung, dieses Zuhausesein unter dem schützenden Dach des eigenen Körpers.«

Acht Schreibtipps für lebendige Reisetexte

Eine Fantasiereise ist immer nur so gut wie die Sprache, in der sie vorgetragen wird. Was nützen die besten Ideen, wenn die richtigen Worte dafür fehlen? Aber worauf kommt es an, wenn Sie Fantasiereisen schreiben? Welche Regeln verhelfen Ihnen zu einem packenden Schreibstil? Hier bekommen Sie acht Tipps.

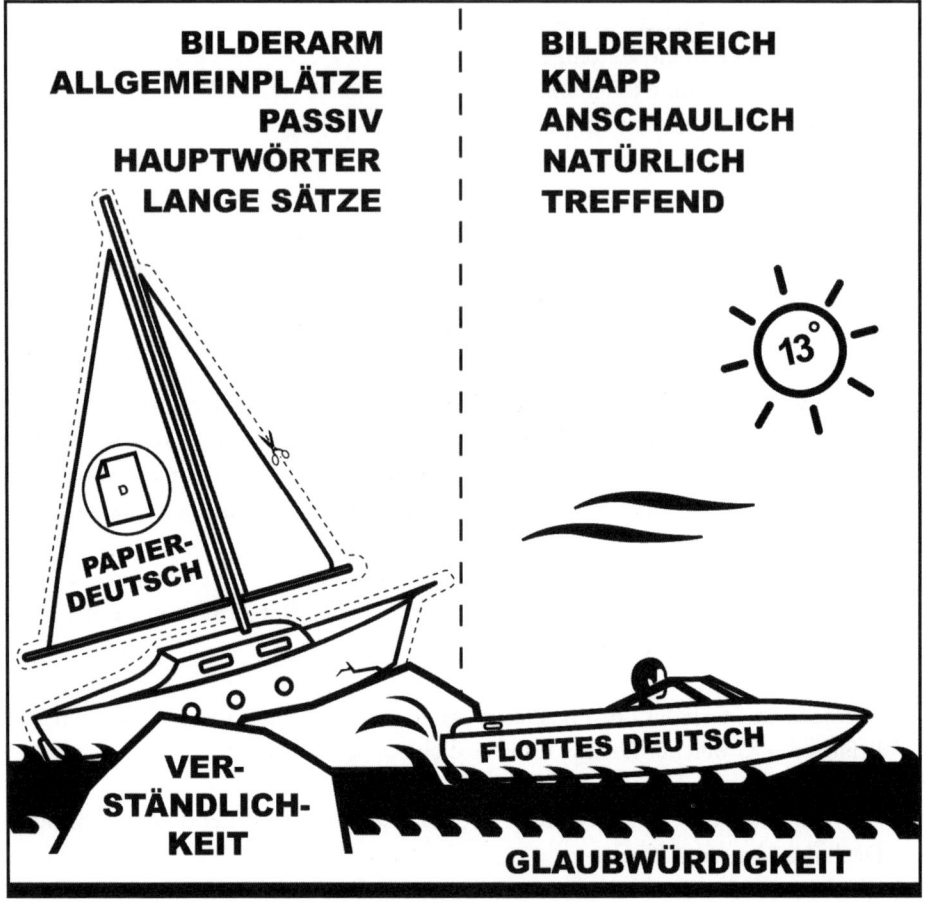

Mit steifem Papierdeutsch säuft jede Fantasiereise ab. Dagegen pustet eine flotte Redesprache Wind ins Segel der Fantasie. Je lebendiger und anschaulicher die Sprache, desto fantastischer das Reiseerlebnis.

Tipp 1: Redesprache statt Papierdeutsch

Viele Menschen verwandeln sich beim Schreiben: Auf einmal klingen sie nicht mehr natürlich, als würden sie einfach reden. Vielmehr mutieren sie zu Schreibautomaten: Ihre Sprache bläht sich auf, bekommt Wichtigkeitsgeschwüre, wird ungelenk und formal – ein hölzernes Papierdeutsch, das leider nicht nur von Behörden gepflegt wird.

Was in der mündlichen Rede ein »Zuhörer« wäre, kommt in der Schriftsprache als »hochverehrtes Auditorium« daher. Züge fahren nicht mehr ein, sondern »halten Einfahrt«. Und wer gesagt hätte: »Heute scheint die Sonne«, macht daraus: »Ein Hochdruckgebiet übt Einfluss auf unser Wetter aus.«

Die Menschen meinen, etwas Gescheites ließe sich nur in hochgestochener Sprache sagen. Dabei hat der Philosoph Arthur Schopenhauer, ein brillanter Autor, schon 1851 gepredigt: »Man brauche gewöhnliche Worte und sage ungewöhnliche Dinge« (Schopenhauer 2003) – schlechte Stilisten machen es umgekehrt.

Fantasiereisen erfordern eine klare und einfache Sprache, mehr noch als andere Texte. Schließlich werden die Reisen nicht gelesen, sondern gesprochen. Und mit dem gesprochenen Wort kennen die Menschen sich aus, denn sie hören es täglich. Das ist wie bei der Musik: Einen Fehler auf dem Notenblatt übersieht der Laie. Aber ein Missklang beim Konzert, der lässt ihn aufhorchen.

Ihre Fantasiereise sollte möglichst nah an der gesprochenen Sprache sein. Schreiben Sie einfach und nicht kompliziert, menschennah und nicht akademisch. Ziehen Sie das Zitat der indirekten Rede vor, die alltägliche Stilebene der gehobenen. Bilden Sie kurze Sätze, verwenden Sie einfache Wörter und lassen Sie Verben und wichtige Personen nicht erst am Ende des Satzes nachhinken (»Stell dir vor, dass du von der Arbeit nach Hause, dann in die Kneipe und schließlich noch in die Disco *mit der Fee gehst*«), sondern ziehen Sie diese nach vorne (»Stell dir vor, du *gehst mit der Fee …*«).

Nur wenn der Hörer den Sinn Ihrer Sätze schnell und ohne Mühe erschließt, nur wenn Ihre Sprache natürlich klingt, kann er sich entspannen und seine Gedanken verreisen lassen.

Übung: Gute Übersetzung

Bitte übersetzen Sie diese schriftdeutsche Reisepassage in eine Sprache, die Ihnen leicht über die Zunge ginge und Ihre Teilnehmer unmittelbar anspräche:

»Der Moderator pflegt einen Small Talk mit dir,
über deine familiären Verhältnisse und deine Sozialisation.
Dann kommt es zur Einspielung des nächsten Films
und zum Auftauchen eines Weggefährten deiner jungen Jahre,
dessen Antlitz den Bildschirm nun umfassend füllt,
während ihn der Reporter um Auskunftsgabe darüber bittet,
welche deiner – deines Zeichens Ehrengast – Qualitäten am schwersten wiege.
Stell eine kurze Überlegung an, welche Antworttendenz du prognostizierst,
lauschend darauf, welches Statement er in die Kamera abgibt.«

Mein Vorschlag zum Bearbeiten: Sprechen Sie den Text einfach laut und fragen Sie sich: Würde ich das so einem Freund erzählen? Wenn nein: Ersetzen Sie alle Wörter, Formulierungen und Sätze, die Ihnen gestelzt oder hölzern vorkommen.

Einen Vorschlag für eine Lösung finden Sie in Reise Nr. 35 (s. S. 198):

> Der Moderator plaudert ein wenig mit dir,
> über deine Familie, deine Herkunft, die Kinderzeit.
> Dann wird der nächste kurze Film eingespielt.
> Schau genau hin, diesmal ist es ein Freund deiner Kindheit,
> der dort auf dem Bildschirm erscheint.
> Der Reporter will von ihm wissen:
> »Welche Stärke, würden Sie sagen, ist die größte unseres Ehrengastes?«
> Überleg, was dein alter Freund (oder deine Freundin) antworten könnte.
> Und dann hör zu, was dieser Mensch in die Kamera sagt.

Das Natur-Diktat

Schreiben Sie eine Fantasiereise einmal nicht am Schreibtisch, sondern gehen Sie dorthin, wo die Handlung spielt – zum Beispiel in einen Wald. Nun sprechen Sie den Text in ein Aufnahmegerät. Das hat zwei Vorteile: Erstens sind Sie am Ort der Handlung, das wird Ihren Text mit farbenfrohen Details bereichern. Zum Beispiel können Sie exakt beschreiben, wie der Ruf einer Amsel klingt oder wie die Rinde einer Fichte aussieht. Und zweitens werden Sie beim Diktieren automatisch eine Sprache wählen, die einfacher und lebendiger als das geschriebene Wort ist. Diese Vorzüge sollten Sie später, bei Ihrer Abschrift, unbedingt bewahren – und mit der nötigen Struktur verbinden.

Tipp 2: Verben statt Hauptwörter

Kennen Sie dieses Sprichwort? »Wer durch Aushebung eines Erdlochs die Schädigung anderer herbeiführen möchte, muss dabei die Gefährdung seiner eigenen Person durch eben dieses Loch in Kauf nehmen.« Man könnte auch sagen: »Wer andern eine Grube gräbt, fällt selbst hinein.«

Die erste Fassung reiht ein Hauptwort an das andere (Aushebung, Schädigung, Gefährdung), arbeitet mit schwammigen Formulierungen (»herbeiführen möchte«, »seiner eigenen Person«, »in Kauf nehmen«) und bläht den Inhalt unnötig auf (»durch eben dieses Loch«). Dagegen sagt die zweite Fassung mit zwei schlanken Verben (»gräbt, fällt«) dasselbe – so konkret und anschaulich, dass ein Bild entsteht.

Jede Fantasiereise ist eine *Erfahrung*, die Gedanken fahren in neue Länder. Bei einer Fantasiereise passiert etwas, da dominiert die Handlung. Und diese Dynamik lässt sich am besten mit Verben transportieren, mit Recht »Tun-Wörter« genannt. Eine Ausnahme ist die gezielte Nominalisierung, die der Fantasie an ausgewählten Stellen zusätzlichen Spielraum schafft (s. S. 263).

Hören Sie Ihren Mitmenschen einmal beim Sprechen zu. Sagt der Jugendliche: »Der Abend war voller Heiterkeit«? Nein, er sagt: »Wir haben uns schlappgelacht am Abend.« Sagt der Maurer: »Wir hatten ganztägig mit Einregnung zu kämpfen«? Nein: »Verdammt, es hat den ganzen Tag geregnet!« Sagte der Manager: »Ich bitte um schnelles Heraussuchen dieser Telefonnummer«? Nein: »Suchen Sie mir bitte schnell die Nummer raus!«

Ganz egal, wie alt oder gebildet jemand ist – wenn er spricht, drückt er Handlung mit Verben aus. Darum wirkt es so komisch, wenn Politiker in ihren Reden versuchen, sich durch Hauptwörter wichtig zu machen oder einen unangenehmen Inhalt hinter solchen Wortklötzen zu verbergen. Wir fremdeln mit dem Gesagten. Wir ahnen, worauf ein Satz wie »die Notwendigkeit zur Verschlankung des Fördermitteletats« in Wirklichkeit hinausläuft: Da will uns jemand Geld wegnehmen!

Substantive wecken Misstrauen, werden abgetastet und oft am Eintritt ins Unbewusste gehindert – erst recht in der gesprochenen Sprache. Dagegen wirken Verben unmittelbarer. Sie drücken Bewegung aus und können Ihre Reiseteilnehmer bewegen. Beschreiben Sie daher Handlung vor allem mit Verben. Ihre Reiseteilnehmer sind eine lebendige mündliche Rede gewohnt. Diese Sprache erzeugt Bilder und Bewegung; dieser Sprache trauen sie.

Übung: Lebendig statt steif

Hier ein kleines Training, das Sie gegen einen übertriebenen Nominalstil wappnen soll. Bitte übertragen Sie diese steife und hauptwortreiche Passage einer Fantasiereise in eine lebendige, von Verben dominierte Sprache (die Lösung folgt):

Du entscheidest dich zur Betätigung der Klinke der Schokoladentür,
dabei fühlst du Wärme und Cremigkeit.
Deine Finger erfahren eine Verdunkelung,
du reagierst mit dem Abschlecken des Schokoladenrestes per Zunge
und merkst voller Genuss die Ausbreitung der Creme auf deiner Zunge.
Dann erfolgt die Sondierung des Hausflurs durch dich.
An der Decke hat niemand für die Aufhängung von Lampen gesorgt,
sondern für Sternenstrahler mit Glitzereffekten.
Sie sorgen für das Träufeln des Lichtes in deine Augen
und für sein Fließen durch deinen ganzen Körper …

Mein Lösungsvorschlag aus Reise Nr. 7 (s. S. 112):

Du drückst die Klinke der Schokoladentür,
sie fühlt sich ganz cremig an und warm.
Deine Finger sind nun etwas dunkel geworden,
du schleckst mit der Zunge einen Schokoladenrest ab
und genießt es, wie sich die Creme im Mund ausbreitet.
Dann siehst du dich um im Flur des Hauses.

An der Decke hängen glitzernde Sternenstrahler.
Ihr Licht träufelt in deine Augen und kribbelt durch deinen Körper,
ein angenehmes, ein beruhigendes Gefühl …

Bitte vergleichen Sie alle drei Fassungen miteinander: die steife Vorlage, Ihre Lösung und meinen Vorschlag. Wo liegen die Unterschiede? Welche Formulierungen – denken Sie – wären für die Reiseteilnehmer am wirksamsten?

Tipp 3: Aktiv statt passiv

»Es wird empfohlen, das Passiv zu meiden.« Merken Sie, wie schwach dieser Satz ist? Die Empfehlung kommt ohne Absender daher. Das Passiv verschleiert, wer etwas tut (oder empfiehlt), nennt Ross und Reiter nicht beim Namen. Das klingt blutarm und leblos, eben nach Passivität.

Nun können Sie bei Fantasiereisen zweierlei unterscheiden: das ungeschickte Passiv, das sich wie Unkraut in den Text einschleicht; und das kalkulierte Passiv, das bewusst eine Information auslässt, um Raum für die Fantasie der Zuhörer zu schaffen. Ein Beispiel für das ungeschickte Passiv:

Deine rote Mannschaft wirbelt nach vorne.
Der schwarz-weiße Ball wird von Fuß zu Fuß gespielt
und sein Gegner wird vom Mittelstürmer ausgetänzelt
und der Ball mit voller Wucht geschossen (...)
Es wird nach dem Ball gehechtet und der Arm gestreckt.
Vergeblich! Der Torerfolg im Winkel wird dadurch nicht verhindert.
»Tor« wird geschrien von dir und aufgesprungen von der Trainerbank
und die Arme werden hoch bis in den Himmel gerissen.

Welcher Satz macht es dem Zuhörer am leichtesten, ein Bild vor seinem Auge zu sehen? Ich meine: der erste. Hier ist klar, wer nach vorne wirbelt: die »rote Mannschaft«. Dagegen sind die anderen Sätze im Passiv keine Steilvorlage für die Zuhörer: Da »wird« angepfiffen, »wird« der Ball gespielt, »wird« der Gegner vom Mittelstürmer ausgetänzelt und so weiter. Außerdem stellt der letzte Satz – wie für das Passiv typisch – die logische Informationsfolge auf den Kopf: Dass es der Hörer selbst ist, der Tor schreit und die Arme hochreißt, erfährt er erst nachträglich (»... Tor wird geschrien *von dir*«). Der inhaltliche Zug ist bereits abgefahren, die Chance, die Situation live zu erleben, vertan. Diese Sprache ist leblos und hörerfeindlich.

Übung: Sprache »aktivieren«

Formulieren Sie diese Passivfassung in einer aktiven Version. Achten Sie darauf, wie sich die Wirkung der Worte verändert.

Als Beispiel für eine Lösung hier die Originalfassung aus Reise Nr. 18 (s. S. 146):

> Deine rote Mannschaft wirbelt nach vorne.
> Der Ball flitzt von Fuß zu Fuß.
> Jetzt tänzelt dein Mittelstürmer seinen Gegner aus
> und legt sich mit ganzem Gewicht in einen Schuss (…)
> Er (der Ball) fliegt kerzengerade auf den Torwinkel zu.
> Der Tormann hechtet und streckt seinen Arm.
> Vergeblich! Krachend schlägt der Ball ins Netz.
> Du schreist: »Tor!«, du springst auf von deiner Trainerbank
> und du reißt deine Arme hoch bis in den Himmel.

Diese Fassung – im Aktiv – transportiert den Schwung des Spiels, treibt die Handlung voran, reißt den Reisenden mit. Daraus können Sie ableiten: Wann immer Sie Schwung in eine Reise bringen und konkrete Bilder vor dem Auge Ihrer Zuhörer erzeugen wollen, sind Aktivsätze und anleitende Passagen die bessere Wahl.

Anders ist der Fall gelagert, wenn Sie durch das Passiv *bewusst* eine Lücke lassen, einen Spielraum für die Fantasie der Hörer. Dass Sie sich zurückhalten mit Vorgaben und die Gestaltungskraft durch offene Formulierungen einladen, kann ein Stilmittel sein, um jeden Reisenden an Schlüsselstellen eigene Duftnoten (Sichtnoten, Hörnoten, Fühlnoten) setzen zu lassen. Das kalkulierte Passiv bietet interessanten Stoff für Fragen. Beispiel für ein bewusstes Passiv:

> Der Raum, in dem du bist, wird immer leichter,
> wird in die Höhe gehoben wie ein Spielzeug,
> wird gedreht wie ein Karussell,
> jetzt spürst du Schmetterlinge im Bauch.

Wer hebt den Raum hoch? Wer dreht ihn? Hier werden Sie nach der Fantasiereise überraschende Antworten bekommen: Der eine Zuhörer sieht den Raum in der Hand eines Riesen, der andere sieht ihn am Haken eine Krans hängen, und ein Dritter fühlt sich von einem Wirbelwind getragen. Solche Vorstellungen machen eine Fantasiereise individuell und wirkungsvoll.

Ein *kalkuliertes Passiv* empfiehlt sich aber nur dann, wenn Sie nicht nachträglich einen Handelnden präsentieren. Denn wenn Ihr Zuhörer sich einen Riesen vorgestellt hat, fällt er vom Glauben ab (und aus aller vertieften Entspannung), wenn Sie ihm drei Zeilen später eröffnen, sein Raum hänge am Haken eines Krans.

Tipp 4: Treffende Begriffe

Bitte stellen Sie sich einen Menschen vor, der durch eine Straße geht. Gelingt es Ihnen? Wie konkret ist dieses Bild? Sehen Sie es wirklich vor sich, in allen Farben und Details?

Nun denken Sie bitte an einen Verliebten, der eine Allee hinabstolziert. Lassen Sie sich Zeit – was sehen Sie jetzt?

Die erste Vorlage ist so allgemein, dass sie Ihrer Fantasie kaum Anknüpfungspunkte liefert. Die zweite Fassung hilft Ihrem Vorstellungsvermögen mit spezifischen Begriffen auf die Sprünge: nicht »geht«, sondern »stolziert«, nicht Mensch, sondern »Verliebter«, nicht »Straße«, sondern »Allee«.

Unsere Sprache gleicht einem Farbkasten mit Tausenden von Nuancen. Erfahrene Reiseleiter verwenden *nicht* jene Farben, die nahe liegend (und abgenutzt) sind, sondern jene, die den Inhalt am treffendsten ausmalen und die Fantasie am besten anregen. Die Worte, vor allem die Verben, wollen mit Bedacht gewählt sein.

Was für ein Unterschied, ob Sie durch eine Straße »gehen« – oder ob Sie hasten, schlendern, stolzieren, krabbeln, flitzen, sausen, schweben, springen, schießen, hüpfen, tippeln, tänzeln, humpeln oder voranpreschen. Was für ein Unterschied, ob Sie sich »freuen« – oder ob Sie jubeln, juchzen, lächeln, schmunzeln, abheben, aufblühen, jubilieren, triumphieren, sich entzücken, berauschen, erbauen, begeistern oder glücklich schätzen.

Jedes Wort drückt etwas anderes aus, jedes steht für eine eigene Stilschicht. *Berauscht* sich der distanzierte Intellektuelle im Literaturhaus an einem kulturhistorischen Vortrag? *Erbaut* sich der fanatische Fan in der Südkurve am Sieg seiner Mannschaft? Eher umgekehrt! Wer die Stilschicht verfehlt, erschwert seinen Teilnehmern die Reise.

Nun könnten Sie entgegenhalten: Ist es nicht gerade Sinn einer Fantasiereise, dass der Zuhörer allgemeine Begriffe mit spezifischen Fantasien füllt? Und wäre es daher nicht klug, ihn durch die Straße »gehen« und nicht »hüpfen« zu lassen? Immerhin scheint der treffende Begriff seine Fantasie mehr einzuschränken.

Meine Erfahrung ist: Auch der spezifische Begriff lässt dem Zuhörer Tausende Möglichkeiten, ihn auszugestalten. Der eine sieht sich, wenn er durch Straßen »hüpft«, nur beschwingt gehen. Der andere springt wie ein Känguru in die Höhe. Und eine Dritte fühlt sich an einen Dreispringer erinnert. Kein Begriff einer Sprache, auch nicht der spezifischste, bedeutet für jeden Menschen dasselbe. Jeder Reisende hat eine eigene Vorstellung davon, eine individuelle Assoziation.

In den meisten Fällen ist der spezifische Begriff für die Fantasie ein besserer Treibstoff als der allgemeine, denn er verhilft dem inneren Auge zu Bildern und ruft Emotionen wach. Ein allgemeines Wort wie »gehen« wird oft nur gehört, aber nicht mehr gesehen und empfunden.

Sind allgemeine Begriffe also in Fantasiereisen tabu? Ach was! Das Wort »gehen« kommt in meinen Reisen oft vor – besonders für eine allgemeine Fortbewegung (»Geh durch den Raum und …«). Aber wenn Sie als Reiseleiter ein bestimmtes Gefühl unterstützen wollen, etwa eine freudige Beschwingtheit, hilft der treffende Begriff: »Du schwebst mit großen Schritten durch den Raum …«

Übung: Treffend statt allgemein

Lesen Sie den folgenden Absatz aus einer Fantasiereise und probieren Sie, die *kursiv* gesetzten Begriffe durch spezifischere Verben zu ersetzen (ein Lösungsvorschlag folgt):

Vom Boden *steigen* ein paar kleine, blaue Flammen *auf*,
diese *sprechen* mit den Flammen über sich und fordern sie auf,
immer höher, immer heller in den Himmel zu *steigen*.
Achte einmal darauf, wie die Flammen sich *zusammensetzen*,
wie sie sich aus der Glut *heben*, um höher zu *reichen*
und sich an die Spitze des Feuers *bewegen*, um in die Dunkelheit *überzugehen*.

Merken Sie, dass die Anschaulichkeit unter den allgemeinen Begriffen leidet? Diesen Makel können Sie durch treffendere Begriffe beseitigen. Hier ein Lösungsvorschlag, die treffenden Verben sind kursiv gesetzt (s. Reise 29, S. 180):

Vom Boden *zischen* ein paar kleine, blaue Zungen *empor*,
sie *tuscheln* mit den Flammen oberhalb und fordern sie auf,
immer weiter, immer heller in den Himmel zu *schlagen*.
Achte einmal darauf, wie die Flammen sich *aufbauen*,
wie sie sich aus der Glut *rollen*, um höher zu *wachsen*,
und sich an der Spitze des Feuers *strecken*, um in die Dunkelheit zu *fließen*.

Vergleichen Sie beide Fassungen miteinander. Welche regt die Fantasie der Teilnehmer besser an?

Aber Achtung: Auch bei den Begriffen kann eine *kalkulierte Allgemeinheit* der Fantasie Räume öffnen. Nehmen wir an, Sie wollen eine wunderbare Blumenwiese beschreiben. Warum sollten Sie dann die Blumenart beim Namen nennen – und damit vielleicht eine Blume erwischen, die einige der Teilnehmer gar nicht leiden können? Besser lassen Sie der Fantasie in solchen Fällen einen Spielraum zum Ausschmücken: »Stell dir vor, dort blüht deine Lieblingsblume. Kannst du sie sehen?«

Tipp 5: Sinnliche Sprache

Wo läuft eine Fantasiereise ab? Vor dem inneren Auge der Teilnehmer? Nicht nur! Auch die innere Nase, das innere Ohr, ja alle Sinne reisen mit. Wer nur ans Sehen denkt, vertut Chancen. Je mehr Sinne Sie einbeziehen, desto realistischer fällt die Reise aus. Denn rund um die Uhr, jede Sekunde, sind alle unsere Sinne *gleichzeitig* aktiv. Das Auge sieht, das Ohr hört, die Nase riecht, der Mund schmeckt, die Haut tastet. Jeder, auch der vermeintliche Kopfmensch, führt ein »sinnliches« Leben.

Übung: Haben Sie alle Sinne beisammen?

Probieren Sie es aus! Beschreiben Sie Ihre Sinneseindrücke in dem Moment, da Sie diesen Satz lesen – und zwar so exakt, dass sich ein Reiseteilnehmer perfekt in Ihre Situation versetzen könnte.

Mit Ihren Augen sehen Sie im Moment …

Mit Ihren Ohren hören Sie im Moment …

Mit Ihrer Nase riechen Sie im Moment …

Mit Ihrem Mund schmecken Sie im Moment …

Mit Ihren Fingern (und Ihrer Haut) tasten Sie im Moment …

Bitte erst weiterlesen, wenn Sie fertig mit der Übung sind.

War es Ihnen sofort bewusst, was Sie sahen, hörten, rochen, schmeckten und tasteten? Lagen diese Sinneseindrücke weit oben in Ihrem Bewusstsein, haben Sie sofort Worte dafür gefunden? Wohl kaum. Eine Flut aus Wahrnehmungsimpulsen prasselt lebenslang auf uns ein, sie löst gute oder schlechte Gefühle aus, ohne dass wir sie immer als Auslöser begreifen.

Wir müssen nur einen bestimmten Liedfetzen hören, um in gute oder schlechte Laune zu geraten; einen Geruch aufzuschnappen, um an die schönste oder auch grausamste Zeit unseres Lebens zu denken; oder einen Geschmack auf der Zunge haben, um uns von der Gegenwart in die Vergangenheit katapultieren zu lassen, zum Beispiel an unseren Essplatz im Elternhaus.

Nicht wir sind Herr unserer Sinne – unsere Sinne sind Herr über uns. Denn die unmittelbaren Sinneswahrnehmungen, die nicht durch den Filter des Verstandes laufen, beeinflussen unser Denken und Handeln. Es lohnt sich, das Bewusstsein für diese Zusammenhänge bei Ihren Reiseteilnehmern zu wecken.

Stellen Sie sich die einzelnen Sinneswahrnehmungen wie einzelne Noten vor, die erst im Zusammenklang ein Musikstück, ein Ganzes, eine wahrgenommene Wirklichkeit ergeben. Gehen Sie davon aus, Ihre ausgemalte Lesesituation sollte in eine Fantasiereise einfließen. Angenommen, Sie würden sich auf den ersten Sinneseindruck, vielleicht aufs Sehen, beschränken (lesen Sie es gerne noch einmal nach) – wie treffend, wie fantasieanregend käme Ihnen Ihr Reisetext dann vor?

Eine einzelne Note kann immer nur Stückwerk sein. Gute Reiseautoren beziehen mehrere Sinne ein. Ein Sinneseindruck lässt sich direkt beschreiben: »In deine Nase steigt der würzige Geruch von frisch gemähtem Gras.« Der zweite Weg ist eine Frage, die auf einen bestimmten Sinn zielt: »Wonach riecht es dort draußen, auf der Sommerwiese?«

In der Regel ist es klug, mehrere Sinne *nacheinander* anzusprechen, Note für Note, bis ein Wahrnehmungskonzert entsteht. In anderen Fällen können Sie aber auch gezielt einen bestimmten Sinn ansprechen.

Hier ein Beispiel, wie man mehrere Sinne anspricht, ohne die Reise dabei zu überladen (s. S. 57):

> »Der Papagei fliegt dir hinterher, wie ein gelber Feuerschweif,
> und landet auf deiner Schulter, während du durch die Luft saust.
> Du spürst ganz sanft, wie seine Krallen sich an deiner Schulter festhalten.
> Achte einmal darauf, welches Geräusch der Papagei neben deinem Ohr macht:
> Er imitiert mit voller Stimme ein Stadtgeräusch, ein Martinshorn.«

Erst spricht der Text das Auge an (»gelber Feuerschweif«), dann den Tastsinn (»spürst ganz sanft … seine Krallen«) und dann das Ohr (»er imitiert … ein Stadtgeräusch«). Mit jedem Sinneseindruck nimmt die Vorstellung der Reise eine schärfere Kontur an, die Teilnehmer können tiefer eintauchen.

Es folgt ein Beispiel für eine Fantasiereise, die gezielt an den Geruchssinn der Zuhörer appelliert:

> Jetzt lenk deine ganze Aufmerksamkeit auf deine Nase,
> bis du spürst, dass sie warm wird und sich weitet,
> bis du jeden Geruch so fein und so intensiv riechst,
> als wärst du ein Spürhund, den seine Nase durchs Dunkel lenkt.
> Deine Nase führt dich hin zu dem, was gut für dich ist,
> zum Beispiel hin zu einem frisch gebackenen Brot.
> Und deine Nase führt dich weg von dem, was dir schadet,
> zum Beispiel weg von einem Feuer mit beißendem Rauch.
> Vertrau darauf, dass deine Nase sich alle Gerüche deines Lebens gemerkt hat
> und mit jedem eine Erinnerung verbindet, die dich leiten kann.

Übung: Im Land der Stille

Schreiben Sie eine Reise nach folgender Idee: Ihre Teilnehmer sind im Land der Stille zu Besuch. Und weil es so still ist, konzentrieren sie sich auf das Sehen. Was geschieht, wenn die Augen adlerscharf hinschauen? Welche Details, die sonst übersehen werden, nehmen sie wahr? Gelingt es Ihnen, diesen Sinn einen Absatz lang in allen Farben und Einzelheiten anzusprechen?

Danach ist die Haut an der Reihe: Was kann sie im Land der Stille ertasten? Womit kommt sie in Berührung? Was ist anders, wenn sich jemand ganz in seinen Tastsinn versenkt? Liefern Sie Ihren Zuhörern eine Steilvorlage für ihre Fantasie. Und zum Abschluss – besonders spannend – können Sie die Reise aus der Stille zurück in unsere Welt der Geräusche leiten. Wie verändern sich Geräusche, wenn sie von jemandem wahrgenommen werden, der aus der absoluten Stille kommt? Probieren Sie, den Kontrast und damit die Schärfe der Wahrnehmung herauszuarbeiten.

Das didaktische Ziel der Reise? Vielleicht wollen Sie die Sinne Ihrer Zuhörer schärfen. Vielleicht die Augen für einen Aspekt öffnen, der sonst leicht übersehen wird. Zum Beispiel habe ich diese Reise im Einzelcoaching mit einem Pharmamanager probiert. Er hatte die Stimmung unter seinen Mitarbeitern als »gut« bezeichnet. Aber alles, was er mir erzählte, ließ in mir den Eindruck wachsen: Die Mitarbeiter mussten demotiviert sein. Erst als der Manager alle Geräusche ausschaltete und per Fantasiereise in das absolut stille Großraumbüro eintauchte, nahm er neue Einzelheiten wahr: den Unmut auf den Gesichtern, die Distanz der Mitarbeiter untereinander, die vor Feierabend immer griffbereit stehenden Taschen. Diese Details hatte er sich auf meine Fragen während der Reise, etwa nach dem Mienenspiel seiner Mitarbeiter, selbst ausgemalt. So kamen wir im Karrierecoaching einen großen Schritt weiter.

Sinnlich reisen: Je mehr Sinne Sie mit einer Reise ansprechen, desto lebensechter wird die Reise von Ihren Teilnehmern erlebt.

Tipp 6: Mutige Metaphern

Sind wir überrascht? Nein, wir »fallen aus allen Wolken«. Sagen wir die Wahrheit? Nein, wir »schenken reinen Wein ein«. Vertrauen wir den Falschen? Nein, wir »machen den Bock zum Gärtner«. Der Blasse ist natürlich »weiß wie Schnee«, der Termintreue »pünktlich wie ein Maurer«, und dem Flotten sagen wir nach, er sei »schnell wie ein D-Zug«. Diese Sprachbilder mögen einmal frisch gewesen sein. Doch mittlerweile sind sie verstaubt.

Statt den Hörer zu überraschen, statt ein farbiges Bild vor seine Augen zu zaubern, lassen sie ihn nur den Mund zum Gähnen öffnen. Jedes Sprachbild gleicht einem Witz: Zu oft gehört, langweilt es nur noch *(Vergleich)*. Mit solchen Formulierungen werden Ihre Reiseteilnehmer nicht auf den Ozean der Kreativität hinaussegeln, sondern ihr Schiff im Flachwasser des üblichen Denkens vor Anker lassen *(Metapher)*. Aber genau diese Segelreise ins Unbekannte, getragen vom Wind der Fantasie *(Metapher)*, dieses Erzeugen neuer Gedanken und Bilder sind das Ziel einer guten Fantasiereise.

Der englische Autor George Orwell schrieb: »Verwende niemals eine Metapher, einen Vergleich oder eine andere Redewendung, die du häufig gedruckt siehst.« Und er fährt mit einem originellen Vergleich fort: »Prosa enthält immer weniger Wörter, die um ihrer Bedeutung willen ausgesucht wurden, aber immer mehr Phrasen, die wie die Bauteile eines Fertighühnerstalls zusammengenagelt werden.« (Clark 2008)

Ist es Ihnen aufgefallen? Orwell unterscheidet zwischen Metapher und Vergleich. Schauen Sie noch einmal die eingangs verwendeten Sprachbilder an: Sind Sie wirklich identisch? Nein, die erste Hälfte der Beispiele (bis »Bock zum Gärtner«) besteht aus reinen Metaphern, die zweite Hälfte (ab »weiß wie Schnee«) aus Vergleichen.

Wer »das Gold ihrer Haare« schreibt, verwendet eine Metapher; er setzt das Haar mit dem Gold gleich. Wer »ihr Haar wie Gold« schreibt, bildet einen Vergleich (oft am Wörtchen »wie« zu erkennen).

Welchen Zweck verfolgt ein Autor mit Sprachbildern? Der große Stillehrer Ludwig Reiners schreibt: »Ein gutes Bild muss Assoziationen beschwören, es muss mit einem knappen Griff einen Szenenwechsel erzwingen, es muss seinen Gegenstand in eine neue Welt versetzen.« So lässt der Dichter Joseph von Eichendorff eine seiner Figuren ausrufen: »Aber wie siehst du denn aus! Nüchtern und blaugrün wie eine leere Weinflasche.« Dieses Bild, schreibt Reiners, »gibt uns [...] mehr als eine Farbanalogie, es gibt uns eine ganze Katzenjammerstimmung noch obendrein« (Reiners 2004).

Reiners selbst ist ein Meister der bildhaften Sprache, wie er in seinem Buch »Stilkunst« beim Schreiben über Metaphern beweist: »Das Bild ist der große Schmelzofen, in dem alte und neue Vorstellungen verbunden werden. Bildliche Ausdrücke schmücken die Rede nicht wie der Ring den Finger, sondern so wie die Augen das Gesicht schmücken, in dem sie unmöglich fehlen dürften.«

Dieser Vergleich prägt sich ein. Ich wette, Sie können sich auch in einer Woche noch daran erinnern. Aber hätten Sie sich auch einen abgedroschenen Vergleich gemerkt, etwa »Bilder sind das Salz in der Sprachsuppe«?

Die Sprache mit Metaphern würzen – wie lernt man das? Erstens: Schauen Sie genau hin, was Sie in der Wirklichkeit sehen. Bilder erfordern wache Augen. Zweitens: Seien Sie offen für Assoziationen, die Ihre Fantasie Ihnen zuspielt, zum Beispiel für überraschende Verbindungen (wie in Orwells Vergleich zwischen Sprachphrasen und Fertighühnerställen). Und drittens: Lassen Sie sich von Bilderprofis, von großen Autoren, inspirieren. Etwa von Alfred Polgar. Sein hinreißend bildhafter Essay »Landstraße bei Wien« beginnt so:

> »Häuserzeilen, dem Rand der Großstadt entwachsen, gespenstisch lang und fahl hingewunden, wie Triebe der Kellerkartoffel. […] Eine kühle Sonne leuchtet den Häusern in das welke, rissige Gesicht. […] Die Straße duckt sich immer tiefer, kriecht in den Erdbogen, verschwindet endlich ganz in Sand und zertretenem, entfärbtem Gras. […] Das weißbestaubte, kilometersteingefasste, Feld und Dorf und Städtchen und Länder aneinanderknüpfende Messband …« (Polgar 2004).

Diese Textpassage könnten Sie fast eins zu eins für eine Fantasiereise übernehmen – nur dass Sie den Leser direkt ansprechen und im letzten Satz das Wort »Messband« nach vorne ziehen würden.

Nutzen Sie die Chance, bildhaft zu schreiben. Lassen Sie Ihre Fantasiereise nicht wie ein Gesicht ohne Auge, nicht als Text ohne Bilder daherkommen. Als Reiseleiter bekommen Sie zurück, was Sie selbst geben. Seien Sie fantasievoll.

Wie können Sprachbilder in Fantasiereisen aussehen? Hier einige Beispiele aus meinen Texten. Achten Sie darauf, welchen Zweck die Bilder erfüllen und mit welcher Technik – Vergleich oder Metapher – sie erzeugt wurden:

> Konzentrier dich nun auf den Himmel,
> er wölbt sich über dir wie das blaue Dach eines Tempels,
> und die heiteren Wölkchen sehen aus,
> als hätte der Wind sie aus Zuckerwatte gezupft.
> Wenn du länger schaust, erinnern sie dich an weiße Schaumkronen,
> die in sanfter Strömung über das blaue Himmelsmeer treiben
> (aus Reise Nr. 17, s. S. 143).

Ein weiteres Beispiel, wie Sprachbilder den Inhalt sichtbarer machen (s. Reise Nr. 40, S. 216):

> Wenn du dich vollkommen auf ihn konzentrierst,
> wirst du diesen roten Planeten im dunklen All schimmern sehen.
> Aus der Ferne ist es nur ein winziger roter Punkt,
> als würde im Universum ein Stand-by-Lämpchen leuchten.
> Doch je näher du diesem roten Punkt im Dunkeln kommst,
> desto mehr wächst er, wie ein Luftballon, der aufgepustet wird,
> aufgepustet und aufgepustet, bis er die Größe eines Planeten hat.

Und noch ein Kurzbeispiel (aus Reise Nr. 2, s. S. 97):

> Die Sonne hängt knapp über den fernen Baumwipfeln,
> und ihr Licht zaubert dem Morgen rote Bäckchen.

Was Sie brauchen, sind keine Sprachkunstwerke – was Sie brauchen, ist eine natürliche Anschaulichkeit.

Übung: Bildhauerei

Nun sind Sie gefordert! Bitte probieren Sie, die folgenden abgedroschenen Bilder und Vergleiche aus Fantasiereisen durch originellere Formulierungen zu ersetzen, bevor Sie weiterlesen, denn direkt im Anschluss folgen Lösungsvorschläge:

a) »Sein Gesicht war finster wie die Nacht.« (ein wütender Mensch)

   Originelleres Bild:

b) »Stell dir vor, du strahlst wie eine Sonne.« (ein erfreuter Mensch)

   Originelleres Bild:

c) »Das Meer lässt haushohe Wellen aufbranden.«

   Originelleres Bild:

d) »Er war der Elefant im Porzellanladen.«

   Originelleres Bild:

Hier meine Lösungsvorschläge (es gibt auch Tausend andere Möglichkeiten!):
a) »Sein Gesicht war finster wie eine Gewitterwolke, kurz bevor der erste Blitz zuckt.«
b) »Stell dir vor, du strahlst wie ein Gesicht beim Kindergeburtstag.«
c) »Das Meer reißt sein Maul auf und brüllt zehnstöckige Wellen heraus.«
d) »Er war der Hammerwerfer im Glashaus.«

Die letzte Metapher zeigt: Manchmal reicht es, eine gewöhnliche Formulierung einen Tick zu verändern, schon spitzen Ihre Zuhörer die Ohren. Der allzu vertraute Steinewerfer im Glashaus zieht keine Aufmerksamkeit auf sich – der Hammerwerfer sehr wohl.

Achten Sie beim Schreiben Ihrer Fantasiereisen auf alle Sprachbilder, die sich Ihnen in den Text drängen. Fragen Sie sich jedes Mal: Ist die Metapher originell und anschaulich (wie das »welke, rissige Gesicht« der Häuser bei Polgar). Oder verwelkt und staubig (»Die Jahre haben an den Häusern genagt«)? Wann immer Ihnen der Vergleich abgegriffen erscheint: Schleifen Sie daran, variieren Sie ihn, suchen Sie nach einer originelleren Variante. Diese »Bildhauerarbeit« macht großen Spaß. Und verleiht Ihren Reisen noch mehr Zugkraft.

Tipp 7: Kürze als Trumpf

Man darf über alles reden, nur nicht über 20 Minuten. Diese Erkenntnis gilt auch für Fantasiereisen. 10 bis 20 Minuten, so lang werden Sie für die Reisen in diesem Buch benötigen. An dieser Grenze sollten Sie sich bei Ihren eigenen Reisen orientieren. Aber warum, könnten Sie nun fragen, sollten dieselben Menschen, die zu Hause Bücher von 800 Seiten lesen, sich nicht 30 oder 40 Minuten auf eine Fantasiereise einlassen wollen? Warum sollte die Entspannung nicht umso mehr zunehmen, je länger die Reise dauert?

Weil Hörer keine Leser sind! Ein Leser kann ein Buch, wann immer er will, beiseitelegen. Er kann sich an der Nase kratzen, ein Glas Limonade einschenken, zur Toilette gehen, die Geranien vorm Haus gießen und die Lektüre draußen im Schatten fortsetzen. Ein Leser bestimmt selbst, was und wann er liest.

Dagegen ist der Teilnehmer einer Fantasiereise – drastisch gesagt – Ihnen ausgeliefert. Nicht er greift zum Text, sondern der Text greift nach ihm. Was kann er tun, um auf Reisekurs zu bleiben, wenn die Zugpferde seiner Konzentration zur Seite streben? Das ist anstrengend. Dann ist er mehr mit sich selbst als mit der Reise beschäftigt. Oder er lässt seine Konzentration ins freie Feld springen; dann haben Sie ihn als Reiseteilnehmer verloren, ohne es überhaupt zu merken.

Die Länge kann Fantasiereisen langweilig machen, die Konzentration entgleisen lassen, für die Hörer eine Zumutung sein. Zu kurz sind Fantasiereisen selten; zu lang sind sie oft. Wie kommt das? Es gibt zwei Erklärungen. Erstens ist es mit Texten so wie mit Urlaubsfotos: Am besten gefallen sie dem, der sie gemacht hat. Dagegen ist die Geduld der anderen Betrachter begrenzt (auch wenn sie aus Höflichkeit nur hinter vorgehaltener Hand gähnen). Zweitens gerät man als Fantasiereiseautor schnell in den Schreibrausch: Wenn die Feder endlich loseilt, nachdem das Papier so lange weiß war, wer möchte sie dann bremsen? Das müssen Sie auch nicht! Lassen Sie Ihrem Schreibfluss freien Lauf, auch über zehn Seiten hinweg. Gestatten Sie sich Abschweifungen, langatmige Formulierungen, inhaltliche Breite. Gerade dieses sogenannte automatische Schreiben lässt die fantasiereichsten Reisen wachsen. Dagegen führt die reine Kopfarbeit oft zu Texten, die vorhersehbar sind wie das kleine Einmaleins.

Aber: Verwechseln Sie die erste Textfassung nicht mit der Endfassung! Überschütten Sie Ihre Hörer nicht mit einem Korb voller Orangen, sondern pressen Sie ein Konzentrat.

Dem Schreiben folgt das Bearbeiten des Textes, das Kürzen und Redigieren. Fragen Sie sich bei jedem Absatz, jeder Zeile, jedem Wort: Kann ich es streichen? Kürzen tut dem Autor weh, aber den Texten gut. Was das Pressen für den Saft ist, ist das Weglassen für den guten Stil – die Voraussetzung. Diese Erkenntnis gilt besonders für Fantasiereisen. Denn jede kleine Lücke, die Sie schaffen, fordert die Fantasie Ihrer Hörer heraus.

Hier ein Beispiel für eine – wie ich finde – unnötig lange Passage einer Reise:

> Stell dir vor, wie dieser Ton der Kirchenglocke
> dich wie ein angenehmer Aufwind erfasst.
> Spür, wie dein Körper langsam die Schwere verliert,
> wie der Boden unter deinen Füßen sich wegduckt,
> wie der schwingende Glockenton dich mit nach oben nimmt.
> Du fliegst, ohne deine Arme als Flügel zu gebrauchen,
> du bist von der Leichtigkeit des Tons erfasst
> und er zieht dich wie eine Schnur nach oben,
> am Gemäuer entlang, an den Kirchenfenstern vorbei.
> Jetzt bist du eingetaucht in diese riesige Uhr,
> du könntest an den Zeigern Klimmzüge machen.

Das war meine erste Fassung eines Reiseabschnitts (Reise Nr. 38, s. S. 208). Bei der Formulierung, die Leichtigkeit des Tons ziehe den Reiseteilnehmer »wie eine Schnur nach oben«, schwoll meine Autorenbrust an. Wieder mal ein Geniestreich, Herr Wehrle, Gratulation! Aber war diese Formulierung, war diese ganze Ausführlichkeit wirklich nötig? Oder wog mein Autorenstolz schwerer als der Nutzen der Teilnehmer?

Übung: Würze durch Kürze

Bitte probieren Sie, den obigen Reisetext um vier Zeilen zu kürzen. Testen Sie, inwiefern er dadurch gewinnt.

Meine Prüfung ergab: Die ersten vier Zeilen – mit dem Aufwind, der den Körper erfasst, mit dem Boden, der sich wegduckt – waren eine starke Vorlage für die Fantasie. Das Bild war mit kräftigen Sprachfarben gemalt, stand klar vor dem Auge. Indem ich die Szene weiter ausmalte, »Arme als Flügel«, »Leichtigkeit des Tons«, »Schnur nach oben« hinzufügte, verwischte ich die ursprünglichen Farben. Der Text setzte überflüssige Pfunde an. Gleichzeitig schränkte ich den Spielraum der Fantasie ein. Mein Rotstift eilte mir zur Hilfe (wie bei fast allen Reisen in diesem Buch): Ich strich die vier Zeilen nach »dich mit nach oben nimmt« und ließ die Teilnehmer direkt in die riesige Uhr eintauchen – auf Wegen, die sie sich selbst ausmalen konnten. Wenn der

Reiseteilnehmer einen Text selbst mitgestaltet, ist er immer wacher und offener, als wenn er jedes Details vorgekaut bekommt.

Und was wurde aus meinem genialen Sprachbild: dem Ton als Seil? Das erste Bild gefiel mir besser: Der Ton als »Aufwind«, als naturgewaltiger Atem, das konnte ich spüren. Dagegen hätte ich mir für das schmale Tonseil, das dem Reisenden vor die Füße fällt, am Ende eher den Kitsch- als den Kisch-Preis zugesprochen.

Ein Text kann auf zwei Arten zu breit sein: inhaltlich und stilistisch. Inhaltliche Breite bedeutet: Es werden Dinge erzählt, die sich dem Leser von alleine erschließen, oder Personen eingeführt, die für die Handlung nicht notwendig sind. Sprachliche Breite bedeutet: Es werden viele Worte um etwas gemacht, das sich kürzer sagen lässt. Ein breiter Fantasiereisesatz wäre zum Beispiel: »Stellen Sie sich vor, nachdem Sie Ihre Einkaufserledigungen besorgt, den Laden verlassen haben, den Heimweg bewältigt und nach Hause zurückgekehrt sind, fällt Ihnen ein …« Daraus macht der Rotstift: »Nach dem Einkaufen, wieder zu Hause, fällt Ihnen ein …« »Einkaufserledigung« ist doppelt so lang, aber nicht halb so anschaulich wie »Einkauf« (sprachliche Breite). Und wie könnte jemand zu Hause angekommen sein, ohne den Laden verlassen und den Heimweg bewältigt zu haben (inhaltliche Breite)? Vertrauen Sie der Fantasie Ihrer Hörer.

Kürzen Sie Ihre Reiserouten ab! Lassen Sie alles weg, was überflüssig ist. Schreiben Sie so prägnant wie möglich. Je konzentrierter der Text, desto konzentrierter die Reisenden.

Tipp 8: Wiederholung wirkt Wunder

Der Lehrer schaut streng, ehe er den Aufsatz auf den Tisch des Schülers knallt: Note 4. Und was steht am Rand des Blattes? Ganz oft der Buchstabe »W«. Die Wiederholung gilt als Todsünde der Stilistik, als Fehler des Anfängers. Jeder Redaktionsvolontär, jeder Deutschlehrer, jeder »Profi« greift zum Synonym. Wer im ersten Satz Boris Becker geschrieben hat, muss im zweiten Satz »der Leimener« schreiben. Die Beerdigung mutiert zum »Urnengang«, der Pfarrer zum »Gottesmann«, und spätestens bei der zweiten Nennung bleibt von der »Bundeskanzlerin« nur die »Regierungschefin« übrig.

Diese Sprache hat aber ein Problem: Keiner spricht sie! In der mündlichen Rede wiederholen wir pausenlos dieselben Begriffe. Unsere Mutter bleibt unsere Mutter; sie kommt uns auch bei der zehnten Widerholung nicht als »weiblicher Elternteil« über die Lippen. Ein Kamel bleibt ein Kamel; es wird nicht zum »Wüstentier«, auch wenn wir das zehnte Urlaubsfoto kommentieren.

Wer als Fantasiereiseautor Wiederholungen vermeidet, nähert sich der mündlichen Sprache nicht an, sondern entfernt sich von ihr. Er klingt unnatürlich – als würde er einen ungelenk verfassten Text in den Mund nehmen, Papierdeutsch eben. Außerdem gilt für Wörter dasselbe wie für Menschen: Jedes ist ein Individuum mit Eigenheiten; kaum eines kann das andere eins zu eins ersetzen. Mit der Wortwahl verändert sich die Stilebene. Den »Pfarrer« nehme ich noch ernst; über den »Gottesmann« muss ich schon schmunzeln. Vom »Doktor« lasse ich mir das Stethoskop auf die Brust drücken; dagegen sehe ich den »Mediziner« hinterm Uni-Katheter. Den »Regen« höre ich auf meine Kapuze prasseln; dagegen kommt der »Niederschlag« nur im Wetterbericht vor.

Was tut ein guter Fantasiereiseautor? Er sagt genau das, was er meint. Er wiederholt den treffenden Begriff. Wenn Sie dreimal »Boris Becker« sagen, werden Ihre Teilnehmer dreimal den sommersprossigen Rotschopf vor sich sehen – und nicht einen Eimer Leim oder einen x-beliebigen Bewohner dieser Stadt (wie sie es mit »der Leimener« assoziieren könnten). Wenn Sie dreimal »Ihre Mutter« sagen, wird jeder Teilnehmer dreimal seine Mutter sehen – und nicht ein dickes Fragezeichen (wer ist gemeint?) oder gar einen zerhackten Menschen (ein Bild, das »Ihr weiblicher Elternteil« vielleicht heraufbeschwört).

Und noch ein gewichtiges Argument spricht für die Wiederholung: Sie wirkt meditativ. Die Zöllner des Bewusstseins, die ein Wort beim ersten Anklopfen oft abwehren, sind beim zweiten Mal gnädiger – und winken es beim dritten Mal vielleicht durch. Denken Sie nur an Liedtexte: Der Refrain, die wiederkehrende Strophe, bleibt im Ohr hängen und macht uns ein Lied vertraut. »Hookline« – so nennt der Engländer die wiederkehrende Zeile. Ein Haken, der sich im Kopf festsetzt.

Ich wette mit Ihnen: Bei Dutzenden von Liedern haben Sie sich zwar den Refrain gemerkt, sonst aber kaum eine Zeile. Wiederholungen geben Ihrem Text Kraft und prägen sich ein.

Schauen Sie nur in die Bibel! Der geniale Sprachschöpfer Martin Luther, der bekanntlich dem Volk aufs Maul schaute, war ein Meister der Wiederholung. Hier ein Beispiel, dessen Aufbau Ihnen als Vorlage für eine Reisepassage dienen kann:

> »Selig sind, die da geistlich arm sind; denn das Himmelreich ist ihrer. Selig sind, die da Leid tragen; denn sie sollen getröstet werden … Selig sind die Friedfertigen; denn sie werden Gottes Kinder heißen. Selig sind, die um der Gerechtigkeit willen verfolgt werden; denn das Himmelreich ist ihrer.« (Matthäus, 5,3 bis 10)

Übung: Bibel als Steilvorlage

Bitte leiten Sie aus der obigen Bibelpassage den Starttext für eine Fantasiereise ab (ehe Sie weiterlesen, denn es folgt ein Lösungsvorschlag). Übernehmen Sie exakt den Aufbau des Textes, aber ersetzen Sie die Wörter »Selig sind, die …« durch »Entspannt ist, wer …«, und liefern Sie nach dem »denn« je einen anschaulichen Grund zur Entspannung. Lesen Sie Ihren Text danach laut. Wie wirken sich Rhythmus und Wiederholung auf Ihre Reise aus?

Beispiel für eine Lösung:

> »Entspannt ist, wer die Sonne atmet; denn sie scheint aus seinem Körper. Entspannt ist, wer auf Meeren schwimmt; denn sie tragen seine Seele; entspannt ist,

wer das Rauschen der Wellen hört; denn sie spülen seinen Kopf frei; entspannt ist, wer das Salz des Meeres atmet; denn es würzt seine Fantasie mit Südseezauber.«

Die Bibel ist eine Fundgrube für Fantasiereisen. Das gilt für sprachliche Vorlagen (wie eben), aber auch für Geschichten, Bilder und Themen. Nehmen Sie sich bitte einen Abend Zeit, um in der Bibel zu blättern und sich inspirieren zu lassen. Welche Ideen für Fantasiereisen kommen Ihnen? Zum Beispiel könnte die Geschichte von Kain und Abel Sie anregen zu Themen wie »Was ich an meinen Geschwistern habe« (nicht nur für Schüler) oder »Warum einer, der hart austeilt, letztlich sich selber trifft« (zum Beispiel für Führungskräfte oder bei einem Konflikt-Workshop).

Eine sprachliche Wiederholung prägt sich nicht nur ein, sie kann auch eine Stimmung transportieren, eine Botschaft zuspitzen und einem neuen Gedanken die Bahn ebnen (s. Reise 21, S. 156):

Dir dämmert, dass alle Augenblicke dieses Tages
so wie die Schaumkronen sind: Sie kommen und vergehen.
Schau dir die Schatten der nahen Palme an, sie huschen über den Strand:
Sie kommen, und sie vergehen.
Schau dir die Wattebausch-Wölkchen am blauen Himmel an:
Sie kommen und vergehen.
Fühl deinem Atem nach, der die warme Meeresluft aufsaugt:
Er kommt, und er vergeht.
Für alles, was kommt, vergeht etwas.
Und für alles, was vergeht, kommt etwas.
Dieser Gedanke wärmt dich wie der Sand unter dir.
Du fühlst dich sicher, ganz sicher.

Wie wirkt die Wiederholung hier? Ich finde, der Satz »Und für alles, was vergeht, kommt etwas« gewinnt an Kraft und Wirkung, weil nicht nur anschauliche Beispiele zu ihm hinführen, sondern auch die Wiederholung derselben Schlüsselwörter (»kommen und vergehen«).

Der vollkommen entspannte Reiseteilnehmer hört die Brandung der Worte wie das Meer heranrauschen, lässt sich von ihr mittragen und genießt es, dass er den Rhythmus der Sprache, die Wiederholungen vorhersehen kann. So findet er ein vertrautes Element in diesem Neuland.

Übung: Biblischer Rhythmus

Gehen Sie noch einmal vor wie bei dem Bibelzitat. Übernehmen Sie den Aufbau der Sätze, und füllen Sie ihn mit eigenen Inhalten. Zum Beispiel könnten Sie den Ort der Handlung in einen Dschungel oder auf einen Gletscher übertragen. Inwiefern hilft Ihnen die Vorlage für den sprachlichen Aufbau, einen sinnvollen Inhalt zu entwickeln?

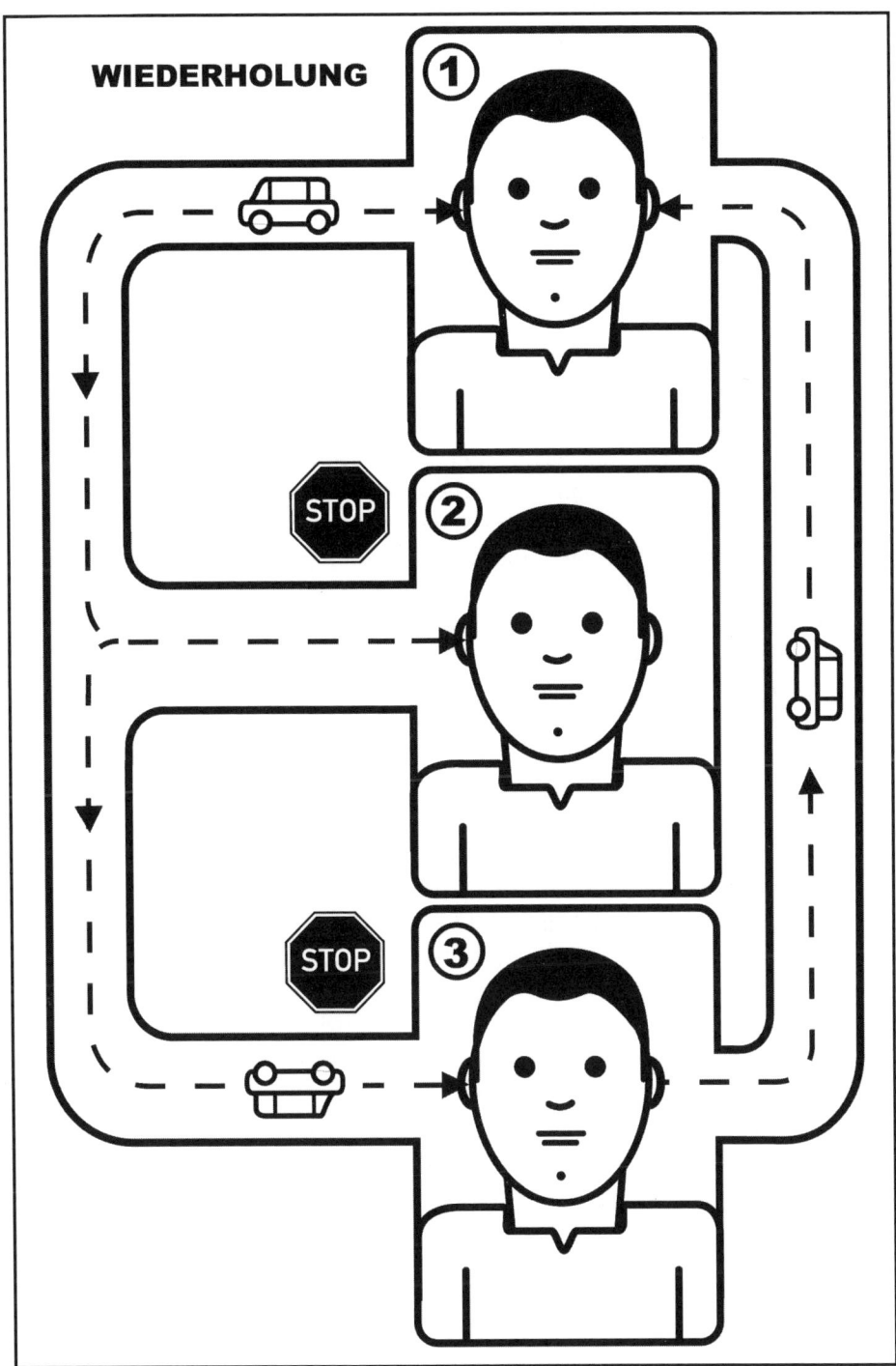

Wiederholung ist Trumpf. Wenn Sie Schlüsselpassagen Ihrer Reise wiederholen, wirken die Worte meditativ und laufen leichter in die Köpfe der Reisenden.

Schreibpraxis: Mein verschrotteter Müllwagen

Erinnern Sie sich an die Reise zu dem Gewitter, das vor dem Fenster der Holzhütte tobt (Reise Nr. 26, S. 171)? Als ich diesen Text schrieb, hatte ich – passend zum Thema – einen Geistesblitz. Ich wollte in einer Passage die Ohren der Reisenden ansprechen und fragte mich: Wie klingt ein Gewitter eigentlich? Klar, es grollt und donnert – aber diese Begriffe schienen mir recht abgenutzt. Und mit Worten verhält es sich wie mit Seife: Je öfter verwendet, desto kleiner und wirkungsloser werden sie. Also machte ich mich daran, nach einer Metapher zu suchen: Womit kann ich ein Gewitter treffend vergleichen? Meine erste Idee: »Räuspern des Himmels«. Nicht schlecht, zumindest für den Auftakt eines Gewitters. Aber die Formulierung schien mir einen Tick zu künstlich. Vielleicht würden jugendliche Reiseteilnehmer sogar darüber lachen. Nein, ich war mit der Wortwahl noch nicht zufrieden.

Also kramte ich weiter in meinem Gedächtnis. In diesem Moment bekam ich einen Wink des Himmels. Um genau zu sein: Es war ein Wink der Stadtreinigung. Während ich grübelnd an meinem Stehpult stand, fuhr durch unsere Nebenstraße die Müllabfuhr. Und was soll ich Ihnen sagen? Dieses Müllfahrzeug erinnerte mich sofort an ein – Gewitter. Wenn die Tonnen gegen den Wagen schlagen und der Müll mit einem tiefen Mahlen verschlungen wird – das klingt nach einem mächtigen Donnergrollen, kurz bevor das Gewitter am finstern Himmel lostobt.

Also schrieb ich: »Hör das Gewitter in der Ferne, es klingt wie ein Müllwagen, der rumpelnd über den Himmel rollt.« Ich klopfte mir auf die Schulter: tolle Metapher, wow! Vielleicht kennen Sie dieses Gefühl, das viele Schreiber empfinden: Eine frische Idee, ein neugeborenes Sprachbaby, ist immer die schönste Idee der Welt. Keine Frage, dieser Müllwagen war die Krönung meiner Reise. Zufrieden schloss ich den Text ab.

Am nächsten Tag las ich die Reise noch einmal, diesmal laut. Doch als mir der Müllwagen über die Lippen kam, hatte ich ein ungutes Gefühl. Etwas stimmte nicht! Aber was? Klingt ein Müllwagen doch anders als ein aufziehendes Gewitter? Nein. War die Metapher schon abgenutzt? Ganz bestimmt nicht.

Beim nächsten Lesen wurde mir der Grund meines Unbehagens bewusst: Das Wort »Müllwagen« sollte ein Geräusch heraufbeschwören. Das tat es bei mir als Zuhörer auch, aber nur am Rande. Viel schwerer wogen zwei Nebenwirkungen: Erstens sah ich, sobald das Wort fiel, einen Müllwagen über den Himmel rollen, eine orange Karre zwischen den nächtlichen Gewitterwolken. Und zweitens schaffte es dieser Wagen, die ganze Stimmung der Reise, den Kontrast zwischen geheizter Hütte und tobendem Gewitter, auf die Müllkippe zu fahren. Diese Metapher war sprachlich nicht verkehrt. Aber sie passte partout nicht zur Stimmung der Geschichte.

Nun gebe ich zu: Ein solcher Stimmungsbruch kann auch ein Stilmittel mit pädagogischem Effekt sein. Zum Beispiel gegen Ende der Reise, um die Teilnehmer langsam zurück in die Realität zu holen. Aber mein Müllwagen rollte mitten in die Reise hinein. Dort schadete er. Ich strich ihn.

Denken Sie bei der Wahl Ihrer Sprachbilder daran, dass immer mehrere Sinne angesprochen werden können. Wenn Sie zum Beispiel ein harmloses Zischen beschreiben, etwa das eines Teekessels, und es mit dem »Zischen einer Schlange« vergleichen, beschwören Sie das Bild einer Schlange herauf. Es gilt dasselbe wie für Verneinungen: Die erste Assoziation (gefährliche Schlange sehen) wiegt immer schwerer als die nachgeschobene Erklärung (harmloses Zischen eines Teekessels hören).

Ist es also besser, beim Formulieren kein Risiko einzugehen? Sollten Sie die Metaphernmaschine im kleinsten Gang laufen lassen? Nein, ich bin fest davon überzeugt, dass gute Reiseautoren die Trampelpfade der Sprachgewohnheiten verlassen müssen. Neue Sprachbilder sind der beste Weg, um neue Denkräume zu öffnen und die Aufmerksamkeit ihrer Hörer und Leser zu fesseln.

Allerdings empfehle ich Ihnen dasselbe Vorgehen wie in der Küche: Würden Sie, wenn Sie wichtige Gäste haben, ein völlig neues Menü kochen? Ein Menü, bei dem Sie keine Ahnung haben, ob die Gewürze richtig dosiert sind und wie es den Gästen schmeckt? Sicher nicht. Darum werden Sie erst mal Testesser bekochen.

Schreiben Sie Ihre Fantasiegeschichten so frei, so kreativ, so unzensiert wie möglich. Dann führen Sie einen Testlauf mit Vertrauten durch und bitten um eine offene Rückmeldung. Stellen Sie dann gezielt Fragen nach Ihrer »Würzmischung«:

→ An welchen Stellen fiel es dir schwer, mir zu folgen?
→ Gab es Passagen, Wörter oder Handlungen, die dich irritiert haben?
→ Wenn du eine Sache an dieser Geschichte verändern könntest – welche wäre das?
→ Nehmen wir an, ich könnte die Reise um einen Absatz kürzen oder verlängern – zu welcher Lösung würdest du mir raten?

Dieser Testlauf ist deshalb so wichtig, weil wir zwar alle Deutsch, aber doch nicht dieselbe Sprache sprechen. Jeder Mensch füllt die Wortgefäße mit ganz eigenen Inhalten. Der eine sieht, wenn Sie »Hafen« sagen, Container vor einer betonierten Schiffsanlegestelle vor sich. Der andere sieht Segelbötchen unter Palmen schaukeln.

Die Kunst beim Verfassen von Fantasiereisen besteht darin, den Teilnehmern auf der einen Seite genug Raum zu lassen, um ihre Sprachgefäße mit Bedeutung zu füllen. Auf der anderen Seite müssen Sie aber auch darauf achten, dass die Füllung sich mit dem Fortgang Ihrer Geschichte verknüpfen lässt. Zum Beispiel würde eine Teilnehmerin, die sich einen Industriehafen vorstellt, später Probleme haben, einer exotischen Handlung unter Palmen zu folgen.

Wenn Sie eine solche Rückmeldung von den Testhörern bekommen, können Sie Ihren Reisetext verfeinern. Dann würde es zum Beispiel nicht mehr heißen »Versetz dich in einen Hafen«, sondern präziser: »Versetz dich in einen *südlichen* Hafen.« Feedbacks sind der Gong zur zweiten Redigierrunde.

Blockade ade – warum jeder schreiben kann

»Niemals! Ich hab einfach kein Schreibtalent!«, wehrte eine Beraterkollegin ab. Wir hatten über die Vorteile der Fantasiereisen im Coaching gesprochen. Dieses Thema fand sie »ganz spannend«, wie sie sagte. Doch mein Vorschlag: »Schreib doch selbst mal eine!«, wirkte sich auf ihre Begeisterung aus wie ein Platzregen aufs Picknick. Neugierig hakte ich nach: »Wie kommst du darauf, kein Schreibtalent zu haben?« Sie senkte den Blick, und ihre Stimme klang mädchenhaft: »Ach, das habe ich so oft gehört. Frag meinen alten Deutschlehrer. Beim Aufsatz war ich schon froh über eine Drei.« »Welche Themen fielen dir am schwersten?« »Einmal mussten wir über ›Mein schönstes Reiseerlebnis‹ schreiben. Das Dumme war nur: Meine Eltern hatten einen Bauernhof, wir sind nie verreist. Ich musste mir was aus den Fingern saugen.« – »Und welcher Aufsatz hat dir am meisten Spaß gemacht?« Sie legte ihr Kinn in den Handteller und grübelte. Dann straffte sich ihr Körper mit einem Ruck, und ein Lächeln umspielte ihren Mund: »›Unsere heimische Tierwelt‹ – ich glaube, bei diesem Aufsatz war ich richtig gut. Ich hatte ja den ganzen Tag Tiere um mich. Alle Naturthemen lagen mir.« Dieser Dialog enthält zwei typische Beobachtungen: Erstens denken die meisten Menschen, dass sie nicht (oder nur schlecht) schreiben können. Und zweitens wurzeln diese Selbstzweifel in der Schulzeit. Die Aufsatznoten von einst bremsen die Schreiblust von heute.

Aber stimmt es nicht, dass wir unsere Talente schon in frühen Jahren entdecken? Beim Schreiben nicht unbedingt. Denn der Deutschaufsatz leidet an einer Krankheit: Die Schüler bekommen ihr Thema vorgegeben. Niemand schert sich darum, ob sie dazu wirklich etwas zu sagen haben. Aber genau das ist die Voraussetzung für guten Schreibstil: Der Schreiber muss sein Thema lieben. Der Romancier Hermann Hesse meinte gar, nicht der Autor suche sich sein Thema aus, sondern das Thema seinen Autor.

Als Fantasiereiseautor werden Sie immer dann zu Hochform auflaufen, wenn Ihr Thema Sie wirklich berührt. Das Mitteilungsbedürfnis kann wie ein Magnet wirken und die richtigen Worte anziehen. Einer begeisterten Kommunikationstrainerin wird es leicht fallen, sich eine Reise mit spannenden Gesprächssituationen auszudenken. Ein überzeugter Sozialarbeiter wird sich mit Leichtigkeit einen packenden Konflikt und eine kluge Schlichtung ausdenken. Und was sollte einen Coach oder Verhaltenstherapeuten mehr reizen, als seinen Klienten mit einer Reise den Weg für neue Entwicklungschancen zu ebnen?

Wenn Sie von einem Thema begeistert sind, werden Sie begeisternd schreiben – und andere begeistern können. Wenn Ihnen der Gegenstand am Herzen liegt, kommen die Worte fast von allein – während man sie sich bei aufgezwungenen Themen (wie bei Schulaufsätzen üblich) aus den Fingern saugen muss. Und deshalb künstlich, gezwungen und unbeholfen schreibt.

Überlegen Sie also vor jeder Fantasiereise: »Wo liegt die Schnittfläche zwischen dem, was mich berührt, und dem, was meinen Teilnehmern nützt?« Spannen Sie Ihre Lieblingsthemen wie Schlittenhunde vor die Reise. Nehmen wir an, Sie lieben die Toskana. Warum lassen Sie Ihre Reise dann nicht dort spielen?

Solche Fingerabdrücke werden Ihren Text wortgewandter, leidenschaftlicher und wirkungsvoller machen – sofern Sie dabei Ihr didaktisches Ziel und die Interessen der Teilnehmer im Auge behalten (ein zehnminütiges Referat über die Geografie der Toskana wäre zwar mit Leidenschaft geschrieben, würde aber vermutlich nur mit Leiden gehört).

Doch trotz aller Begeisterung fürs Thema kann es passieren: Das weiße Papier starrt Sie an, die Worte werden zur Mangelware, die Reise dreht sich im Kreis, bleibt stecken. Dann haben Sie eine unerwünschte Besucherin zu Gast: die Schreibblockade. Keine Sorge, sie schaut bei allen Autoren vorbei. Die Kunst besteht darin, sie wieder loszuwerden. Einige Tipps helfen Ihnen dabei:

Schlafen Sie eine Nacht drüber Manchmal sucht man nach Worten, nach Ideen, aber findet nur Leere im eigenen Kopf. Kein neuer Gedanke treibt die Reise vorwärts. Man korrigiert. Man löscht. Man ist verzweifelt. Im Deutschaufsatz hieß es jetzt: das Papier füllen – egal, womit! Auf diese Weise züchtet man Stilblüten und hinkende Texte.

Der bessere Weg: Legen Sie Ihren Text beiseite und schlafen Sie eine Nacht drüber. Ich verspreche Ihnen: Die Geschichte wird sich weiterentwickeln. Unser Gehirn nutzt Schlafphasen. Die Eindrücke des Tages werden verarbeitet, die Gedankenfäden Ihrer Reise wie von unsichtbarer Hand fortgesponnen. Man wacht schlauer auf, als man eingeschlafen ist (Hofmann 2009).

Meist werden Sie Ihre Schreibblockade am nächsten Morgen überwunden und eine neue Idee in petto haben. Wenn nicht: Geben Sie sich noch ein oder zwei weitere Nächte. Die Zeit arbeitet für Sie.

Wechseln Sie das Schriftbild Wer am Computer arbeitet und stundenlang auf dasselbe Schriftbild glotzt, dessen Gedanken können am Ende genauso eintönig wie dieser Anblick sein. Ein kleiner Kniff bringt neuen Schwung in die Sache: Verändern Sie den Schrifttyp, verschieben Sie die Zeilenbreite, wählen Sie eine neue Schriftfarbe. Wie wäre es mit Rot, Grün oder Blau?

Ich garantiere Ihnen: Zwischen der Optik des Textes und Ihren Gedanken gibt es einen systemischen Zusammenhang. Wie Ihre Gedanken die Optik des Textes verändern – zum Beispiel, indem Sie etwas hinzufügen –, so kann auch die Optik des Textes Sie auf neue Gedanken bringen.

Nehmen Sie mich, den Autor dieses Buches. Man könnte meinen: Als gelerntem Journalisten, als Träger von Schreibpreisen, als Autor von über einem Dutzend Büchern sollten mir Fantasiereisen mit Leichtigkeit aus der Feder fließen. Das ist aber nicht so. Bei einigen Reisen für dieses Buch war ich kurz davor, die halbfertigen Texte in den Papierkorb zu pfeffern.

Doch eine kleine Veränderung half mir, meine Denkschranken zu heben: Ich wechselte die Schrift – von einer Times New Roman zu einer verspielten Comic Sans MS. Auf einmal flogen mir neue und oft auch verspieltere Gedanken zu. Probieren Sie es aus mit diversen Schriften und Schriftbildern – was regt Ihre Kreativität am meisten an?

Der Zufallsgenerator, dein Freund und Schreibhelfer Der Krimiautor Edgar Wallace soll ein Gerät erfunden haben, das bei den Schriftstellern seiner Zeit recht beliebt war: ein Ideenrad. Wann immer ein Autor nicht weiterwusste, konnte er dieses Rad drehen. Und dann wurde ihm eine Idee zugespielt, zum Beispiel: »Dein Protagonist verliebt sich«, »Ein Unfall passiert« oder »Ein alter Feind taucht auf«. Ein solcher Zufallsgenerator leitet die Gedanken auf neue Wege – weg von der Blockade.

Ein ähnlicher Kniff hilft Ihnen beim Schreiben von Fantasiereisen: Blättern Sie, wenn Sie feststecken, ein beliebiges Buch auf und schieben Sie Ihren Finger hinein. Welchen Begriff haben Sie erwischt? Und wie lässt er sich, wörtlich oder symbolisch, in Ihre Geschichte einbinden?

Neben mir liegt der Gedichtband »Sämtliche Menschen« von Eugen Roth, ich will das Spiel einmal probieren: »Brückenschläger«, diesen Ausdruck habe ich erwischt (aus dem Gedicht »Zwischenträgerei«). Also könnte ich bei einer Fantasiereise zum Beispiel auf folgende Ideen kommen:

Ein reißender Fluss oder eine tiefe Schlucht schneidet den Weg der Reisenden ab, eine Brücke muss gebaut werden. Oder ich nehme den Begriff symbolisch: Wie können die Reisenden eine Brücke schlagen zwischen ihrer Vergangenheit und ihrer Zukunft, ihren Hobbys und ihrem Beruf, zwischen Gegnern und sich? Oder ich könnte die Reisenden darauf aufmerksam machen, dass sie, ohne es zu bemerken, eine Brücke betreten haben, sich über einen Abgrund bewegen – was verändert sich an ihrem Gang, an ihrer Wahrnehmung, durch diese Erkenntnis? Ein einziger Begriff – und ganz viele neue Ideen, wie die Reise sich entwickeln könnte.

Und was, wenn Ihr Finger auf »der«, »mit« oder »zu« landet? Dann fahren Sie ein Stück weiter, bis das nächste sinnvolle Wort folgt.

Zügellos schreiben Das größte Hindernis beim Schreiben hat einen Namen: Perfektionsanspruch. Weil Ihnen die erste Zeile nicht vollkommen gefällt, kommen Sie erst gar nicht bei der zweiten Zeile an. Jeder Satz wird hundertmal verändert, jedes Wort auf die Goldwaage gelegt. Wer so arbeitet, hat einen hohen Anspruch an die eigene Arbeit. Wahrscheinlich ist er sogar ein begabter Fantasiereiseautor (sonst würde er leichtfertiger mit der Sprache umgehen). Der Nachteil ist nur: Er kommt nicht von der Stelle. Sobald seine Fantasie galoppieren will, zügelt er sie mit seinen stilistischen Ansprüchen.

Einfaches Gegenmittel: Unterscheiden Sie beim Schreiben zwei Phasen. In der ersten Phase, dem Schreibprozess, lassen Sie Ihren Worten freien Lauf. Übertragen Sie alles, was Ihnen durch den Kopf rauscht, eins zu eins auf das Papier, ganz egal, ob es sich um logische Handlung, treffende Begriffe und stimmige Bilder handelt – oder um das krasse Gegenteil. In dieser Phase geht es darum, möglichst viel Rohstoff zu sammeln.

In der zweiten Phase – der Redigierphase – fragen Sie sich nun: Inwieweit transportiert das, was ich aufgeschrieben habe, die Intention der Reise? In vielen Fällen werden Sie überrascht sein, wie wirkungsvoll bereits Ihre Rohfassung ist. Einfach deshalb, weil Sie Ihren Bewusstseinsstrom unzensiert haben fließen lassen.

Doch erste Fassungen können immer nur Entwürfe sein. Redigieren Sie Ihren Text. Gehen Sie die Sätze und Wörter durch, kürzen, korrigieren, präzisieren Sie. Feilen Sie so lange, bis Sie mit dem Ergebnis ganz zufrieden sind. Ich verspreche Ihnen: Bei dieser Arbeitsweise werden Sie viel Zeit sparen. Wer einen vorhandenen Text bearbeitet, steht vor einer kalkulierbaren Arbeit. Wer einen *nicht* vorhandenen Text schon bearbeitet, steht am Ende vor einem leeren Blatt.

Übung: Der Schreib-Wecker

Wie können Sie das automatische Schreiben trainieren? Schreiben Sie jeden Morgen nach dem Aufstehen (oder abends vor dem Schlafen) zehn Minuten lang alles auf, was Ihnen in den Sinn kommt. Einzige Bedingung: Ihr Stift darf beim Schreiben niemals ruhen. Wenn Ihnen nichts einfällt, dann schreiben Sie eben auf, dass Ihnen nichts einfällt. Schon nach ein paar Tagen werden Sie merken: Dieses Training baut Ihre Schreibhemmung ab, die nächsten Fantasiereisen werden Ihnen leichter von der Hand gehen – und oft finden Sie in Ihren täglichen Aufzeichnungen interessante Anregungen dafür. Diese Fingerübung regt sogar professionelle Schriftsteller zu kreativen Höhenflügen an (Cameron 2003).

Gute Vorlage oder freie Rede?

Eine ketzerische Frage gegen Ende: Warum braucht es überhaupt eine schriftliche Vorlage für die Fantasiereise? Warum von einem Blatt ablesen, statt frei zu sprechen? Die Reise so vorzutragen, wie sie Ihnen beim Erzählen in den Sinn kommt, mit freihändiger Fantasie – ist das nicht der Königsweg?

Etliche Probleme, die das Schreiben aufwirft, hätten sich dann erledigt. Wer frei spricht, wird kein Papierdeutsch verwenden, keine Bandwurmsätze bauen, sich nicht in Passiven verlieren. Wer frei spricht, reitet selbst auf der Welle der Fantasie. Das ist der Vorteil. Und der Nachteil zugleich. Denn wer garantiert Ihnen, dass Ihre Fantasie Sie wirklich in die gewünschte Richtung trägt? Dass Sie Ihr didaktisches Ziel im Auge behalten, die Reise nicht unnötig in die Länge ziehen, möglichst viele Sinne ansprechen und in Sekundenschnelle treffende Bilder und Verben finden? Und haben Sie, wenn Sie selbst mitreisen, noch die nötige Konzentration für Ihre Rolle als Reiseleiter? Schaffen Sie es, Regungen im Raum – zum Beispiel Bewegungen, die von Ungeduld zeugen – zu registrieren und darauf einzugehen?

Als Reiseleiter müssen Sie, ebenso wie ein Coach, zur gleichen Zeit mit Ihren Gedanken an drei Orten sein: bei sich selbst, also ichassoziiert (»Mache ich einen guten Job als Reiseleiter? Was löst die Reise in mir aus?«); bei Ihren Teilnehmern, also Sieassoziiert (»Bringe ich die Mensch vorwärts? Welche Regungen sind im Raum?«) und in der Metaperspektive, als Regisseur auf der Tribüne (»Was passiert zwischen mir und den Teilnehmern? Trage ich so vor, dass die Teilnehmer optimal reisen können?«) (Wehrle 2010).

Keine leichte Aufgabe, diese drei Perspektiven gleichzeitig einzunehmen, erst recht beim freien Vortrag. Wer eine schriftliche Version verwendet, ist – bei ausreichendem Vortragstraining – mit sich selbst (Ich-Assoziation) weniger beschäftigt. Er kann sich mehr auf seine Teilnehmer und die Situation konzentrieren. Er hat die Chance, seine geplante Reiseroute durch freie Einschübe zu ergänzen oder Störungen von außen zu inkorporieren.

Außerdem wird ein schreibgewandter Reiseautor seine Gedanken auf dem Papier besser formulieren. Von den Worten, die sich ihm aufdrängen (und die bei einer gesprochenen Fassung über die Lippen huschten), wählt er sich die treffendsten, von den Bilder die anschaulichsten, von den Sätzen die schlagkräftigsten. Er kann seine Formulierungen so lange schleifen, bis sie kurz und treffend sind – und Geistesblitze bei den Reiseteilnehmern auslösen.

Vor allem reduziert das Manuskript den Zwang zur Spontaneität: Mit einer Idee, die dem Reiseautor abends noch fehlt, kann er am nächsten Morgen aufwachen – und sie in den Text einfügen. Geschriebene Reisen sind Konzentrate, sie ballen Worte und Inhalte, können schon in geringer Dosis wirken.

Diese Präzision der Arbeit ist bei frei formulierten Fantasiereisen unmöglich. Selbst wenn Sie Ihren Text geprobt haben, werden Sie nie zweimal denselben Wortweg gehen. Die Reisen entwickeln sich beim Sprechen. Unfreiwillig, weil das Gedächtnis Zeilen verliert. Und freiwillig, weil sich andere Gedanken beim Sprechen aufdrängen. Gesprochene Fantasiereisen sind nicht fertig, wenn Sie Ihren Mund aufmachen, sondern noch im Entstehen. Das macht sie unberechenbarer, riskanter, aber auch flexibler und für Sie selbst vielleicht spannender als die »vorgeschriebenen« Texte. Zum Beispiel können Sie spontane Eindrücke aufnehmen, Ereignisse der letzten Stunden verarbeiten. Die Teilnehmer merken: Diese Reise ist zentimetergenau auf sie zugeschnitten, keine Standardware. Diese individuelle Ansprache erhöht den Rapport zwischen Reiseleiter und Teilnehmern.

Auf der anderen Seite stehen Risiken: Wer garantiert Ihnen, dass Ihre Worte beim Sprechen auch wirklich die gewünschte Richtung einschlagen? Die Handlung kann unnötig verfranst oder ausgewalzt werden, treffende Worte können zu allgemeinen verblassen, im schlimmsten Fall verliert der Leiter den Faden, gerät ins Stottern, irritiert die Teilnehmer. All das kann – aber muss nicht! – bei freihändiger Reiseleitung passieren.

Dem stehen die Nachteile der schriftlichen Reisen gegenüber. Worauf es ankommt, ist nicht nur die stilistische Qualität der Reise, sondern auch der Vortrag. Und klingt ein abgelesener Text, aus dem Mund eines ungeübten Sprechers, nicht immer ein wenig hölzern? Besteht nicht in einem solchen Fall die Gefahr, dass die Teilnehmer sich zu sehr mit der ruckenden Art des Vortrags und zu wenig mit dem Inhalt beschäftigen?

Außerdem ist jeder Fantasiereiseleiter ein Profi im Sprechen (denn das tut er den ganzen Tag), aber nicht unbedingt ein Profi im Schreiben (denn das tut er nur ausnahmsweise). Die Sprache derselben Menschen, die lebendig reden, kann auf dem Papier erstarren. Tut sich so jemand einen Gefallen, wenn er schreibt?

Andererseits: Als schriftliche Vorlage lassen sich auch die Texte erfahrener Topautoren verwenden, Reisen erster Klasse, bei denen einfach alles stimmt, vom Rhythmus bis zur Wortwahl. Solche Reisen, mit individuellen Einschüben verbunden, können für die Teilnehmer zu grandiosen Erlebnissen werden.

Diesem munteren Wechsel aus Pro- und Kontra-Argumenten merken Sie schon an: Beide Formen, die freie und die vorformulierte Reise, können Sie zu Ihrem didaktischen Ziel führen. Und beide schließen sich nicht aus, sondern ergänzen sich.

Wer freie Reisen vorträgt, trainiert dadurch seine Fähigkeiten als Sprecher und schult seine Fantasie fürs Schreiben. Wer Reisen aufschreibt und spricht, übt dadurch auch das freie Vortragen; denn Worte, die man schreibt und immer wieder vorträgt, prägen sich ein. Auf dieser Grundlage ist ein »halbfreier« Vortrag möglich: Die Handlung orientiert sich zwar an Ihrer schriftlichen Vorlage, Sie erlauben sich aber spontane Einschübe. Wer ein solches Netz unter sich spannt, erhöht seine innere Sicherheit – und mit ihr seine Kreativität.

Mündlich zur Fantasie

Je mehr Übung ein Reiseleiter hat, je sicherer er mit dem mündlichen Wort umgeht, desto eher kann er die »freihändige« Fantasiereise wagen. Das gilt umso mehr bei Themen, die kein strenges didaktisches Ziel verfolgen, etwa für eine Entspannungsreise. Der geübte Reiseerzähler schafft es, die Reise aus seinem Unbewussten ans Tageslicht zu fördern, *ohne* seine Konzentration für die Situation und die Teilnehmer herunterzufahren. Denn seiner Leiterrolle wird nur gerecht, wer *nicht* im Tal der Ich-Assoziation feststeckt, sondern sich vor allem auf seine Teilnehmer (Du-Assoziation) und auf den Ablauf (Metaebene) konzentriert.

Was geschieht, wenn man zu stark in der Ich-Assoziierung festsitzt? Beispiel: Die Reiseleiterin ringt so sehr um ihre Formulierungen, dass sie nicht merkt: Die Gruppe wird unruhiger, räuspert und raschelt, keiner kommt mehr mit. Vielleicht hat die Leiterin sich von ihrer Fantasie in eine Richtung tragen lassen, die nur für sie, nicht aber für die Teilnehmer interessant war.

Aber ist das nicht ein Teufelskreis? Wie wollen Sie ein geübter Reiseleiter werden, wenn Ihr Üben jedes Mal nach hinten losgehen kann? Ganz einfach: Trainieren Sie nicht mit Ihren Gruppen oder Klienten, sondern erst mal im stillen Kämmerlein. Nehmen Sie sich ein Thema vor und schreiben Sie ein paar Stichwörter aufs Papier. Nun probieren Sie – unbedingt ohne Unterbrechung – eine solche Reise zu sprechen.

Was kommt dabei heraus? Manchmal werden Sie staunen, wie viele Ideen sich Ihnen beim Sprechen auf die Zunge drängen, welche unerwarteten Wendungen eine Reise nimmt und wie professionell ein Text wirken kann, der gerade erst entstanden ist – als wäre er im Erdreich Ihres Unbewussten vergraben gewesen und Sie hätten ihn nur freilegen müssen, wie Autoren diesen (Er-)Findungsvorgang beschreiben (King 2000). So geht es auch Eltern, die von ihren Kindern um eine Gutenachtgeschichte gebeten werden, ohne eine zu wissen. Doch beim Sprechen – abrakadabra! – kommen die Ideen, die Handlungen, die Figuren.

Überlegen Sie nach dem Üben, wie sich Ihre Reise noch verbessern lässt:

→ Bringt die Handlung Ihre Teilnehmer ans gewünschte Ziel?
→ Durch welche Wendungen, Einschübe oder Personen könnten Sie den Text noch spannender machen?
→ Was ließe sich noch kürzer, noch treffender sagen?
→ Gibt es Metaphern, die auf einen Schlag lange Passagen ersetzen und anschaulicher machen könnten?

Nach dieser Prüfung tragen Sie den Text erneut im stillen Kämmerlein vor. Vielleicht hilft Ihnen ein Zettel mit Stichwörtern. Welche Elemente Ihrer ersten Fassung sollen wieder vorkommen? Seien Sie beim freien Formulieren nicht zu perfektionistisch, sonst stecken Sie bald fest. Nicht auf jedes einzelne Wort, auf den Gesamteindruck kommt es an.

Glauben Sie, die Flügel dieses Textes sind stark genug, um Ihre Teilnehmer zu tragen? Wenn ja – wagen Sie einen Test. Bitten Sie einen Menschen Ihres Vertrauens, sich als Teilnehmer auf Ihre Reise einzulassen. Mit Glück finden Sie jemanden, der zu Ihrer Zielgruppe passt. Nehmen wir an, Sie arbeiten mit Jugendlichen. Dann würde es sich anbieten, dass Sie Ihre Tochter, Ihren Sohn oder ein Nachbarskind dieses Alters für dieses Experiment gewinnen.

Lassen Sie ein Aufnahmegerät mitlaufen und leiten Sie nun die Reise an. Vielleicht werden Sie Ihren Zettel mit den Stichwörtern gar nicht benötigen. Oder Sie sind dankbar für dieses Gerüst. In jedem Fall werden Sie merken, dass eine neue Fassung Ihrer Reise entsteht, im Wortlaut und oft auch in der Handlung – lassen Sie spontane Ideen einfach zu.

Einen Teil dieser Veränderungen werden Sie während der Reise registrieren (aus der Metaperspektive). Aber vielleicht sind Sie auch so involviert (Ich-Assoziierung), dass Ihnen eine Überlänge oder eine gekünstelte Passage nicht auffällt. Die saubere Analyse ist erst nach der Reise möglich und kann in drei Schritten erfolgen:

Erster Schritt Befragen Sie Ihren Testteilnehmer, was er erlebt hat und was ihm aufgefallen ist. Mögliche Fragen:

→ Beschreib einmal, wohin dich deine innere Reise geführt hat.
→ Wie ist dein Gesamteindruck von der Reise?
→ Welche Passagen haben dich am meisten angesprochen?
→ Welchen Stellen konntest du weniger folgen?
→ Findest du, die Reise hätte eher etwas kürzer oder länger sein sollen?
→ Wenn kürzer: Auf was hättest du am ehesten verzichten können?
→ Wenn verlängern: Wo hättest du dir noch eine Ergänzung gewünscht?
→ Bist du über Formulierungen gestolpert?
→ Wie hast du meine Sprechweise empfunden?
→ Wie waren meine Pausen für dich – eher zu kurz oder zu lang?
→ Inwieweit habe ich als Reiseleiter die nötige Sicherheit verströmt? Hattest du das Gefühl, ich kannte meine Richtung?

Fragen Sie so lange, bis Sie die Reise mit den Augen Ihres Testteilnehmers sehen, bis Sie wissen, was funktioniert hat und was nicht. Idealerweise führen Sie dieses Experiment mit einem weiteren Testkandidaten durch; dann richten Sie sich nicht nur an der subjektiven (und vielleicht nicht repräsentativen) Sicht eines einzigen Menschen aus. Welche Eindrücke, welches Lob und welche Kritik wiederholen sich?

Zweiter Schritt der Reiseanalyse Hören Sie das Tonband ab. Inwieweit deckt sich das, was Sie sprachen, mit dem, was Sie sprechen wollten? Achten Sie vor allem auf dreierlei: auf den Verlauf der Handlung (zieht sie den Hörer in Ihren Bann, folgt sie Ihrem didaktischen Ziel?), auf Ihre Wortwahl (lässt sie Bilder vor den Augen entstehen?) und Ihre Sprechweise (wirkt sie beruhigend auf die Zuhörer?).

Besondere Aufmerksamkeit sollten Sie jenen Passagen schenken, die von Ihren Testreisenden hervorgehoben werden. Finden Sie heraus, welche Gründe zu einem Lob oder einer Kritik geführt haben könnten. Und dann ziehen Sie Konsequenzen und entwickeln Ihre Reise in Gedanken weiter.

Der dritte Schritt ist eine Selbsterfahrung Sprechen Sie eine optimierte Fassung auf das Aufnahmegerät, lassen Sie einige Tage vergehen und begeben Sie sich dann in die Rolle des Reiseteilnehmers. Schalten Sie das Tonband an, machen Sie es sich an einem ungestörten Platz gemütlich und lassen Sie sich so auf Ihre eigene Reise ein, als hätten Sie den Text noch nie gehört.

Inwieweit verändert sich die Reise aus der Teilnehmerperspektive? Was geschieht vor Ihrem inneren Auge, wie wirkt der Text auf Sie? Und an welchen Stellen sehen Sie noch Verbesserungsbedarf, nicht zuletzt für Kürzungen – was man weglässt, kann nicht durchfallen, hat mal ein kluger Theaterkritiker gesagt.

Wer diese drei Schritte geht, bekommt schon bald ein sicheres Gefühl dafür, wie er Reisen frei anleiten und seine Teilnehmer damit bewegen kann. Ob und wie oft Sie dann auf Vorlagen verzichten wollen, bleibt Ihnen selbst überlassen. Meist ist es klug, das eine zu tun, ohne das andere zu lassen.

Schriftlich kontra mündlich: Vor- und Nachteile

Vorformuliert oder frei – wie gelingt die Fantasiereise besser? Diese Aufzählung der Vor- und Nachteile soll Ihnen einen Überblick geben und Sie dabei unterstützen, die richtige Wahl zu treffen.

Schriftliche Fassung	
Vorteile	**Nachteile**
Geschliffene Version, durchdacht und redigiert	Das Sprechen kann nach Vorlesen klingen, also unnatürlich
Konzentrat statt (ausufernder) Rohfassung	Ungeübte Autoren neigen zu unnatürlicher Sprache (»Papierdeutsch«)
Systematischer Reiseplan, didaktisch und inhaltlich	Die Vorlage schränkt die inhaltliche Flexibilität ein

Gezielter Spracheinsatz (Formulierungen, Metaphern, Wiederholungen)	Beim Vortragen klebt der Blick oft zu sehr am Papier und übersieht die Gruppe
Mehr Konzentration des Reiseleiters auf die Teilnehmer (da Text feststeht)	Das Schreiben und Redigieren einer zehnminütigen Reise dauern oft mehrere Stunden
Kalkulierbarer Zeitbedarf	Reisevorlagen anderer Autoren passen manchmal nur teilweise
Sicherheit für den Reiseleiter	Wer die Reisen anderer Autoren durch eigene Inhalte ergänzt, trifft nicht immer den bereits angeschlagenen Ton – das kann die Reiseteilnehmer verwirren
Reisevorlagen von Profiautoren/Kollegen können verwendet werden	
Abwandlungen der Vorlage je nach Situation möglich	

Mündliche Fassung

Vorteile	Nachteile
lebendige Redesprache	weniger Prägnanz
kein Wirkungsverlust durch Ablesen	weniger treffende Formulierungen und Metaphern (Rohversion)
Tagesaktuelles kann aufgegriffen werden	Reiseziel kann verfehlt werden
Freiraum für spontane Ideen	zu viel Konzentration aufs Erfinden der Reise und zu wenig auf die Teilnehmer
mehr Spannung für den Reiseleiter: gemeinsames Erlebnis	Faden kann verloren gehen
kürzere Vorbereitungszeit als beim Schreiben	Versagensängste beim Reiseleiter (»Was, wenn mir nichts einfällt?!«)
	Zeitbedarf schwerer zu kalkulieren

Jetzt schreiben Sie –
zehn Anstöße für Fantasiereisen

Ein Drachen steigt nicht von allein in den Himmel: Man braucht eine Schnur, um ihn nach oben zu ziehen. Die Fantasie verhält sich ähnlich: Wenn sie ein Stück gezogen wird, hebt sie leichter ab. Für diesen Zug sorgen nun zehn Übungen, die Ihnen konkrete Anregungen für Fantasiereisen geben. Himmel frei für Ihre Fantasie!

Übung 1: Die Piraten unterm Regenbogen

Bitte schreiben Sie eine Fantasiereise, in der folgende Begriffe vorkommen: Badewanne, Strand, Segelboot, Meer, Piraten, Wal, Fontäne, Regenbogen, Schlitten und Korallenriff. Spannen Sie mit Ihrer Fantasie einen Bogen, der diese Begriffe durch eine Handlung miteinander verbindet.
Überlegen Sie vorher (auch bei den folgenden Übungen): Wer werden Ihre Reiseteilnehmer sein? Welches didaktische Ziel wäre sinnvoll? Wie müsste eine Handlung beschaffen sein, um das zu erreichen?
Dann lassen Sie Ihre Gedanken aufs Papier fließen, ohne Unterbrechung (automatisches Schreiben). Bleiben Sie etwa 15 Minuten am Ball, ohne dass Ihr Stift ruht. Wohin wandern Ihre Gedanken? Welcher Text kommt dabei heraus? Mal ehrlich: Hätten Sie sich zugetraut, in so kurzer Zeit so viel Fantasie aufs Papier zu bringen?
Lesen Sie den Text einmal laut, um ein besseres Gefühl für ihn zu bekommen. Danach gehen Sie die Reise nach den acht Schreib- und Redigiertipps aus diesem Kapitel durch (s. S. 264). An welchen Stellen können Sie die Wirkung des Textes noch verstärken?
Vergleichen Sie später Ihre Roh- mit der Endfassung. Was hat sich verändert?

Tipp Wann immer Ihre Fantasie nicht aufsteigen will: Tragen Sie spannende Begriffe zusammen. Allein die Aufgabe, aus diesen Wörtern eine Handlung zu entwickeln, wird Ihre Fantasie beflügeln – und oft für Überraschungen sorgen.

Übung 2: Das Lieblingsmärchen

Rufen Sie sich Ihr Lieblingsmärchen ins Gedächtnis. Welche Figuren spielen mit? Was passiert? Und welche Moral steht am Ende? Geben Sie eine Einschätzung ab, was die Leser fasziniert.
Und nun schlagen Sie eine Brücke zwischen dem Märchen und Ihrem didaktischen Ziel. Wie können Sie Ihre Teilnehmer in dieses Märchen versetzen? In welchen (vorhandenen oder neuen) Rollen treten sie dort auf? Und welche überraschenden Wendungen könnte das Märchen nehmen?
»Hänsel und Gretel« könnte Ihnen als Grundlage einer Reise dienen, in der es um die Frage geht: Wie entscheidet man sich im Leben für die richtigen Wege? Wie findet man seine eigene Richtung, zum Beispiel bei der Berufs- oder Stellenwahl? Welche vermeintlichen Orientierungshilfen sind wie das ausgestreute Brot, das im Märchen von den Vögeln gefressen wird? Woran erkennt man falsche Wege und Fallen (also Hexenhäuser)? Und welcher treue Gefährte (Hänsel oder Gretel) kann die Teilnehmer auf diesem schwierigen Weg unterstützen?

Je populärer das Märchen, desto besser. Im Märchenland kommt Ihre Fantasie leichter auf Touren. Und Ihre Teilnehmer werden das bekannte Gelände mit besonderer Neugier betreten.

Tipp Blättern Sie in einer Märchensammlung und skizzieren Sie für jedes Ihrer Lieblingsmärchen eine Fantasiereise-Idee. Auf Einfälle, die Sie jetzt nicht verwerten, können Sie später zurückgreifen.

Übung 3: Der verrückte Planet

Die Schwerkraft hält nicht nur unseren Körper am Boden, sondern auch unsere Fantasie. Wo die Gesetze des Alltags gelten, fallen uns unkonventionelle Gedanken schwer. Der Ort, wo eine Reise spielt, färbt auf die Handlung ab. Banale Orte können zu banaler Handlung führen.
Darum: Lassen Sie eine Reise dort spielen, wo die Erdengesetze nicht gelten – auf einem fernen Planeten. Malen Sie einen Ort aus, der das krasse Gegenteil der Erde ist. Zum Beispiel könnten die Äpfel nicht vom Baum fallen, sondern wie Luftballons in den Himmel steigen, die Vögel unter Wasser fliegen, der Wind die schönsten Geschichten erzählen – und jeder Mensch könnte Träume in einem Garten anpflanzen und genau überlegen: Wie düngt und gießt er sie? Woran erkennt er, dass sie wachsen? Und gibt es Traumpflanzen, die sich gegenseitig ins Gehege kommen?
Auf diese Weise können Sie Ihr Thema verfremden – und die Gedanken Ihrer Teilnehmer aus dem Korsett der irdischen Konventionen lösen.

Tipp Schließen Sie vor dem Schreiben die Augen und fragen Sie sich: Welche Farbe hat dieser Planet? Welche Töne sind dort zu hören? Wie riecht es, wie fühlt dieser Ort sich an? Beziehen Sie möglichst viele Sinne beim Schreiben ein.

Übung 4: Willkommen in der Villa Kunterbunt!

Die Kindheit ist eine Fundgrube für Fantasiereisen. Dieselben Menschen, die heute ihrem Verstand folgen, ritten damals auf dem Schaukelpferd ihrer Fantasie (s. S. 7). Das mag der Grund sein, warum Pippi Langstrumpf die Kinder seit Generationen fasziniert. Diese Figur Astrid Lindgrens, sommersprossiger Rotschopf, spiegelt ihre Sehnsüchte: Kein schwaches Mädchen ist sie, sondern stärker als ein ausgewachsener Mann, nicht in einem grauen Reihenhaus wohnt sie, sondern in der »Villa Kunterbunt«. An ihrer Seite leben keine Eltern (die sie jeden Morgen zum Zähneputzen verdonnern), sondern »Herr Nilsson«, ein Affe, und »Kleiner Onkel«, ein Pferd. Zur Schule? Muss sie nicht. Taschengeldsorgen? Sie ist steinreich! Ihr Vater? Kein Spießer, sondern Kapitän und »Negerkönig« (Lindgren 1987).
Docken Sie mit Ihrer Reise an die Kinderfantasien Ihrer Teilnehmer an. Nehmen wir an, sie hätten sich als Kinder eine eigene Welt schaffen können, eine »Villa Kunterbunt« wie Pippi Langstrumpf: Welche Zwänge hätten sie abgeschüttelt? Welche Träume wahrgemacht? Auf welche Weise und mit wem den Tag verbracht? Diese Fragen nach der Kindheit haben eine zauberhafte Wirkung: Sie holen die einstige Weltmacht, die kindliche Fantasie, wieder ans Licht. Dieses Werkzeug können Sie nutzen, um Ihre Teilnehmer auch in der Gegenwart eine »Villa Kunterbunt«, ein Leben nach ihren Wünschen, einrichten zu lassen. Welche Parallelen zu den Kindheitsträumen gibt es? Was genau verändert sich? Und welche Schritte fürs reale Leben lassen sich daraus ableiten?
Probieren Sie es aus – Pippi Langstrumpf ist eine fantastische Co-Autorin!

Tipp Führen Sie langsam in die Reise ein. Zum Beispiel können Sie die Teilnehmer bitten, sich an ein Kinderfoto von sich selbst zu erinnern. Stellen Sie Fragen zu den Details, ehe Sie die Reisenden in das Foto schlüpfen und dann loslaufen lassen. Diese langsame Einführung sorgt dafür, dass dieser große Zeit- und Fantasiesprung gelingt. Auf dieselbe Weise – dann durch ein Schlüpfen aus dem Foto – kann die Reise auch langsam ausklingen.

Übung 5: Fantasie aus der Zeitung

Vor mir liegt das Buch »Echt wahr? – Kuriose Meldungen der dpa«. Dieser Band versammelt kuriose Nachrichten der Deutschen Presseagentur (dpa 2007). Hier finden Sie in hoher Konzentration, was in jeder Tageszeitung enthalten ist: Anstöße für Fantasiereisen. Beispiel für eine Meldung (aus dem Buch):

Vergessenes Auto nach zwei Jahren »zugepflanzt« wiedergefunden

»Essen. Zwei Jahre lang stand der Wagen eines betagten Essener Ehepaars vergessen am Straßenrand, bis ein Strafzettel wegen Falschparkens die ›etwas zerstreut wirkenden‹ Besitzer jetzt wieder auf die Spur ihres Autos brachte. Wie die Polizei am Freitag berichtete, war das Fahrzeug bereits von Spinnweben und bis zu 30 Zentimeter hohen Pflanzen umgeben, als die 75 und 77 Jahre alten Eheleute ihren Wagen im Beisein von Beamten identifizierten.«

Wie sich herausstellte, hatte das Ehepaar den Wagen im Jahr 1986 als gestohlen gemeldet, nachdem sie ihn nach einem Kirchgang nicht mehr wiedergefunden hatten. Als die Polizeibeamten das Ehepaar nun zu ihrem mittlerweile neu angeschafften Wagen bringen wollten, war auch dieser nicht zu finden. Die alten Leute konnten sich nicht mehr erinnern, ob sie zu Fuß oder mit dem Auto gekommen waren.«

Entwickeln Sie drei Ansätze für Fantasiereisen, die sich aus dieser Meldung ableiten lassen. Zum Beispiel könnten Sie die Teilnehmer auf die Suche nach Gegenständen, Gefühlen oder Verhaltensweisen ihres Lebens schicken, die ihnen (unmerklich) abhandengekommen sind, wie diesem Ehepaar das Auto. Wo genau – in welchen Situationen, zu welchen Zeiträumen – lassen sie sich finden? Welche Vorteile hätte es, sie neu zu entdecken? Und woran würde man merken, dass sie erneut abhandenkommen?

Tipp Nutzen Sie die Zeitungsmeldung, die einer Fantasiereise zugrunde liegt, für die anschließende Gruppenarbeit – zum Beispiel, indem die Teilnehmer im obigen Beispiel Parallelen (oder Differenzen) zwischen sich und dem alten Ehepaar analysieren.

Übung 6: Expedition ins Tierreich

Tiere können, was Menschen (ohne technische Hilfsmittel) nicht können: Sie schwingen sich in den Himmel, durchtauchen die Tiefsee, krabbeln ins Erdreich und schlafen sich unter freiem Himmel durch den kältesten Winter. Tiere tun direkt, was Menschen lieber indirekt tun: Sie balzen, was das Zeug hält, fechten Rangkämpfe aus, dass es nur so kracht, und die Starken fressen die Schwachen auf. Wer Handlungen aus dem Menschen- ins Tierreich überträgt, sorgt für eine interessante Mischung: Zwei Welten treffen aufeinander und verschmelzen. Die Verfremdung schärft den Blick. Zugleich öffnet sie der Fantasie neue Räume. Darum sind Fabeln so beliebt!

In welche Tierart müssten Sie Ihre Teilnehmer versetzen, um ihnen zu neuen Einsichten zu verhelfen? Sollen sie als Schwalben durch ihr Leben gleiten, sich tragen lassen von einer Idee, einer Gruppe, einer Beziehung? Den Überblick eines Adlers gewinnen? Das Sozialverhalten einer Ameise? Geht es um Entspannung, wie sie ein Goldfisch am Korallenriff vermittelt? Um Rangkämpfe, wie sie die Hirsche austragen?

Ganz egal, welches Thema Sie vermitteln wollen: Immer werden Situationen aus dem Tierreich finden, um die Botschaft in einer spannenden (oder entspannenden) Handlung zu transportieren. Allein die Erfahrung, sich in ein Tier zu versetzen, wird von den Teilnehmern oft als Abenteuer, als Befreiung aus der eigenen Beschränktheit erlebt.

Tipp Lesen Sie in einem Tierlexikon nach, wie ein Tier lebt. Diese biologischen Fakten sind eine Grundlage, an die Sie mit Ihrer Fantasie anknüpfen können. Die Glaubwürdigkeit dieser Fakten suggeriert den Teilnehmern, die Fantasiehandlung sei ebenfalls glaubwürdig – auch wenn dem Fisch später Flügel wachsen …

Übung 7: Regisseur in Hollywood

Am Filmset sind die Rollen klar verteilt: Der Regisseur sagt, was getan wird; die Schauspieler setzen es um. Der Regisseur bestimmt die große Handlung und die Details: Welche Körperhaltung nimmt die Protagonistin ein? In welcher Lautstärke spricht sie? Und wie lange dürfen zwei Blicke sich treffen?

Die Position des Regisseurs hat einen Vorzug: Er ist nicht in die Handlung involviert, sondern betrachtet sie von außen. Er wahrt Distanz, räumlich und emotional. Er sieht aus der Ferne mehr, als die Beteiligten einer Szene sehen können.

Lassen Sie Ihre Teilnehmer eine Situation ihres eigenen Lebens, bei der andere Menschen eine Rolle spielen, intensiv erleben. Was genau passiert? Wer hat welchen Anteil daran? Und welche neuen Einsichten über das alte Leben sind von außen möglich?

Geben Sie Ihren Reisenden die Chance, die Handlung immer wieder kurz zu verlassen (zum Beispiel durch einen Trampolinsprung) und Regie von außen zu führen. Welche Anweisungen rufen sie sich als Lebensregisseure zu? Wie wirkt sich das auf die Handlung aus? Und auf welche Weise ließe sich dieselbe Botschaft in der Realität umsetzen?

Dieser ständige Wechsel zwischen Ich-Assoziation und Metaebene erweitert die Perspektive. Reflexe weichen der Reflexion. Jeder Teilnehmer merkt, dass er sein eigenes Leben steuern kann. Wer sich jemals aus der Regisseurssicht sah, spielt seine Lebensrolle danach stimmiger.

Tipp Besprechen Sie nicht nur den großen Verlauf der Handlung, sondern auch Kleinigkeiten – welche Gesten, welche Tonlagen, welche kleinen Signale wirken sich auf das Miteinander aus? Und wie lässt sich die große Handlung beeinflussen, indem solche Winzigkeiten verändert werden?

Übung 8: Ein Bild erwacht zum Leben

Blättern Sie einen Kalender, einen Bilderband oder eine Zeitschrift durch, bis Sie auf ein (Landschafts-)Foto stoßen, das Sie besonders anspricht. Dieses Bild – zum Beispiel eine Gletscherkulisse – nehmen Sie als Grundlage für Ihre Reise. Beschreiben Sie zunächst, wie der Ort aussieht. Was sticht ins Auge? Welche Farben dominieren? Welche Details fallen Ihnen auf? Nun lassen Sie Ihre Teilnehmer in der (fantasievoll ausgeschmückten) Landschaft des Bildes ein Abenteuer erleben, das zu Ihrem Thema passt – zum Beispiel im Fall des Gletschers einen Aufstieg in der Gruppe, etwa für Jugendliche, die etwas über Sozialverhalten lernen sollen. Oder das (versehentliche) Auslösen einer Lawine, etwa für Manager, deren Entscheidungen oft unerwartete Folgen haben.

Tipp Nutzen Sie das Originalfoto, um die Teilnehmer ihre Fantasielandschaft später damit vergleichen zu lassen. Dieser Vergleichsmaßstab führt dazu, dass die inneren Reiseziele noch konkreter beschrieben werden.

Übung 9: Einen Anfang weiterspinnen

Aller Anfang ist schwer. Auch beim Schreiben von Fantasiereisen. Der eine sucht vergeblich nach einer zündenden Idee. Die andere löscht Einstieg auf Einstieg, ist einfach nicht zufrieden. Doch es gibt einen Trick, wie Sie schnell in Fahrt kommen: Lassen Sie sich den ersten Absatz fertig liefern – verwenden Sie zum Beispiel eine meiner 50 Reisen als Vorlage. Hier ein Anfang, mit dem Sie zum Beispiel arbeiten können (s. Reise Nr. 39, S. 212):

Stell dir vor, du stehst vor einer hellen, langen Mauer,
einer Mauer, die sich freundlich durch die Landschaft zieht.
Und je länger du dir diese helle Mauer anschaust,
ihre glatte Oberfläche und ihr blitzendes Weiß,

desto mehr erinnert die Mauer dich an eine Leinwand.
Spür die Sonnenstrahlen, die deinen Nacken kraulen,
die Sonne scheint von hinten,
der schläfrige Nachmittag eines warmen Sommertages
gleitet langsam in den Abend hinüber.
Diesen Text führen Sie nun nach Belieben fort. Achten Sie darauf, inwieweit der Textanfang Ihnen das Schreiben erleichtert, neue Ideen anstößt und Ihre Tonlage prägt. Wetten, dass Ihre Feder schnell losläuft!

Tipp Achten Sie bei Romanen und Erzählungen darauf, welche Passagen sich als Einstieg für eine Fantasiereise eignen. Manchmal reicht schon ein Satz, um den Motor Ihrer Inspiration anzuwerfen und Ihren Stift in Fahrt zu bringen. Apropos Stift: Wer seine Vorlagen per Hand schreibt, ist dabei oft ungehemmter – denn am Computer getippte Texte lösen größere Perfektionsansprüche aus.

Übung 10: Das Wort mit den fünf Armen

Beim Clustern, einer Methode des kreativen Schreibens, lassen Sie Ihren Assoziationen freien Lauf: Notieren Sie einen beliebigen Begriff in der Mitte eines Papiers, zum Beispiel »Sprungschanze«. Und nun ziehen Sie sternförmig, rund um das Wort, fünf Striche, die als Einstiege für Assoziationsstränge dienen. Ein Strang könnte zum Beispiel mit dem Wort »Skiflieger« beginnen. Was fällt Ihnen zu diesem Wort ein? Schreiben Sie all diese Wörter, mit leichten Linien verbunden, bis zum Rand des Papiers auf. Ich kam zu folgendem Ergebnis:
Sprungschanze – Skiflieger – Absprung – Aufwind – Schneeflocke – Himmel – Frau Holle – Bettwäsche – Himmelbett – Schäfchenwolken – Petrus

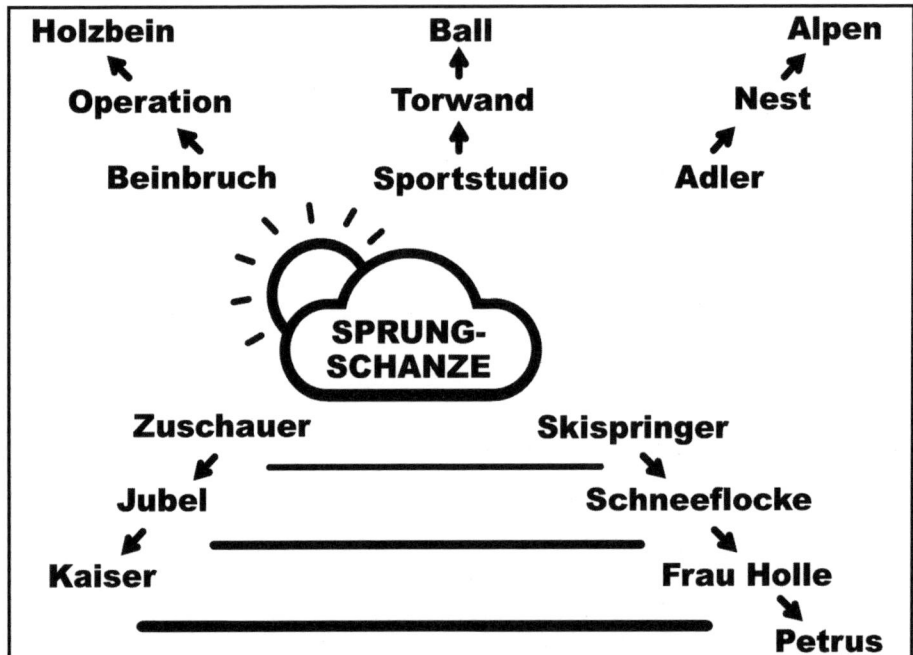

Ein Wort in der Mitte – und viele Assoziationsstränge darum herum: Das Clustern kann interessante Ansätze für eine Fantasiereise ergeben.

Auf diese Weise vollenden Sie alle fünf Assoziationsstränge. Nun können Sie sich aus dieser Wortschatzkiste bedienen. Schreiben Sie zum Beispiel eine Fantasiereise, in der Sie möglichst viele Begriffe der einzelnen Ketten aufgreifen (oder verbinden). So kann es sein, dass Ihr Teilnehmer als Skiflieger durch die Luft saust, einen Besuch bei Frau Holle macht und anschließend im ZDF-Sportstudio landet (vielleicht der Ausgangsbegriff eines weiteren Assoziationsarms). Dort bastelt er aus seinen Lebenszielen eine Torwand: Welche Ziele sind leicht, welche schwer zu erreichen – sind die Löcher oben oder unten in der Wand, groß oder klein?

Die vielen assoziierten Wörter sind die bunten Mauersteine Ihres Schreibens: Mit ihnen lässt sich ein prächtiges Fantasiegebäude errichten. Die verrückten Ideen – siehe oben – ergeben sich fast von alleine.

Tipp Clustern Sie mit Zeitvorgabe. Eine halbe Minute pro Assoziationsarm ist genug. Der Zeitdruck hilft Ihnen, das Veto Ihres Verstandes zu dämpfen und Ihrer Intuition freien Lauf zu lassen.

Literaturverzeichnis

Adams, S.: Neue Fantasiereisen. Don Bosco Medien, 2010

Ball, P.: 10.000 Träume. Goldmann. 2007

Beaulieu, D.: Impact-Techniken für die Psychotherapie. Carl-Auer-Systeme, 4. Auflage 2010

Berne, E.: Spiele der Erwachsenen. Rowohlt, 12. Auflage 2002

Cameron, J.: Von der Kunst des Schreibens. Droemer Knaur, 2003

Clark, R.P.: Die 50 Werkzeuge für gutes Schreiben. Autorenhaus, 2008

Cohn, R.: Themenzentrierte Interaktion. Klett-Cotta, 2009

Dpa: Echt wahr. Ullmann/Tandem, 2007

Erickson, M.H./Rossi, E.L.: Hypnotherapie. Klett-Cotta, 9. Auflage 2007

Fischer-Epe, M.: Coaching. Rowohlt, 2011

Freud S.: Fundamente. Fischer, 2001

Gladwell, M.: Blink! Piper, 7. Auflage 2011

Goleman, D./Kaufman, P./Ray, M.: Kreativität entdecken. Hanser, 1999

Gross, S./Haus, E.: Anatomie und Physiologie. Urban & Fischer, 7. Auflage 2004

Hofmann E.: Weniger Stress erleben. Luchterhand, 2001

Hofmann, M.: Hirn in Hochform. Ueberreuter, 2009

Johnstone, K.: Improvisation und Theater. Alexander, 10. Auflage 1993

Jung, C.G.: Der Mensch und seine Symbole. Patmos, 2009

King, S.: Das Leben und das Schreiben. Ullstein, 2000

Klein, Z.M.: Zauberwelt der Suggestopädie. managerSeminare, 2010

Leuner, H.: Lehrbuch der Katathym-imaginativen Psychotherapie. Huber, 2003

Lindgren, A.: Pippi Langstrumpf. Oetinger, 1987

Maschwitz, G. u. H.: Von Phantasiereise bis Körperarbeit. Kösel, 2. Auflage 2009

Migge, Björn: Handbuch Business-Coaching. Beltz, 2011

Mizerovsky, H./Porges, D.: Vitamin H. Books on Demand, 2008

Polgar, A.: Das große Lesebuch. Rowohlt, 3. Auflage 2004

Prior, M.: MiniMax-Interventionen. Carl Auer, 8. Auflage 2009

Reiners, L.: Stilkunst. C.H. Beck, 2004

Salas, J.: Playback-Theater. Alexander, 2. Auflage 2009

Schaller, R.: Das große Rollenspielbuch. Beltz, 2. Auflage 2006

Schmidt-Tanger, M.: Veränderungscoaching. Junfermann, 3. Auflage 2005

Schmidt-Tanger, M./Stahl, T.: Change-Talk. Junfermann, 2. Auflage 2007

Schopenhauer, A.: Über Schriftstellerei und Stil. Alexander, 2003

Schulz-Stübner, S.: Medizinische Hypnose. Schattauer, 2006

Thompson, R.: Das Gehirn. Spektrum, 3. Auflage 2001

Walser, M.: Wer ist ein Schriftsteller? Suhrkamp, 1997

Wehrle, M.: Karriereberatung. Beltz, 2. Auflage 2011

Wehrle, M.: Die 100 besten Coaching-Übungen. managerSeminare, 2. Auflage 2010

Weidenmann, B.: Handbuch Active Training. Beltz, 2. Auflage 2008

Weidenmann, B.: Erfolgreiche Kurse und Seminare. Beltz, 8. Auflage 2011

Winteler, A.: Professionell lehren und lernen. WBG, 3. Auflage 2005